U0466013

从战场前线到市场前线

战争浴火之下信任和希望的重生

（美）保罗·布林克利 / 著
于海生 / 译

華夏出版社
HUAXIA PUBLISHING HOUSE

图书在版编目（CIP）数据

从战场前线到市场前线 ：战争浴火之下信任和希望的重生 /（美）保罗·布林克利（Paul Brinkley）著；于海生译. -- 北京 ：华夏出版社，2017.1

（西方经济·金融前沿译丛）

书名原文：War Front to Store Front：Americans Rebuilding Trust and Hope in Nations Under Fire

ISBN 978-7-5080-9066-5

Ⅰ. ①从… Ⅱ. ①保… ②于… Ⅲ. ①对外经济援助－研究－美国 Ⅳ. ①F171.254

中国版本图书馆 CIP 数据核字(2016)第 306217 号

从战场前线到市场前线——战争浴火之下信任和希望的重生

作　　者 [美] 保罗·布林克利
译　　者 于海生
责任编辑 李雪飞

出版发行 华夏出版社
经　　销 新华书店
印　　刷 三河市少明印务有限公司
装　　订 三河市少明印务有限公司
版　　次 2017 年 1 月北京第 1 版　　2017 年 1 月北京第 1 次印刷
开　　本 720×1030　1/16 开
印　　张 20.5
字　　数 318 千字
定　　价 68.00 元

华夏出版社　地址：北京市东直门外香河园北里 4 号　邮编：100028
网址：www.hxph.com.cn　电话：（010）64663331（转）
若发现本版图书有印装质量问题，请与我社营销中心联系调换。

美国舆论界对《从战场前线到市场前线》的高度评价

这是一个暖人肺腑而又令人心碎的精彩故事。

——迈克尔·马伦　美国前海军上将、参谋长联席会议第17任主席

美国的军界领袖和平民领袖都认同这一结论：我们的国家安全挑战和地缘政治目标，不能仅仅通过武力或者外交实现。要赢得竞争的胜利和保卫国家安全，经济发展、就业机会以及其他机遇都是必不可少的。了解这一现实并受到职业激情驱使的保罗·布林克利和他的同事们，冒着极大的个人、职业和财务风险，帮助一个饱受战争蹂躏的国家建设现代化经济。

布林克利讲述了一个精彩动人的故事。但这完全不是一个童话故事。读者们不仅可以分享到一项伟大事业的远景和重要性，也会感受到当事人所经受的许多挫折和障碍。

这是一本重要的书——其中不但有很多令人鼓舞的东西，而且还有许多美国人及其政府需要学习并关注的重要经验和见解。

——托马斯·J. 多诺霍　美国商会总裁和首席执行官

一个讲述对抗官僚主义并且取得非凡成就的伟大故事。

——乔治·凯西　美军前陆军上将、美国陆军第36任参谋长

保罗·布林克利的《从战场前线到市场前线》一书，生动地描述了他坚持不懈地致力于支持美国为伊拉克和阿富汗带来和平与稳定的工作过程。借助于他在美国国防部的重要领导地位，保罗努力改善无数伊拉克人和阿富汗

人的生活，为他们提供更有保障的人生、就业和经济安全，以及为他们赢得生活终将获得全面改善的希望。保罗细致地讲述了自己的亲身经历，为排除华盛顿方面的官僚严重阻碍以及把（伊拉克等国）战后经济推向一个更有效的重建过程提供了解决方案。

——霍华德·G. 巴菲特　霍华德·G. 巴菲特基金会董事长和首席执行官

保罗·布林克利以独特的视角捕捉到了美国在阿富汗和伊拉克的战后援建经验。他迷人的叙述描述了一个错综复杂、彼此碰撞但又令人感到无比困惑的政治、特色、文化和经济现实。

这是一本置身于这个现代世界的读者的必读之书。

——斯坦利·麦克里斯特尔　美军前上将、2009—2010 年驻阿富汗美军和北约国际安全援助部队司令

美国如何从事对外援助，可以从《从战场前线到市场前线》这本书中获得重要的启示。对于每一种文化和每一个国家而言，它都是关于就业和经济发展的重要参考指南。这本书充分证明，和平与繁荣需要一个统一的战略。人民需要与经济繁荣相伴而来的尊严和稳定。保罗·布林克利的专责小组为伊拉克等国的省份和城镇的重建制定经济策略，并且支持各地施行这些策略。专责小组尤其对稳定伊拉克做出了重大的贡献。我们需要理解作者在这个过程中吸取的经验和教训，并将其纳入我们处理对外援助的方式和方法当中。

——汤姆·普利茨克　凯悦国际酒店集团董事长

这是一本重要的书。保罗·布林克利不仅捕捉到了军事冲突地区对于有效的军民努力的官僚障碍，而且还展示了如何才能更高效地完成发展和稳定的任务。这些经验教训并不是一个理论上的东西，而是具有极大实用性的东西。作者和他的团队展示了如何将某些创业途径应用于解决实际困难和问题。

——H. R. 麦克马斯特　美军少将、《责任的弃置：约翰逊、麦克纳马拉和参谋长联席会议及越南战争的谎言》的作者

保罗·布林克利所编织的这个迷人的故事，讲述的是一个长达“五年

（而非一年）的危险生活”，其中真正的敌人不是伊拉克叛乱分子、阿富汗塔利班或基地组织，而是妨碍我们在阿富汗和伊拉克冲突中获胜的美国政府及其朝令夕改的政策。这是一本不可不读的书，不管是对于渴望读到一个绝妙的、真正意义上的冒险故事的人而言，还是对于想要了解变幻莫测的美国决策过程的政策爱好者和研究者而言。

——哈伦·乌尔曼　基洛温集团董事长、大西洋理事会高级顾问、美国“震慑行动”军事策略的主要制定者

保罗·布林克利重建能够提供就业、收入和商品的伊拉克商业和企业，以满足这个国家的需求和释放过剩人力的常识性做法，是在战争期间所采取的最显著的平民努力之一。布林克利先生在每一个政府和企业层面上——从农场、村庄和战场前线到美国国会大厦——勇敢而又积极地与美国军界和非军界领导人以及伊拉克人和阿富汗人充分接触，这使他拥有的知识和视角的广度不同于任何“伊拉克自由行动”或者“阿富汗持久自由行动”的领导人。在未来几十年里，布林克利留下的这个重要记录，将被军事和发展专家阅读、争论和借鉴。

——埃德温·普莱斯　美国德州农工大学博洛格国际农业研究所农业学教授和创始主任

保罗·布林克利基于他在阿富汗全国各地的经验，针对美国在建立一个稳定的阿富汗国家过程中存在的问题和缺点，从经济和政治的角度提供了一个引人瞩目的和具有高度可读性的评估报告。我强烈推荐所有思考未来几年阿富汗将如何从军事行动向长期发展过渡的决策者阅读本书。

——达乌德·萨巴博士　阿富汗赫拉特省省长

《从战场前线到市场前线》这本书从一个独特而具有前瞻性的视角，记录和反思了美国外交政策的一个开创性时代，它将会（或者应当）影响未来的所有军事干预行动。

——格雷厄姆·海德　美国纽约 ABC 家具企业总裁和副董事长

《从战场前线到市场前线》一书由两个相互交织的故事构成：一个故事栩栩如生地讲述了美国企业如何在稳定海外地区冲突方面发挥着一种新的关键性作用；而另一个生动有趣的故事，则展示了布林克利率领的由年轻的美国人组成的团队如何躲避子弹射击和炸弹爆炸，出色地完成了他们从伊拉克底格里斯河到阿富汗兴都库什山的独特使命。这是一本了不起的书！

——米特·比尔登　美国前中情局情报站站长、《黑色郁金香》和《首要之敌》（与詹姆斯·莱森合著）的作者

目　录

前　言 …… 1

第 1 章　“新兵”入职 …… 1

第 2 章　将军的召唤 …… 21

第 3 章　混乱状态 …… 51

第 4 章　增压式体验 …… 69

第 5 章　营造良好势头 …… 95

第 6 章　黑暗的日子 …… 111

第 7 章　外交事务 …… 133

第 8 章　一个了不起的年头 …… 155

第 9 章　走出非洲 …… 185

第 10 章　进入阿富汗 …… 189

第 11 章　纯洁的土地 …… 211

第 12 章　黑色幽灵 …… 221

第 13 章　深度回顾和审查 …… 231

第 14 章　深陷僵局 …… 257

第 15 章　修复系统 …… 283

尾　声 …… 301

鸣　谢 …… 307

译后记 …… 311

前　言

我们一向对我们这个国家的军队深感自豪。席卷我们的各类周末体育节目、旨在招募年轻人加入我们的义务性工作队伍的那些激动人心的广告，强化了我们向我们的军事人员所传达的尊重和敬意。电影、电视节目和通俗文学这些媒介，将军方的行动定位成我们的政府能够出色完成其使命的重要因素。

军队所拥有的这一独特地位，逐渐延伸到非传统的挑战性领域。从飓风到地震再到石油泄漏，我们唯一确信的就是，只有当一个高级军事指挥官介入其中并履行职责时，一场灾难才能够得到严肃对待——只有这时，我们才会松一口气，并且相信某个有能力的人正在解决问题。

但在太多的情况下，我们的平民机构则完全是另外一回事。

> 最优秀的人才都不在政府机构。如果有任何这样的人才，企业就会把他们挖走。

罗纳德·里根总统在20世纪80年代所表达的这种观点，在今天仍被广泛支持。自70年代以来的每一届政府，无论是共和党还是民主党，都在某种程度上指责联邦官僚机构往最好方面说是低效的，往最差方面说则是无能的。

随着平民政府机构（相对于军事政府机构而言）在实际表现和受公众尊敬方面都差强人意，“官僚”这个词经常成为一个贬义词。对于政府服务的这一负面看法，自然而然地导致政府能力呈螺旋式地持续下降。鉴于联邦官僚机构的这种糟糕的口碑，我们的政府工作队伍通常并不会吸引最出色、最聪明的公民加盟其中，所以在执行其任务的能力方面，它将进一步落后于私营企业机构。这种持续的落后局面，构成了威胁到我国国民福利的每一个方面的重要因素，还威胁到我国外交政策和对外援助项目的基础。

对于大多数美国人而言，对外援助——把钱捐给贫穷国家以缓解其国民的痛苦——很少会得到关注。在华盛顿发生预算冲突之际，政治家有时会攻击海外援助支出和国内某些紧迫需求相比，是一种金钱的浪费。从辩论方面说，这种攻讦顶多只会带来几个头条新闻而已。在华盛顿的权力天堂之外，我们的对外援助体系的结构和目标受到的关注微乎其微。

这种体系是在冷战中产生的，其中的一个重点是人道主义援助——作为美国表达善意的一个标志，这种援助通常为贫困国家和地区的人民提供干净的水、食物、电力和医疗保健。虽然这些基本需求在世界很多地方仍然面临着挑战，但在接受美国援助的那些国家，民众已经形成了更高的预期。人道主义援助所提供的不一定是他们所渴望的或者需要的东西，在一个即使是贫困地区的泥棚屋中也需要安装卫星天线的卫星电视时代，穷人需要得到参与经济活动的机会——这是他们在整个亚洲和非洲曾经贫穷但后来却大获成功的国家中所看到的某种东西。

具有讽刺意味的是，美国这个确立并支持某些重要经济原则——它们推动诸多贫困的国家走向繁荣——的国家，却没有足够大的能力将其最重要的权力要素——它的经济动力——输送到世界上陷入困境的国家。我们一向引以为荣的对外援助系统，不能够把经济发展支持提供给渴望将需求层次从“生存”拉升到“富有”的贫困国家的民众。对外援助应设法使那些国家有能力满足自身需求，而不是持续倚赖国外慈善事业。

你将自豪地成为 2 500 万人的主人。你将拥有他们所有的希望、梦想和问题。你将会拥有这一切！

在美国入侵伊拉克前夕，在陈述其著名的“陶瓷仓规则”* 的时候，美国国务卿科林·鲍威尔似乎看到了在乔治·W. 布什政府早期阶段的诸多任职者很少理解的东西——一旦轰炸和射击停止，我们的政府将负责重建一个遭受几十年战争和经济制裁严重摧残的国家。但伊拉克人民所期待的并不只是新的道路和学校，他们需要的是帮助他们实现一个所谓的“美国梦”的版本。

伊拉克人民需要的是经济繁荣——这是一个可以建立起稳定的管理机构的基础。那么，我们派什么人过去帮助他们呢？怀着充分善意但却缺乏建立一个充满活力的私营经济所需要的经验和知识的政府官员和年轻志愿者。

美国——一个公众对于其联邦机构基本职能如此缺少信任的国家，相信这个同样的政府有能力恢复饱受蹂躏的中东社会这一事实，已被证明是一种显然不够明智的信仰跨越。

从北非到阿富汗，从埃及和巴基斯坦这样的大国再到也门这样的小国，普遍失业和缺乏美好生活的前景，是无数处于动荡中的年轻人的日常生活状态，尽管来自美国纳税人的大量援助资金通过各种渠道进入他们的国家，尽管四处游说的美国政治家做出过无穷无尽的许诺，说美国人会帮助他们创建更美好的生活。

尽管我们对于国内官僚机构的评价可能相对很低，但它们却能够不受阻碍地把数十亿美元不断地输送给在海外工作的平民机构，以确保战乱国战后经济的重建。这些机构的业绩乏善可陈，并导致军队成为我们国家对外政策唯一有效的工具，其结果就是丧失大量美国人的生命，国内社会千疮百孔，民众生活困苦而且心怀不满，国内金融债务无比庞大，这些都会成为未来几代人在数年内不得不承受的负担。

就解决方案而言，不见得非得如此。

自 2001 年 9 月 11 日以来，在过去 10 年的冲突中，作为美国发展动力的最重要的元素，我们的私营企业的经济动力，在很大程度上尚未真正开发出来。然而，若能建立起充分运用这种能力并在发展中国家创造机会的机构，这种经济动力就可以成为对外政策的一个强大工具。

这部书讲述了一个不可思议的故事：一群商业领袖在奉命进入伊拉克并试图扭转一个失灵的美国战后经济政策的过程中，遭遇了处于战争中的平民联邦官僚机构带来的种种阻力。虽然我们从一开始就专注于恢复伊拉克的劳

---

* 美国政治术语，指的是“如果你打破它，就得拥有它”的原则，即如果顾客损坏了商店销售的商品，则商店有权要求顾客为此负责。美国前国务卿鲍威尔曾以“陶瓷仓规则”警告美国总统小布什不要轻易举兵入侵伊拉克。——译者注

动力就业，减少越来越多的叛乱和不断增加的暴力事件对伊拉克人民的影响，但我们却不得不和最顽固的联邦官僚机构百般周旋。这样的旅程将会长达5年之久，而且我们的努力范围将会扩展到阿富汗、巴基斯坦、苏丹和卢旺达。

这个最终直接向美国国防部长罗伯特·盖茨报告工作的非传统的工作团队，它的人数将发展到包括数百名男女工作者在内，它的成员在强加给美国其他平民组织的严格的安全限制——必须与我们在公开武装冲突地区的军队紧密结合——之外开展工作，并且最终得以在冲突地区独立工作。

在我们的工作任务完成之前，我们将见证战争的恐怖，以及我们的武装部队的非凡勇气——他们几乎始终都在努力恢复那些陷入教派和部落之间公开冲突之中因而看不到希望和美好未来的人的信心和维护社区的稳定。

我们将亲身感受暴力和持续而直接的暴力威胁，以及在武装分子的攻击中团队成员的不幸牺牲。

我们将完全投身于一场几乎耗尽我们生命的使命。我们将一起生活和工作多年，并且通过来之不易的工作经验，努力恢复饱受战争蹂躏的社区居民的正常生活，并学习如何帮助当地商人建立起与外面世界的联系，以及怎样开始为我们所接触到的、那些感到沮丧的异国公民提供最需要的东西——走向富裕的途径。

我们将创造数百家新的企业，让数十万人恢复就业，促使由于平民官僚机构的低效率而无法在各地得到有效利用的数十亿美元的对外投资变得更加高效。

为了彻底改变我国对外援助的低效，将这一途径提供给世界上那些陷入困境的国家，我们创新了一种学说和低效办法，它只需花费传统对外援助计划成本的一小部分，就能够充分使用美国发展的驱动力——来自私营企业的强大力量。

这就是我们的故事！

第1章 “新兵”入职

我就要离开加利福尼亚了。

在过去几年中，我先是无比向往，后来则是咬牙忍受了20世纪那个最著名的商业故事版本——通信网络产业的兴起和崩溃。

捷迪讯通讯技术有限公司*是我们每天都会接触到的、由通信网络元素所构成的一个引人瞩目的企业聚合体。每当我们上网冲浪、拨打语音电话、下载歌曲或电影以及支付账单或者发送电子邮件时，都会传递依赖捷迪讯通讯公司产品所获得的信息。确切地说，捷迪讯通讯公司生产的激光器和组件，能够将光源本身转化为色彩元素或者相关频道，并以每秒数十亿的数据流速，通过光纤电缆向这些频道传输数字信号。

我进入捷迪讯通讯公司时，它的年收益才刚刚达到10亿美元的顶峰。但到2001年互联网泡沫破灭之际，公司都是以每年将近40亿美元的收益在运转。①随着公司股票价值的不断攀升，其收购规模变得越来越庞大，最终实现了当时历史上最大的企业并购：收购了SDL集成公司——一家对于捷迪讯通讯公司而言具有互补价值的光学技术公司。公司能够把它的股票作为一种激励手段，雇用到它最想要的人才，以及挖来各行业的世界级企业的顶尖人才。

公司高效地安排标准会计、人力资源管理，以及部署在所有工厂的工程和生产系统。通常情况下，一台定制设计的技术设备，可以在公司在加拿大渥太华的客户服务中心预定，并在一天后即可从中国的一家工厂将设备运上

---

* 目前全球最大光纤零件供应商，光通讯领域巨头之一。——译者注

① 捷迪讯公司第四季度和2002财年年底财务业绩，2002年6月30日。

船。那是一条相当灵活的供应链，只需要通过一种“指尖管理”，就可以获得有关公司运营各个方面的即时信息。我的大部分职业生涯都是在世界各地的实验室和工厂运营中度过的，我所从事的业务就是生产出某些世界上最复杂的技术产品。捷迪讯通讯公司最终建成了现代优化的供应链，以最少的时间和金钱将生产和需求联结在一起。

在互联网热的高峰期，似乎真的一切皆有可能。硅谷经历了任何人不曾目睹过的繁荣：网络技术的狂热大潮，伴随着极易破碎的互联网泡沫。互联网板块崩溃的速度，几乎就和它狂热的速度一样快。

到2001年年初，我一直都在负责捷迪讯通讯公司所有面向客户的业务运营，包括客户服务和内部销售（呼叫中心的销售队伍）管理。当时公司正在建立专用于特定客户的工厂，而客户似乎对于高度复杂的组件一直有着近乎无限的需求。然而转瞬之间，主要客户几乎开始不约而同地取消订单，公司的订货量在一夜之间就“蒸发”了。我记得从某一天起，我不得不和搬出各种借口和理由、决定取消数千万乃至数亿美元订单的各大公司供货经理坐在一起，并要求对方赔偿我们的损失，但我得到的告知却是我们“运气不好”。

在不到90天的时间里，用于世界各地光纤网络的光部件和子系统的收益就下降了80%以上，股价顷刻暴跌。让我们很多人成为纸面上的百万富翁的股票期权，现在变得一文不值。然而，和互联网世界的许多“宠儿”不同，捷迪讯通讯公司是一家建立在涉及独特高科技材料的物理学和工程学之上的公司，拥有从事长远研究和开发的科学家所组成的实验室及对位工厂。对于一个高科技硬件企业而言，经历这样一个完整的产品需求逆转过程，可以说是史无前例的。

公司迅即从迅猛增长的模式转向了令人绝望的生存模式。在接下来的两年时间里，随着需求的继续下跌，捷迪讯通讯公司以前所未有的速度整合并撤销了其操作和研发力量。到2003年，公司将其工厂基地缩减，从40多家工厂减少到只有13家工厂，并将其最低端的制造业部门整合为在中国深圳和福州新组建的业务部门。

作为我行使的个人职务角色的一部分，我和公司的行政领导团队成员一道花了很多时间关闭各个业务部门并完成裁员。那些正在热火朝天地参与一家大企业成长的员工，突然有一天被告知他们将在几周后失业。我解雇了许多人，他们有的濒于崩溃，恳求我给他们一个解释，实际上是恳求我给予重新考虑，似乎那是我个人做出的决定。我试着解释那不是我个人的决定。他们大多是我在职业生涯中所共事过的最出色的同事，但是公司的财务情况根本就不允许公司完整地保留所有员工。

在两年的时间里，我亲自裁掉了一百多名主管、高级经理和专业技术人员。他们永远都不会原谅我。在这方面没有什么可以粉饰的东西——我们已经被迫把美国的就业岗位转移到了中国，为的是让公司在一个制造成本崩溃的行业中能够继续参与竞争。

捷迪讯通讯公司幸存下来了，这是我与之共事并向其学习的多个主管人员所构成的管理团队创造的一个奇迹。我们带领公司经历了一段时间的迅猛增长，然后是一个可怕的低迷阶段，并最终建立起了一家能够挺过任何打击的公司。很明显，到2003年年底，公司面临的是一个长久的缓慢增长时期，因为网络通讯业开始了它逐渐恢复的过程。我和几名同事对于科技创业有一个很好的主意，在晚上和周末召开了一系列会议之后，我们就有了旨在让一个新的合资企业获得腾飞的商业计划和初始资金。在以后将近3年的时间里，我第一次对某种东西再度充满了信心和激情。

然后，我接到了一个电话——它改变了一切。

斯科特·乌里希，来自得克萨斯州奥斯汀市的一个人事主管，代表在其五角大楼的一个同事首先联系了我。负责监督国防部物流物资管理的布拉德·伯克森，想和我谈谈关于我们在捷迪讯通讯公司供应链方面的工作，以及国防部面临着的相似的挑战。这让我感到好奇。我们在捷迪讯通讯公司所开展的工作固然一直是具有世界级的影响的，但由于业务经历过长期的崩溃，从未得到过太多的关注。和来自政府尤其是军界的人士进行交流很有趣。也许有这样的可能——我们在捷迪讯通讯公司的工作，能够提供某些有益于国防部的经验教训。

在经过第一次长时间的电话通话后，伯克森表示，他希望我考虑一下为国防部工作。我对此不是特别感兴趣，但还是决定造访华盛顿。至少，我想看看五角大楼，所以我休了几天假，去和伯克森见面。

别的不论，但就招募新员工的“主场优势”而言，五角大楼是充满无穷诱惑的。走过马歇尔、艾森豪威尔和布雷德利曾经走过的大厅，那种感觉令人敬畏。五角大楼让我过去所做的工作——我一直引以为傲的工作——似乎显得微不足道。伯克森有一个改善国防物流的宏愿。他把我介绍给他的很多同事，其中大多数人都是从企业离开并直接为国家服务的。他们是一个令人印象深刻的群体。

对方提供的那种工作也令人印象深刻：我受邀负责监督国防部的物流与供应链管理现代化。这是地球上最大的企业，其规模足足是当时最大的公司IBM的4倍以上。伯克森解释说，就其规模和价值而言，这个机会完全不同于我此前碰到过的所有机会，这份工作具有我在私营部门永远不可能感受到的意义，我将能够在我们国家的一个历史关键时刻做出成就。

我很快就被自己的爱国心“出售”了。

我带着使命回到加利福尼亚。我将把我的全家带到华盛顿并为我的国家效力。在经历了让一些美国人失业并将工作机会转移到国外而带来的内疚感折磨的那几年之后，我意识到，这是一个“赎罪”的机会，也是我个人动机的一部分。

我召集了我一直计划与其开启一个创业项目的同事团队，并告诉他们这个消息。他们感到震惊：那种对我而言如此重要的事情，对于他们来说没有多少意义。我怎么能够放弃创建一个几乎完全属于我自己的公司的机会呢？我们此前一直坚信，我们正在做一件有把握的事情。但是现在我对于加盟国防部的信念不可动摇！

接下来的情况似乎是顺理成章的。从我告诉伯克森我会跳槽并加盟国防部的时刻算起，6个月之后，我收到了一份明确的聘用合同。我是在国会授予国防部的一项最新权力之下被聘用的，这项权力使得国防部能够以最高联邦薪酬等级聘用来自私营企业部门的高级管理人员和“资深专家”。不过虽有国防部的这项授权，国防部的人员的薪资却出奇地低：五角大楼可以提供的最高高管薪酬，几乎不到我在捷迪讯通讯公司最后一年的70%。但对我来说，这件事主要涉及的不是金钱的问题，它是一个为国效力的机会。早在我在等待正式聘用合同的期间，我就不断地与布拉德联系并表明我的兴趣。当合同最终到来时，我立刻就接受了邀请。

当我在8月2日早晨来到五角大楼时，第一天就听到了坏消息：国防部负责人力资源的副部长戴维·朱，针对在国防部范围内聘用高素质专家颁布了一项具有约束性的政策。通过这一政策，朱剥夺了所有高管的任命权，基本上使得这些职位实际上变成了高级顾问①，因而管理决策、对联邦雇员的直接管理或者对政府计划的行政监督，高管们行使这些职责都是不被允许的。

朱颁布这一政策，是受到了来自联邦政府的高级行政官管理协会（SES）的压力。这个协会是一个主张联邦政府实行文职雇员最高薪酬限额的组织。高级行政官管理协会觉得，国会通过的最新高职位聘用规定，威胁到了联邦官僚机构传统上的高管招聘流程（该流程将行政职务限于政府内部而非外部候选人），并游说朱的高级职员通过了那项限制性的政策。

伯克森告诉我，根据这个决定，同时由于我未被赋予直接管理权限，因而我将不会在五角大楼得到一间属于自己的办公室。

我已经举家迁到华盛顿。我卖掉了家里的房子，并且依据一项针对新入职人员的通知，我刚刚将家里所有私人物品邮寄到了别的州。我改变了我的职业生涯进程，接受了大幅度减薪并来到华盛顿，到头来却发现我的职位不具有任何有意义的权限。

及至搬进五角大楼附近一个办公塔楼楼群当中的一间小房间里，我愤怒的情绪逐渐变成了郁闷。我跟我的妻子辛迪长时间交谈。我们最终决定重新考虑整个安排，并且改变计划，把家搬回加利福尼亚。我们需要几个星期等待我们的物品到达，然后把更多东西一起运回家中。

我向伯克森解释了我的困境，他让我在决定放弃之前先做一件事：陪他到阿富汗去一趟。他早该去阿富汗并督查那里的物流业务。我决定和他一起去。至少在国防部的短暂任期内，我兴许还能够看到一点儿东西。

环绕巴格拉姆空军基地的那处山谷的兴都库什山脉，是一系列雄伟的白雪皑皑的山峰，6 000 英尺的海拔高度，让空气变得稀薄而清新。作为一处苏联空军基地，那个区域完全被围栏设施所包围，因为那个区域之外曾是 20 世纪 80 年代以来留下的一个地雷区，当时阿富汗圣战组织曾经为推翻苏联红军

① 国防部政策备忘录《聘用高素质专家》，负责人力资源的国防部副部长办公室，戴维·朱，2004 年 2 月 27 日。

占领而展开过斗争。

基地旁边是一个小村庄，当地的阿富汗人在基地工作。他们当中没有任何紧张气氛，所有的人都十分友善。有趣的是，在他们脸上你完全看不到阿富汗人那种常见的“表情”；他们大多数人的外貌似乎集中了我过去在南亚次大陆到东亚乃至到欧洲所看到的各种面孔特征。

伯克森熟稔地穿行于各补给站和堆场，细致地调查业务情况。他熟知军队物流语言，知道该询问和了解什么。作为麦肯锡公司的一位前顾问，伯克森能够得心应手地很快评估出一项分配或者物流运行情况，并就如何提高性能提供快速反馈。在餐厅与基地指挥官共进晚餐之后，我们当晚便在那里就寝。我们睡的是胶合板结构的床铺，这是为来客准备的居住设施。一切都很顺利。但是当我躺在那里，听着奉命出发的 F－15 喷气式战斗机不断发出的怒吼声，我决定回到加州的决心再次变得坚定起来。我差点儿又犯了一个大错，我的确不属于这里。我喜欢建立业务或组织，而不是提供建议。如果我得不到权力，我就不得不离开。

阿富汗之旅只是更加坚定了我离开的决心。

在凌晨两点钟，我被一个同事叫醒了，他摇着我的胳膊：“有紧急情况。我们的航班提前了，快收拾东西，我们得离开。”我手忙脚乱地穿好衣服，把我的东西拖到外面。我们返回德国拉姆施泰因空军基地的 C－17 航班已经到达。一个穿着一身国家公园管理员制服的士兵受伤严重，因此必须被转移到德国兰施图尔市接受手术。我们的航班将作为他的救伤直升机使用。

我们先登上飞机，我挑了靠近飞机前端的一个帆布折叠式座椅坐下来。当我放好旅行袋，准备在这次长途飞行中休息一会儿的时候，一些机务人员开始进入机舱，他们带着各种医疗器械和设备。他们把那些器械连接到飞机机身一侧：一副担架，输液固定装置，各种监控设备。这些都在我的正前方，与我距离大约有 10 英尺。

当设备准备就绪以后，两个战地医疗救护人员把那个受伤的士兵抬到了机舱前面，并把他的担架固定在机架上，以便让他在去往德国的整个航程中比较安稳。他显然受了重伤，头部和身体渗出的血液染红了纱布绷带，他的情况很严重。

突然，一个新面孔出现在我的视野中。来者是一个身材瘦削、头发花白的军医，穿着一套连身衣裤——就像是我以前看到飞行员穿的那种飞行服。机务人员帮助他系好安全带——一种用皮带连结着飞机舱顶和地板的四点位固定系统。这样当他照料伤员时，万一飞机发生颠簸，就可以使他的身体保持平稳。

在医生被固定在那个位置后不久，我们便开始了前往德国的航程。

在之后的 8 个小时里，我呆若木鸡地看着这个年轻的战士在死亡线上挣扎。医生和护士从未离开过他。医生不是年轻人，他至少有 50 岁了，尽管他瘦削而健康，但当飞机降落时，他显然已经精疲力竭了。

我忽然意识到，这个医生本来可以在任何地方工作，他可以过着很优裕的家庭生活，他可以进行肉毒杆菌注射，从事着每年获得数百万美元收入的整形手术工作。

但是，他并没有这样做。

他选择了为国家服务。

我受到了极大的震动。

相比于我那小小的挫折，我对于未来有什么好抱怨的呢？

我打消了回加利福尼亚的念头。

国防部是当今世界上最大的工业企业，其预算规模等同于多家航空公司、船运公司以及沃尔玛的规模，承担着产品的分销业务、技术研发任务，其实验室、工厂、仓库能够提供国防军事武装力量所使用的任何设备，并实现了生产和维护的垂直一体化 *。

这是一个令人敬畏的组织，能够把军队以及军队需要投放的物资投放到世界任何地方。①然而，和私营企业不同的是，国防部的存在并不是为了从其业务运营中获得经济效益，而是为了支持执行重要国家安全任务的步兵、水兵、飞行员和海军陆战队队员。

---

* 又称纵向一体化，分为前向一体化和后向一体化。前者是通过兼并和收购若干处于生产经营环节下游的企业，实现公司的扩张和成长，如制造企业收购批发商和零售商等。后者则是通过收购一个或若干供应商，以增加盈利或加强控制，如汽车公司对零部件制造商的兼并与收购等。——译者注

① 按国防业务部门实际运作规模衡量。

这种任务差别，使得应用于私营企业的标准管理模式在应用于国防部时，就有了某种局限性。尽管在私营企业所做的许多事情都能够应用于国防兵工企业，但两者的商业模式的核心将会有一种根本性的冲突。私营企业的本质是提高权衡风险和盈利的能力。在商业世界里，你错过了那种平衡过程，你就可能会错过利润目标。在私营企业中，你错过那种平衡过程达到一定程度，你的股价就会下跌，进而你就会失去工作。

在国防部，业务运营必须权衡风险和生命损失。根据国会提供的预算，在某一时刻或者某一地区，如果必需的材料或者储量供应未能得到满足时，军警人员的生命乃至国家安全就可能处于危险之中。

在国防部范围内，这种风险和负回报之间的极端不平衡，使得变革异常困难。在过去几十年里，尽管存在着各种可以想象到的低效率，但国防部的业务运营已经使我们的军方成功地完成了各种难度极大的任务。变革的阻力来自两个主要方面："目前的工作方式就行得通吗"，以及"你想成为那个打破现状的家伙吗"。

国防部的整个工业企业，是一个个独立的子企业组成的松散和低效的联盟——陆军军事部门、海军军事部门（其中包括海军和海军陆战队）以及空军军事部门。在财政方面，每个军事部门都有从每年 150 000 亿到大约 250 000亿美元不等的年度预算，使得每个军事部门都和最大的跨国公司的规模相当。

多年以来，国防部已将一些关键性的职能变得集中化。成立于 1961 年的国防物流局（DLA），负责维护和保障所有军种常规必需品并对其进行管理，比如燃料、食品、基础部件、日常必需品、外壳材料以及其他物品，都归国防物流局集中管理。它有大约 500 亿美元的年度预算，这使它本身成为世界上最大的供应链管理组织之一。

成立于 1991 年的国防财务和会计服务局，为国防部所有部门提供统一的财政事务管理。供应商付款、工资和其他常规金融交易，都由该组织集中管理。

总体而言，任何活动的集中化和现代化，都会遭到军事部门的抵制。然而，在一个军事部门内部建立一个机构或者办公室（有的存在几年时间，有的永远存在），将不同职能集中化，这种情况并不少见。

在这方面，国防部很像一家由多个独立部门组成的巨大的跨国控股公司。我们不妨考虑一下鼎盛时期的通用汽车公司或者今天的通用电气。一家由多个业务部门组成的庞大集团，其中必然有一些共同的东西，但也有很多东西是独特的，而且只要有利可图，每个部门都有极大的自我管理的回旋余地。一家集团企业的一个大型部门，总是希望能够自行其是，它通常并不需要来自集团总部的直接介入。这种情况也类似于各个军事部门与国防部长办公室之间的关系。

不同于大型跨国公司，国防部并没有强有力的集中领导权，无论是就国防部的设计初衷还是现实情况而言。虽然需要向总统报告，但国防部主要对国会负责，国会规定它的预算，监督它在武器系统方面，包括在国会选区创造的各种工作机会方面的主要支出（对于其次要支出的监督也在逐步加大），然后经由参议院确认并批准对于由总统推荐的高级政治领导人的任命。

所以，在其最高管理层面，国防部又和一家公司完全不同。其首席执行官（国防部长）与其领导团队彼此间往往并不十分熟悉，而且有时候，后者表现得更像是直接对总统负责——即便从组织结构上说，他们要向国防部部长汇报。相对于他们的职责范围而言，他们的任期通常较短。

另外，任何组织的管理质量，都取决于其有能力为其工作人员提供激励机制，奖励出色的表现者，推动业绩不佳者取得进步——要么是通过积极鼓励，要么是让别人取代他们的位置（如果有必要的话）。联邦人员管理过程本质上不提供任何这种奖励。我已经直接经历了这种过时的招聘过程，它使得招聘外部人才进入政府部门很难实现。

同时我还发现，在政府部门内部，通过一些基本管理手段，例如薪酬激励、全年加薪或者绩效奖金，来奖励出色表现者也基本上是一种奢望。政府官僚机构可以享受到一揽子的年度增薪福利，通常是1% ~3%的幅度。“通用计划”绩效管理系统，使得一种绩效等级和弹性工资可以在年度一个或者两个百分点幅度范围内浮动。就是这样。很少有经济上的或其他有形的奖励用于鼓励出色行为表现者。

而且，终止表现不佳雇员的任期更加困难。一种更简单的做法只是把表现不佳的员工安置在“没有出路”的工作中，以此“解决”他们的出路，而不是终止其就业。

在这样一种环境下，要快速推动变革或者“转型”，几乎是不可能的。

但是，有许多人还是在尝试。

2001 年 9 月 10 日，国防部部长唐纳德·拉姆斯菲尔德对国防部发表演说，他呼吁国防部将其业务运营现代化并大力减少浪费。[①] 这次讲话引人注目，尤其是因为它就国防部运营的低效率、设计和部署新武器系统的时间提供了具体数据——在某些情况下，当武器系统被输送到现场时，存在一种技术过时的风险。拉姆斯菲尔德还对于国防业务运营现代化——从武器采购到财务管理再到流水线安装和军事物流——推出了一项重大举措。

就在第二天，也就是 9 月 11 日，一切都发生了改变。国防部部长和他的高级领导团队重新调整了侧重点，要对纽约和五角大楼遭到的攻击做出回应。

当五角大楼准备向阿富汗发动战争时，国防企业现代化管理被委托给了国防部财务负责人——国防部副部长兼审计主任多夫·扎克海姆。在他的监督下，推出了一项业务管理现代化项目（BMMP）。

在推出 BMMP 项目（作为拉姆斯菲尔德要求提高效率这一目标的一部分）的过程中，扎克海姆宣布必须在明确审计国防部财务报表上有突破，同时宣布了 BMMP 目标的截止时间：2007 年。[②]

审计财务报表应该是管理任何企业以确保问责的一个基本部分。像大多数其他联邦机构一样，国防部不能审计其财务报表，它无法精确跟踪已向国会上交的相关业务情况所导致的金融支付或公民纳税义务的财务报告情况。这显然不是一件小事。这也是为什么要做到这一点如此艰难的原因。

国防部在采用技术方面一直走在前列。早在 20 世纪 50 ~ 60 年代，五角大楼就广泛部署了大型计算机系统，而且有些今天仍在使用。在其后几年乃至几十年的时间里，其他附加系统也在被不断添置过程中，直到这一部门成为从自动化之初就诞生的多种系统和软件以及今天的各种互联网应用设备的

---

① 国防部部长唐纳德·拉姆斯菲尔德发表的演说，主题是“国防部采办和物流管理”，2001 年 9 月 10 日，星期一。

② 国防部副部长兼审计主任多夫·扎克海姆汇报美国国防部财务管理计划，美国参议院听证会第 107 届国会、武装事务委员会准备和管理支持小组委员会，2002 年 3 月 6 日。

汇集地。多年以来，随着财务报告首先在地方一级实现自动化管理，各种财务数据可以很快提供给更高层组织，但在国防部范围内，没有建立任何必要的会计分类标准，最终，它不得不应用人为干预以及从加法机到计算器、电子表格的各种解释手段，以便解释层层财务信息。

在 2004 年，有超过 2 000 个业务系统用于国防部以提升其审计能力，并获得了一些至关重要的金融信息。国防部的财务报表不存在任何标准财务编码结构，没有任何常见的会计代码或者会计报表，只是通过电子表格的人工干预方式汇总信息，并最终将这些信息提供给国防部高层用于预算管理和决策。

在国防部直属的每一个机构，都没有高效的技术化手段规范这种信息流，以使财务管理实现自动化或更加便于审计。一般而言，如果能从更高层面获得一家企业的财务信息，那么这有助于资金在组织与组织之间或者项目与项目之间流动。最好保留原有的做事方式而不做出任何改变，以此保护你的预算能随时派上理性用场，而不是让上级领导很容易重新分配你的资金。

考虑到部门的规模，审计国防部财务情况本身就是值得商榷的。就数量而言，如果换算成国内生产总值，国防部的预算能够在世界上所有国家当中排名第 17 位。鉴于一个大国政府的规模，从财务上审计一个组织，是很难想象的。

BMMP 项目的规模因此变得格外引人注目。它试图标识出它可能在整个军种和国防部的部门当中，能够引发和推动一场以财务决策推进所有交易的进程。它会将每一道工序重新设计成一组标准，以剔除支持旧流程的保留系统，而在整个国防部实施新系统和新流程。

这种在表面上看来似乎大胆而又有远见的做法，实际上远远超越了具有脆弱和分散管理结构特征的国防部的管理能力。而对于独立军事部门及其各自业务运营领域进行改革这一权力缺位，使 BMMP 项目从一开始就遭遇失败的可能性非常高。

3 年之后，也就是到了 2004 年年底，BMMP 项目走了一条管理模式的老路——它始终处于挣扎中，未能实现任何预期的成果，并且花掉了大笔纳税人的钱。鉴于每年超过 1.2 亿美元的总预算，这个项目几乎完全失败。

当小布什总统赢得连任后，我为我的新老板——负责采办、技术和物流的国防部副部长迈克·韦恩——准备了一套大胆的方案。作为前通用动力公司总裁，韦恩是一个明智的领导者，他具有广泛的商业背景和深厚的军事人脉关系，他非常熟悉国防部的运转情况，他了解为什么任何自上而下的管理手段都会失败的原因。结合他的意见，我建议对 BMMP 项目进行全面的重新设计并缩小其应用范围，并通过在国防部范围内建立合法的管理机构以发挥它的作用。①

随着时间的推移，通过制定一些关键信息标准，将它们付诸实施，并将各种流程落实到位，这样就能够推动国防部长期和稳定的改进，财务管理也会越来越透明。但是，这些流程可能会嵌入职业官僚文化当中，并将比反反复复的政治任命过程更加持久。如果在 2001 年这个项目推出之际就采取这样一个增量的和连续性的改进手段，如果它在小布什政府在任期间就一直被采用，那么扎克海姆预计 2007 年截止审计的目标可能早就提前实现了。

到 2005 年年初，我接受了对于我的国防部办公室次长*一职的任命，专门负责国防部业务现代化和重组 BMMP 项目。这相对于我在 4 个月前从布拉德·伯克森那里接受的让我苦恼万分的、无法施展才干的那个最初职位而言，这在职责上是一种显著的提升。

托马斯·莫德利是负责财务管理的次长，他不久前被任命为国防部财务问责制项目的负责人。他具有广泛的私营企业业务背景，包括一度负责一家技术公司的兼并和收购业务。汤姆**曾经是前海军飞行员并曾担任国防业务局执行董事。我们在 2004 年 12 月结识，之后关系很快就变得密切起来。他耐心而体贴，对于改进国防业务和经营需求充满激情，相对于我有时过于激进的个性，在性格上他可以称得上是对我的一个良好互补。我和莫德利被要求共同向国防部副部长保罗·沃尔福威茨提供我们的建议。

由于忙于应对在伊拉克日益恶化的情势和美国总统选举的余波，对于我们就五角大楼内部管理结构和程序进行改进的独特想法，沃尔福威茨表现出的兴

---

① 提交国防部的关于采集、技术和物流的 BMMP 项目重组方案，2004 年 11 月。

* 也即美国国防部部长或副部长的助理。——译者注

** 托马斯的昵称。——译者注

趣不是很大。但是，那次会面给我们带来了不错的结果。我和汤姆被共同任命为负责业务现代化进程的联席主任，并着手巩固国防部各机构范围内所有支离破碎的改进计划，以及将整个军种和国防机构的各种改进措施进行编目。

我们发现的情况令人震惊。从部长办公室向下延伸到所有军事部门以及下属单位和机构，国防部花费了 40 多亿美元用于改进其业务处理方式，其中很大一部分用于流程再造和系统现代化项目，而这些项目当中有许多已经停用多年。我们借助于立法支持开展行动，创建了分层结构以监督这些举措的落实情况，为旧的流程和系统转化为新的流程和系统确定具体目标和过渡计划，并且制定了一套小型标准化关键信息，它在承认军事部门自主权的同时，能够提高部门的整体管理水平。

通过我们在军事部门内部开展的工作，让国防部系统减省了五角大楼高层官僚自上而下的、旨在对这些部门职责所有方面进行微观管理的环节，使其动力和支持空间获得了巨大的释放。到了 2005 年秋天，我们建立了新的管理结构以及对程序进行审查的标准会议模式，并向国会提供了一份全面而又易于阅读的书面过渡计划，概述了国防改进计划所花的每一分钱，以及具体成果和阶段性目标。这使得我们可以根据任务要求衡量我们的进展，撤销那些不必要的计划，并且迫使相关责任方履行对于纳税人的承诺。

应我们的要求，新任命的国防部副部长戈登·英格兰批准了我们的计划，即合并国防部各个独立办公室的不同的流程、系统以及数据标准化团队，使之成为一个新的一体化组织。该组织被称为业务转型办公室（BTA），是国防部内部管理预算和人力资源的一个聚合体，它于 2005 年正式成立，我和汤姆被任命为联席主任。业务转型办公室的目标是为所有自上而下的国防业务流程和系统改进工作创造可能，推动它们取得成功或者将其关闭，以节省纳税人的钱。

我们着手增强国防部业务范围内的紧迫感。在五角大楼庞大的官僚金字塔顶端，将平凡的日常工作和士兵结合起来几乎是不可能的。但是，实现这种联系很重要。在以前我所负责的工厂事务的工作环境中，所有雇员都必须做完他们的日常工作，而且熟知工作完成情况的好坏对于客户而言的重要程度，对于公司而言也同样至关重要。

为了与战场上的士兵建立起这种联系，按照时任首席执行官凯文·肯尼迪的要求，我们使用了捷迪讯通讯公司的一种模型，并在业务转型办公室内部专门开辟了一个支持士兵的办公室。这个办公室的成员完全由具有业务和系统经验的前军事人员组成，对于五角大楼顶层的组织而言，它能够发挥一种前所未有的作用。它被赋予了这样的任务：到战场上的部队当中去，在指挥官允许的范围内尽量接近第一线，以便掌握从国防部顶层推动的物流、人员管理、财政管理政策、程序或系统是如何影响部队士兵的。

我们任命不久前退休的海军陆战队上校鲍勃·洛夫领导这个团队。鲍勃是一个相当聪明而且狂热支持将工作做到尽善尽美的人。他很快就明白了成立士兵办公室的用意，并很快就大刀阔斧地开展工作。在几个星期内，他的团队就接触了部署在关键地点的陆军部队、海军部队和海军陆战队。

不久，政府问责局积极评价了国防部业务管理的变革。[①] 行业媒体也给予了充分关注，我从未打过交道的华盛顿新闻记者主动报道了我们的工作。[②] 之后，我们应要求在国会监督委员会前作证词，国会监督委员会的全体成员一致称赞了我们所推动的变革以及国防部在如此短的时间内产生的高效率。[③] 经过一年半的努力，我和汤姆为国防部业务运营的不断改进带来了真正的效益。对我们共同领导取得的进展感到满意的国会，在 2005 年的《国防授权法案》当中，加入了非正统共同管理结构模式，使之成为一项法律规定。[④]

2006 年 1 月，我们跟随一个进行实弹训练的海军陆战队连队行走在一个干燥的峡谷之中。在前进过程中，指挥员不断地向海军陆战队队员大声下达命令，你很难不被官兵们展现出的那种高效率和敬业精神所折服。

我们参观了彭德尔顿军营——美国首支海洋远征军的大本营。这支远征

---

① 美国政府问责局向国会委员会提交的国防部业务系统现代化报告：《需在军事部门内部复制公司企业的管理机制》，2008 年 5 月。

② 保罗·麦克洛斯基：《业务转型如火如荼》，《联邦计算机周刊》，2006 年 3 月 26 日。

③ 美国众议院政府改革委员会，管理、财务和问责政府小组委员会听证会，第 109 届国会，2005 年 6 月 8 日；美国参议院武装委员会，管理和准备小组委员会听证会，第 109 届国会，2005 年 11 月 9 日。

④ 美国国会《2005 财年罗纳德·威尔逊·里根国防授权法案》，公共法 108—375，2004 年 10 月 24 日。

军很快就将部署到伊拉克安巴尔省，那是在状况不断恶化的伊拉克冲突中最危险的地区之一。囊括了伊拉克战争老兵及新兵的海军陆战队部队，通过一系列强化训练，准备应对从实际作战地点到地方社区的所有突发情况。我们在彭德尔顿已经模拟建立起了一个伊拉克村庄，并配备了装扮成伊拉克人的阿拉伯裔美国人志愿者，他们表现得像是真的经常与年轻的海军陆战队队员打交道的当地村民。

我对我们的部队让这些年轻人所从事的这份工作的复杂性感到惊叹，这本质上就是在一个语言和文化完全陌生的地方扮演真正训练有素的战士、当地警察以及社区发展专家的多重角色。我很想知道即便是对于那种经验丰富的老警察而言，他能够把我们即将分配给 20 岁出头的海军陆战队队员的这份工作做得有多出色。我也被这支海军陆战队为了让这些年轻人做出充分准备，以便应对分配给他们的任务所付出的努力深深地打动。多数美国人并不了解我们为扭转伊拉克安全程度下降的情况而要求这些海军陆战队队员所做的工作。

我是应鲍勃·洛夫的要求来到这里的，他建立了一个检验程序：让他的支持士兵办公室与部署前的陆军和海军部门打交道，以便评估他们将用来支持部队行动的材料或者业务流程可能出现的不足。我们的实战训练之旅，是我很乐意接受的一种可以用以游说华盛顿政要的“标准产品”。我非常欣赏鲍勃的努力，让五角大楼的官员们接近部署部队，是一个比我所希望的更大的成功之举。

负责接待我们的是理查德·吉尔默少将和分管物流、民政事务和业务支持的指挥官戴维·莱斯特准将。作为部署职责的一部分，莱斯特将接受一项额外的任务，即负责一种被他称为“经济化行动”的工作，实际上就是看看可以做些什么，以帮助改善当地经济。当他向我解释这一点时，我只是略有兴趣而已。我来到这里，主要是为了看看业务和物资管理流程，战区的经济发展远远超出了我的职责范围，但莱斯特还是坚持不懈地讲述他的兴趣所在。他有一种美国高中橄榄球四分卫那种天然的领导者气质。他性格外向，喜欢交际，容易沟通，并且非常愿意与我们合作。

我们带着一张待办事项清单离开了彭德尔顿军营。从业务的角度来看，由于我们这些“局外人”的介入，这样的清单似乎将足以妨碍海军陆战队一贯的政策和做法。不过返回五角大楼后，我再次投身于正在持续产生效果的有关业务管理现代化计划的日常活动中。

那年春天，鲍勃力劝我再次造访美国驻中东部队，这次是在伊拉克西部的部署地。虽然我告诉他我有兴趣前往，但我并不是很想去伊拉克。我的日程表总是排得满满当当的，但在2005年年底，鲍勃与负责改进购买战区商品和服务（这在国防部内部被称为“应急承包”）业务系统的业务转型办公室成员一道前往巴格达。应用于国防部内部购买活动的这些业务系统，是为了在国内或者安全的海外基地的和平行动而设计的。所有这些系统的设计意图，都与网络接入和基本自动化不可用的作战环境无关。部署在战地的陆军士兵和海军陆战队队员使用的是纸质系统，以便获得完成任务所需要的东西，并用现金为那些物品或服务付账，这就为欺诈和滥用留出了巨大空间。

在2006年年初，空军少将达里尔·斯科特承担了在伊拉克所有的承包责任。在穿制服的军人当中，达里尔是我所见到的最具商业头脑的人，他着手改革在伊拉克的应急承包系统。他开始委托鲍勃和业务转型办公室的团队为战区承包开发出自动化解决方案。为了支持在伊拉克的多国部队指挥官乔治·凯西将军，达里尔开发了一种后来被称为“伊拉克先导”的战略系统（美国还制订了“巴基斯坦先导”、“阿富汗先导”等相关战略计划），军队进口由伊拉克商人以较低成本提供的数亿美元的商品和服务，这可以刺激当地经济，同时也有助于维护当地社会稳定。业务转型办公室为应急承包系统持续做出努力，以便支持斯科特将军的计划。

在结束与海军陆战队的一次碰面及一个后续行程之后，鲍勃再次就他的提议与我协商。莱斯特将军请求他协助完成某种不同寻常的任务。当时，莱斯特正在寻求召集安巴尔省的一批部族领袖，于是约定在约旦首都安曼这个中立地点和他会面。自萨达姆政权倒台以后，安巴尔省的大多数逊尼派部落曾抵制美国在伊拉克驻军，并且窝藏甚至积极支持攻击美国军队的基地组织。经过3年的对抗之后，在安巴尔省行使民政事务领导者角色的莱斯特，在吉尔默将军的命令下开始与部落展开对话。

然而，他受到了一种不可思议的约束。尽管在伊拉克战争中每月花费多达数十亿美元，但部队方面却没有任何可以用于在安曼省举行部落首领会议的预算。莱斯特询问鲍勃：“我的办公室能否为这次行动提供必要的资金?”

我问鲍勃，莱斯特需要多少资金，他说 5 万美元。这在国防部是很小的一笔钱，还不如报 10 亿美元呢。所需资金是根据具体用途由国会向国防部拨款的。你不能把作为一种用途的国会拨款资金用到另一种用途上，不管资金数额有多小。海军陆战队没有用于在伊拉克以外的部落活动的预算，我也同样没有。

我告诉鲍勃，我们没法帮助莱斯特实现他的要求。几个星期后，那个要求又来了，这一次更加迫切。数月前美国驻地部队重新占领安巴尔省最大城市费卢杰的军事行动，不仅驱逐了基地组织，而且为海军陆战队和地方领袖开始接触以及在对待基地组织的方式问题上争取国防部的支持创造了机会。现在是加快推动工作进程的时候了。

我在五角大楼的财政办公室跟我的同事做了交谈。他们提出了一个创造性的解决方案：作为我们使命的一部分，如果我们联手和在约旦安曼的驻中东部队共同举行一次有关业务现代化建设的后续会议，那应当是可行的；或者具体地说，如果驻中东部队在安曼（同一地点和同一时间）和部落领袖举行会议，而且是在我们休会之后才开始使用我们为会议租用的会议室，那么这将是可接受的，只要在安曼的活动目标侧重于业务改造活动即可。

实际上，鲍勃与驻中东部队的海军陆战队之间举行了一系列后续会议。从多个角度来看，让海军陆战队驻扎在安曼是有意义的：它使得任何长期性会议在此举行比在安巴尔举行具有更安全的环境，也使得我们能够评估从约旦亚喀巴港口到约旦与伊拉克边境范围内的国防部其他供应链和物流业务情况。

所以，业务转型办公室在中东举行的第一次会议，为美国海军陆战队与安巴尔省有威望的部族首领之间的第一次正式接触提供了场地。我同意除了为这次活动提供资金和组织之外，也将亲自去参加会议，而且等我到达那个地区时，还会顺便造访安巴尔。

我来到安曼，参加了有关海运物流、工资、采购和其他流程的一系列冗长的会议。第二天，随着会议的继续进行，我被邀请参加莱斯特会见部族首领的活动。我看到的是一群 20 岁左右的伊拉克人，他们大多穿着传统的迪沙沙长袍*，戴着头饰，前呼后拥地进入会议室。莱斯特在会议一开始就呼吁：

---

* 阿拉伯半岛穆斯林男性穿的一种白色长袖无领长袍。——译者注

停止攻击美国，并且与海军陆战队合作，驱逐进入安巴尔、试图以伊斯兰哈里发名义在伊拉克建立基地组织的外国激进分子。

与会者反应强烈，他们愤怒地用阿拉伯语抨击美国犯下的所有罪行：阿布格莱布监狱*的虐囚事件，对伊拉克人民尊严的侵犯，以及伊朗人正在如何占领这个国家。那是一种在未来几年被反复表达的情绪，我后来也了解到，它在很多情况下是逊尼派对于什叶派领导人在伊拉克崛起感到愤怒的一种反应。

但他们也对冲突表示厌倦，对基地组织成员的行为感到强烈不满，因为基地组织对伊斯兰法律强加了过于僵化的解释，基地成员强行娶伊拉克女孩为妻，而且仅仅因为吸烟这样的轻微“罪行”，就随意切断他人的手指和四肢。

伊拉克西部的部落是贝都因人**的直系后裔，也是荣誉感很强和富有独立精神的族群。当初萨达姆总体上对他们不加干涉，遵从他们的自给自足感，以换取伊拉克的国内和平。现在，他们的世界已被彻底颠覆，美国对于伊拉克后萨达姆政权时代的整个管理不善，使他们确信美国人要么无所作为，要么拥有一个逐步征服他们的总体计划。

在安巴尔省，各个部落首领之间的接触，最终落实了一项称为“逊尼派觉醒”的成功举措：创建由部落年轻男子组成、旨在积极铲除基地组织成员的较为友善的地方武装势力。如同任何成功组织的发展过程一样，在随后的数年时间里，“逊尼派觉醒”产生了许多分支机构。事实上，从2003年年初伊拉克战争伊始，美国外交家、将军和高级官员们就努力接触逊尼派的部落首领们。莱斯特在2006年的接触工作，后来由他的继任者、准将约翰·艾伦

---

* 阿布格莱布监狱始建于20世纪60年代，是伊拉克前总统萨达姆执政时期的酷刑中心，之后又成为美军虐待伊拉克囚犯的场所。2004年，在部分驻伊美军虐待伊拉克囚犯的照片被公布后，阿布格莱布监狱丑闻随之曝光。在国际舆论的巨大压力下，驻伊美军在2006年关闭了该监狱。2009年，该监狱经翻修后重新投入使用，并更名为“巴格达中央监狱”。——译者注

** 贝都因人是西亚和北非的阿拉伯游牧民。“贝都因”为阿拉伯语音译，意为“荒原上的游牧民”、“逐水草而居的人”。第一次世界大战后，贝都因部落不得不服从游牧业所在地的政府管理，但仍保持其部落特点：族长制，父系社会，族内婚姻和一夫多妻家庭。——译者注

接手，艾伦最终得出结论：在安曼会面的许多部落首领实际上已经远离伊拉克，并且因为脱离安巴尔的日常生活太久，以至于难以发挥一定的领导作用。新一代安巴尔省领导人已经代替了他们的地位。2007年，艾伦将军和一个名叫肖恩·麦克法兰德的十分出色的陆军上校一道，强化了与“逊尼派觉醒”新一代成员之间的信任关系。

在这次系列会议之后，我和我的团队的成员（包括鲍勃·洛夫）离开安曼，乘坐海军陆战队一架C－130运输机前往伊拉克的塔加迪姆军营。运输机在塔加迪姆军营呈螺旋式快速下降着陆之后，我们便和当地的物流和物料管理指挥官——我们的团队在部署到彭德尔顿军营之前就见到过的负责人——共进午餐并举行了一次会议。然后，我们乘坐CH－47直升机到了费卢杰军营，在那里我们见到了吉尔默少将以及他的作战指挥官罗伯特·奈勒准将和莱斯特准将。

值得一提的是，塔加迪姆军营位于发源于附近幼发拉底河的运河而形成的大湖湖畔地区。湖水清澈见底，当我们飞过那片区域时，在一望无际的沙漠背景之下，湖面形成了鲜明而美丽的远景，使人想起美国亚利桑那州的沙漠美景，但前者的背景是近乎白色的沙漠，而后者则是美国西部的红色色调。那天天气炎热，温度高于100°F，虽然当时还只是5月。

那次造访有五角大楼办公室的两个高层领导与我同行：戴维·斯坎特林，前惠普公司高管和科技企业家，以及克里斯托弗·哈格，一个年轻有为、在运营管理方面具有广泛背景的系统工程设计和供应链管理主管。那天晚上，我们在宿舍不远处发现了一块空沙地，斯坎特林利用一个卫星基站帮助我们的电脑实现了Wi－Fi接入。银河系比我任何时候所见过的都更加生动。这是一个超现实的环境。我们是在伊拉克西部沙漠中上网。这是在战事频繁战区的一个最炎热的区域当中，由中年商人、军官、一位退休的海军陆战队上校和几个辅助员工构成的群体。我们彼此聊了几个小时。当这个沙漠之夜开始变冷时，我们才上床睡觉。

第二天早上黎明之前，我就被一阵震耳欲聋的爆炸声惊醒了。我惊恐地跳下床，发现了一处光亮，然后冲到外面隐蔽起来，因为我们显然是受到了攻击。在海军陆战队队员节制而又有礼貌的笑声中，我被告知，那只是附近海军陆战队的榴弹炮发射的声响。

我这才回过神来，便穿好衣服，去参加民政单位就当地经济发展状况举行的一系列情况介绍会。海军陆战队队员们都知道我们的本质身份是商人，他们最关注的就是我们能如何帮助他们恢复安巴尔省各个城镇的地方经济。倘若不能恢复当地人的正常生活，包括工作、学校和其他方面的常态，这些社区将再次成为动荡的温床，从而让更多的叛乱卷土重来。

显而易见，海军陆战队并未得到非军事机构方面的支持。尽管国内公共舆论发出的是相反的声音，但似乎除了驻扎在安巴尔省首府拉马迪的几个国务院外交代表和美国国际开发署的管理专家以外，没有任何常规渠道为海军陆战队队员提供支持当地基础性开发活动的专业技能和知识。

海军陆战队表达得很清楚：他们需要我们的帮助。有关如何评估当地的企业状况，以便确定它们能否提供充足的商品或服务的问题，有关定价、付款以及其他所有管理供应关系方面的复杂性问题，首先提上了日程。

在2006年春天，美国经济繁荣，失业率低于5%。具有讽刺意味的是，美国——全球资本主义的支柱和经济全球化的推动者，却让年轻的海军陆战队队员为了让当地大大小小的企业重新焕发生机而在安巴尔沙漠地区苦苦挣扎，这真是叫人匪夷所思。

在我看来，更令人不安的是国内对这个问题完全缺乏认识。新闻媒体积极报道过去两年伊拉克安全程度的逐步下降，却从未讨论过经济衰落作为一种暴力推动因素所扮演的角色。被长期抑制并导致逊尼派和什叶派冲突的宗派主义，由于清除萨达姆政权而得到释放的伊拉克人对于伊斯兰激进分子的同情，以及死灰复燃的民族主义，是媒体经常讨论的产生越来越多暴力事件的全部因素。但是，经济挫折却从未被作为重要影响因素而加以讨论。

我不明白为什么会出现这种状况，然而，这种认知缺乏所导致的后果是显而易见的。如果说有什么东西是美国应该能够提供的，那就是身陷困境的伊拉克人所需要的那种易于获取的从商技能。

第 2 章　将军的召唤

在费卢杰停留了两天之后，我们便启程前往巴格达，确切地说是前往维克托尔军营，一个距巴格达市中心大约 10 英里、位于巴格达机场附近的容纳了超过 5 万名美国服役人员的相当庞大的美军军事区。坐落于环湖宫殿式建筑群（这里原是萨达姆所建的一个度假胜地，供他几个邪恶的儿子和一些心腹所用）当中的维克托尔军营，现在是伊拉克境内的一个“小美国”。美式快餐、咖啡厅、健康俱乐部风格的大型体育馆以及一个大型军用百货商店，在一定程度上为士兵和承包商提供了如同在美国家中一样的物质享受。

我们被安置在联合旅游局酒店，这是位于大湖之上的一座小“宫殿”，湖泊对面是萨达姆当年的娱乐性王宫之一——气势恢宏的法奥宫，如今是美军在伊拉克的总指挥部。

这里的装饰风格异乎寻常地低劣和媚俗：镀金家具和水晶灯看上去华丽无比，但仔细察看就会发现，它们是用塑料或者涂上染料的木头做成的。我们很快就在大餐厅吃完午饭，之后就开始讨论我们未来几天的工作，主要侧重于安排和代号 C4（物流）、C6（信息技术）、C8（财务管理）的部门，以及达里尔·斯科特少将领导下的联合承包指挥部有关的会议。

不过，我们的计划几乎立刻就发生了改变。代号 C9 的民政事务部门很快就对接了我们的议程，我们需要与其积极合作。

联合旅游局通知我说，作为一名美国高级官员，我受邀于次日上午在一个叫作塔尔米耶的城镇参加由美国陆军工程兵团举行的一个市政设施的剪彩仪式。我表示谢绝，但他们坚持让我去，声称这对于民政事务部门很重要，他们由衷地希望我能够出席仪式。我被他们打动了。我虽然不知道到时候我应该做什么，但我决定去那里，并尽可能配合他们的一切要求。

次日上午，我们乘坐黑鹰直升机前往塔尔米耶。位于萨拉赫丁省的塔尔米耶，是巴格达以北靠近提克里迪斯的一个小型农业地区，也是萨达姆·侯赛因的家乡。萨拉丁省（以那个在西方被称为萨拉赫丁*的著名穆斯林军事领导人而命名）是叛乱的重灾区，而且塔尔米耶曾经是萨达姆政权时代的铀浓缩实验室所在地，在第一次海湾战争后国际原子能机构核查期间被关闭。

在飞行过程中，我第一次看到了巴格达。一座面积宽广的城市，没有任何有独特风格的建筑，事实上，它看上去更像是一个由老居民区、一些错落有致的大型房舍（以别墅区为主），以及似乎具有20世纪50～80年代初各种建筑风格的诸多大型建筑物组成的一个大杂烩。巴格达街头并非空空如也，但也没有多少车辆——要么是小汽车，要么是行人。对于一个如此之大的城市而言，未免略显清冷。底格里斯河将这座城市一分为二，河岸两旁高大的芦苇在水道两侧营造出两面绿墙。

我们在塔尔米耶着陆，第四步兵师第一旅辖下的一个连长接待了我们。在那个初春时节，这个步兵师解放了这座城镇，赶走了塔尔米耶的叛乱分子，并把该镇从一个美国人开展事业的高风险地带变成重建当地市政基础设施的焦点地带。维护该地区稳定做出的所有努力（包括重建当地学校和市场），旨在展示这个逊尼派人口占多数的城镇的进步，以及争取得到区政府内什叶派占多数的领导层与我们合作的承诺。①

飞机着陆以后，我立刻就被带去与这个城镇的镇长见面。他抓住我的手，给了我一种我将很快掌握的那种惯常的伊拉克式的“三吻”问候——右脸颊，左脸颊，右脸颊——然后拉着我的手，带我对他的城镇做了一次短程游览。当我和他携手绕行于他的领地时，路边的孩子们都簇拥着跟随我们前行。

他说的话我一个字也听不懂，但他是那样热情地带我参观他的城镇，不管走到哪里，都让人给我们拍照，他的兴奋是发自内心的。孩子们将我们团团包围。我戴着头盔，全身穿着防弹衣，那个荒谬可笑的场面让我备感困惑。

---

* 萨拉赫丁（1137～1193），埃及阿尤布王朝开国君主，穆斯林抗击十字军东征的英雄，原系库尔德人。他因在阿拉伯人抗击十字军东征中表现出卓越的领袖风范和骑士风度的军事才能而闻名基督徒和伊斯兰世界。——译者注

① 《美国国防部给塔尔米耶带来了什么?》，武装部队新闻服务局报道，2006年6月2日。

早上的太阳升起来了，日照强烈，温度开始上升，而仍被各种保护设施包裹着的我汗流浃背。在我看来，身穿这身铠甲去接近我本应当与其近距离友好交流的当地居民，这显然太不协调。

但是，当时就是这种情况。在我周围的那些美国公务员随从还有西方媒体记者，大家都穿着盔甲，所以，我也就这样坚持下去了。

我把同事偷偷塞到我手里的糖果送给周围的一群群孩子，接着，我们去了市长办公室。我们在那里喝了热茶，我们面前摆放着一盘盘食品和新鲜的西瓜。我们又匆匆地离开了他的办公室，因为指挥官通知我们说，剪彩仪式就要开始了。我们走到外面，发现在那座新大楼前面已经搭起了一个讲台，一个配备视频摄像机和麦克风的记者人群方阵聚集在那里。市长发表演说，大概 5 分钟，他感谢了美国士兵在拯救这座城镇以及重建城镇的基础设施方面所提供的支持。然后他看着我，示意我讲话。我走上讲台，尽我所能地做了不乏激情但又常规性的发言。我谈到这些新的设施是来自美国人民的礼物，而且代表着我们对于伊拉克的未来承诺的一部分。我尽量让发言简洁扼要。然后，我们走向那条红色布带，每个人都拿着一把剪刀，完成了剪彩仪式。

根据日程安排，我们最后一次会议是具有强制性的，要同美国驻伊拉克高级指挥官会面。通常情况下，我们需要见到的是乔治·凯西将军——驻伊拉克多国部队（MNCI）总司令，但他无法脱身，所以我被指定和彼得·切尔莱利中将做一次简短的会面和交流。作为驻伊拉克多国部队指挥官，切尔莱利将军负责实战行动：战区日常管理。大部分涉及部署军队和相关的空中及地面物资情况，都要直接报告给切尔莱利，然后再由他报告给凯西。

这使得切尔莱利成了一个大忙人。我预期那将是一次有礼貌的会面，简短地聊聊我的所见所闻，再握握手，然后很快退场，仅此而已。

行前，我多少还是有点儿紧张。

我们来到法奥宫，在那里见到了切尔莱利将军的下属，他陪同我进入那座辉煌耀眼的宫殿。法奥宫是在维克托尔军营的所有萨达姆宫殿当中最宏伟的一座，首先跃入眼帘的是一个巨大的穹顶式天井，上面装饰着硕大的仿水晶材料的吊灯。我进入切尔莱利的办公室，发现他正在对一些下属下达命令。

他的办公室里堆满了和作战有关的装备、一些伊拉克领袖表示感谢的礼品，还有书籍、纪念品和地图。这是一个繁忙之所，物品摆放有序，却并不十分整洁。

他站起来握着我的手表示欢迎。我第一次感觉到我后来所理解的那种所谓的“真正的使命感”的东西，那是只有在一个需要做出真正严谨的决定的地方，在一个没有时间浪费于琐事的地方才能体会到的感觉。确切地说，那是这一代美国人——无论他们在生活中的角色是什么——通常并不熟悉的地方。

切尔莱利有一种冷静和沉稳的风度，但当他示意我坐到一张椅子（他自己在那张椅子上坐下来）旁边的小真皮沙发上时，他的强大的气场才更加突出地散发出来。我的团队的几个成员和切尔莱利的一些下属，都在几英尺之外落座。

在简短的寒暄之后，我告诉他我们在做什么、我们发现了什么、我们认为应当如何改进几项运营流程，以便让他在支持当地经济发展方面的指挥变得更加有效。

我说完之后，他沉吟了一下，然后仔细询问了我的背景。别人显然已经告诉了他我是谁、我从哪里来。当他开始讲述他面临的一个特殊问题时，他开始变得兴奋起来。

他说，他的部队正在应对越来越多的暴力活动，这些暴力活动的一个主要驱动力就是伊拉克各地经济的彻底崩溃。他的军队不但需要对抗顽固的和激进的伊斯兰分子和恐怖分子，而且需要抓捕数量有增无减、仅仅为了金钱而无其他任何动机就实施爆炸的人。很多人都是失业的工程师或专业人士，当他们被抓住时就会恳求饶恕，声称他们是为了养家糊口，他们需要钱。有太多的年轻人无所事事。他说，他们需要有事可做。通过审讯，他们显然不是铁杆叛乱分子，而是在美国占领伊拉克 3 年之后他们还没有工作、没有前途，于是就加入了叛乱。

然后，他顺手拿起一张地图。他指着巴格达以南的地区，讲述了他在几周前刚刚访问过的一个地方。那原是一个客车厂，他说国务院的经济专家认为它过于陈旧，不适合用来建客车厂，但是他觉得，那个客车厂并没有看起来那么糟糕。显然，那个工厂过去聘用过数千伊拉克人，而它现今完全处于闲置状态。它所在地区的安全问题异常糟糕，而他的部队的官兵每天都看到和听到同样的故事，而当地领导人都看不到未来有任何美好的希望，所以，官兵们越来越同情攻击我们部队的基地组织或什叶派恐怖分子。

我可不太喜欢这场谈话的导向性。

“我需要你去看一下这个工厂。”

“将军，我尊重您的提议，可我是一个政治官员，国防部派我来是为了处理国防业务运营问题的，我来这里不是为了去看闲置厂房的。”

“你过去管理过工厂，对吗？”

“是的，可是……”

“你知道一家工厂应该是什么样子，不是吗？”

“是的，可是……”

“你也知道，除了你之外，这里没有人知道这一点。我们太需要有专业人士去看看那个客车厂了，你应该去走一趟，然后回来告诉我，我们是否有可能让伊拉克人重新回去上班。”

我的大脑开始飞速运转。这不是我原定计划中的一部分。但我想通过自己的合作意愿打动我面前的这个人。我感觉自己需要打动这个人。这不是什么企业精神的废话。这也不涉及一个公司高管试图把一家工厂迁往中国，并从每一块钱当中榨取几分钱利润这样的动机。

“我有几个伙计死在那里，如果你告诉我那个工厂没有任何希望可言，我就会另找出路。我需要你去做这件事，你的国家也需要你这样做。”

“我要怎么去那里？”

“我会打电话叫人开飞机把你送过去。”

“安全情况怎么样？”

“很差，越来越差，除非我们采取有效措施，不然局面不可能有任何改观。你真的会去吗？”

我一定是失去了理智，“是的，我会去！”

“好极了！等你回来以后，我需要第一时间见到你。一路顺风！”他的下属进入房间，然后护送我走出宫殿。

附近一处混凝土建筑阴面的温度测量仪显示这里的温度是 135°F。如同蒸笼一样的炎热天气让人无可奈何。汗水浸透了我的衣服。一件白衬衫，棕褐色工装裤，一双陷入伊拉克无所不在而又深及脚踝的灰尘中的登山靴，这是一套并不匹配的服饰。

显而易见，这不是那种类似于去参加剪彩的精心编排的访问。我现在真希望自己当初拒绝了切尔莱利。但我知道，我没有选择。

我和5个同事听完了那个部队分队指挥官的相关情况汇报，在接下来的几个钟头时间里，他的团队将负责保卫我们的安全。他们都是20岁出头但却久经沙场的年轻人，身着厚重的长袖数字化伪装军服，并且全副武装。在彼此的交流中，我们讲的笑话让他们发笑，我们彼此间低俗的打趣和揶揄越来越多，但你能感觉到那种笑声至少部分是礼节性的——当他们不得不开始行使保镖职责时，来自华盛顿的官员对他们的干扰所导致的不适感，也清楚地写在他们的脸上。

我们到了卡尔苏军事前沿基地，准备启程前往亚历山大市的伊斯坎迪利亚镇。这个位于巴比伦省北部、混合了逊尼派和什叶派伊斯兰信仰的地区，成了2006年伊拉克安全崩溃局势当中的一个主要冲突点。连接安巴尔省远东地带和巴格达省最南端部分的伊斯坎迪利亚，形成了那个被称为伊拉克“死亡三角区”的一个顶点，武装叛乱分子对我们的士兵和海军陆战队队员的自杀式攻击的频率高得惊人。

尽管存在高危险，但在那些穿制服的年轻人当中，没有任何人质疑我们的使命的价值，或者对于这项任务表现得缺乏动力和活力。

我在国防部的职位所代表的“外交”职务级别，使我相当于军事等级中的一个三星级将军。以我38岁的年龄，假如我选择军事生涯，并且具有完美无瑕的出色表现，那我可能会拥有中校军衔；假如我拥有某种辉煌的业务表现和无可挑剔的政治关系，也许就是一名上校。我从未想过自己会拥有将军一般的地位，更不用说是一个三星级中将了。

两年前在圣克拉拉*，我感觉到年龄对我而言越来越成为一种负担——对那些掌控技术舞台的20多岁的“神童”而言，年龄是你需要解释的某种东西，

---

* 美国加州旧金山湾区，也是美国硅谷的腹地。——译者注

证明你在这个领域并未“过气”。但在这里，情况明显相反。那些不自觉地流露出的表情，表明了某种不安的情绪——惊奇和失望。这个家伙怎么可能如此重要？他看上去可并不像是一个重要人物。

受到两年来每天在五角大楼工作到很晚这一不利因素的影响，我的身体素质已经大不如前，体重 270 磅，有些秃顶，体形不佳，容易流汗，说实话，我的外形的确并不怎么吸引人。

负责协助我们这次任务的那个指挥官——第四步兵师第二旅战斗队的一个陆军中尉，以及他这支由优等军士（NCO）和士兵构成的团队，都在卡尔苏服役过 9 个月以上。他们的实力和紧张感让我们清楚地感觉到，我们完成使命的过程将是怎样一番情形。

“万一遭到轻武器射击，要待在车里别动。”“万一有爆炸装置，你们要听你们的军士的指挥。”“万一炮手被击中，你们需要帮助他解开安全带扣环，把他抬进车厢里，并且给予必要的帮助，直到能够提供医疗救助为止。”

诸如此类。还有更加令人心惊胆战的——“过去几个月，就在今天这条路线上，每三个巡逻和护航车队当中，就有两个遭到过简易爆炸装置的袭击。”

用经过加工的“二手货”做成的厚重的装甲板的重量，使得车门一直都在嘎吱作响。专为轻型高速实战应用装备设计的 HMMWV *，已经被改造成一种电镀装甲车，但它很难对抗敌方的主要武器：土制炸弹。沉重的装甲板和加到车辆顶部的炮塔，让装甲车悬架发出呻吟般的声音。分配给我乘坐的那辆装甲车的炮手，还配备了一挺 50 口径的机枪，当他系好安全带坐在那里旋转炮塔时，他的腿紧贴着坐在逼仄的右后方的我的腿。当我们离开基地时，这辆令人气闷的小型“悍马”，扬起了路面上厚厚的尘土。各种武器已经准备就绪，所有的调侃和幽默都停止了。

我们进入了一条高速路，走了几英里之后，紧张情绪才有所缓解。泥砖房，山羊和绵羊，所有居民区乱抛的垃圾；无处不在的卫星天线；靠近任何水源的树皮粗糙的椰枣树；被芦苇堵塞的运河，将尘土飞扬的沙漠景观一分为二，并且灌溉着在如此炎热的天气下竟还照常生长的蔬菜、瓜果以及马铃

---

* 指高机动性多用途轮式车辆。——译者注

薯和小麦种植区。农场地块是呈方形的一块块绿洲，它们原本应是《星球大战》中那种常见的、无边无际而又十分酷热的沙漠尘土景观。

我们穿越一个小镇，街道两旁都是人，没有人微笑，只有面无表情的凝视，或者还要更糟糕，是冰冷的注视。一个孩子在挥手，他周围的长者把他从街边推开。我脑海里彩旗飘扬，只有这里的人获得解放的美好画面。然而，两天前我在塔尔米耶所受到的隆重接待，与这里残酷的现实形成了强烈的反差：我们显然是不受欢迎的！

每隔一英里左右，路面上就有一个弹坑，它们标志着叛乱分子曾经用致命的手段对抗我们的战士。某些爆炸产生的弹坑已经完全摧毁了道路，我们一再地从硬路面驶过沙填坑，然后再经过硬路面，而整个沙填坑的直径之大，清楚地表明了爆炸的规模和影响。

士兵们谈起了他们的经历。他们三三两两的对话，明显地体现出他们对当地居民的怀疑。没有可以正面交手的敌人，也基本不了解当地语言和文化，他们相当于在一个外国人占多数的辖区巡逻的警察，他们无法理解这个辖区的语言、文化或者信仰。而且在很多情况下，他们的弟兄总是在死亡线上挣扎。

在穿越了那些切断绵延不绝的平原沙漠的农田和村庄之后，我们进入了伊斯坎迪利亚。我们经过的该镇那条主要街道上店铺林立，有面包店、屠宰店、干货店和家用电器店。这是第三世界的村镇集市。在地面 7 英尺以上，随意拉起的电线比比皆是。一团团捆绑在一起的电缆，极不雅观地从墙外钻入了每一栋建筑物的内部。但是，和人们所想象的在周末下午将会看到的熙熙攘攘的热闹景象不同，街道上人很少，而且我们看到的那些男人一旦与我们的目光对视，他们的表情就会显得更加愤怒。

我们这支穿过城镇、由 9 辆军车组成的车队，导致街上所有的活动都暂停了下来，车内的紧张气氛也达到了顶点。

在距离伊斯坎迪利亚中心几英里的地方，我们的车停在一座有着很大入口通道的大厦旁边。这座建筑物正面结构体现的风格，是你在世界上任何地方的工业总部都可能看到的那种。一个伊拉克男子走出来迎接我们，当我走到他跟前时，我那不合身的防弹衣和头盔，继续遮盖着我汗津津的头和衣服。这个叫萨巴·艾尔·卡法吉的人，紧紧地拉着我的手和我打招呼。“祝您平安!”他一边说，一边继续牵着我的手，带我走进他的这栋建筑物里。

灰尘覆盖了一切。伊拉克的沙漠细尘，不是一个人想到沙漠时所想到的那种沙粒状的东西，而是那种真正的粉状沙土，你只有将其吸入肺部时，才能感受到它的存在。这座没有安装中央空调的建筑物，就像是一个巨大的蒸笼。我们穿过空荡荡的接待区，爬上豪华的楼梯，通过一扇门进入他的办公室。他的雇员给我们每个人拿来了一瓶冰水，我们坐下来，不远处的壁柜上方电风扇吹来的凉风，让我们从炎热中得到了难得的缓解。

我做了自我介绍，并解释了此行的目的。我们是来自美国的私营企业家，现在为美国政府做事，我们到伊拉克来，是想看看应该怎样为我们的军队提供有效的支持。“切尔莱利将军要求我们访问您的工厂，然后回去向他汇报这里的运营情况，看看它是否能够重新开放，或许您可以先解释一下它关闭的原因。”

听到我的话，作为这里的负责人，同时也是本地酋长的萨巴，他的眼睛眯缝起来，然后开始讲述。他几乎是一口气说完的，中间没有任何中断。我看着口译人员，我在等待他的翻译，后者于是试图打断萨巴，但这个负责人没有任何停下来的意思。最后，他终于停顿了一下，但翻译看上去有些发愣。在对方继续讲述之前，翻译努力地描述萨巴所有的谈话要点。

“本工厂建于上世纪80年代。它制造拖拉机、卡车、公交车和灌溉设备，并且根据客户需要生产大型钢铁设备。我们与瑞典的斯堪尼亚*、捷克的公司以及亚洲的公司合作。曾经有超过5 000人在这里工作。本厂所在地是伊拉克的工业心脏。附近的哈丁兵工厂为我们国家的军队制造火炮和枪械。你们的军队轰炸了军火工厂，我理解这一点。你们来到这里除掉了萨达姆总统，我们为你们美国人高兴。我喜欢看到这种结果。你说你们是美国商人，我几乎不敢相信。你们是我2003年以来第一次也是唯一一次遇到的美国商人。”

在翻译暂停时，我问：“工厂为什么关掉了?”

萨巴注视着我，他的语气变得更加激烈，这次他说的是英语。“是美国人

---

* 一家瑞典的货车及公交车制造厂，是全球领先的重型卡车和公交车生产商之一。——译者注

关了这家工厂，是你们关了这家工厂，我的人都没了工作。现在，他们在对你们制造暴力。这是我的家园，这些人都是我的人。我对这个地方抱有那么多的希望，但那种希望几乎已经不存在了。”

他走向他的书架取下了一本托马斯·J. 弗里德曼最新出版的有关商业和全球化的著作《世界是平的》①，然后又恢复用阿拉伯语。“我读过这本书。当你们美国人到来时，伊拉克的所有从商者都准备做生意。可是我们没有想到，情况会比我们被制裁时期还要糟糕。事实上，现在要比以前糟糕得多。

“现在没有工作可做，我要怎么对我的员工解释？现在没有食物，我要对他们说什么？当毛拉*布道说，美国人来这里是为了奴役伊拉克，3 年后我们的工厂要关闭，我们也不可能有工作机会，对此，我又能对他们说什么？请告诉我，美国商人，我应该说什么？”

这对我没有任何意义。为什么他要因为他的工厂被关闭而责怪我们、责怪美国？显然，他是某种宣传——某些误传——的牺牲品。我对于自己不得不代表我国政府在他国扮演的这种角色并不十分适应，所以我只能做一种照本宣科的回应。我解释了美国为什么只是希望为伊拉克人民带来最大的福利，以及如何随着时间的推移，他们会看到他们获得的解放，以及也会给他们带来繁荣。然后我又再次询问，他的工厂究竟为什么会被关闭。

萨巴的神态再次发生了变化。他那疲惫的神情又回来了。他看着我的那副神态，就像是一个人看着那种虽然无知但却十分自信地表达个人观点的人的神态。我的自尊感受到了那一神态带来的刺痛感。那个部队指挥官俯过身来并在我的耳边低语。“我们应该设法让这次会面变得积极点儿。他现在有受挫感，但并不是针对你的。”我看着中尉的眼睛，我很惊讶他竟会认为我可能会做出消极的回应，但我还是保持了冷静。他开始同萨巴说话，询问他能否带我们参观一下他的工厂，以便我能了解工厂的生产能力。萨巴站起身，平静了一下，然后再次抓起我的手，引领我对他的工厂设施进行了长达两个钟头的参观。

---

① 托马斯·弗里德曼：《世界是平的》，（纽约：麦克米兰出版公司，2005 年 4 月）。

* 穆斯林的宗教和圣法教师。——译者注

如果没有那一层层尘土，我所看到的景象可能会出现在美国中西部或主要城市的工业区：数台大型起重机，一个巨大的车间，一个钢铁生产铸造厂，复杂的焊接操作设备，相当完整的组装线，一个具有很多绘图桌和设计工具的工程部办公地，还有一条车辆涂装自动化生产线。任何设备的使用年限都超过了 20 年，有些设备的使用年限更久。在企业界，30 年是重型工业设备的正常使用年限，在世界各地，仍有大量具有这类年限的设备在使用中的制造厂。这些工厂当然不能等同于在肯塔基州或俄亥俄州的本田工厂，但它无论如何也不是注定要倒闭的。在中国，我看到过比这还要糟糕很多倍的情形——忙碌的雇员每天都在长时间地工作，加工出仅仅用于出口到国外而非自用的商品。显然，有成千上万的工人已经在这个工厂工作过——从生产工人、熟练机械师、工程师、管理人员到会计师。

但现在这里没有任何工人，而且也已经很长时间没有开工了。我很困惑，这里发生了什么？生产的半成品无处不在，装配线上是各种车辆半成品；仍有使用价值的焊接和装配工具放在那里，好像是在使用过程中突然被遗弃的，但并没有被其他人抢走。看上去似乎是工人在工作过程中一下子消失了，而长达 3 年的积尘，是自他们消失以来唯一发生的变化。

萨巴结束了他的整个参观过程的讲解，他再次礼节性地拉着我的手，我们一同走回他的办公室。当之前我们一边参观工厂、一边说起工厂在全盛时期的业务情况时，他的情绪曾经变得很好，此时却迅速冷却下来并近乎忧郁。当我们在他的办公室坐下来时，他看着我说起话来。

“我接待过那么多从巴格达来看这个工厂的美国人，但还没有任何商人来过这里。你觉得我的工厂没希望了吗？”

我告诉他我的真实想法：尽管这个地方有了不少年头，尽管它需要好好清理和整顿，尽管我不知道他的员工的技能有多么熟练，然而我实在看不出有什么理由让这个工厂处于闲置状态。我告诉他，我在美国“生锈地带”* 的工业区见到过许多情况更糟糕的工厂，但它们有的仍在生产产品，也仍在赚

---

* 指美国中西部诸州，东起俄亥俄州，西至爱荷华州，北至密歇根州，这些地区曾经是美国传统制造业的中心，现在经济衰退，工厂大量闲置，故名“生锈地带”。——译者注

钱。我还告诉他，我在亚洲看到过许多情况远比这里更糟糕的工厂，工厂里有数不清的工人在为他国或本国市场生产产品。假如能有熟练工人，就能让这个工厂运转起来。我认为没有理由不这样做。

"你是第一个对我说这样话的美国人。"他说。

我问他为什么不在这里继续开展业务，他解释说，因为萨达姆政权倒台后又实施了新政策，伊拉克政府曾经拥有的工厂的工人被剥夺了基本收入，大部分工人工资大幅度减少。他不明白为什么会这样，但他已经被告知，工厂的工人需要迁出国有工业企业，要转向私营企业，但这里没有雇用工人的私人企业。

渐渐地，他的工厂的业务陷入了停顿。随着安全状况开始崩溃，他告诉他的工人们必须待在家里。政府虽仍在给他们支付月工资，但工资还不到他们在 2003 年的月工资的一半。他们都没有来过工厂上班，工厂所有的生产线都被关停了。不过，伊拉克政府一直都在通过别的渠道购买他的工厂过去生产的产品，而且联军部队也在花大笔钱从联盟国家进口他的工厂过去生产的设备。他举了一个例子，巴格达市最近从约旦安曼一家工厂购买了他的工厂之前生产的 50 辆市内公交车。萨巴无法理解这一点。

这必定是一个错误，我心想。我本人曾致力于将一家起初效益低下的中国大型国有企业私有化，然后将其整合成目前全球最大光纤零件供应商和光通讯领域的巨头之一——捷迪讯通讯技术有限公司。尽管它在一段时间后曾经有过裁员，但那是旨在减少对于当地社区负面影响的一个渐进性的过程。伊拉克政府削减每个工人的工资，并把这家工厂的所有工人都打发回家，本质上就是把有生产能力的雇员变成了享受福利的退休人员，这显然是一种疯狂的理念。伊拉克政府为什么要这么做?

萨巴并没有直接回答这个问题。他看着中尉，很显然，直接回答会让他感到不适。他只是说，我应该去问问巴格达方面。

而且，他再次直视着我的眼睛，询问我能否帮助他，让他的工厂运转起来。

我再一次被问到了一个我不想回答的问题。如果说"不能"，显然会让他感到失望和沮丧。切尔莱利让我看看这家工厂，就是因为对他而言，让其再次运转对于这个地区的战略安全非常重要。然而，告诉萨巴我们无法给予他帮助，显然无助于实现切尔莱利的使命，而且我也的确看不出有什么理由让这家工厂停止运转。

我直面他的凝视，并且诚恳地说，我会尽我所能提供帮助。

当我离开萨巴的公司时，我握住了他的手。他再次直视我的眼睛，也再度提出了我将在未来几周内经常听到的来自伊拉克人的一个问题。

"你会帮我吗?"

我回答说，我会在一个月后回来，而且当我返回时，我会带来关于如何做好这件事的具体想法。他怀疑地看着我，但还是感谢我能这样说。当我们坐着黑鹰直升机升空时，我看见萨巴在向我们挥手。他看上去对于前景并不乐观。

飞机把我们带回维克托尔军营，然后我们直接去了切尔莱利的办公室。我把我的反馈告诉他，并问他为什么工厂会被关闭。他告诉我，因为那是国有工厂，美国有个政策，就是不从那里购买任何东西，而且劝告伊拉克人将其恢复运转。由于美国国务院在伊拉克重建各个方面的领导作用，驻伊拉克美军部队不能够改变这项政策。他曾表示过反对，但没有起到任何作用。事实上，在萨达姆政权倒台后，联军临时权力机构就立刻实施了这项政策。当切尔莱利设法让国务院代表去访问伊斯坎迪利亚的那家工厂时，他们告诉他说，那家工厂的设备和产品早就该淘汰且无可救药了，永远不可能和具有先进工业设备或车辆的其他全球制造商竞争。

我告诉他我的意见：并不是世界上每一家生产产品的工厂都在使用最新设备，在美国许多地方，那些老工厂还在正常盈利，也在继续雇用工人。

我想见见那些支持这一政策的人。很显然，有些问题是可以解决的。切尔莱利似乎很高兴。我承诺去巴格达看看我可以做什么，我还告诉他，我会去和达里尔·斯科特会面，并设法确定国防部有哪些正在购买和进口的东西能在那家工厂生产出来。

在离开伊拉克途经约旦返回华盛顿之前，我们还有一天的活动时间，我安排我们的团队前往"绿区"*，去和伊拉克重建管理办公室（IRMO）管辖

---

* 指伊拉克战争后，美、英等国家在伊拉克首都巴格达原总统府（共和国宫）附近建立的一个安全区，里面驻有伊战后各国设立的使馆。"绿区"戒备森严，美、伊等国军队在此层层设防，使得此地俨然成为一个"独立王国"。——译者注

下的国务院重建团队见面。作为在2003年由L. 保罗·布莱莫领导下的联军临时权力机构的一部分，它主要针对部署到伊拉克的美国非军事人员而特地建立，并由职业外交官员约瑟夫·萨鲁姆直接管理，成员主要由根据特别授权而雇用的承建商和顾问构成。该授权为部署的非军事人员提供了高于一般标准的基本工资，以及根据在伊拉克工作的时间而提供的除基本工资之外的35%的附加报酬，而且如果在伊拉克持续工作的时间超过42天，还可以额外增加35%的附加报酬。①

就像我逐渐了解到的美国对外服务部门的大多数成员一样，萨鲁姆是一个非常友善的人，而且很有风度。但是当他了解到我想讨论的话题时，立刻就产生了怀疑。当我解释了我看到的情况并开始询问关于企业经营的政策，特别是有关伊斯坎迪利亚的情况时，他很快就发表了否定意见，他说伊拉克工厂的设备和产品全都老旧而又过时，其产品永远也无法打入全球市场。

我觉得这种反应很奇怪，这似乎是照本宣科的说法。但他还是表达了友善的意愿，表示愿意让他的经济团队一起讨论这个话题。

那天下午，我和鲍勃·洛夫、克里斯·哈格、戴维·斯坎特林一道，同伊拉克重建管理办公室辖下的那支经济发展顾问团队坐下来商谈。当我们做了自我介绍之后，有几件事情就变得清晰了。这当中大概一共就十几个人，但属于伊拉克重建管理办公室经济团队的人并不多。所有的人都是驻伊联盟临时管理局（CPA）当中的“老兵”，自从萨达姆政权倒台后不久就一直待在伊拉克。他们的背景都很显赫，要么来自学术界，要么来自智囊团，只有一个人之前曾供职于企业。大部分人在进入驻伊联盟临时管理局之前，从未在政府部门工作过。

他们的情绪令人沮丧。他们的讨论没有任何活力，他们似乎是在走过场。尽管他们个个都很友好，但他们显然并不急于和一群来自国防部的家伙讨论经济发展问题。有个人在他的开场白中竟然会对国防部方面询问这个话题表示疑惑——“你们这些人是先要把事情弄大，然后再让别人硬着头皮去解决它们吗？”

---

① 国务院督察长办公室第ISP－IQO－0557号报告（美国驻巴格达大使馆工作人员的回顾总结），2005年3月。

这真是一次有趣的会议！

我谈到了我们的背景，以及我们为什么会来这里。我解释了切尔莱利对我们的要求，这让伊拉克重建管理办公室的几个参加者皱起了眉头。我解释了这样的观点：伊拉克大部分新增暴力事件，似乎都是受经济因素推动的，所以我们想了解应当做些什么来解决这个问题。

这番话引起了一连串的本能反应，有些是理性的，有些则不那么理性。

“经济正在崩溃的原因是因为没有安全感，没有安全感就没有经济；一旦有了安全感，经济自然而然就会发展。你们国防部的人需要让形势安全和稳定下来，然后我们就会去操心经济的事。”

“你当然可以为了那些人有钱赚而让企业再次运转，但过不了多久，他们就会制造出杀掉我们的士兵的武器。”

“实际上，这里没有足够的电力；要是在这里开设工厂和企业，那就不会有足够的电力供应家庭照明。”

还有这种说辞：“切尔莱利必定是一个三星级的白痴，他竟然会认为正是因为那些人没有工作，所以才会杀害我们的士兵。”

这些反应让我吃了一惊。我问他们在该国各地看到的情况，他们去看过几次乡镇和那里的企业，又亲自去了解过几次是否可能有机会做出积极而非消极的努力。这带来了一连串对于安全形势的抱怨，他们说安全形势是多么糟糕，他们不可能在伊拉克全国各地到处走。大多数人已经好几个月没有离开过“绿区”，有几个人从未靠近过“危险区”半步。有个人参观过巴格达的一家工厂，那是一家大型乳品加工厂，他描述那里的设施是他见过的最糟糕的设施。除此之外，其他人没有任何直接参与巴格达以外的伊拉克地区重建的经验，或者是参与伊拉克企业恢复生产的经验。

然而，他们的意见却明确而坚定，没有任何争辩或者讨论的余地。在他们看来，切尔莱利是完全错误的。他们只对伊拉克重建管理办公室范围内的经济发展负责，他们不需要向切尔莱利、凯西以及其他任何在伊拉克执行军方任务的成员负责。

我提出了有关国有企业的问题。我对于自己曾经致力于中国的经济发展以及中国企业私有化的背景稍做了解释，并询问为什么伊拉克的工厂会被关闭。

他们再次出现了本能反应，而这一次，是和意识形态有关的反应。

“这曾是一个复兴党的社会主义国家。我们在东欧已经知道如何处理后社会主义国家的经济了。你将它们关闭，淘汰那些过时的、低效率的公司，自由市场就能够出现，而不必与享受补贴的行业竞争。驻伊联盟临时管理局发出了撤销国有工厂的命令，它们都已经过时了，没法在今天的世界上参与和其他厂商的竞争。它们不仅正在被关闭，而且还将长期被关闭。”

在这方面，我看不到任何妥协的趋势。我提供了一个观点：把伊拉克这样一个被战争蹂躏得支离破碎的国家同东欧做比较，很可能不是一种最佳比较。毕竟，没有哪个紧邻伊拉克的欧洲联盟国家准备入驻和投资伊拉克并雇用这里的工人，这和冷战后在欧洲的情况完全不同。

“伊拉克人不具备参与今天世界竞争的技能，他们需要几年时间才能做好准备。而且他们没有任何职业精神。你想让伊拉克工厂开展富有成效的工作，那就是在浪费时间。”

前驻伊联盟临时管理局顾问一直在倡导一种被称为休克疗法的经济模式：关闭剩余的所有享受国家补贴的国有企业，让民营企业自行产生。这样做，能够使善于利用国家固有竞争优势的企业有效地涌现，并由此创造财富。这是一种和思想形态有关的观点，通常被认为源于米尔顿·弗里德曼*和芝加哥大学的经济学派，并在20世纪70年代由军事独裁者奥古斯都·皮诺切特领导的智利得到了有效的证明。①②

不管他们看法如何，伊拉克都不是某种社会科学的实验室。整个伊拉克社会，是由无数有着真实生活和真实的人构成的，他们在2003年曾经充满希望，然而，因为在巴格达的一群美国国务院顾问所提出的一种经济理论，他们现在连续3年处于失业状态。

---

* 米尔顿·弗里德曼，美国著名经济学家，以研究宏观经济学、微观经济学、经济史、统计学以及主张自由放任资本主义而闻名。1976年获得诺贝尔经济学奖，以表彰他在消费分析、货币供应理论及历史等方面的贡献。为此，他被誉为“20世纪最重要的经济学家之一”。他提倡将政府的角色最小化，以便让自由市场运作，以此维持政治和社会自由。——译者注

① 米尔顿·弗里德曼：《资本主义与自由》（芝加哥：芝加哥大学出版社，1962年）。

② 内奥米·克莱因：《原则的冲击：灾难性资本主义的兴起》（纽约：亨利霍尔特出版公司，2010年4月）。

我们对自己发现的情况感到无比震惊，而且越来越感到愤怒。

我们尽可能压制着内心的不满，让会议的气氛保持融洽。我们感谢他们抽时间和我们会面，并在动身回华盛顿之前，我最后一次去会见了达里尔·斯科特将军。

我告诉达里尔我们在伊斯坎迪利亚了解到的事实，并询问有关伊拉克重建管理办公室的经济政策情况。达里尔基本上肯定了我从伊拉克重建管理办公室获得的信息，他告诉我，目前，驻伊联盟临时管理局的一项强制性的政策仍然有效，那就是禁止美国政府实体与伊拉克的国有企业从事任何业务往来。我问他伊拉克总共有多少家工厂，他说有数百家工厂，它们几乎什么都生产。但是对于每一家工厂的情况，他没有任何具体数据。

我感谢达里尔抽出时间和我会面。他希望国务院业务转型办公室能够满足他对于他的“伊拉克先导”这一目标的自动需求，并扭转有关国有企业的政策。这样做的目的，是为了让美国把目前正在引进的商品的订单交给能够生产出这些商品的伊拉克工厂，让伊拉克人民恢复工作，使得这个国家回到正常的生活轨道。——我们希望借此减少对于叛乱分子的同情，并协助推动伊拉克的长期稳定。

他还请求我给予这样的帮助：设法让国防部部长发布一项政策，将他在伊拉克所有承包业务方面的权力集中化。他现在似乎只是在名义上是伊拉克所有业务的承包负责人，实际上，国防部辖下的任何一个拥有预算的组织，都可以执行在伊拉克的商品和服务合同。有数十个国防部的组织就是这样做的。目前，伊拉克的承包业务有很多并没有向他报告这一事实，这让他承担的推动某种战略决策的角色基本上名不副实。我承诺，如果他能够根据自己的需要起草一项政策的基本内容，我就会推动五角大楼设法实施这项政策，并且我们将会通过部署的自动化系统执行该政策。我们设定了目标：在半年内完成所有相关工作。在一个政府组织框架中，这是一项涉及惊人进展速度的承诺。①

随着这最后一次会面结束，我们启程前往华盛顿。

---

① 《关于使用东道国生产的货物和服务的政策》，提交驻伊拉克多国部队司令乔治·凯西将军，以及伊拉克和阿富汗联合承包司令部长官达里尔·斯科特少将，2006 年 5 月。

在回国途中，我终于有时间思考最近的所见所闻。这是一种相当复杂的体验过程，从我和莱斯特以及安曼的那些部落首领的会面，到未曾预料到的在塔尔米耶的剪彩仪式，再到应切尔莱利的要求去访问伊斯坎迪利亚，以及与在巴格达的驻伊联盟临时管理局成员举行的令人不安的会面——它将我的这一段不平凡的经历推向了高潮——所有这些回忆都让我心潮澎湃。

我无法将安巴尔省那些年轻的海军陆战队队员的请求——帮助他们发展当地经济——驱赶出我的脑海；我也难以停止回忆卡尔苏军事前沿基地的士兵护送我们通过伊斯坎迪利亚周边村镇，并对我们说起他们的兄弟死于路边炸弹的情形。在一个战争时期，有什么能比帮助这些士兵和海军陆战队队员更重要的事情呢?

如果我们能够使斯科特将军领导下的联合承包指挥部实现自动化执行项目，创建一个可随时了解军方购买物品的网络，然后由正在运营的伊拉克工厂满足相关的需求，我们就有可能对切尔莱利将军的战略行动产生重大而积极的影响。

要做到这一点，就需要做大量的辅助性工作，系统自动化将是第一个关键步骤——克里斯·哈格将解决这一点。与此同时，我们需要去看看所有的工厂——我们需要尽可能多地对工厂进行实地考察，确定哪些工厂能够提供军队所需要的商品或者服务，然后与工厂管理者合作，让工厂的业务再次运转，以便能够执行下达的订单。我们需要细致了解并评估工厂运营的人员——能够对抗伊拉克重建管理办公室制造大量阻力的人。

我们还需要弄清楚，怎样能让这些人与执行军事任务的指挥机构之间建立起关联。我完全不知道该怎么做——一般非军事人员都不会和一个战区军队有任何密切接触。

回到华盛顿，我请求和国防部副部长戈登·英格兰会面，向他通报我在伊拉克的考察情况。英格兰所具有的广泛的商业背景，包括从事过大规模生产经营这一角色，使我很容易和他交流。数十年来领导大型企业的实践经验，让他精明而又睿智，当我和汤姆·莫德利在业务现代化方面寻求他的参与和支持时，他总是能够给出有建设性的意见。

这次的主题将会有所不同。我会让他做完全不同于以往的事情——批准一项计划，将国防部部长任命的文职官员派到伊拉克战区，致力于启动当地的经济活动。我建议使用国防部的大额支出——在2006年，每月支出超过90亿美元——作为一项刺激政策，将食品、设备和建筑材料方面的合同，尽可能地交给伊拉克企业，而不是从其他中东国家进口。

英格兰立刻就明白了问题的所在，他赞同我所提出的解决方案。他曾多次从军队指挥官那里听到有关伊拉克局势稳定的相关因素的汇报，但到现在为止，还没有人提出过具体的解决方案。对他而言，我的提议完全合理。

我解释了驻伊联盟临时管理局对伊拉克国有企业政策方面的问题，他说，波音公司、洛克希德·马丁公司、贝蒂·格鲁曼公司，还有其他大部分大型武器系统制造商，它们目前对接的每一家伊拉克工厂，在某种程度上都归美国政府所有。这是一个鲜为人知的事实。[①] 在他的职业生涯中，他曾经在那种部分属于"国有"的企业工作过，虽然公司名义上完全是"私人"的。这就是所谓的"政府拥有，承包商经营（GOCO）"的工厂。他细数这些年来在美国许多行业的领头羊，都曾在某个时间段由政府发起创立，或是通过政府提供的相关合同而运营。不过不管怎样，当士兵和海军陆战队队员正在死亡线上挣扎时，他对于一切理论的争论都毫无兴趣——如果驻伊联盟临时管理机构政策成为一个问题，他本人就会在华盛顿直接处理它。

对于采取什么样的最佳推动方式的问题，英格兰和他的参谋长罗伯特·厄尔进行了一次讨论。我们需要国防部发出一个为我们的工作授权的正式指令。如果我们想要把团队安排在伊拉克的活跃作战区，在那里开展工作并使用军事资产，那么我们就需要上级下达命令，以便定义我们的角色，明确我们在驻伊拉克多国部队（MNFI）范围内的职责，并确保我们的相关要求得到适当的满足。厄尔采取行动，在得到驻伊拉克多国部队以及五角大楼办事处的配合的前提下，负责起草由英格兰签署的指令。该指令将创建一个侧重于为驻伊拉克多国部队提供经济发展支持的临时性专责小组。

最后，英格兰问我将怎样领导这个专责小组，以及如何继续履行我目前所承担的监督国防业务转型的职责。我的回复是，我和汤姆·莫德利将继续共同负责这一现代化任务，但我主要侧重在伊拉克的工作，我预计只需

---

① 《国家基础设施－防御工业基地保护计划》，国土安全部门的报告，2009年。

要几个月的时间即可，而莫德利则侧重国内业务的现代化。他同意这一提议。

但正如我所担心的那样，莫德利对这项新的发展计划积极性不高。在最近的两年时间里，我们一直是形影不离的合作伙伴，有点儿类似于电影《神枪手与智多星》* 中的那种情况。在整个国防部，我们的工作有时候会遇到严重的官僚政治阻力，但那些官僚们不知道如何对付两个拥有如此高的职位、在工作中又如此紧密配合的资深专业人士。我们并肩战斗，共同对抗体制的漏洞和弊端，迫使某些机构以前所未有的速度做出改变。官僚体系并不喜欢这一点。我们负责管理国防部办公室两个最强大的非军事组织——财政部门以及收购、技术和物流（AT&L）部门，并拥有调配这两个部门的资源的权力，让改革的阻力最终都失去作用。

执行在伊拉克的使命，以及履行我们在国防部内部进行业务转型的承诺，让莫德利疲于应付。他刚刚拒绝了一项引人注目的任命：担任世纪挑战集团（MCC）——一家由政府资助的专注于第三世界发展的新型企业——的首席财务官。①他出于对业务转型工作的忠诚而留在了国防部。他的担心是有理由的：如果我现在专注于伊拉克的工作，他就要独自承受官僚阻力的冲击。我也知道，他现在正在承受他的上司——国防审计官蒂娜·乔纳斯——给他的越来越大的压力，后者从来都不支持他接近国防部副部长戈登·英格兰，在领导权力方面，这侵犯了她的等级“层次感”；而且，她从一开始就不支持建立国防部业务转型办公室。我们开玩笑地说起过这件事，莫德利也试图对此一笑而过，但事实上，这绝不是开玩笑的事。这种处境显然让他左右为难。

事实上，我和莫德利在需要时都能见到英格兰。不过，我还具有为两位大老板——迈克·韦恩和肯·克里格（他们都曾担任过负责 AT&L 事务的次长的角色）——工作过的优势。他们都曾给过我十分有益的忠告，并帮我完善

---

* 美国电影（另名《虎豹小霸王》），讲述了两名劫富济贫的盗贼携手闯荡江湖的传奇故事。——译者注

① “千年挑战计划”服务公司，网址：www. mcc. gov。

战略计划，以便更好地应对国防部独特的挑战。他们对于我和英格兰直接打交道没有任何异议。

当罗伯特·厄尔公布他的备忘录，并宣布成立新的伊拉克专责小组时，很显然，我也开始陷入某种政治“恶意”的漩涡之中。在主管政策的国防部副部长埃里克·埃德尔曼的办公室里，对我是什么样的人，以及我在伊拉克从事什么样的工作，进行了公开讨论。那个国防政策“经营店”，传统上是与作战指挥部彼此互动的非军事化组织。AT&L 和财政办公室的人负责管理国防部后台业务，他们中没有任何人参与并担任过伊拉克业务管理的领导职位。在我看来，他们所说的那些话，都是官僚主义的废话，而且我和来自政策部门的代表举行会议时，不得不回答他们提出的所有毫无意义的问题。我正在被动地参与一场危险的五角大楼政治游戏——一场我根本不了解的游戏。

为了解释我们的工作，我尽可能多地接触参与伊拉克政策的五角大楼的组织及其负责人，包括由退役陆军中将克劳德·基克莱特领导的伊拉克/阿富汗过渡办公室，该办公室负责国务院和国防部的相关工作过渡问题。随着驻伊联盟临时管理机构后来由国务院管辖，国防部转型工作就由基克莱特负责。

当整个五角大楼的高层领导对那份指令备忘录进行审查时，不断加大的政治和官僚阻力便开始出现。不同的部门一致开始削弱我们承担的角色的权力。我负责的组织最初的简单的名称——“伊拉克经济稳定专责小组”——开始发生变化。当最终的指令备忘录终于分发下来时，我将要负责的专责小组的名称变成了“支持伊拉克改进承包和稳定业务专责小组”。我对于围绕专责小组名称所产生的许多荒谬争议虽然非常恼火，但并不想在这件事上过多计较。事实证明，这将是一个后来让我感到后悔的决定。

在接受最终指令之前，不久前刚接任迈克·韦恩的职位的负责采办、技术和物流的国防部副部长肯·克里格，坦率地建议我好好思量这件事。克里格是一个典型的首席执行官——容易沟通，善于分析，讲话得体，并且积极参与和支持我们的业务现代化工作。他的管理风格体现在每一个环节，在每个环节上都能让人看到他正直的一面。我必须承认，我喜欢为他工作。

这一次也不例外，他的反馈信息非常清晰。我逐项列出了他的建议要点：

· 要谨慎——你是有家庭的人，孩子也还小，这项任务可能给你带来意想不到的后果。

· 你现在已经做得相当不错了，而且你做的是很少有人有机会去做的事。不要因为你有可能会在伊拉克栽跟头而让这一切化为乌有。

· 你不可能凭借个人力量解决伊拉克问题。再说，现在还不清楚我们这个国家究竟是否有能力解决伊拉克问题。

· 不要仅仅因为一个战区指挥官请求你的帮助就过于兴奋，从而丧失判断事件的能力。

· 如果你坚持这样做，你就会得罪五角大楼的很多人，所以你要想清楚。

这是我在任期内和克里格共事期间，唯一一次忽略了他的意见。我告诉自己，我可以在几个月内就让我们的解决方案顺利施行，然后我就可以回来继续做我的本职工作。在这几个月内，莫德利完全可以自行坚守“堡垒”。

6 月 28 日，国防部副部长戈登 · 英格兰下发了成立专责小组的备忘录，这距离我们首次访问伊拉克归来之日还不到一个月。①

我们为重返伊拉克所做的准备，比我预计的多花了几个星期的时间。大部分时间我们都用在建立商业世界的关系网络上，目的是要找到对我们新的使命感兴趣的人。这可不是一次简单的“推销”活动。不是因为外界对安全的担心（虽然这必然是每一次讨论的组成部分），而是因为这个想法似乎与美国的中东观念相冲突。“他们在伊拉克有工厂？我还以为他们只有石油和骆驼。”对于我的求助产生各种不同的反应，是一种常见的情形。在去伊拉克之前，我也持有相同的看法，建立一个团队并不容易。

不过，有一件事很重要，那就是在出发之前，我要把最初在 6 月份去过伊拉克的那个团队的成员集中起来，并分配给他们相应的角色和职责。鲍勃 · 洛夫、戴维 · 斯坎特林、克里斯 · 哈格以及我的军事助理汤姆 · 斯奈德中校，他们分别是当初我们的团队的分管领导者，接下来他们将分管运营、

① 《加速在伊拉克的重建和稳定行动》，国防部副部长戈登 · 英格兰，2006 年 6 月。

业务开发、承包系统以及我们与军方的合作关系。虽然让一些具有生产经验的企业人才进入新团队需要数周时间，不过为了验证我的评估，我需要有人立刻加盟。在我看来，我在伊斯坎迪利亚看到的那家企业似乎是可以继续运转的，但我需要其他行家出现在那里，并继续调查和了解我将要查看的其他企业。

几年前，我见过约翰·道迪，他是麦肯锡公司的资深合伙人，现在负责麦肯锡总部设在伦敦的分公司的全球开发实践工作。他有广泛的私营企业工作的经验，而且易于共事，他同意在我们接下来的行程中和我同行。我后来了解到，他利用的是休假时间，因为出于安全考虑，麦肯锡公司方面不会批准他这次访问。为了支持我们的工作，他义无反顾地选择了与我们配合。值得一提的是，这不是他最后一次参与这样的事业。让一个具有很高地位的麦肯锡公司的资深合伙人加盟我们这个团队，具有一个很大的优势，那就是他可以就工厂的潜力提供有价值的“行家意见”。

通过调研，我们的团队在 2003 年之前获得了所有有关伊拉克工业能力的信息。达里尔·斯科特是正确的，伊拉克有数百家产业化经营中心、企业和配送中心，它们基本上都归伊拉克政府控制，只有少数几家的业务实体归私人所有。调研名单上列出的企业数目是惊人的。我们决定把注意力集中于制造业业务，优先考虑那些我们认为可以生产出美国军方有可能订购和使用的产品的工厂。

然后，我们开始研究在萨达姆政权于 2003 年倒台前后，伊拉克经济为什么会发生变化。我们关注到的情况是，同时也是一个不曾透露但却非常显著的原因是，驻伊联盟临时管理局控制伊拉克局势期间出现了动荡并导致伊拉克民众的不满。绝大多数美国人都知道，驻伊联盟临时管理局的一个关键性的失误，就是解散了伊拉克军队，把所有士兵和他们的指挥官打发回家，这本质上就是让 100 多万训练有素的士兵陷入失业状态，他们所属部队的基础性组织和相关设施也完全瘫痪。事实证明，这一决策失误造成了灾难性的后果，因为许多被解除武装而被迫待在家中的士兵是那样愤怒，以致在接下来的几年里，他们纷纷加入叛乱的组织当中。

大多数美国人也都知道，驻伊联盟临时管理局全面清除伊拉克政府中的复兴党成员的政策是个错误。这项政策规定阿拉伯复兴党的任何成员都没有资格担任政府职位，它导致伊拉克政府机构无法正常运转。该政策在最初就忽略了一个事实，即许多伊拉克人是出于恐惧才加入复兴党的——不承诺对阿拉伯复兴党保持忠诚，就不可能在萨达姆·侯赛因的伊拉克政府中任职。驻伊联盟临时管理局在对伊拉克政府高层以下的去复兴党化的过程中，在很大程度上解除了伊拉克政府做任何事情的专业能力，比如在管理预算、交通、警察和医院等领域，以及批准建立诸如新的发电厂等方面的承包服务。这基本上就等于是让它丧失了一个政府的功能。①

在美国很少有人知晓有这样一项决定，就是将休克疗法应用于伊拉克经济，取消对所有伊拉克国有工业的支持。由于萨达姆政权时期的伊拉克所有企业基本上都是国有的，这就相当于突然关闭了伊拉克社会的经济引擎。有超过 50 万人曾在伊拉克的国有企业工作。在成功推翻萨达姆政权的短短几个月内，这些工人就只能眼睁睁地看着他们的就业场所关门歇业。

这些企业通常是由复兴党的高级官员控制的，他们雇用当地社区各个家庭的成员在企业上班。在第一次海湾战争前夕，随着联合国的制裁措施开始生效，产业化经营对于伊拉克的国内需求越来越重要，因为除了食品和医疗用品等之外，大部分商品均不能合法进口。为了填补制裁造成的缺口，伊拉克的许多企业参与了走私进口商品活动。

像任何产业化经营一样，企业是其所在社区的经济发展引擎，它还创建了二级和三级经济活动。小型地方机械厂、供应商以及各种民营企业，都要依靠大型产业化经营保证自己的收入。正如在任何国家（包括美国在内）一样，关闭一家大型工厂，可能会摧毁当地社区的经济——它比工厂本身的直接雇佣体系会产生更为广泛的影响。

伊拉克就是如此。在萨达姆政权倒台之后，为了防止复兴党成员拿走政府资金并逃往国外，驻伊联盟临时管理局接管了大型国有银行的很多原由政府控制的账目。这些账户资金被转移到了一个资金大池子里，即转到一个所谓的“伊拉克发展基金”（DFI）上，它们被作为尚未成立的伊拉克新政府的开支使用。② 伊拉克国有企业的许多账户余额，都在这个账户查封过程中被一扫而空。所有国有企业的应收账款和应付账款余额，都在驻伊联盟临时管理

---

① 拉吉夫·钱德拉塞克兰：《“绿区”：翡翠城的皇家生活》（纽约：阿尔弗雷德·A. 克诺夫出版公司，2006 年）。

② 联合国安全理事会 1483 号决议，《伊拉克发展基金的设立》，2003 年 5 月。

局的指令下统统作废。

随后，通过驻伊联盟临时管理局指令和后续的国务院的指导方针，出台了一系列政策，以防止联合基金用于购买伊拉克国有企业的商品或者服务。伊拉克国有企业员工的工资平均下降了60%。之前，鉴于伊拉克大量的石油财富、驻伊拉克美军受到的欢迎，以及国际基金组织对重建伊拉克基础设施的承诺，所有这些因素共同导致了这样的局面：在驻伊联盟临时管理局控制伊拉克局势初期，伊拉克经济前景颇被看好。①

然而，一个很少被报道但却很不合时宜的驻伊联盟临时管理局的命令（CPA12号令），单方面取消了所有进口商品的关税，旨在进一步加快推进自由市场经济的发展。但由此产生的效果却与人们的愿望背道而驰。在整个伊拉克，商品的价格一路暴跌，因为周边国家的廉价进口商品开始大量涌入。伊拉克农业尤其成为重灾区，因为伊朗和土耳其大规模向伊拉克输出了其农产品、大米、肉和家禽。十几年来，生活在联合国制裁下的伊拉克人，开始购买新的家用器具、电子设备和汽车，以及他们在如此长的时期内一直没有机会购买的其他所有物品。这推动了电力需求的上升，而在当时的全国大部分地区，电网每天只能勉强提供几个小时的电力。这对于伊拉克企业来说，12号令产生了毁灭性的后果。像其他后社会主义国家那样，力求谨慎地过渡到自由市场这一目标并未实现，反而使伊拉克商人突然遭遇了一个可怕的后果：他们生产的商品的价值大幅下跌。②

由于银行账户和应付账款/应收账款被扣押或者冻结，伊拉克国有企业只有极少的（或者没有）运营资金可以用于购买原料，以及向供应商支付未付款。而随着市场在一夜之间消失，这些企业没有任何收入。大多数专业级的工程师、会计师、经理人和其他受过教育的中产阶级人士，很快就发现自己彻底失业或处于退休状态。

美国在2003～2004年期间占领伊拉克，并很快参与该国经济发展这一不幸的历史进程。《“绿区”：翡翠城的皇家生活》一书对此做了无比清晰的描述，该书作者——《华盛顿邮报》驻巴格达记者拉吉夫·钱德拉塞克兰——以

① 联军临时权限令（编号30）：《国家雇员的就业条件和薪酬改革》，2003年9月8日。

② 联军临时权限令（编号12）：《贸易自由化政策》，2003年6月8日。

尖刻而犀利的口吻评论了美国占领伊拉克第一年的历程。

伊拉克重建支离破碎的基础设施的过程，是一段令人不安的历史。

美国在2003年经常使用的一个术语是“马歇尔计划”。在第二次世界大战之后，这一计划提供给战后欧洲各国的大规模的重建援助，被认为是能够使欧洲各国很快从战争崩溃边缘站起来并推动经济繁荣的关键因素。

实际上，重建后萨达姆时代伊拉克的办法，与马歇尔计划完全不同。“马歇尔计划”是一个美国提供财政援助的承诺，它由欧洲各国政府将其应用于它们自己的重建过程，任何额外发放的资金，必须用来作为有效的刺激因素并满足相应的阶段性计划。这个方法使战后欧洲各国政府通过利用欧洲的优势和美国的财政援助而得以实现自我重建。①

后萨达姆政权时代重建过程的资金管理方式迥然不同。在去复兴党化之后，伊拉克政府缺少了一个正常的运作体系，在这种情况下，美国试图独自承担重建伊拉克的重任。国会在萨达姆政权倒台之后，成立了“伊拉克救济和重建基金”（Irag Reliefand Reconstruction Fund，简称IRRF），作为一种美国人民提供援助的慷慨承诺，该基金最终达到220亿美元的规模。② 美国政府不是在美国全体纳税人的监管下将这些资金拨给伊拉克人民使用的，以便帮助伊拉克政府重建管理国家的能力和信誉，而是直接和美国大型建筑公司签订合同，并由后者进入伊拉克，执行重大基础设施项目。③

根据世界银行估计，重建伊拉克被摧毁的基础设施——包括电力、供水、污水处理和运输系统——的总成本，在美国占领伊拉克的最初3年超过500亿美元。④ 为了规划这些资金的用途，驻伊联盟临时管理局与美国陆军工程兵团以及美国国际开发署合作，从总体上评估了重建伊拉克的所有需求。尽管超过200亿美元的资金是美国人民的一种慷慨承诺，但它并不足以用来重建伊拉克。

当美国各个援助性组织分配这些伊拉克救济和重建基金时，它们采用的是一种典型的官僚做法：每一个参与重建活动的组织，都得到了一笔下拨的资金。用来重建伊拉克所有基础设施的项目相继建立起来了，有的资金用

---

① 《马歇尔计划》，一本经济合作管理手册，1950年。

②③ 《沉痛的教训——伊拉克的重建经验》，伊拉克重建特别监察长报告，2009年1月。

④ 《重建伊拉克费用高达550亿美元》，英国广播公司新闻，2003年10月3日。

于电力，有的用于石油基础设施，有的用于排污，有的用于供水，等等。运输和通信基础设施这两个项目，从伊拉克救济和重建基金那里得到了最少的资金分配，只有 3% 的资金用于这两个对民营经济发展如此重要的项目。

当时比较合理的目标是工作能够顺利和有序地开展，以便充分体现美国对伊拉克的善意。由于伊拉克的石油出口预期增加，这能够为伊拉克新政府带来巨大的财富，这样，伊拉克人便可以自行接管并完成基础设施的重建。这是一个理性的解决问题的方法。

但是伊拉克这一期间的经济发展情况，与驻伊联盟临时管理局在 2003 年的预期有很大的不同。在战争带来的最初洗劫过后，是整个国家的崩溃，并且由于驻伊联盟临时管理局解除了伊拉克军方的武装，以及通过非复兴社会党化而中止了伊拉克政府机构的正常运转，致使情况进一步恶化。此后不久，伊拉克国内就爆发了大规模的武装暴力冲突。美国军队的存在，原本并不是为了长期维持该国的治安，而是为了在它撤离之后，实现一种快速的政权更迭。事实上，美军的人数远远不足以保证一个将近3 000万人口的国家的安全，尤其是在缺乏重建伊拉克所必需的安全部队的情况下。随着被杀害的伊拉克人数量的不断上升，暴力衍生暴力，部落仇杀和教派报复日益猖獗。

在获得伊拉克救济和重建基金资助和驻伊联盟临时管理局签署的承包合同之后，进入伊拉克的美国公司开始受到攻击。随着暴力事件的增加，主要的世界级的企业，包括柏克德公司 * 和通用电气在内，都有项目被攻击和员工被杀害的情况。①在请求从联军那里得到安全援助的同时，这些公司的领导者都无比震惊地了解到，他们公司的雇员已被告知要自行负责安全问题：联军根本没有足够多的地面部队确保所有正在进行中的重建项目的安全。于是，当这些公司突然开始撤离伊拉克，那些坚持留下来完成其项目的公司，不得不雇用私人保安，以便保护他们的员工和项目安全，这花费了他们大量的原先用于项目工程的预算，当然这也显著扩大了一个新的行业的规模——直到今

---

* 创建于 1898 年，是一家具有百年历史的美国家族企业，也是一家综合性的工程公司，该公司为全球各个领域的客户提供技术、管理、开发、融资、设计、建造和运行安装等直接相关的服务。——译者注

① 《三年内死亡 52 名员工；柏克德工程公司撤离伊拉克》，福克斯新闻，2006 年 11 月 2 日。

天仍在伊拉克存在的私人武装安全部队。①

最终，伊拉克救济和重建基金的大多数资金都被消耗殆尽。问题是，暴力事件的频发以及去复兴党化，导致伊拉克政府功能瘫痪，使基础设施重建陷入僵局。这也意味着没有任何后续项目工程可以展开，基础设施重建开始全面陷入停顿。

伊拉克救济和重建基金所采取的分配方法，带来了一个事实上的结果：没有任何主要基础设施得到修复。如果你是一个伊拉克人，你就没有机会使用干净的水，这显然不是什么好事。尽管一个美国官员在伊拉克唯一的一家污水处理厂举行了剪彩仪式，但它却只能解决总净水需求的20%，所以你还是得不到干净的水；即便开放了几家污水处理厂从而使下水道系统提高了20%的效率，但如果你仍然不能冲马桶，这对你就没有任何意义。当你每天只能用三四个钟头的电，即便电量增加了几个百分点而使你每天多了一个钟头的用电时间，但这对你来说依然没有任何价值。

对于每一个伊拉克人而言，伊拉克救济和重建基金所花掉的款项总额，似乎是一个天文数字，但他们却看不到自己的状况有任何根本性的改善。2006年，我听到的一种最常见的说法是："美国是地球上最强大的国家，如果它愿意，它很快就能把一个人送上月球。然而，如果你想让他们帮助伊拉克重新亮起灯光，就需要等待3年的时间。"

私下里，伊拉克人怨声载道，他们认为一定是他们的官员偷走了那些钱。这种看法破坏了他们对于原本根基就不牢靠的新兴民主制度的信任。

这是一场败局。美国人民原本怀着最大的善意提供慷慨的资助，伊拉克救济和重建基金却没有让伊拉克人民产生多少好感。当然，该基金资助的大多数项目，最终都成功完成并移交给伊拉克人民。从单个项目的角度来说，在整个伊拉克，不乏成功的资助项目和很多令人自豪的事情，但遗憾的是，伊拉克救济和重建基金对于伊拉克人民幸福的净贡献，几乎无处体现。

2004年，当驻伊联盟临时管理局全力建立社会治理秩序时，美国大选政治开始升温，布什政府宣布伊拉克政府拥有主权。这年年初，布什政府将伊拉克移交给该国人民的意愿非常强烈。阿布格莱布监狱虐囚丑闻更快地推动

① 托马斯·里克斯：《惨败：美国在伊拉克的军事冒险》（纽约：企鹅出版社，2007年）。

了这一进程。2004 年 5 月 11 日通过了国家安全总统令（National Security Presidential Directiue，简称 NSPD），布什总统等于是宣布联军临时权力机构立刻解散。① 这样一来，伊拉克境内所有非安全事务或者军事行动范围的职责，都要转交给美国国务院，具体移交给负责在巴格达建立新美国大使馆事务的特派团团长。而前驻伊联盟临时管理局被合并到伊拉克重建管理办公室，它负责向国务院汇报工作。

到了 2005 年冬天，该总统令又通过 44 号国家安全总统令进一步明确了范围和职责。这个应用范围更广泛的总统令，确定了在所有过渡到和平状态的“冲突”国家当中，重建活动职责都要长期归属国务院的原则。②

表面上，这个总统令似乎是合乎逻辑的。美国国务院是负责推进外交政策的内阁机构，它长期承担更大的职责和更多的相关预算，使其能够在冲突地区开展业务运营，以及在负责战后国家稳定行动方面，拥有和军方更平等的地位。

然而，随着国务院在高风险环境中寻求更大责任的一系列政策制定，使得它高效率地参与战后国重建的预期无法实现。

1998 年 8 月，美国驻肯尼亚和坦桑尼亚大使馆遭到基地组织的轰炸。200 余人丧命，其中包括 12 名美国人，还有数千人受伤。这些事件引发了对于美国国务院成员在高风险环境中开展工作的全面审查。这次审查是由退休海军上将威廉·克罗主持的，他得出的结论是：使馆建筑的物理结构和使馆人员的安全措施都过于松散，以至于无法确保使馆自身的安全。

为此，为避免未来更多的人员伤亡，所有国务院下层机构都采取了类似于军队的安全措施，并制定了在一切高风险的国家，严格限制由特派团团长领导的美方人员开展活动的政策。③

克罗的建议产生了戏剧性的效果。访问一个美国驻中东国家的使馆，相当于去实地感受一个令人望而却步、具有高度限制性的堡垒般的封闭式建筑物。在诸如伊拉克或者阿富汗这样的战乱冲突国家，大使馆有类似监狱般的

---

① 《美国政府在伊拉克的行动》，国家安全总统令，2004 年 5 月 11 日。

② 《关于重建和稳定任务的机构协作》，国家安全总统令 44 号，2005 年 12 月 7 日。

③ 《问责审查委员就驻内罗毕和达累斯萨拉姆大使馆爆炸的报告》，美国国务院克洛委员会报告，1999 年 1 月。

建筑物：有铁丝网、多道大门、汽车障碍物以及用来监视周边环境的岗楼。

使馆工作人员主要在大院内活动，只有在必要时才会走出去，以避免一切可能的安全风险。

由于确保我国外交人员的人身安全是属于优先级考虑的范畴，因此这些安全措施与我们的目标显然是一致的。

但是，将一个负责战后区域重建的组织置于这种安全措施之下并开展运营，会削弱美国的既定政策。在一个饱受战争蹂躏的国家，如果你不与民众进行善意的接触，你就不可能与他们建立亲善关系。如果你乘坐重型装甲车并由雇用的私人保安陪同进行地区视察，同时还穿着防弹衣、戴着凯夫拉*头盔，那就不可能获得当地民众的信任和好感。在中东这样的伊斯兰神职人员的反美言论是日常生活的一部分的国家，一种受限的安全措施，会给当地的普通民众带来更大的猜疑和怨恨。

在伊拉克，"绿区"是这一政策导致的冲突更加戏剧化的产物。在萨达姆政权倒台之前的很多年，在巴格达，底格里斯河沿岸景色优美、具有房地产投资价值的区域，长期都使用搭建的高墙与伊拉克民众分隔开来，而现在更是被美国占领军视为一座可以长期使用的中国式的"紫禁城"。数千美国和西方外交官、承包商以及军事人员占据着"绿区"。一个美国人在这里工作长达一年之久，但却从来不吃伊拉克食物，他平时基本不会接触伊拉克公民或者看到伊拉克在"绿区"之外的任何地方。这种情况并不少见。①

成千上万友善而乐观的美国平民志愿者在伊拉克服务，满心以为他们将致力于重建一个支离破碎的国家，结果却在一年之后，统统带着一种苦涩的受挫感离开。因为他们完全没有能力为那里带来实质性的改变，他们在长达12个月的时间里，一直都被关在"城墙"之内。

当我们在2006年7月重返伊克拉时，我们面临的环境，以及我们调查和研究的过程，都将比我们所预期的更加严峻，也更具有挑战性。

---

* 也译作克维拉或凯芙拉，是美国杜邦公司在20世纪60年代研制出的一种芳纶纤维材料产品。由于这种材料坚韧耐磨，具有刀枪不入的特殊结构，因而多用于防护装束，在军事上更被称为"装甲卫士"。——译者注

① 拉吉夫·钱德拉塞克兰：《"绿区"：翡翠城的皇家生活》（纽约：阿尔弗雷德·A. 克诺夫出版公司，2006年）。

第3章　混乱状态

专责小组的创始成员们重返伊拉克后，便同安巴尔省的海军陆战队进行了接触，并传递了从国防部副部长英格兰和莱斯特将军及其指挥官那里获得的新的指示，然后开始讨论我们如何能够更直接地协助当地的经济发展。

我们从安巴尔省回到维克托尔军营，鲍勃·洛夫便为我们的活动做出了安排。我们在法奥宫有了自己的临时办公室。鲍勃已经制定好了我们去往若干工业地点进行调研的计划，其中包括重返伊斯坎迪利亚。我们也第一次见到了驻伊拉克多国部队指挥官乔治·凯西上将。

我再次预期那将是一次不温不火的接待，与凯西之间最多也只有简单的接触。考虑到安全形势持续恶化，特别是在巴格达，一个指挥官最不需要见到的就是另一个来自华盛顿的访客。凯西说话不多，看上去很含蓄，但在这种外表之下，他拥有的是极大的活力和快速切入主题的风格。他显然已经知晓了我们的最新行动，而且对此极感兴趣，他希望从我这里详细了解我们大概需要多长时间才能让相关人员拥有开展工作所必需的经验。他非常专注于巴格达的事务，很想知道我们多久就能够在那里开展工作，以便支持他为增强整个城市的安全保卫工作而部署的整整一个旅的军事武装力量。他强调他会全力支持我们的工作，并鼓励我和他直接对接——如果我们在开展工作时遇到任何障碍的话。

我向切尔莱利将军简要汇报了我们的最新使命以及我们的计划，讨论的气氛一度很热烈。我们现在已经不需要说多少客套话了，他已经把我们看成是他的左膀右臂了。他要求我们迅速采取行动，工作需要立刻取得进展。

我告诉切尔莱利，我相信在美国商业中蕴藏着尚未开发的善意的“资源”，如果听到召唤，人们就会站出来，支持他部署在这里的陆军士兵和海军陆战队队员。我们承诺建立这样一个提供全方位支持的团队，并告诉他说，如果部队愿意带上我们，我们能够去他们去的任何地方。

在这方面，我们不同于在伊拉克的其他非军事使团。指望国务院或者美国国际开发署在一个活跃战区提供专业知识和经验是不合乎逻辑的。在对外服务部门或者在美国国际开发署（USAID），那些有才能的美国外交官和发展专家之所以会做这些事情，是出于一种内心的愿望，因为他们想帮助他人或者为他们的国家提供服务，想要在世界最贫困的地区为孩子们提供食物，修建学校、道路或者其他基础设施。但在推翻一个政权并建立部分安全和治理体系之后，突然要求这些组织接管这一切，完全是不合理的。一般情况下，美国国际开发署和国务院的雇员都没有签约在战区工作。军事人员在入伍时都知道，他们可能会被要求从事极具危险性的工作。在华盛顿，为伊拉克重建而游说的国务院和美国国际开发署领导人应该更了解这一点。

我们的目标是建立一个业务专家团队。参与这项工作的人都知道，他们可能会在工作中受到不可预期的伤害。这支由志愿者组成的团队，将愿意支持部队在伊拉克的重建工作，不管他们将面临怎样的风险。

我也请求不要将我们看成是来自华盛顿的访客。我们将在伊拉克建立业务，并且需要听从来自伊拉克而非华盛顿的驻伊拉克多国部队指挥部的指令而开展工作。副部长英格兰将确保我们能够从五角大楼得到必要的资源和支持，但在伊拉克境内，我们将作为指挥部的一个组成部分而开展工作。

切尔莱利完全支持这一点，并告诉我，他希望及时了解我们的最新进展以及我们遇到的任何障碍。①

当我离开他的办公室时，我的军事顾问、陆军中校汤姆·斯奈德越来越感到担心。指挥部需要帮助，而我们是站出来提供这些帮助的唯一的非军事化力量。他们对我们的期望，可能会成为我们不得不背负的沉重的包袱。我理解他的担忧，但我们别无选择，我们必须尝试。

第二天，我们即重返伊斯坎迪利亚。当萨巴·艾尔·卡法吉从当地部队获知我们这么快就返回时，感到非常震惊，他原本对我们在一个月前的拜访并不抱任何希望。我给他带来了他给我看过的那本书《世界是平的》的作者

---

① 驻伊拉克多国部队指挥官令，2006 年 7 月。

签名版本，以及如何在他的工厂开展生产的若干想法。萨巴再次带我们参观了整个厂区。

我和约翰·道迪用相机拍下了厂区我们所看到的所有的东西，尤其是机器设备，我们知道了它们的来源地、序列号和生产厂家的信息，全面了解我们认为应当了解的一切。我们看了工厂的库存，确定其状态及其可以使用的东西。在这漫长的一天即将结束时，道迪在总结时同意我最初的评估，虽然它不是什么丰田工厂，但的确是一个可以正常运转的实体企业，只要有机会，它肯定可以重新开张。

在接下来的两周，我们走访了其他几家大型企业。首先是在纳杰夫的一家服装公司——成衣制品国有公司。纳杰夫是什叶派伊斯兰教最神圣的城市，几个世纪以来都是什叶派神职人员学习宗教的中心。在奥斯曼帝国衰亡以及在英国治下驱逐了对抗英国统治的什叶派武装分子之后，纳杰夫的大多数宗教领袖都流亡到了伊朗，这加速了一个具有竞争性的什叶派神学学派在伊朗库姆市的快速扩张。80 年之后，随着萨达姆政权的倒台，纳杰夫再次成为什叶派学习的中心。纳杰夫是阿里·西斯塔尼——在整个什叶派伊斯兰教当中最受尊敬的神职人员之一——的家乡，而且在伊拉克什叶派宗教团体的所有方面，都是一种重要的影响之源。①

作为什叶派的一个学习中心而崛起的纳杰夫，对于美国的外交政策具有广泛的战略意义。纳杰夫的神学体系，把信仰的地位看成是超越政治之上的——信仰是政治行为应当倚赖的社会基石，但它一般不鼓励神职人员直接参与政治活动。这和伊朗库姆市以政治为本的神学体系形成了极大的反差。后者主张神职人员直接参与政治活动，其中最有代表性的就是霍梅尼在伊朗的压迫性的神权政治统治。西斯塔尼一直是在伊拉克建立民主政治体制的公开拥护者——这和在伊朗的神学体系形成了鲜明对比。② 从美国推进民主机构的建立这一角度和利益出发，能够强化纳杰夫经济（也包括政治）力量的任

---

① 瓦利·纳瑟尔：《什叶派的复兴：如何在伊斯兰教冲突中塑造未来》（纽约：诺顿出版公司，2007 年 4 月）。

② 海因茨·哈尔姆：《什叶派：一个短暂的历史》（普林斯顿：马库斯维纳出版社，2007 年）。

何政策，都是一种可取的政策。

不幸的是，自2003年以来，旨在推进纳杰夫公民福祉的任何有价值的举措少而又少。基于可以感觉到的什叶派政治家对于美国占领军的敌意，我们预计在纳杰夫会遭到冷遇，我们也将看到一家为服装公司生产产品的血汗工厂。

但是，我们错了。

纳杰夫省省长以及纳杰夫市市长热情地接待了我们，他们把我们看成是高贵的客人。我们看到的上述提到的那家“血汗工厂”，实际上非常先进，它全面配置了中央空调制冷系统，有数百个缝制工作台，但全部都处于闲置状态。穿戴得无可挑剔的总经理一身时髦的意大利西装，并热切地向我们展示了整个装备设施，包括他的设计工作室。这个全部电脑自动化的实验室有一台大型激光切割机，它会将他的设计团队的服装设计自动转换成面料图案。道迪认出了这台具有高科技含量的“嘉宝牌”激光切割设备。工厂质朴而又先进，但却完全闲置，这让我简直不敢相信。

总经理向我们展示了一款男士的毛呢礼服套装，这是他工厂的工人生产出来的，主要在当地店铺销售，它们本可以出现在欧洲的任何服装店里。我问了一下他的员工的情况，他向我介绍了他的部门负责人。他的工程经理和生产经理都是女性，就和大多数工厂的工人一样，她们改变了我们对于阿拉伯女性职业从业者的刻板印象。他的几位经理全都积极参加了我们的观摩之旅。工厂所有的车间都井井有条，有一流的材料管理流程。唯一的制约因素是市场需求，以及用来购买面料的营运资金。原来，他们的面料主要来自现已关闭的其他伊拉克工厂。

值得一提的是，当我们过去集思广益地探讨如何重建伊拉克的工业时，对于为一家能够生产高端男装的全新的服装厂创造产品需求，并不在我们的考虑范围之内。

在两个星期的时间里，我们参观了其他几家主要的生产企业，其中有几家企业的设备陈旧老化，需要大量的资金投入，这使得我们难以为其提供帮助。而有几家的情况很像上述那家服装厂，设备先进。还有几家更像是伊斯坎迪利亚那家工厂的情况：设备老化但并没有过时，充其量只需要维护和清理即可。

在这些走访中，我们有时候会在摩苏尔、提克里特、巴古拜、费卢杰、希拉或巴士拉的前沿部署部队，或者在指挥部的分站，稍作停留，这取决于这些地方与我们走访的工厂的距离的远近。我们会住在帐篷或者拖车里，总之，只要有睡觉的地方就行。如果有餐饮设施，我们就跟随部队一道就餐；如果没有，我们就吃军用份儿饭（Meals-Ready-to-Eat，简称 MREs）。在伊拉克的第一周，我们经历了严重的倒时差问题，往往在美国东海岸的工作时间内，我们也继续工作，利用我们的卫星天线上网，和华盛顿方面沟通。我们的旅行工具通常是黑鹰直升机，或者是由开着“悍马”装甲车的军方车队护送。跟随车队出行，尤其让人感到崩溃。当我们经过村庄时，经常会听见轻武器的射击声，而且最近几次简易爆炸装置造成的伤害，包括炸毁车辆或者损毁建筑物，都发生在我们的车辆穿过城镇时的必经地点。

不过，无论在什么情况下，我们的军队所展示的规划力和执行力，都给我们留下了深刻的印象。这些 20 岁上下的年轻男女，完全都是专业水准，在最困难的情况下，他们往往需要一周连续 7 天昼夜工作。他们都非常重视这样的机会，因为他们终于能够去做除“动力作业”——军事作战行动或者在炎热的地方巡逻——之外的其他事情。我们有机会协助他们致力于拯救伊拉克社区的行动，对于他们而言是一个可喜的调剂。看到我们部署的力量中有这样一个如此重要的组成部分，令他们备感欣慰，因为它充分显示出，真正的责任和绩效管理仍是我们国家文化中不可或缺的要素。

我们在这次重返伊拉克的过程中所造访的最令人头痛的地方，是在距摩苏尔以南不远、位于伊拉克北部地区贝吉的一家大型化肥公司。这是一家把天然气转化成用作化肥的尿素颗粒的大型尿素生产厂，它在 20 世纪 80 年代由 M. W. 凯洛格公司建立，目前仍在生产。这家工厂面临的问题是，天然气供应已被切断，使它缺少主要的原料来源。早在 2004 年，天然气就在驻伊联盟临时管理局的指示下被改了路线，它主要被输送到附近的一家大型发电厂，目的是为了增加电的供应量。没有天然气维持运营，这家化肥厂处于停产状态。

发电厂主要使用天然气做动力的大型热发电机组发电。然而，那家化肥厂被重新改变输送路线的天然气中充满了硫和其他腐蚀性污染物，它腐蚀涡轮机，导致发电厂需要大面积的长期维护，使得持续发电变得异常困难。为了使天然气用于发电功能，天然气中的酸性气体需要过滤掉其液体成分和污染物以防止腐蚀机器。发电厂设备的损坏导致维护耗资巨大，而且由于大规模的重建资金在2006年已被大量花费，因而已经没有资金可供设备维修或者设备更新。①

所以，不但尿素化肥厂因为天然气供应被切断而关闭，而且利用被改变用途的天然气产生的电量也少得可怜。

这个故事还有更加令人郁闷的一面。

贝吉的这家属北方化肥公司的工厂，提供用于整个巴格达北部地区农业种植的所有化肥，这个地区的面积大约占全国总面积的一半，拥有全国最肥沃的粮食和棉花种植田。在巴士拉的另一家南方化肥公司，它的工厂提供伊拉克其他地区的农用化肥。自贝吉的化肥厂被关闭以来，因为没有化肥，伊拉克北部的农作物产量已经大幅下降，而且鉴于农产品价格暴跌，农民几乎没有钱购买进口化肥。由于用于恐怖活动自制炸药的硝酸铵化肥的用量增加，使得农场合作社和私营进口商为填补供应缺口而进口化肥变得越来越困难。②

为了创建一个自由市场环境而关闭一家工厂，从而给伊拉克人民的福祉带来毁灭性的影响。这只是诸多例子之一。

让贝吉的化肥工厂重新运转势在必行，但要解决相关问题却并不容易。军方并不会大量购买农用化肥。

当我们考察越来越多的企业设施时，另外一个事实也变得清晰起来。伊拉克并不像驻伊联盟临时管理局和现在的伊拉克重建管理办公室所认为的那样，是一个东欧式的社会主义国家。当我们通过接触企业经理并了解他们的业务时，我们发现，几乎每一家企业都和巴格达政府有着不同的关系。有的企业是完全自主的，能够向我们展示过去多年的详细的盈亏账目；有的有成熟的营销能力和增加收入的积极态度；有的则十分缺乏管理技能，而且只是被政府告知需要生产多少产品，把它们运到哪里，要购买多少原料以及从哪

① 《让伊拉克工厂拥有更大权力》，《华盛顿邮报》，2004年8月25日。

② 《提克里特省级重建队的报告——贝吉化肥厂》，2006年12月。

里购买，这是典型的苏联式的中央计划途径。这些企业的差异取决于企业所在地的居民过去和萨达姆政府的关系。一些地区的居民被允许拥有相对的生活自主权，而有的地区的居民的生活则在一种铁腕式的管理和控制之下。这些企业似乎反映出企业所在地居民所面临的政治现实。

通过驻守在巴格达的驻伊联盟临时管理局或者国务院的领导发布命令而使伊拉克经济实现现代化，已被证明是多么无用，这一点变得越来越清晰。因为伊拉克工业没有任何单一的经营模式，试图通过伊拉克占领者授权的订单而改变伊拉克经济，从一开始就注定必然会失败。由于受在巴格达的美方顾问的安全态度所限，相关人员从未考察过伊拉克工厂的运营情况，因而也就没有办法了解上述事实。另外，我们考察过的每一家工厂的情况都各有不同，这使得我们使用军事需求来重新拉动伊拉克工业需求的简单策略，变得更加复杂化。这不是一件容易的事，我们正在面临一系列的挑战。

当我们回到“绿区”时，我们再次和达里尔·斯科特接触，就如何与他的“伊拉克先导计划”的系统保持同步进行了商讨。在了解到那些服装厂的情况以后，他提出，那些服装厂应该开始为新的伊拉克军队和伊拉克警察制作制服。

这预计需要数十万套制服。这些制服目前正在从美国进口，我对此感到困惑，但达里尔解释说，根据《贝瑞修正案》——一项旨在保护美国纺织品织造商和服装公司的立法，美国军方必须从美国公司购买所有的服装和饰品。① 由于美国军方一直为伊拉克新的军队和警察购买制服，因此他们就服从了《贝瑞修正案》的制约条件。他认为如果我们在华盛顿那里进行必要的游说，那么就可以改变这种局面。为了获得订单，我们需要和华盛顿政策办公室打交道，同时也需要和制服厂的管理团队合作，让他们做好完成订单任务的准备，而达里尔则将负责承包方面的事情。国防部采购与采办政策主管谢伊·阿萨德需要在美国企业放弃这部分订单方面发挥作用，并加强承包业务对伊拉克和阿富汗经济的影响。②

我们大致了解了我们已经看到的工业企业发展状况，还进一步指定了相

---

① 《美国法典》第十项第2533a款。

② 《伊拉克安全部队制服采购政策》，国防部采购办公室，2006年。

关团队进行调研，看看还有什么商品可以购买，既能够在质量方面符合军方的需求，同时又能够为伊拉克人民创造就业的机会。对于在美国购买的商品，我们避免做出调整，而是看看从周边国家（主要是科威特、约旦或者阿联酋）购买的商品当中，有哪些可以直接从伊拉克企业购买作为替代。

我们接下来要做的就是和美国大使馆再次接触。我见到了查尔梅·哈利勒扎德大使。哈利勒扎德特别富有魅力，他对我表示了热情的欢迎。在这次会面中，我们做了详细交谈，他承诺将全力支持我们的工作，并且向我保证大使馆方面不会设置任何障碍，无论驻伊联盟临时管理局的政策如何。我松了一口气。他还问我，我是否将会去阿富汗工作。作为一名阿富汗裔的美国人，哈利勒扎德是塔利班政权在2002年瓦解之后，美国向那个多灾多难的国家派出的第一个大使。我告诉他，我们本质上都是商人，我认为阿富汗没有足够多的业务让我们提供更多的帮助。他不同意我的意见，并鼓励我将来去实地了解一下那个国家。

在这一点上，我甚至还在怀疑自己进入伊拉克的做法是否理性。去阿富汗这一想法，当然完全是不可行的。

在巴格达任职期间，哈利勒扎德是一个很好的朋友，他是我们工作的支持者。不幸的是，在伊拉克重建管理办公室——一个在行使权限方面显然很像驻伊联盟临时管理局，但同时又无需对任何人负责的独立王国——的管辖范围内，他的支持并没有转化成足够强大的推动力。

我们和伊拉克重建管理办公室方面的接触，远比一个月之前的第一次艰难的介绍性会见更令人寒心。当被问及有关工厂的状况和继续执行驻伊联盟临时管理局的政策问题时，我们所负有的新使命以及对伊拉克企业可行性的口头意见，似乎在华盛顿的国务院方面引起了强烈的反弹。这个经济团队有着公开的敌意，它的成员问我们为什么要恢复伊拉克的社会主义。他们坚持认为我们去考察伊拉克企业是浪费时间。认为连我们都不知道我们自己在说些什么，以及国防部还需要“待在它的车道里”远离经济发展的相关事务。

随后，道迪表达了与我先前阐述过的相同的观点。我们向他们展示了我们在伊拉克拍的相关工厂业务的照片，并解释了我们所了解到的有关不同工厂在经营管理方面的差异情况。但这些都没有起到任何作用。

我越来越感到不安。我的想法是组建一个团队，以便推动某些工厂正常运转。我还打算聘请一些专业技术人员，邀请伊拉克重建管理办公室作为合作者加盟，由达里尔·斯科特推动承包业务向伊拉克重建管理办公室过渡，并且尽快解散我们当初成立的专责小组。这些将使我在为伊拉克战区事业做出一点贡献之后，能够重新专注于五角大楼的业务转型。

这似乎是一个完美的解决方案。

但伊拉克重建管理办公室不合作。我竭力说服它的成员。国务院的相关人员总是在抱怨，因为国防部拥有所有的资金和其他资源。我需要聘请出于安全考虑而在国防部工作的但能够随部队出行的志愿者，他们将奉命向负责战略方向的伊拉克重建管理办公室下属的经济重建团队报告。但这样一来，任何成就都将归于伊拉克重建管理办公室，而它的主管们却都可以待在“绿区”铁丝网的保护之下。不过，我们能够大大强化他们辅助性的工作力量，从而能够真正改善伊拉克经济。没有人会宣称驻伊联盟临时管理局工作上有过什么失误，这将只是一种战略调整，它是在我们深入了解伊拉克企业的某些业务实情之后，根据相应情况做出的一种战略方式上的转变。

我的提议却马上就被否决了，伊拉克重建管理办公室派出的代表给出了拒绝意见。他们没有任何理由，只是不接受这个建议，仅此而已。在接下来的几天，我们试图逐个和伊拉克重建管理办公室的工作人员及领导对谈，以便说服他们，但他们却从未改变自己的立场。他们坚持认为我们是错的，而且没有任何改变意愿的意图。

与我们在“绿区”最后一次会面的是伊拉克工业矿产部副部长萨米·艾尔·阿拉基博士。拥有密歇根州立大学博士学位的萨米，是一个与众不同的伊拉克高层人士，他经历了前萨达姆和后萨达姆政权时代，始终保持着他的影响力。这部分是由于他的能力，部分是因为他的家族的影响力。艾尔·阿拉基家族在伊拉克是最有影响力的家族之一，在整个伊拉克政府内，其成员占据了主导性的议会、军队和部长职位。伊拉克重建管理办公室安排我去见萨米，我对这次会面很期待，因为工业部几乎负责我们有意重建的所有伊拉克国有企业。因此，让这个关系有一个良好的开端，绝对是至关重要的。我曾希望会见萨米博士的上司——工业部部长法齐·哈里里，但他有事无法脱身。

我走进一间会议室等待他的到来。在差不多比我们约定的时间晚了半个小时以后，他终于出现了，他看上去有些衣冠不整而且面带怒容。他抱怨他在进入大使馆时所受到的对待。显然，在获准进入大使馆之前，他被迫接受了全面的搜身和对他身份的充分核实，尽管他是由一个外交官护送过来的。

我们彼此做了介绍，我解释了这次会见的目的。我告诉他，我相信伊拉克的许多工业企业都能够重新正常运转，我们为他的机构带来有效支持，而且我正为这一目标建立一个团队。我谈到了我们走访过的企业，并询问他的想法和建议，以及我们应该如何继续开展工作。

他看了我很久才开始说话，用他那种惯常的套话感谢我走访他的国家的企业并对此表现出一定的兴趣。然而，接下来，他的声音开始提高了，与其音量一同加大的是他的愤怒："你知道在过去 3 年时间里，有多少该死的美国人把我叫到这里见面吗？起码有 100 个人！他们全都和你一样——你们来到这里，又把我拉进这个属于我的国家的宫殿里，但你们现在用一群狗来把门，你们像对待罪犯一样搜我的身并羞辱我，然后你们对我说，你们想帮助我。那么，接下来，你知道会发生什么吗？什么也不会发生，什么结果也没有，不管我在这里说什么，都没有任何作用！我知道当我离开后，我再也不会见到你。你还会回到你原来的地方，给你那里所有的人展示你的冒险照片，然后忘记你曾来过这里。我希望你们都回到你们自己的国家去，别在这里浪费我的时间！"

"萨米博士，我很抱歉，但这次不会出现你说的那种情况。"我回答说。

"我敢保证，你永远都不会再回来。如果我认为我能够追债的话，让我赌多少钱都行——我敢打赌，你永远都不会再回到这里！"

"我向你保证，我两周后就会回来。"

"你说的话我一个字都不信。已经有 100 个像你这样的人了，你是第 101 个。"

话说到这个份儿上，我没有什么可说的。但我会证明他是错的。如果站在他的角度，我说出的话，恐怕比他还要难听得多。

通过兜售我们计划的优点，以及它对于一个具有国际性意义的事业可能产生的影响，道迪说服麦肯锡公司的高层领导，允许他组建一个团队在伊拉克开展工作。用了大约几周的时间，他组建了一个由麦肯锡全球制造业务的咨询师组成的强大团队，准备由这个团队在伊拉克完成长达 6 周的任务，而其他做好准备的替代者会随时加入其中，以便轮流完成阶段性任务，保持工作的稳定和持续。

我很难知晓麦肯锡公司究竟会有多大的勇气长期支持我们的工作。这不是在“绿区”工作，这和在伊拉克其他正在进行的非战斗活动一样具有高风险。2006 年，各大媒体头条新闻的标题都具有明显的负面性，让许多国外的公司或企业几乎根本就不会考虑在伊拉克从事经济活动。像麦肯锡这样一家严谨、口碑极好的公司，假如从一开始就拒绝我们的请求，也是完全合情合理的。但它却没有这样做，它挺身而出，对于推进我们在伊拉克非军事化使命的进程发挥了重要作用。

鲍勃·洛夫再次展示了他的勇气和决心：他决定放弃轮流在伊拉克开展工作的初衷，他承担起现场运营和管理工作的角色。他的军事背景对于驻伊拉克多国部队而言是一种资源，这对于我们和相关方面展开接触以及确保对于他们的支持要求做出及时回应，是至关重要的。这对于鲍勃来说意味着一种真正的牺牲。他是在结束了 20 年的海军陆战队职业生涯（其中包括 2003 年在伊拉克的一次作战部署）之后才刚刚退休的。现在，他将作为一个非军事化人员返回伊拉克，并将完善我们的业务工作，监督麦肯锡团队进行工厂评估，就斯科特将军的承包管理事项进行日常沟通，确定伊拉克工厂的需求来源。我将会在华盛顿和伊拉克之间穿梭。当我在国内时，我会和企业界以及五角大楼的政府官员们会面；而在伊拉克时，我将为那里的工作提供总体指导，并与美方高级指挥人员、伊拉克商界领袖和高级官员接触，恢复伊拉克的生产经营和正常生产需求，减少对于美国军事合同的任何依赖。

我和戈登·英格兰讨论了阶段性的战略方针，英格兰联络了美国商会主席托马斯·多诺霍。为此，多诺霍举办了一次招待会，他邀请了我、英格兰以及一些美国高级企业管理人员共进晚餐，我们在晚餐时间讨论了我们所面临的挑战，并且征求大家的意见。不出所料，参加招待会的人在了解到伊拉克存在问题的经济因素之后都感到惊讶。他们的意见是，要识别美国企业能够购买的符合美国标准的产品，以及伊拉克一切可以利用的美国工业需求的产品。随着一些美国的企业开始从伊拉克购买产品，由此建立的关系就将产生伊拉克未来的其他商业机会。

这将成为我们在未来几年顺利开展工作的重要元素之一。美国大多数商界领导者和我并没有什么不同：他们都愿意对求助做出力所能及的帮助，特别是当这些请求可以通过正常的业务活动——比如供应关系——得到实现时。

在接下来的几年里，美国商会积极倡导美国企业和专责小组的合作，并参与伊拉克经济的发展。

这期间，我还接触了斯图尔特·鲍文，以寻求他的建议和支持。作为白宫委任的伊拉克重建特别监察长，鲍文致力于揭批在伊拉克许多失败的项目和活动。我并没有历数帮助伊拉克恢复重建的其他人所犯下的错误，而是数次同鲍文会面，就如何保证我们避免这类失误征求他的意见。他参加了我们和商业集团举办的最初几次会议，他信任我们的计划，并承诺将努力确保我们公司的利益，以避免遭遇之前在伊拉克承担过业务的公司曾经遇到过的任何项目执行障碍。

在这一点上，布什政府明确指出，我们被允许专注于除石油和天然气之外的伊拉克所有工业。这背后的意思很清楚。鉴于被广泛感知到的推翻萨达姆政权的动机——美国打这场战争是为了夺取伊拉克的石油储备——国防部不能直接参与石油行业的工作。这一次，我对此没有表示任何异议；即便不参与石油工业，我们的工作也已经够复杂了，有大量需要关注的问题，而且还有很多问题需要通过国务院主导而加以解决，尤其是在伊拉克推动石油工业迅速发展的法律框架问题。①

经过与副部长戈登·英格兰的进一步讨论，我决定我们最初的工作重点放在机械、五金和重型设备制造等行业上。这些都是未来伊拉克经济中具有最佳发展机会的行业。未来将不可避免地出现的大规模的石化产业的发展，将消耗重工业的一切生产能力，而如果我们能够让一些重工业行业运行起来，并和西方国家的企业建立供应合作关系，那么我们就能够让伊拉克的重工业产业得到发展，并恢复伊拉克成千上万专业人员的就业。

到了9月，第一批专责小组的团队到达了伊拉克，并开始了工业评估。

---

① 迈克尔·戈登和伯纳德·泰勒：《大结局：伊拉克战争内幕——从小布什到奥巴马》（纽约：万神殿图书出版公司，2012年）。

从 9 月至 12 月，专责小组完成了超过 60 家企业业务的基本评估，跨越除了高科技之外的所有工业领域，我本人参与了其中的 32 家企业业务的评估。这些企业都被优先评估，因为来自伊拉克工业部的信息表明，它们最具恢复生产的可行性，并能够迅速恢复生产。这些企业分布在伊拉克的全境。在走访这些企业的过程中，我们通过少数西方人会采取的方式，也逐渐了解了有关伊拉克的整体情况。在参与评估的过程当中，我们发现所有企业几乎无一例外地都有一个例行的模式或程序：一个企业经理用几个小时的时间不停地表达内心的沮丧和愤怒，接着对企业业务情况进行观摩，然后再和高级管理团队共进晚餐。在我们每次的走访活动即将结束时，彼此间都会建立起融洽的关系。事实上，这种关系远比我们当时预期的要更长久。即便是在那些当时正在经受极端暴力的地区，我们也会发现工业运行并未受到严重影响。到了 10 月，汤姆·莫德利也加入了我在伊拉克的走访活动，他想亲眼看见是什么转移了我的注意力，使我暂时远离改革五角大楼官僚体制的工作。同时他也通过亲身体验，意识到我为担负在伊拉克的使命而不得不承受的各种风险。

海军陆战队带着我和汤姆去了拉马迪——安巴尔省省会——的一家企业。拉马迪正在经受大量的暴力活动，因为许多从费卢杰被驱逐出去的残余基地组织成员，以及许多从叙利亚进入伊拉克的基地组织新兵，都汇聚在了拉马迪。海军陆战队正在寻找任何能够增加现役军队力量的积极因素，以便扭转拉马迪的局面。

外军陆战队护送我们去往拉马迪的过程高度紧张，因为从费卢杰军营出发，通过幼发拉底河河谷并沿安巴尔省主要公路进发，需要长达两个小时的缓慢车程。我们将要考察一家在 2003 年之前就一直是这个城市主要就业单位的玻璃和陶瓷厂。我们经由的这条公路经常遭遇简易爆炸装置的袭击。当我们进入城市街道时，街上冷冷清清、空空荡荡，只有路边的小摊贩在卖用软饮料瓶盛装的汽油，以及瓶装水和廉价的杂货。我们只看到仅有的几个人在建筑物之间快速穿梭——没有人在街道上长时间停留。当我们的“悍马”车队进入市中心时，我们变得更加紧张，因为根据海军陆战队的经验，暴力事件随时都可能发生。当被问到以前进入这个城市的情况时，一个海军陆战队队员的回答更加令人感到恐怖——每次经过那条公路，他的护送车队都会遭到袭击。

恐怖的气氛在空气中瞬间凝固了。这个地方让人产生了一种强烈的压迫感。在未来的几年时间里，在对伊拉克全境的各个地方进行了数百次造访之后，我们形成了“第六感”——一种判断一个地方“气氛”并知道危险在什么时候降临的能力。但现在，我们并没有这样的直觉。不过在拉马迪，直觉并不是必需的东西，我们显然是时刻处于危险之中。

虽然表面上若无其事，但在内心深处，我却变得越来越不安。我无法理解为什么我们会出现在拉马迪。很明显，整个城市都处在一种被随时可能到来的灾难摧毁的状态中。不管你能够看到什么，都没有任何意义：所有工厂肯定都会被一劫而空，不会留下任何有价值的东西。海军陆战队队员跟我们讲述说，住宅和空置的楼宇，甚至包括铜线，早被“洗劫”一空，那些断绝收入来源的绝望的家庭，会把它们当成废品卖掉。

我们来到了这个城市郊区的一幢建筑物附近，它隔着市中心，对面就是幼发拉底河。当我们进入其中时，不禁感到泄气。这幢建筑物容纳了一个大型玻璃制造厂，厂房中的设备塞满了凝固的玻璃。一位来自当地驻军部队的海军陆战队指挥官解释说，在2003年的入侵行动中，当电力被切断时，工厂也被突然关闭，使熔融玻璃凝固于设备中。这幢建筑物似乎遭到过炮轰或者火箭筒袭击，屋顶的大洞可以证明。小鸟在建筑物的各个角落筑巢，这里到处都是它们的粪便和羽毛。

拉马迪一直是玻璃制造中心，因为本地砂岩富含高品质的二氧化硅，这对于玻璃生产是尤其理想的条件。不过，这家企业完全像是倒闭了。生产玻璃板材的设备有好几十年历史了，在技术上已经过时。任何恢复拉马迪的玻璃制造业的努力，都将不得不从头开始，而且至少需要5 000万美元的新投资。我们一直在浪费我们的时间，而且让我们自己和海军陆战队都承担了极高的风险。我把想法告诉了海军陆战队的成员们，并表示我们必须离开这里。

海军陆战队的成员们坚持要带我们去附近的一家企业，这是一幢很大的矩形建筑，大概有一个足球场那么大，但大门已经上锁了。当我们走近这幢建筑物时，附近响起一阵轻武器的射击声，它迫使我们本能而又快速地冲到建筑物入口处的一面墙壁附近寻求掩护。当有人把厂房门上的锁头打掉时，我们感觉等待的时间是那样漫长。而这时，在这幢建筑物周围形成一个保护性包围圈的海军陆战队队员们，也变得越来越紧张。

射击声很快就消失了。我们始终没有看到周边有人迹，也无法判断是谁在朝我们这边开枪。

当厂房大门被打开的那一刻，我和汤姆仍惊魂未定。这家企业的陈设看上去非常规整。全新的陶瓷制造生产线和电脑控制设备，都摆放在那里，看上去就像工人刚刚离开一样。只有沉降的灰尘表明，这个地方已经闲置很长时间了。崭新的现代感的水槽和其他浴室设备，都整齐地堆放在那里。当我们在厂房里穿行时，我不理解为什么这里的东西居然会没人碰过。

作为玻璃制造业向陶瓷业扩展的一种业务，该企业成立于2000年。尽管它已经购买了全新的高档的意大利生产设备，员工也接受了培训，但在2003年它还是被遗弃了。这家企业完全可以马上恢复生产，它目前所需要的，只是电力和产品订单。

我们在整个伊拉克发现过不少类似的例子。不管相关的特定群体看上去有多么迷茫，但他们内心深处仍然拥有一种信念，那就是坚信他们国家的经济未来有很大的复苏潜力。处于领导层的人们感觉到，他们仍然可以掌控一些东西，尽管社会混乱和暴力层出不穷。在我看来，这是一种真正的希望和乐观之源。

如果我们能够识别和挖掘目前存在于伊拉克各个社区的这种潜在的社会发展动力，并展示我们为该地区居民长期的经济利益所做出的努力，我们就能够成为减少伊拉克社会暴力冲突的一支强有力的力量。

当我们继续对这家企业做出评估时，它的业务经营状况中体现的过分简单的策略的缺陷，促使我们对计划做出改变。在许多情况下，恢复对于一家企业的产品的需求，并不足以迅速恢复这家企业的生产。生产设备经过两三年的闲置，必须清洗，还需要相关的零部件。许多企业没有开展生产所必需的原材料或者现成的库存物资。不过尽管这些问题很重要，但事实上，它们可能只需要少量的资金就能够解决。甚至在大部分情况下，只需几十万美元的资金，就能够恢复一家企业数百人或者数千人的就业。

不幸的是，除了用于规模已经缩减的工人的工资预算之外，伊拉克政府不能够为工业部提供其他任何预算。2003年，来自驻伊联盟临时管理局的订单，已经排除了工业企业获得预算的机会。出于某种简单的合乎逻辑的原因，我并不担心这一点。鉴于仅仅在国防部范围内在战争上的惊人花费——平均每月超过 90 亿美元——我确信，我们能够为零部件和供应物资筹集到少量资金，以便让几家企业恢复生产，以此作为我们这项工作的启动资金。

通过对一些企业的调研，我们进而了解到伊拉克经济和政治的方方面面。过去，受到联合国的制裁，伊拉克企业不能够出口物资，也不能够进口产品。它们唯一的贸易，就是国内企业之间的贸易。轧棉机企业的产品供应纺织企业，后者供应服装企业，而服装企业供应伊拉克各零售店；五金件企业的产品供应设备制造企业，而后者的产品供应大型装备制造企业；石油化工厂会将原材料供应给其他各行各业的企业。这些分布在全国各地的伊拉克企业之间的贸易，是伊拉克各省市、部族和教派之间彼此创造互利关系的商业结构的一部分。

当一些企业被关停后，不但企业所在地的社区遭到失业的重创，而且伊拉克各城市及城镇社区之间的大部分贸易也遭受重创。

不论在什么样的国家和社会，贸易都是将民众联结起来的关键因素。如果美国的各州之间均不再有相互交易，那么美利坚合众国还能够存在多长时间？而被称为“各民族大熔炉”，实则相对同质化的美国国内，不同文化之间的差异还能和谐共存多长时间？让伊拉克的企业重新恢复生产，不仅会恢复企业所在地民众的就业，而且也会恢复国内的各种贸易，这将有助于减少各个宗派民众的越来越大的受挫感——正是这种受挫感的存在，巩固了恐怖网络的力量，并且加剧了对我们的军队的愤怒情绪。

我们根据与伊拉克企业的接触情况，开始探求伊拉克国内的贸易，并致力于实现恢复因生产停止而受到重创的企业业务这一目标。我们发现，许多企业所从事的贸易业务，在全国各地的什叶派和逊尼派地区都已被淘汰。

到了 10 月，克里斯·哈格所领导的负责承包业务的专责小组，为集中协调和执行军事化合同提供了一个自动化的解决方案。这个提前 3 个月交付的系统所提供的一套信息主链，使得斯科特将军第一次充分理解，如何从战略上将军事开支作为一种稳定经济的工具而加以运用。克里斯的团队成员，特别是来自加拿大的年轻而又才华横溢的技术经理达伦·法伯，开始应斯科特将军的要求升级这一系统。

有了这个系统，专责小组就能够识别和确定满足伊拉克企业需求的机会。通过和在伊斯坎迪利亚的萨巴合作，鲍勃·洛夫使焊接和金属工程生产线重新启动，用来建造拖车式房屋。美国在伊拉克所证明的一件事，就是这里有能力建造大规模的、由拖车式房屋构成的军事和民用围场，这在有数百个这类房屋结构的"绿区"和维克托尔军营得到了具体体现。在2006年以前，整个伊拉克所使用的数千个拖车式房屋，都是从科威特或者约旦进口的。现在，它们将开始在伊拉克国内生产。仅仅在半年内，400个负责建造拖车式房屋的工人，就重新在伊斯坎迪利亚重新走上了工作岗位。尽管让伊斯坎迪利亚恢复其作为一个重要的产业化经营地区的角色，目前还有很多工作要做，但为400个人提供新的就业机会，显然是一个良好的开端。①

在伊拉克的企业当中，还有另外一种模式正在变得越来越清晰，那就是，在主要是什叶派地区的伊拉克南部，企业大都需要更多的雇员。手工装配业务企业、劳动密集型工厂、机械修理店和缝制中心，往往都集中于什叶派密集的地区。在逊尼派为主体的北部和西部，多为大型矿物或化学处理厂和水泥厂，那里具有数量更少但技能更高的专业人员。这些非劳动密集型企业，更需要维持经营的大量电力。

在2003年推翻萨达姆政权之后，联军发现在伊拉克的整个国家电网当中，可用电力的分配极不平衡，相比于伊拉克南部，电力过多地流向逊尼派地区。为此，驻伊联盟临时管理局重新调整了电力配额，试图不管地理位置如何，将可用电力在所有伊拉克人当中均匀分配。这种重新分配模式，使得在伊拉克北部和南部的许多地区，企业难以重新恢复生产。由于没有足够的电力，西部和北部地区的企业也无法重新运转。②

确保我们的工作不会被视为仅仅让伊拉克什叶派地区受益，这是至关重要的。但是，在伊拉克南部的许多企业是劳动密集型的，它们使用的电力相对较少。如果专责小组仅仅能让伊拉克南部的企业恢复生产，那么这就可能导致逊尼派伊拉克人产生不满。为了消除这种不满，我们认为唯一可行的办法，就是致力于推动水泥厂和化工厂的私人投资。投资人将不得不重新协调

---

① 《入侵四年后，巴格达工厂重新开张》，美国广播公司，2007年1月31日。

② 《占领伊拉克——联军的一段历史》，兰德出版公司，2009年。

和安排企业和发电设施的相对位置，这将需要工业部为参与电力协调的投资者提供非常有利的条件。为此，我们随即指派了一个团队，开始制定有关的策略。

我开始直接会晤伊拉克部长和高级官员，并常被邀请到他们的家中聚餐和讨论，而且经常持续到深夜或者第二天早晨。我鼓励他们自由交谈，即便我有时可能听不懂。在经过几个月这样的接触之后，我开始能够跟得上他们的交谈内容。根据谈话主题，他们有时会从英语切换到阿拉伯语。这种对于在伊拉克有效开展工作而言非常关键的“下班后”的决策过程，让我获得了宝贵的经验。

通过这些接触，我结识了数十位伊拉克国会议员、部长和副部长，以及来自全国各地的最重要的神职人员和商人，这让我进而更加了解伊拉克的政治情况，以及伊拉克政治家的世界观。多年来，这种世界观因其对抗萨达姆导致的艰难生活处境而受到严重影响。许多新一代的伊拉克领导人在 2003 年重返伊拉克之前，都长期生活在叙利亚的大马士革或伊朗的德黑兰，只是偶尔到访科威特、迪拜或者阿布扎比的现代商业中心，这使他们对于伊拉克如何融入全球经济的总体看法，往往受到太多的局限。我们花了很多时间讨论伊拉克作为石油生产国这一角色之外的经济潜力，这是伊拉克领导人所相信的某种东西，但对于如何使其变为现实，一时尚无具体的想法。

第4章　增压式体验

像世界上大多数国家一样，伊拉克的民众对于足球十分狂热。

当我们在该国各地考察时，从满是砂石的城区到遥远的农场社区，不论我们身在何处，只要有一块裸露的沙地，你总能看见孩子们在踢足球。

我们的部队能够送给伊拉克孩子的最受欢迎的礼物之一，就是足球——这是一份能为美国部队在这个国家的驻扎建立信任和信心的礼物，而这种信任和信心，正随着与日俱增的暴力活动逐渐衰减。

联军送给伊拉克孩子们的足球，是在中国制造的。

在过去的几个月中，我们发现，伊拉克的企业几乎有能力生产出任何东西了。我们当然能够在伊拉克找到可以生产足球的企业，并让一些人重返工作岗位。

很快我们在伊拉克找到了一家有着必要生产线的关停企业，并且和军方配合，给这家企业下达了一个生产数千个伊拉克制造的足球的订单。企业负责人对于他的生产线能够再次运转无比激动，并承诺在订单下达几周后就交货。

当这一天到来时，鲍勃·洛夫和他最出色的团队领导人之一肖恩·温，前往那家企业并根据订单进行验收。足球都已整齐地装箱并堆放在那里，等待着我们的到来。

企业负责人自豪地把一个足球递给洛夫，洛夫检查了一下，突然气得脸色变得铁青。

足球的一面印着这样的字眼："中国制造"。显然，那个企业负责人从我们这里拿到钱，买来廉价的中国足球，试图从中赚差价。

我们没有看到快速的成功，而且，我们将不得不就我们试图重新启动的这家企业的腐败行为做出解释。

对洛夫的恼火感到惊慌失措的企业负责人抓住他的胳膊，把他领到车间里。他向我们展示了显然在最近使用过的足球生产线，然后又带我们走到生产线尽头处，那里的一台机器正在给每个足球加盖“中国制造”的标签。

洛夫和他的团队成员都感到困惑，他们很想知道，为什么这家企业要在自己生产的足球上加上“中国制造”的字样。企业负责人低着头回答说：“鲍勃先生，请您谅解，没有哪个伊拉克孩子想要伊拉克生产的足球。”

伊拉克已经是一个支离破碎的国家。从 1991 年开始的多年来的制裁，使伊拉克人只能购买在伊拉克生产的产品，而那些产品的质量通常都很低劣。就像其他任何地方的消费者一样，伊拉克人也想要崭新的东西。他们对于能够生产某种值得购买的东西的自信心，已经被剥夺得干干净净。

“没有哪个伊拉克孩子想要伊拉克生产的足球。”

你可以去掉“孩子”这两个字，然后用其他任何和“人”有关的称谓取而代之，并用任何产品的名称取代“足球”这个字眼。接下来，你会从伊拉克任何人那里听到同样的回答。

美国对伊拉克的政策，几乎毁掉了 2003 年在伊拉克边界地区开放的所有伊拉克企业的业务，尽管它有着良好的初衷：完善自由贸易——对进口商品不设关税或者贸易限制措施。这些开放的边界允许货物以低于市场的成本价格大量进入，结果却加剧了伊拉克企业所面临的问题——这些工厂曾直接或者间接雇用除石油行业以外的伊拉克大部分专业技术劳动人员。

在我们这段时间的工作中，有一件事变得越来越清晰了：伊拉克经济所面临的问题，没有任何简单的办法可以解决，它不可能一蹴而就。3 年来官僚主义决策的失误，不会很容易就逆转的。

重振伊拉克经济的过程，要比重新启动从来就不应当关停的企业所付出的努力要多得多。这将需要电力，将需要私人投资。

更重要的是，需要恢复饱受痛苦和灾难蹂躏的伊拉克人民的信心！

由于我们最初的努力初见成效，我们与伊拉克人的沟通变得越来越活跃，各种各样的想法和求助的声音纷至沓来。关于我们的使命的消息，在伊拉克人和军队系统当中传播开来。各个驻军单位都迫不及待地等待着我们的到来，并在他们负责的特定区域加快相关的经济活动。不过我们的人力无法跟上需求。

与此同时，巴格达变得越来越危险。当我们乘坐黑鹰直升机去往驻扎在这个国家的其他军事基地或是巴格达的各企业所在地时，我们往往会在一个月内多次从该城市上空飞过。街道上人流的快速减少，显示出安全下降到了怎样严重的程度。大部分城市都显得冷冷清清，没有人在街上走动，为数不多的汽车都在快速行驶。临时路障随处可见，有些是由警察设置的，有些是由平民设置的，有些是为了保护街区，有些是在允许旅行者通过这个城市特定区域之前为从他们身上勒索现金而特别设置的。一种明显的恐惧感在这个城市上空蔓延。

当我们住在“绿区”时，晚上我们会得到一间拖车式房屋。当太阳落山时，随时会发出火箭筒袭击的警报声，这通常是什叶派迈赫迪军*的民兵从萨德尔城那里发射过来的，但有时也来自逊尼派聚居的社区。当警报在白天响起时，根据标准程序，我们必须快速冲进一个混凝土掩体当中。但在晚上，你只能老老实实地待在房间里。在相当多的情况下，第二天早上，你会发现有一辆或者多辆拖车被炸毁，爆炸现场也会拉起警戒线，防止旁观者进入恐怖现场。通常在 48 小时之内，美国 KBR 工程集团制造的起重机就会及时赶来，将被摧毁的拖车房屋残骸吊起并运走，同时放下一间新的拖车房屋。

这种局面令人极其头痛。我们通常都会在拖车房间里面工作到深夜，然后在凌晨两三点钟上床休息。一般而言，叛乱分子常用的 107 毫米火箭筒是无法穿透拖车房间的。不过时差也让我们难以入睡。随着袭击变得越来越频繁，使馆工作人员的紧张情绪不断增加，似乎每个人都很容易发脾气。

我们在“绿区”工作的时间越长，就越能理解使馆及其日常活动。由于居住在这里的数百个美国人很少和伊拉克人接触，他们几乎根本无法直接获得有关这个国家的真实情况信息。而伊拉克重建管理办公室和使馆工作人员的一项重要工作，就是及时提供他们各自负责区域的实际进展情况报告，将报告按指挥系统逐级上报并形成有层次的在线报告，并通过电缆电报最终反馈

---

* 伊拉克的一个带有宗教色彩的民兵组织，其成员主要为伊拉克什叶派穆斯林，创始人为伊拉克什叶派领导人莫克塔达·艾尔·萨德尔。——译者注

到华盛顿。当专责小组在伊拉克的接触和沟通活动变得越来越活跃时，伊拉克重建管理办公室、大使馆以及驻伊拉克多国部队民政事务工作人员，开始要求专责小组提供报告并出席会议。

表面上看，这是一个合理的要求。但我们很快就被弄得晕头转向。在2006年，在使馆大院内，平均每周就要召开27次有关经济发展的会议。我们被邀请参加所有的会议，但却没有任何一个伊拉克人出席会议。会议参加者包括美国文职工作人员和驻伊拉克多国部队负责民政事务的军事人员，而他们很少会走出使馆大院以外，他们彼此通报的过程，通常都是编译来自互联网或者传媒出版物当中经过翻译和审查的信息。有数百位各种各样的人参加了这些会议。作为一个包括6个人的核心领导层组成的小型团队，它在2006年秋天，要监督大约60家企业或工厂，以及监督军事承包方面的专家的小型团队。专责小组没有能力为使馆的会议派出参会人员。[①] 经过几周尝试性的努力之后，我们最终放弃了。

这就招致了他们对我们工作的更大的不满。我们的活动完全是在使馆严格的安全政策之外进行的，我们自由地出入于伊拉克有军事部队驻扎的所有地区，直接与伊拉克高级官员、省级领导人、商人和部落酋长合作，而级别较低的使馆工作人员在了解到相关的进展或实情方面后，觉得他们是被故意排除在外了。我直接和哈利勒扎德大使以及他的几个助手会面，让他们及时了解我们的活动。鲍勃·洛夫也和伊拉克的高层领导接触。可是，你无法满足那种“野兽”般的胃口——“绿区”有庞大的、对信息虎视眈眈的文职官僚队伍。那头“野兽”因为胃口未被满足，正在变得越来越焦躁。

我们从评估的数十家企业当中确认并选定了其中的10家。它们有很大的潜力，而且只需要极少的投入就可以运转，它们可以让一万多个伊拉克人重返工作岗位。一旦完成这个“10强”列表清单的任务，我们就会把关注力转向伊拉克其他经营实体。进入这张“10强”列表的企业，包括伊斯坎迪利亚的那家企业、纳杰夫服装厂、拉马迪陶瓷企业以及贝吉化肥企业等。它们都只需少量用于获得原材料或者一些零部件的资金就能够运转起来。追踪这

① 业务与稳定行动专责小组备忘录，2007年3月11日。

“10 强”企业的状况，成为我们定期向驻伊拉克多国部队指挥官进行及时汇报的一部分。①

尽管专责小组需要获取各种资源以便推动工作，但是在华盛顿，官僚机构还是以其一贯的蜗牛般的进展速度给予回应。正像我刚开始被聘用时的情形一样，人事管理程序极其不畅。我们通过麦肯锡公司顾问做最初的企业评估，但我们也需要从不同行业当中聘请经验丰富的企业经理重启业务。在招募志愿者加入我们的团队方面，没有任何问题，可是我们想要很快聘请到他们，几乎完全不可能。类似的问题也出现在提供支持性的工作人员方面——目的是用以满足“绿区”的“野兽”对于简报和即时信息的无休止的需求。

为了加快进程，我们在承包商这一角色上不再聘请企业专家。我们组建了一个令人印象深刻的团队，它由经验丰富的企业管理人员和车间工程师组成，他们都做好了准备，愿意跟着部队部署到战火频发地区。看到这个团体的成员愿意听从号召并随时待命出发，我感到很受鼓舞。为了带领他们，我动用自己的关系网，聘请了威廉・邓肯——我在捷迪讯通讯公司结识的一位高级管理人员，他曾在加拿大渥太华主持过一项总金额超过 10 亿美元的业务，还有着在麦道飞机公司和其他企业的工厂及供应链管理部门的供职经历。

就辅助性工作人员而言，情况更为复杂。联邦政府的招聘部门根本不会对我们的快速移动需求做出反应，而使馆工作人员却拒绝与非政府工作人员一道工作。我无法找到在工作中能够替代与使馆直接合作的承包事务管理方面的专家。军事指挥系统部门在这方面更加靠不住：它不管我们团队的人员状况，只需要尽快部署人才。

在不到半年的时间里，我们的任务范围显著扩大。从专注于军事合同自动化并为斯科特将军的合同集中管理目标创造条件开始，我们的整个任务范围就已经扩展到包括矫正对伊拉克产业化经营具有显著误导性的驻伊联盟临时管理局的政策。现在，我们不仅致力于重新启动伊拉克的生产建设工程，同时还创建与美国公司之间的合作伙伴关系。然而，我们的人力和财力资源，远远无法跟上我们的工作需求，而军队系统、使馆工作人员和伊拉克政府领

① 《阻止暴力——美国旨在创造就业机会》，《华盛顿邮报》，2006 年 12 月 12 日。

导人，却一直都在要求我们给予更多的协助。

正当我试图争取少量资金以便重启伊拉克企业业务时，我遇到了一个法律上的障碍。无论我们如何努力尝试，五角大楼的律师都不允许我们动用资金购买原材料或者零部件，或者用来支付维修伊拉克生产企业设备的费用。这在我看来是荒谬的。国防部不仅把数额惊人的资金用在“活跃性”的军事活动上面，而且还用在建筑工程、道路建设、学校、医院以及数不清的人道主义救助项目上。但国防部的财政律师不做任何让步。他们对于拨给国防部的资金意向的解释是，即便是涉及地方项目，也不包括重启海外援助企业的业务。

由于每家企业缺少几十万美元，因此那张能够让我们工作获得动力的“速效”企业的“10 强”清单，现在处于危险之中。尽管有副部长英格兰、负责管理在伊拉克所有联军部队的指挥官凯西将军的大力支持，但我们工作的进度还是因为那笔尚不及国防部在伊拉克 10 分钟花费的资金而止步不前。

官僚主义正在严重拖延我们任务的执行进展速度。

同时，五角大楼的官僚主义还影响到了我的另一项管理工作。我的团队有一半人员都专注于在伊拉克的事务，而另一半则专注于我们最初的使命：国防业务现代化。我的一些团队成员在 2005 年被招募加入我的业务转型办公室之后，许多人都舍弃了他们在政府部门或者私企部门的理想工作，参与到我们改革五角大楼计划的工作中。现在，我的关注点在别处。当一些团队成员结束在伊拉克的阶段性工作任务并返回美国时，我会给专注于伊拉克事务的工作人员充足的休息时间。在伊拉克，这些团队成员全天候工作，很少睡觉，几乎时时刻刻都处于战火和暴力袭击的威胁当中。所以，当他们回到华盛顿时，他们可以得到额外的休假，可以一直睡到他们的生物钟完全调整过来为止。对此，那些并非专注于伊拉克事务的官僚人员却产生了不满，但我没有精力去处理这些细节问题。于是，在我自己管理的部门成员当中出现了裂痕，而且这道裂痕在未来几个月内变得更深。

在同年 12 月退休之前，唐纳德·拉姆斯菲尔德最后一次前往伊拉克，同部队和高级指挥官告别。虽然我自 2004 年 8 月就在他所在的国防部工作，而且通过与汤姆·莫德利的合作，救活了他在 2001 年 9 月 10 日授意和发起但却濒于失败的现代化业务，但我却从未见过唐纳德・拉姆斯菲尔德本人。这是一个不小的讽刺。我从美国国务院那里遭遇的大部分敌意，都归因于他们有一种看法，即作为国防部任命的高级官员，我是“拉姆斯菲尔德的人”。

拉姆斯菲尔德在 12 月下旬来到巴格达完成他的告别访问，他住在维克托尔军营的联合旅游局酒店。我从我的工作人员那里得到消息：他要求和我会面。于是时隔两年之后，我终于见到了国防部部长拉姆斯菲尔德。我安排了我的整个团队，包括企业调研团队，在那座宫殿的一个餐厅里集合，这样他们都能够有机会见到国防部部长。

在伊拉克期间，我一直住在联合旅游局的酒店里，每当我们穿行整个伊拉克时，我都会连续数日把行李放在我的房间里。我在 12 月 7 日深夜来到这里，在堪萨斯州国民警卫队（自从我们履行对伊拉克的使命以来，他们一直就是我们每个月入住此处的“东道主”）负责的前台登记。那个在我们之前每一次入住中都会主动把钥匙交给我的年轻士兵，这次他脸色苍白地对我说，“对不起，先生，我没有钥匙给你。”我问出了什么问题，他对我说，我需要和他的指挥官谈谈。

这很奇怪。

我去见了那个指挥官，他把我拉到一边并告诉我说，他担心我一定是被突然解雇了。我向他保证，这是不可能的情况，但他确信自己的判断是对的。

在现场忙碌了一天之后，我满身尘土而且感到疲惫，现在则是无比懊恼，我顺着走廊，大步走向通常为高端访客保留的房间。我只希望碰到某个可以向我做出解释的人。而就在我迈步走开时，我的一个工作人员抓住我的胳膊并告诉我发生了什么事。“给拉姆斯菲尔德部长打前站的人今天早些时候过来了，他们占了所有的房间。他们走进您的房间，抓起您的行李和随身物品，把它们丢到走廊里。他们告诉堪萨斯州国民警卫队的队员说，‘这些东西是一个叫布林克利的家伙的，把它们从这里弄出去’。酒店人员认为您一定是被解雇了。”

拉姆斯菲尔德的工作人员在五角大楼臭名昭著，因为他们总是顶着拉姆斯菲尔德的名头粗暴地对待任何他们认为能够践踏的人。很显然，这种情况在这里也发生了。

我抓起我所有的行李和装备走到前台，要求国民警卫队给我提供一顶帐篷或者一辆拖车式房屋，只要能临时居住并且远离这座宫殿就行。那个士兵松了口气，递给我一把钥匙，并给我指了方向。

当我迈着沉重的步子走向遥远的拖车式房屋，走向属于我的新房间时，拉姆斯菲尔德已经进入了那个宫殿餐厅，他热情地问候我的团队成员，并和每一个人握手。我花了几分钟清扫我的房间，并且从拉姆斯菲尔德的工作人员对我的蔑视而产生的愤懑情绪中冷静下来。在我回到宫殿时，拉姆斯菲尔德已经离开，去参加凯西将军的欢送晚宴了。

我还是没有见到唐纳德·拉姆斯菲尔德。

2006 年 3 月，国会成立了一个委员会，专门分析伊拉克的冲突状态，并就未来的目标提出建议。这个被称为伊拉克研究小组的委员会需要在年底前公布报告。① 令我担心的是，伊拉克的经济状况不会在讨论中被提及。我与美国和平研究所和委员会的几个辅助性工作人员见了面，讨论了我们的调研成果以及恢复伊拉克经济生产的工作，并着手准备和委员会的成员会面。

委员会中的一位成员是罗伯特·盖茨。作为小布什政府的前中情局局长，盖茨当时正担任德州农工大学校长一职。我安排团队成员参观了得克萨斯州大学城并和盖茨见面，然后介绍了我们在伊拉克的工作情况。

10 月，当我再次来到盖茨的办公室时，他热情地欢迎了我，然后我们走到学生活动中心附近的一处美食广场。我们坐在一张桌子旁，周围是来来往往的学生。我们吃着快餐，花了两个多钟头时间谈论伊拉克。我极其坦诚地谈到了我对于伊拉克的评估情况，以及我们所做的非军事化工作的进展程度。在谈话即将结束时，我感觉自己已经把信息“倒空”了，并且意识到，我对于委员会的成员正在想什么，或者可能在报告中做出什么结论，几乎没有任何判断。盖茨以其真正的美国“政府机构式”的风格一直在听我讲话，并记录了我必须提供的所有信息。但我看得出来，我对于伊拉克问题的经济影响因素的见解，对他产生了吸引力。我在离开时有一种感觉，那就是我并未浪费时间。

在我去大学城的两周之后，布什政府宣布唐纳德·拉姆斯菲尔德辞去国

① 伊拉克研究小组报告，美国和平研究所，2007 年。

防部部长一职，并提名罗伯特·盖茨作为他的继任者。[1] 这个任命的时间点，与我和盖茨的会面完全是一个巧合。不过，当我尝试着敦促五角大楼在我们的雇员和经费问题上采取更迅速的行动时，官僚们对于我和盖茨有某种关联的看法，并没有带来不利影响。

随着拉姆斯菲尔德的辞职，汤姆·莫德利在业务转型工作中的角色很快发生了改变。在离开国防部并返回私企之前的几周时间里，他协助盖茨部长领导了那个过渡性的支持团队。在 2006 年的大部分时间里，在推动我们的工作方面，他自己也一直面临着巨大的官僚阻力，从他的上司那里获得的支持微乎其微，甚至等同于零。事实上，在五角大楼工作了五年之后，他就准备另寻出路了。戴维·费舍尔被雇用，成为业务转型办公室新上任的管理者，并负责向我报告。伊丽莎白·麦格拉斯，一个深谙五角大楼预算和会计流程的资深职业公务员，作为我的副手，他承担起了领导的角色。当我在伊拉克工作期间，他会专注于监督业务转型的工作。在小布什政府任内的剩余时间里，业务转型办公室在整个国防部的一系列业务上，交出了一份相当不错的答卷。但是，随着汤姆的离去以及我在伊拉克分身无术，我和汤姆为改革五角大楼官僚作风的加速势头也一去不复返了。

切尔莱利将军始终坚定地支持我们的工作，在媒体上为我们的努力提出充分的支持理由，并且彰显出远远胜于我们自己的信心。他继续保证我们的工作会得到他的民政事务官员和机构的全面支持，而且我们的后勤保障工作，将会得到和其他非军事任务同样的优先权。凯西和切尔莱利将军都经常和我们的团队举行座谈，并专门邀请我们的行业专家和顾问探讨有关伊拉克企业的状况和生存的机会。他们还向五角大楼的文职官员层传达了有关我们工作的重要性，以确保官僚主义不会拖我们的后腿。

切尔莱利是我最先了解的一位实战将军。他背负着重大的使命，承担着巨大的责任，在日益猖獗的叛乱活动导致美国士兵死亡人数不断上升的情况下，他每天都要做出将会影响到执行其命令的士兵和海军陆战队队员生命安全的决定。在我们同他一道定期回顾和审视我们业务进展之前的一些日子里，

---

① 《罗伯特·盖茨确定担任国防部长》，美联社，2006 年 12 月 6 日。

每天都充斥着相当严峻的有关美国士兵伤亡的消息。那时候，切尔莱利总是沉默寡言，作为一个指挥者所承受的压力，从他凝重的眉头中就可以一览无余。

不过他还是坚持举行会议，给我们下达指示，确定实施战略计划的时间。尽管我们缺乏足够多的力量来确保伊拉克的安全，但他从未表现出对其下属——尤其是对于我的平民团队——缺乏信心。与作战指挥部如此亲密合作，让我由衷地感觉到，我们正在与一个很少有平民（尤其是像我们这样的局外人）有机会接触的圈子进行合作。

我记得我过去在捷迪讯通讯公司工作时，经常为一些事情恼火，觉得自己当时做的那些决定有多么重要，然而，我现在的真实感受却是，那些火发得多么不值当啊！

我和军事指挥部以及我们的现役部队合作得越多，我就越是喜爱这支部队。我们在工作现场所接触到的年轻士兵和海军陆战队队员，处处都表现出很高的职业水平和很强的职业精神，哪怕是在完成任务的过程中所遭受的各种挫折难免会让他们感到沮丧，以至于他们的脸上不自觉地透露出疲惫和忧伤，他们也不会忘记自己的职业操守。在一个志愿兵役制的时代，大多数美国人都正在远离军人（包括男性军人和女性军人）的生活，而我们却正在进入今天的大多数平民从未经历的领域。

正如在华盛顿我会强迫自己学习国防部语言，以及学习在物流、财政和采购方面提供支持的美国组织的语言一样，我现在致力于学习在伊拉克的美国现役部队的语言和结构。所有持有和不持有委任状的军官的角色和职责，以及他们自己的语言系统，在我看来都已成为一种约定俗成，而战区部队富有活力的语言和幽默方式，也成为一种习惯。

作为一个团队，我们团结得非常紧密。在这种环境下开展工作，以及和我们的部队同生死的经历，使得我们彼此间形成一种熟悉而亲密的关系。我们总是长时间地工作。由于美伊时差的缘故，我们的睡眠减少到每天晚上只睡短短的几个钟头，而且不管我们最终什么时候上床睡觉，按照部队作息时间规定，我们最迟也要在次日早上 7 点之前起床。随时会遭受炸弹袭击已经成为惯例，我们也不再考虑工作带来的风险，我们只是和部队一道做好各自的工作。

为了减少我的工作压力并对抗时差带来的困扰，不管我住在哪个军事基地，我都会去健身房健身，我会和部队士兵一样在那里连续几个钟头地锻炼身体。到 2007 年 1 月 1 日，我的体重下降到只剩 220 磅，在半年内减了 50 磅。

我埋头研究这个国家，贪婪地阅读我能够找到的有关阿拉伯世界的每一本书，有关历史的和政治的，以及伊斯兰信仰及其所有教派的。我还尽全力学习阿拉伯语——一门很难掌握的语言。由于经常置身于从来不讲英语的伊拉克人当中，我花了好几个月的时间才能够跟得上他们对话的节奏。

切尔莱利作为军队指挥官的任期将于 12 月结束。在美国那边，指挥权的变化意味着要在过渡期做很多事情。指挥权从凯西和切尔莱利过渡到新的指挥官那里，通常预示着在伊拉克将有一个新的开始，但伊拉克的情况要比想象的复杂得多。连续几个月，驻伊拉克多国部队一直都在向伊拉克派驻更多的士兵——要想采用让巴格达得到保护的一种对抗叛乱的策略，目前的军队力量根本不够。切尔莱利在一段时期内鼎力支持对抗叛乱的理念，也因此鼎力支持我们的整个工作。但随着指挥权发生的变化，我担心我们会失去这种支持。① 作为我们最初的支持者，他在我们与他的指挥部之间建立起了一种天衣无缝的合作关系，我们需要和他的替代者——雷蒙德·奥迪尔诺中将——保持这种关系。作为 2003 年和 2004 年的一位美国两星将军，奥迪尔诺将第四步兵师部署到巴格达北部的萨拉丁省，这里是萨达姆的老家，也就是在这里，在奥迪尔诺的指挥下，萨达姆被俘获。有趣的是，由于奥迪尔诺在进入伊拉克初期所指挥的军事行动的密集性，为他赢得了“凶猛的战斗指挥官”（而不是“反恐专家”）的称号。

我们最初的会面很正式，但很有成效。他 65 岁，体格健壮，光头，平静而严肃，令人感到敬畏。他表示，他早就充分认识到了我们工作的重要性，因此给了我们这样的任务：将我们的工作任务与他最新委任的分区指挥官的工作协同进行，以便恢复他的部队致力于重建安全体系的各个地区的正常状态。

---

① 彼得·切尔莱利中将：《伊拉克行动最新报告》，伊拉克巴格达联合新闻信息中心，2006 年 12 月 12 日。

奥迪尔诺的参谋长、海军少将托马斯·摩尔，对我们肩负的使命并不太乐观。尽管他表示我们将会继续得到支持，但他也明确指出，驻伊拉克多国部队的关注点，现在将是“硬性”行动，而不是目前可以明显感觉到的“软性”力量的工作。很显然，我们在新的驻伊拉克多国部队指挥人员当中，被看成是前任指挥部的一支残余力量。在接下来的几年间，这是我们将要多次经历的情形。在这方面，部队和其他任何组织并无不同。当一个新的领导者接手工作时，当前的“过渡”成员就不得不再次证明自己，而且在维护其优先地位和得到支持方面，那些明显和“过去的保守派”有关联的举措，执行起来将会很困难。

随着切尔莱利将军离开伊拉克，有一件事很快就变得非常明朗，那就是在整个行动计划当中旨在推动经济稳定的战略驱动力，将转移给凯西将军刚刚宣布的继任者戴维·彼得雷乌斯将军。在2003年作为伊拉克北部地区主要指挥官的最初任期内，彼得雷乌斯看到了萨达姆政权倒台之后伊拉克国内对于经济快速发展的需要。他通过一些创新的举措，将资金和资源输入伊拉克北部城市摩苏尔附近的农业或旅游业地区。在这方面，彼得雷乌斯是将经济发展作为稳定伊拉克的一个关键因素来看待的，并且他是早期的支持者。作为普林斯顿大学博士的彼得雷乌斯，在经济发展方面具有专业特长。

我最初遇见彼得雷乌斯，是在华盛顿的一次私人晚宴上，也是在他被安排代替凯西将军之前。彼得雷乌斯质疑过我的许多基本假设，但这并不意味着他打算削弱对我的支持，而是要确认我所掌握的情况是否属实。他全面掌握了作为一个四星将军应当掌握的详细信息，他能够复述他之前在伊拉克服役时期，以及他最近从当前经济状况的评估当中得到的统计数据和相关案例。彼得雷乌斯显然非常善于和由华盛顿直接任命的、对地面情况缺乏了解的官员打交道。很明显，要想在其负责的领域正常开展工作，我必须赢得彼得雷乌斯的支持。

当这次会面将近尾声时，他以欢愉的姿态结束了讨论。我感到，专责小组非常适合他的战略视角。

2006年秋天，我从世界领先的农业发展机构之一——得克萨斯州农工大学的博洛格国际农业研究所——收到了一份简报。诺尔曼·博洛格——诺贝尔奖获得者——曾主持过引领亚洲次大陆发生“绿色革命”并消除饥荒的技术工作，以他命名的博洛格研究所是一个非常著名的研究机构，它的[①]博洛格理论研究群体由美国多所赠地大学*的农学家所组成，他们兼有“夺宝奇兵”式的远征个性，以及在土壤和农作物科学方面具有博士水准的专业技术。他们在世界各地的贫穷地区开展工作（经常面临各种人身安全的风险），推动农业耕作的现代化并改善食物生产，缓解贫困人群饥饿和疾病的蔓延。美国赠地大学的农业机构至关重要，但却很少有人知道这种美国的国家外交政策资产，是一种在伊拉克还没有部署的资产。

杰里·琼斯——国防部部长的一个资深顾问——向我推荐了埃德·普利斯，他是博洛格研究所的所长。不久，普利斯和我会面，他讲述了伊拉克农业企业的解体过程，强调了恢复伊拉克农耕生产作为经济机遇一个主要因素的重要性。令我感兴趣的是，我们大力扶持的企业如何尽快恢复生产并使农业获益，即我们需要加大纺织、食品加工、化肥等企业的工作力度。自从我们第一次见面之后，埃德就一直和我保持着联系，并经常就我们的工作提出看法和建议。

2007 年 2 月初，他给我提供了一个机会。当时似乎有一种国际性的植物枯萎病在蔓延，它即将影响伊拉克马铃薯的普遍种植，将会导致马铃薯种薯的大面积匮乏。如果我们想要为伊拉克农民做某种有意义的事情，找到一个替代性的马铃薯种薯来源，是一个良好的开端。因为巴格达、安巴尔省和巴彼尔省是马铃薯的主要种植区，也因为这些省份是伊拉克暴力活动最频繁的地区之一。为那里的农民做点儿事情，非常适合彼得雷乌斯将军所推崇的反恐战略。普利斯已经确认了经实践证明十分符合伊拉克土壤生长条件的马铃薯品种的一个替代性来源，但是，这种马铃薯品种唯一的供应地在加拿大的纽芬兰省。

自从专责小组开展工作以来，我会把每月情况审核的备忘录呈交给凯西和切尔莱利两位将军。在新的指挥官接替他们并上任以后，我也继续这样做。

---

① 列昂·海瑟尔：《哺育天下的人：诺贝尔和平奖得主诺尔曼·博洛格和他结束世界饥饿的战斗》（得克萨斯达拉斯，杜班出版公司，2006 年）。

* 指美国政府有计划地划拨土地而创建的大学。——译者注

在我最初交给彼得雷乌斯将军的每月的备忘录中，关于马铃薯种薯的问题以及相关的机会，我都特别做了补充说明。彼得雷乌斯注意到了这一点，并把它转给下面负责审查和行动的指挥部门。

但接下来发生的情况却令人始料不及。急于给新上任的驻伊拉克多国部队指挥官带来好印象的驻巴格达指挥部的工作人员，盲目地将有关马铃薯种薯的备忘录转给了整个指挥部和使馆社区。我还没回过神，驻伊拉克多国部队的各级组织就都在忙于了解这个问题，并且直接联系埃德·普利斯，以便获得额外的信息。普利斯提供了有关加拿大新斯科舍省的替代性种薯来源的信息，于是物流专家们开始研究将种薯运到伊拉克的细节。

通过一封封电子邮件，我就像看到了我无法阻止的一次火车失事事件。

一天之后，相关数据就出炉了。据物流专家们估计，需要动用63架次的专用C-17运输机飞往加拿大的新斯科舍省，才能将那些马铃薯种薯运到伊拉克，以便及时赶上在4月之前结束的春播季节。此间涉及的成本多达数百万美元。美国运输指挥部及其下属的空中机动指挥部虽然表示质疑，但还是对整个计划做出了积极的反应。

伊拉克重建管理办公室的农业顾问——一个具有乳品科学背景而且很少离开“绿区”的人——发表了一份全面声明指出，整个事件就是一场闹剧，因为每个人都知道，伊拉克人吃大米而不吃马铃薯。他的观点广泛传播，并得到了“绿区”和维克托尔军营其他居住者的认同。而他并没有了解到，美国国际开发署已经支持了适合伊拉克种植的替代性马铃薯品种的实地测试，并且实际上，伊拉克人是马铃薯的积极种植者和消费者。

对于出现这种不幸局面感到懊恼的普利斯，转发了当年从伊拉克农业部长那里收到的一封正式信函，请求他帮助找到一种替代性的马铃薯种薯来源。① 而伊拉克重建管理办公室的那个农业顾问从未见过农业部部长，他解释说，因为他是激进的什叶派萨德尔所领导的政治党派的一个成员，自己不可能和他会面。

倘若那个顾问接触过那位农业部部长，正如他的工作需要他所做的那样，那他就会了解到伊拉克数月前马铃薯种薯匮乏的状况，就能够以较低的成本

① 伊拉克政府农业部部长的来信，2007年3月。

及时地让替代性种薯通过海运而不是空运运到伊拉克，前者才是针对一个简单问题而采取的一个完全合理的解决方案。事实上，在 2007 年夏天，大面积的马铃薯耕种完全无法实现，导致巴格达省、安巴尔省和巴彼尔省——逊尼派“死亡三角地带”的中心地区——农业地区的农民陷入更大的经济灾难中。由于马铃薯的种植是一种劳动密集型的劳动，因而马铃薯的加工同样也是劳动密集型的劳动，因此难以准确估计到底有多少人受到了这次农作物歉收的实际影响，但数量至少有几千人。

值得庆幸的是，美国驻伊拉克士兵和工作人员并没有受多大影响，因为在那一年，“绿区”的马铃薯毫无短缺的迹象，冷藏的爱达荷州马铃薯每天从科威特持续送达伊拉克，以确保使馆餐厅的炸薯条原材料不会断货。

随着我们的工作在美国国内得到更多的关注，美国商会开始呼吁并吸引美国企业对我们开展工作的支持，包括卡特彼勒公司*、康明斯柴油公司**，以及各种中型美国生产商在内的主要公司，都表示出参与伊拉克经济发展的兴趣。

我发出的一项倡议，在接下来的几个月里发挥了积极作用。我建议带高管们去伊拉克，亲眼看看我们认为能够将其生产的商品提供给美国——或者作为合作伙伴，为美国商品在伊拉克开辟市场——的企业。然后，美国公司就能够根据他们所获得的第一手信息确定这样做是否可行。

我们的第一支由美国商人组成的代表团在 2007 年 1 月成立。来自美国公司的六位高管加入了这个代表团，同行的还有来自美国商会的代表。我们住在维克托尔军营，联合旅游局酒店工作人员负责接待我们。奥迪尔诺中将和他的分区指挥官们全程参与，还与凯西将军、驻巴格达多国部队师长约瑟夫·费尔少将，以及驻安巴尔省多国部队指挥官吉尔默少将一道，就经济战略分别举行了另外的高级会议。

这支代表团还将参观在伊斯坎迪利亚重新启动的工厂或企业，以及贝吉

---

* 财富 500 强公司之一，主要经营工业和农业设备。——译者注

** 全球领先的动力设备制造商，创立于 1919 年 2 月，总部位于美国印第安纳州哥伦布市。——译者注

化肥厂、在塔吉市的一家名为纳斯尔汽车公司的大型企业、在库尔德斯坦*伊尔比尔市的一家食品加工厂。库尔德斯坦在伊拉克的地方政府举办了一次大型晚宴招待会，邀请了整个周边地区的库尔德商人参加，并和自2003年以来首个来到该地区的美国企业代表团见面。

这第一支代表团的目的就是"验证"我们的想法，以及确定应当获得和采纳其他哪些有益的建议。商会主席托马斯·多诺霍的儿子小托马斯·多诺霍，同时也是斯特兰德资本管理集团的首席执行官，他提出了很多建议，在接下来的几年时间里他将扮演很重要的角色。代表团的成员也将作为一种并非来自美国政府的"可信"的声音，向美国国内各企业团体和论坛的同行及同事传达他们在伊拉克的所见所闻。

我们的行动产生的效果让他们感到惊叹。在没有任何专项基金的情况下，我们这个"先遣队"当中的50多位企业专家，致力于购买零部件和原材料，并恢复伊拉克企业的业务；涉及的业务种类繁多，包括化学加工、地毯编织、纺织品生产、重工业以及食品加工等。坦率地说，我原本可以邀请到500位行业专家参与这一系列工作。前来造访的所有的企业高管都能够看到，仅靠我们的行动就能够对伊拉克当地社区产生影响。这个代表团所到之处，都受到伊拉克人民的热烈欢迎。这和他们基于国内新闻报道而产生的预期敌意大相径庭。更重要的是，这些造访者能够看到我们的努力对于部队士气——不管是在下达命令层面，还是在执行命令层面——产生的积极影响。他们不但对我们所做的工作给予积极支持，而且也请求美国企业更多地参与伊拉克经济建设。

由于在过去从事过销售业务，我总是习惯于像一个销售经理那样思考。销售是一种百分比游戏。如果你想要迅速搞定一个客户而且没有建立长期关系的时间，那你就必须用你的推销术吸引大量潜在客户。在我看来，如果我们想要在美国公司和伊拉克企业之间建立商业关系，那么我们就需要让众多

---

* 广义上的库尔德斯坦，是指库尔德人聚居或以其为主要居民的地区，其范围大体从幼发拉底、底格里斯和阿拉斯等河上游起到伊朗的哈马丹为止，分布在土耳其、伊朗、伊拉克和叙利亚等国。库尔德人一直都争取希望能在库尔德斯坦地区建国，但受到三国政府的弹压而未能如愿。——译者注

美国公司到伊拉克来，并且期待其中的几家公司会和伊拉克企业做生意。这种传统的以销售为主导的思维方式，会导致工作中产生一种难以避免的“错误”，那就是它势必会损害我和奥迪尔诺中将下属之间的关系。

我接着又开始策划和组织一个大型代表团造访伊拉克——这次的规模要远远超过以往的任何一次。我们通过美国商会，向美国商人发出了参与支持军队的邀请。我们也向其他商业团体抛出了橄榄枝，包括国家安全事务联合会和商业圆桌会议组织。当邀请开始生效后，我们有了一个由来自全国企业界 50 多位商界（其中包括一些农业领域的公司）领导者组成的代表团。通过额外增加了一个由美国赠地大学和博洛格研究所的农业专家组成的团队，我们扩大了这个庞大的代表团的规模，由 65 位高端访问者组成的代表团将前去伊拉克。

鲍勃・洛夫昼夜不停地工作，制定了一个多方面的参与计划，其中包括：由企业高管人员组成的团队将被派往伊拉克的不同地区，专责小组负责人将负责了解生产制造、工业企业、农场和其他业务。这是一个庞杂的事务安排，需要复杂的物流协调，它涉及对代表团成员的居住、食品、安全和行动等多方面的管理和统筹。

在一周的时间内，我们不得不占用通常为国务院工作人员常规活动所预留的几架直升机，这在使馆方面产生了不小的怨言。国务院惊讶于专责小组这次筹划活动的规模，就派了一名高级外交官与我们同行。这也是我愿意张开双臂表示欢迎的事情。托德・施瓦茨——一位经验丰富的地区专家，后来成为我们和代表团合作之后的又一个长期合作者。

代表团这次巡访所带来的影响远远超出了我们的预期。这不是一个低级别公司代表的组合。通过美国商会和其他机构的努力，我们的队伍里有来自美国大型跨国公司的资深高管，他们第一次看到了真正的伊拉克。尽管他们同时看到了伊拉克好的和坏的两方面，但是从实际操作的角度出发，这个代表团付出的这次努力是有价值的——哪怕仅仅是把伊拉克的真实情况传达给美国国内。因为在那里，围绕如何解决伊拉克问题的激烈争论仍在持续。我们的工作队伍不再是五角大楼的“配角”，我们现在能够向那些对我们的工作感到怀疑的人提及这些备受推崇的美国企业代表，并由此验证我们之前提供的报告的真实性。

不过，我们对于驻伊拉克多国部队指挥人员的资源占用也是前所未有的，以至于他们不得不重新安排直升机的使用——以影响国防部的某些出行活动为代价；他们也不得不长时间辛苦地工作，以便支持一个高度复杂的、涉及整个伊拉克国家的任务。摩尔将军向鲍勃·洛夫表示了他的担忧，而鲍勃又把摩尔的无奈转告给了我。我让鲍勃转告摩尔将军说，他本来应该设法安排5 000个商人到伊拉克，而不仅仅是50个，因此我们不会缩小代表团人数的规模。从我这方面来讲，我这种愚蠢的带有冒进性的工作作风，与在驻伊拉克多国部队底下工作的新员工的意向格格不入。

当彼得雷乌斯将军在2月10日到岗，并且从凯西将军那里接过职权时，代表团已经来到了伊拉克。马铃薯插曲刚刚发生不久，而现在又有一个庞大的商业代表团出现在彼得雷乌斯将军负责的地区，这对我而言，显然并不是最佳时机。

彼得雷乌斯将军赶来参加我们正在举行的招待会，他热情但却匆促地欢迎了所有的与会者。迈克尔·米斯上校，是新的指挥系统的战略顾问，同时也是彼得雷乌斯将军高度重视的“上校理事会”——一个由拥有博士学历背景、旨在研究反恐和维护社会稳定性的专家组成的智囊团——的一个成员，我在那天晚上见到了他。事实证明，我们之间所建立的密切合作关系，在最后几年中多次发挥过难以估量的作用。

在伊拉克短短的一周，代表团成员参观了许多地方，尤其令人难忘的是在迪亚拉省首府巴古拜的参观活动经历。为了全面清除巴格达的基地组织，巴格达的军事活动不断升级，为此，许多人都从东北地区逃离到了迪亚拉省，其中多数聚集在了巴古拜。

这期间我们恰巧去参观一家大型电力变压器厂，这一次与我们第一次去拉马迪和伊斯坎迪利亚一样令人不安。恐怖的气氛弥漫了整个城市，负责管理整个访问团队的部队高度紧张。当我们来到工厂大院时，只见前门被一块很大的混凝土障碍物所遮挡，这和美国高速公路上用来阻挡建筑活动的那种混凝土障碍物非常类似。车队停了很长时间，经过磋商之后，负责代表团安全的部队指挥官决定让我们下车，然后率我们顺着半英里长的车道步行进入院内。

当我们这样做时，我感觉我们是在冒着巨大的风险进入此处。四处寂静无声，没有鸟儿鸣叫，也没有流浪狗，唯有车道两侧地面上散落着的垃圾和焚毁的车辆。这对于一个狙击手或者对于安放一个简易爆炸装置而言，每辆车都是一个完美的隐藏处。

美国东海岸银行巨头美联银行的一位高级副总裁马克·特雷纳，以及其他几位高管和我一起前行，我们终于来到大院内的那座大型建筑物跟前了，随后我们进入总部大楼，在部队士兵的带领下，我们来到了楼上的总经理办公室。没想到，第一眼看到我们，总经理的脸上完全是一副惊恐之态。

他指着办公室窗户上的一些弹孔告诉我们说，就在前天，当他还在办公室的时候，他遭遇了狙击手的袭击。一周前，他的工作人员还在这里，但他们现在都回家了，因为他们受到过威胁：如果他们坐公交车来这里上班，他们都将被杀死。他的电话线在前一天已经被切断了，而且他深信，如果他离开工厂，他就会被打死。经过长时间的讨论之后，他同意带我们参观他的工厂设施。

这是另外一番令人惊讶的景象：一家本来可以正常运转的电力变压器工厂，因为失败的经济政策而被迫关闭。它的生产线可以生产出用于电网的变压器。在 20 世纪 80 年代，这家工厂就与日本三菱建立过合资伙伴关系，生产三菱设计的变压器和其他电气设备。工厂生产的齿轮质量很高。在一个没有电力而现在又需要进口电气设备来维持糟糕的电网运转的国家，让这家工厂关闭是绝对没有道理的。这家工厂在鼎盛时期曾雇用过 2 000 多个专业技术人员、工程师和生产工人。这是当地社区的工业支柱之一。现在这里的设备蒙上了厚厚的灰尘，但它们显然没有过时，只需要一些清理和维修就可以了。

总经理很快带我们看完了所有的设备，然后与我们道别。我告诉他，我们会很快回来，并会优先恢复他的工厂的生产。他直接表示他很难相信我的话，但希望我说的是真的。在离开的时候，我的心情十分沉重。老实说，考虑到迪亚拉正陷于暴力之中，我并不知道我是否能够再次看见他。

但是在接下来的不到两周时间里，专责小组的戴维·斯坎特林就让他的手下在这家工厂安装了卫星天线和互联网电话服务系统，这样，一旦受到袭击，那位总经理就能够向附近的军事基地求助。几年之后，当专责小组在他的工厂完成了一系列项目，并且为他的工厂从跨国公司那里获得私人投资承诺之后，他告诉我说，我们安装电话的这一简单举动，让他在那几个月里看到了第一缕充满希望的曙光，这使他有信心花足够长的时间恢复工厂的全面生产。

当代表团完成访问之后，在维克托尔军营的一个大湖附近，我们专门为国际和伊拉克媒体举行了一次大型室外记者招待会。代表团的几位成员谈到了他们观察到的情况，而且他们坚信，经济发展会促使这个国家恢复正常的社会秩序并提高整体安全性。在这次访问结束之后，代表团当中半数以上的公司开始参与伊拉克的重建业务。不过尽管有这样的成功组织代表团的经历，我之后也没有再尝试组织过类似庞大的代表团。我们之后把规模更小的目标群体带到了伊拉克并专注于特定的行业。这一策略具有较高的成功率，并且给部队资源造成的负担也远远小于过去。

到 2007 年 3 月，我们已经在伊拉克工作了 8 个月。由于经常往返于伊拉克和华盛顿之间，时差带来的影响让我们的精神长久地处于混沌状态，而且因为不断的疾病和长期疲惫——不管我们去哪里，总要拖着装有两周的换洗衣服和通讯设备的行李包——我们身体都有垮掉的感觉。我们缺少人手、资金和其他各种资源，伊拉克各方越来越多的求助给我们带来的压力，以及在美国那边缺少有效的官员支持，等等诸多状况——尽管英格兰副部长向那些官僚下达过支持我们工作的指示——让我们苦不堪言。

不过尽管缺乏资金，但我们的工作还是继续取得进展，我们看到了改善的迹象，并且我们也最终开始了解整个伊拉克民众的真实失业状况。

世界银行所报告的伊拉克总体失业率是 18%，但是在伊拉克的任何地方，我们都没有感觉到有将近 82% 的劳动适龄人口受雇于任何企业。甚至就连相比于伊拉克其他地区经济较为景气的库尔德斯坦，也存在失业率高于 18% 的情况。

后来，我们从 COSIT（伊拉克的国家统计机构）那里收到了一份有关失业率统计的报告。这家在联合国批准下继续工作的组织，估计伊拉克目前的失业率为 18%。但与此同时，它也提供了一份“不充分就业”的统计报告，记录了部分伊拉克民众每周工作时间超过 15 个小时以上的情况。这一统计数据是用来区分收入盈亏点的：低于这个盈亏点，人们就存在吃不上饭的风险。

根据这种算法，有 30% 的伊拉克工人属于未充分就业这一范畴。将其添加到 18% 的基本失业统计数据当中，我们得出的结论是：有 50% 的人实际上并未从事任何有意义的工作。①

之后我们还了解到，COSIT 的统计数据不包括国有企业的工人。当问及原因时，我们再次被告知，这种测算的目的就是确定饥饿或者贫穷的风险。国有企业员工当前的收入，大概是他们原来收入的 40%，尽管几乎所有国有企业或工厂都已关闭。在其他任何国家，这些工人的状况都将被归为失业，并且将得到各种福利金。而在伊拉克，他们被算作雇佣工人。在伊拉克全国 600 万的劳动力当中，有超过 5 000 名工人属于这一范畴。加上这类工人，伊拉克真实的失业率实际上将近 60%。

在了解了这些统计数据后，我们就更能够看清稳定伊拉克国内局势所面临的挑战。想象一下，60% 的失业率对于任何国家和社会的影响，以及在美国的话，该需要多少警察来保卫失业率达到 60% 的城市。这些就是我们年轻的士兵和海军陆战队队员所面临的挑战，外加他们所不了解的异国文化和语言的复杂性。

尽管缺乏资金，但我们还是帮助一些企业获得了订单：伊斯坎迪利亚和塔吉的纳斯尔工业企业得到了拖车式房屋的订单，纳杰夫的伊拉克制服生产公司得到了服装的订单，而制服面料的订单我们交给了希拉——曾是巴比伦废墟遗址所在地的南部巴比伦省的一个小城市——的一家大型纺织厂，伊拉克军用皮靴的订单由巴格达那家“贴错”足球标签的皮革厂获得。在西部地区，我们与海军陆战队队员积极地开展工作，恢复了偏远的西部城镇加伊姆的供电。这里可以接入叙利亚电网并获得电力，而且拥有一家大型水泥厂和一家磷酸厂，它们的设备状况都相当不错，但之前却都一直处于闲置状态。

我会每两周向彼得雷乌斯将军汇报我们工作的最新进展情况。他继续调查详情，并表现出对我们工作的微妙的怀疑。我不能够像过去同切尔莱利将军那样进行私下沟通，并就如何理解和配合他的指挥意图形成一种准确的直

---

① 《美国对伊拉克国际发展、就业与失业管理的代管》（华盛顿：政府印刷办公室，2007 年 5 月）。

觉。最终，我们得以安排一次活动，一起去纳杰夫那家服装厂，实地考察我们的努力所产生的影响。彼得雷乌斯的公共事务人员安排了由美国全国广播公司新闻部门派来的记者和摄像人员，他的文化顾问萨迪·奥斯曼也与我们一道前往纳杰夫。自2003年以来，作为主要翻译和顾问，奥斯曼曾为每一个军队领导和大使提供过服务，和各个层面的伊拉克官员以及政治派别都有联系。这次对纳杰夫的考察活动，成为奥斯曼在未来几年长期支持专责小组的一个起点。

到这时为止，纳杰夫已经全面实行“两班倒”的工作制，有超过1 800名的工人重新走上了工作岗位。我们了解到了服装厂先进的设计能力和生产程序。这家工厂绝大多数的员工都是妇女，除总经理之外的几乎所有工程师和管理人员也不例外。

彼得雷乌斯显然对工厂的运转状况产生了深刻印象。我觉察到相比于我之前定期给他提供的报告，这次实地考察更能让他深入理解我们使命的价值。在乘机返回军营的途中，我重申了我的承诺：我们能够恢复整个伊拉克的正常生产和生活，就像我们在纳杰夫所做的那样。从那一天起，我们的任务成为他的军方任务的组成部分。当天晚上，美国全国广播公司的晚间新闻节目播报了这次采访情况，但报道的大部分内容并不是有关纳杰夫服装厂的，而是在前一天发生在巴格达的暴力事件。不过没关系，我们已经达到目的了：向彼得雷乌斯将军展示我们工作的价值。

只要华盛顿方面认为我们的工作令人信服，我们就能够走得更远。

我们最初优先考虑的“10强”企业，大约只需要600万美元的资金就能够全面运转。现在，根据最新行动计划，我们为每一个军事分区建立了一张优先考虑的企业清单。根据我们的估计，在一年内，我们只要申请到1亿美元的资金，就能够让伊拉克几乎所有的企业或工厂重新运转起来，这将在某种程度上恢复动荡地区的大部分人员的就业。虽然这一资金数额似乎很大，但相比于2007年我们每月花在伊拉克军事行动上的120亿美元，这简直是区区小数额。

记者法里德·扎卡里亚在《新闻周刊》上开辟了一个专栏，他在专栏中强调了我们工作的重要性，他认为，对于伊拉克的局势稳定和建设而言，我们的工作会成为一种有效的推动因素。[①]鲁道夫·朱利安尼*和纽特·金里奇**也加入了这件事情的讨论当中，并在《华尔街日报》共同发表了一篇专栏文章，认为就业是伊拉克局势稳定的一个关键，并且强调指出，专责小组的工作应当得到支持。[②]还有其他一些民主党人和共和党人都代表我们直接和国会代表以及参议员沟通。这带来了不错的影响。

相关方面和五角大楼立法事务办公室合作，提交了希望在 5 月份通过、从补充性战争预算中获得 1 亿美元请求的草案文本。参议院军事委员会完全支持这项拨款，并将文本语言插入补充性预算法律条款中。众议院委员会及其附属委员会，包括军事委员会、对外业务和拨款委员会，都反对给国防部提供经济发展资金。立法事务委员会顾问伊瑟·斯沃茨曾就业务改造的立法支持和我有过两年以上的合作，他确信，一旦各方开会并通过最后的立法，至少会批准 5 000 万美元的拨款。

最终，国务院申请获得了 2.5 亿美元的拨款，不过它主要用于在伊拉克建立一项私人投资基金，这让我们的资助要求变得复杂化了。这一基金的目的是效仿"铁幕"计划解体之后在东欧的成功举措，主要资助伊拉克企业家进行创业。[③]这些基金主要由美国国际开发署管理。

这个提案是由新任命的美国驻伊拉克大使莱安·克罗克提议的，他曾积极支持我们在巴格达的新同事托德·施瓦茨。克罗克是一个话语不多、喜欢思考的人，对于伊拉克以及更广泛的地区有着渊博的历史知识。他的阿拉伯语说得十分流利，后来接待过所有去伊拉克的代表团，并且是专责小组工作的热心的支持者，尽管使馆下属机构给他带来了很大的阻力。

---

① 法里德·扎卡利亚：《一支有效的增援力量》，《新闻周刊》，2007 年 3 月 4 日。

* 美国律师、检察官、商人和政治家。朱利安尼最初担任联邦检察官，起诉了许多高知名度的犯罪集团首脑，并在 1994 年至 2001 年担任纽约市市长。——译者注

** 美国政治家，1978 年当选佐治亚州国会众议员，后成为国会保守派共和党领袖，终结了民主党 42 年在众议院的统治地位，1995 年当选《时代》周刊年度人物。2012 年参加总统竞选，中途宣布退出。——译者注

② 鲁道夫·朱利安尼和纽特·金里奇：《让伊拉克人有工作》，《华尔街日报》，2007 年 1 月 12 日。

③ 约翰·伯克兰：《精益求精：美国企业资金的意外成功》，《外交事务》，2001 年 9—10 月。

克罗克和施瓦茨都请求我支持他们让这项投资基金得到批准。我认为这是一个很出色的想法，并再次希望它可以用来提供与大使馆合作的交流平台，乃至成为让我从专责小组繁杂的工作中解脱出来的一个潜在途径。我积极为他们的资金游说，但并没有效果。

一系列有关伊拉克重建特别监察长斯图尔特·鲍文主持的重建工作遭到失败的措辞严厉的文章，登满了国内各大报纸的版面；一个又一个项目遭到质疑，而且这些文章明确指出这些项目违反安全、健康和基本建设的标准。一直以来，鲍文毫不动摇地决心杜绝和根除在伊拉克承包商群体当中的浪费、欺诈和滥用资源的情况。① 但这些备受瞩目的新闻报道，对于努力申请保持或增加额外资金没有任何好处。由于陆军工程兵团和美国国际开发署在为自己辩护的过程中，做出的解释仅仅是它们缺乏足够多的用于建筑项目的管理资源，因此国会并不打算给美国国际开发署增加额外的任务，特别是在私人投资领域。

围绕增加预算产生的争论，以及随后角逐2008年总统大选候选人所产生的竞选言论，使得2007年追加国防预算在春末之前一直被搁置。当预算案在2007年5月27日最终通过时，无论如何，专责小组还是得到了一年期的5 000万美元的拨款，用于推动伊拉克企业的重启和振兴。② 但国务院所要求的私人投资基金并未获得批准。这种结果在驻巴格达的大使馆范围内是不大受欢迎的。

在给专责小组5 000万美元的拨款获得法律认可并生效之后的两个月，实际可应用于购买重新启动伊拉克企业所需物品的资金才到达我们的账户中。彼得雷乌斯将军被要求在10月份就追加预算所取得的进展情况向国会提供证词，这使得我们在为反恐战略的经济因素做出贡献的过程中，在只有短短几个月的时间内要尽可能多地取得进展。我把我们的团队成员召集到维克托尔军营的企业团队总部，向他们详述了我们所面临的挑战。

到目前为止，这个部署在伊拉克的由企业生产专家所组成的团队，已经工作了将近一年。他们调查了70多家企业及原材料和零部件供应商，并确定

---

① 伊拉克重建特别监察长向美国国会提交的季度报告和半年度报告，2007年7月30日。

② 第109届国会：《2007财年约翰·华纳国防年度授权法案》，公共法109—364。

每一家企业重新启动到底需要什么。我敦促他们再加一把劲儿，在 9 月底之前尽可能取得更多的成果。

鲍勃·洛夫很疲惫，我也很疲惫，整个团队的成员都很疲惫。

不过尽管大家都很疲惫，但还是勇敢地接受了这一挑战。

第 5 章　营造良好势头

有时候立足于一项外交政策之上，透过寻求经济回报的投资人的眼睛，从纯经济的角度来看待外交政策本身，是完全合乎逻辑的做法。

在军事行动中，每月花费高达 120 亿美元——每年 1 440 亿美元——仅仅用来保护 400 亿美元的经济。如果是一家私营企业，面对投入的资本取得如此糟糕的回报，就必然会抛售股票。当然，我们在伊拉克的使命不是为了让一项投资取得财务回报。这一使命所涉及的安全和人道主义，是不能用经济来衡量的。不过，在某一方面，从经济角度来看待我们的使命也是一个有益的做法。如果我们从一开始就以不同的方式对待这项使命，即如果我们利用自己的经济力量专注于经济所能带来的福利，而不是把整个负担交给军队，那么我们用于军事行动的开支就要少得多。

美国的经济在 2006 年和 2007 年都在蓬勃发展。美国公司从亚洲各国购买的农产品、零部件、服装和其他原材料的数千亿美元的支出，只占总支出的一个很小的比例，如果对这部分资金的用途重新定位，比如用于伊拉克的重建，那么就能让所有伊拉克人重返工作岗位，而且实际上也只需使用我们军事行动成本的一小部分。类似这样一个步骤，能够向伊拉克人传递一个强大的正面信息，从而满足他们在不久的将来能够参与全球经济的期待，并削弱基地组织和什叶派民兵的激进力量。

最重要的是，它能够通过清除战场上由经济原因所导致的暴力因素，保护我们军队士兵的生命安全，使军队能够关注其数量要小得多的、倾向于虚无主义的伊斯兰激进主义者。

这看起来简单，实际上却并不简单，一点儿也不简单。

当我们重新启动伊拉克工业的最初努力出现了不错的势头，而且一些企业构建产品的能力也得以恢复时，我们加大了和伊拉克企业之间建立供应关系或合资关系的努力。

我们向美国企业领袖提出的建议很简单：我会亲自安排他们实地考察伊拉克，并和他们一起在整个伊拉克境内走访和参观，从而亲身感受我们所认定的那些具有吸引力的机会。他们将会和美国高级指挥官、伊拉克总理及其主要部长、克罗克大使会面。我们需要他们的建议，同时也希望他们考虑在伊拉克开展业务——如果他们和我们一样确信，在这里有钱可赚的话。

这一访问伊拉克的提议，令人惊讶地受到广泛欢迎。从 2007 年 1 月到 8 月，我们接待了超过 100 多位公司的高级代表。实际上在这期间，美国国内关于伊拉克的头条新闻，已经糟糕得不能再糟糕了。随着越来越多的商业领袖加入参观访问的队伍，一些事情变得越发清晰了。

由于大多数商界领袖并没有接触过军队或者有过军队经历，而且因为在越南战争以后的全志愿兵役制时代，我们的社会和军队之间越来越脱节，因而亲身感受和了解我们的军队究竟是如何行动的，无疑是一件令人鼓舞的事情。单从这点出发，这本身就使他们不虚此行——只需要花费较低的成本，就能够让美国的商界精英亲眼看到伊拉克的冲突，以及我们的军队在如此艰难的情况下每天所付出的努力。

我经常能够从一些企业高管那里得到有关我的使命的建议。我们会带他们去参观伊拉克的各种企业，比如最近重新恢复生产的企业和私营公司。我不记得有哪个代表团没有留下过关于如何加快我们工作进度的建议和想法，我们把所有这些建议和想法都纳入我们与伊拉克商界领袖的接触和沟通过程中。

每一个参访的代表团都强化了我们的信念：尽管在伊拉克从事商业投资有太大风险，但有的地区还是足够稳定的，在那里能够建立起盈利业务，另外，因为美国国内过多报道有关这个国家其他地区暴力事件的头条新闻所产生的恐惧，致使人们忽视那些较为稳定的地区的商机，这是一个错误。

并且，即使在美国那边有企业高管也看到了商机，而且也了解到这个拥有世界上最大石油储量的国家的长期而巨大的利润上升空间，但他们还是会受到我们的军事和外交机构所面临的同样问题的困扰：美国国内和国际的舆论。

在回到美国国内以后，一个提出要参与伊拉克事务的美国高管必然会碰到两个对手：一个是董事会，董事会成员围绕对于有关整个伊拉克使命的美国公众舆论所持的立场，会分为实力相当的两个阵营；还有一个就是总法律顾问，他会担心如果最坏的事情发生——有人受伤或死亡——公司可能招致风险和要承担责任。美国公众舆论的两极化，并非仅仅止于国内媒体，包括员工、公司董事会成员在内的所有人，对于在伊拉克可以预期的混乱和失控局面都可能持肯定的看法，而且他们也会把这些观点带到工作场所。面对这些负面舆论，你很难利用可靠的商誉为军队提供相应的支持，而且随着媒体头条新闻都被有关安全形势恶化的报道充斥着，每天支持性的民意下降幅度会变得越来越大。

在这种情况下，解决问题的关键，就是让足够多的首批“吃螃蟹者”进入伊拉克，以便打消一些公司在打算参与伊拉克事务时所产生的困惑。

当你乘坐车辆穿行于伊拉克境内时，你时常会看见已在田间生锈的苏联时代的捷克产的拖拉机，现在大多数的深耕都是由役畜（马或牛）完成的，仿佛数千年来一直如此。当伊拉克农民见到我们时，首先会问我们的一件事情，就是他们如何能够得到机械化农具。从灌溉到春耕到收获，一种对于农业设施有着较大需求的市场潜力，自然是显而易见的。由于之前联合国的制裁，伊拉克一直不能进口任何农业机械化设备。

凯斯纽荷兰公司是一家具有传奇色彩的美国公司，它由一家出色的拖拉机企业和另两家重型设备生产商——威斯康星州拉辛市的凯斯拖拉机公司和宾夕法尼亚州纽荷兰市的纽荷兰拖拉机公司——合并而成，其中的每家公司都有一个多世纪的提供农业和建筑设施的历史。

纽荷兰公司从我们肩负使命之初就看到了伊拉克发展的潜力。来自凯斯纽荷兰公司及其新成立的意大利控股母公司——菲亚特——的高管约瑟夫·萨莫拉及其技术团队，在 2006 年和 2007 年曾多次访问伊拉克。他们的目的是在伊拉克尽快建立装配业务，因为他们了解到，如果他们创造了就业机会，随着伊拉克在未来几年逐步摆脱暴力而重新崛起，他们为自己的品牌所带来的商誉将是不可估量的。

在 2007 年夏季之初，专责小组和凯斯纽荷兰公司合作，在伊斯坎迪利亚闲置的拖拉机组装生产线的基础上，引进了纽荷兰农用拖拉机的组装生产线。我们还已经利用自己的支出为伊拉克供应商争取到了许多出口订单。到现在为止，专责小组已经成功地使伊斯坎迪利亚的 1 000 多名工人重返工作岗位，他们专门负责为军事基地建造拖车式房屋，为石油部生产大型储罐和压力容器，为军事物流承包商组装供其使用的卡车，以及完成其他一些一次性的订单。不过，让苏联时代的拖拉机装配生产线重新运转是我们的主要目标。对此，曾经所有的美国拖拉机生产商都产生过兴趣，但这当中只有凯斯纽荷兰公司响应号召，参与了伊拉克的经济事务。

到 2007 年秋天，伊斯坎迪利亚的那家国有机械工业公司开始组装纽荷兰拖拉机生产线，他们最初使用部分进口的拖拉机组装套件，后来随着工人们开始熟悉现代设计，又增加了组装的复杂性。在之后的两年内，数千辆纽荷兰拖拉机在伊拉克投入使用。这时，当你穿过伊拉克乡村时，你会随时看见蓝色的纽荷兰拖拉机。知道这些拖拉机是在哪里组装以及如何组装起来的，也就知道了许多工人是如何恢复生计的，这会让人由衷地产生一种成就感。

但更重要的是，农业生产的恢复，农场收益率的改善，都来自这个能够为西方世界提供商品的市场重新得以开放，而由此产生的影响，甚至超过伊拉克工人重新就业所带来的影响。当我们开始亲身感受到这种非线性的影响时，也开始探究如何利用农业生产资源直接支持农业企业，我们将不只是借助于农业机械化，而且还在农业生产的每一个环节直接改进技术，以此实现我们的目标。

在伊拉克的凯斯纽荷兰公司进行拖拉机装配项目的另一个好处是，建立一种以本土需求为推动力的业务。专责小组最初的客人——卡特彼勒和康明斯柴油的代表——在考察这个国家之后，就马不停蹄地在伊拉克建立了业务。就在卡特彼勒和康明斯的业务进入伊拉克，为最初从美国进口的发电设备提供支持性服务（这是美国在伊拉克使命的一部分），并以美国购买的设备为基础而扩大其业务范围时，凯斯纽荷兰公司以伊拉克市场本身的优势及其显著的发展潜力，逐步确立了自己的存在。这种发展过程并不是由碳氧化合物经济直接推动的。这一事实对于我们的总体方案同样是有价值的，因为它有助于反击美国国内的一种看法：即使在最好的情况下，伊拉克也将注定是一个永远以石油为基础和导向的国家，为此，它就会受到这类国家通常向全世界所展示的那些众所周知的不利因素的影响，比如权力的过分集中、普遍的腐败、缺乏对人权的尊重以及大多数人所缺少的从业机会等。

包括凯斯纽荷兰公司、卡特彼勒以及康明斯等每一家知名的公司，专责小组都帮助它们建立与伊拉克的业务关系。这些“破冰”关系的建立，有助于加速我们吸引更多的美国企业进入伊拉克。随着一些美国公司相继在伊拉克建立业务关系、大刀阔斧地参与伊拉克的经济重建，之前的一切也不再显得那么不可思议了。

美国公司和伊拉克工商界建立密切关系所面临的一个重要挑战，就是对于伊拉克普遍的腐败所产生的恐惧。由于在第一次海湾战争之后伊拉克经济状况日趋恶化，走私活动和通过黑市进口受制裁商品的行为猖獗，因而在伊拉克执政的复兴党官员当中产生了大量的腐败行为。这种持续长达10年的情况，对于公众的行为产生了极大的腐蚀性影响，导致公众普遍认为，吃回扣是任何政府事务的一部分。

这个政权在萨达姆政权于2003年倒台之后，驻伊联盟临时管理局以及后来的国务院反腐败工作人员，从制度上建立了杜绝腐败行为的机制。这些结构采取的是以惩罚为主的方法——建立了完全有权让作奸犯科者锒铛入狱的伊拉克检查和审计组织。对此，人们体验到了最初的幸福感，实行重要的改革似乎是可行的，而且系统性腐败正在丧失其在公共文化生活中的根基。但后来，当美国开始把数十亿美元的现金转移到该国并用于支付伊拉克政府和军队的开支、承包商的支出，以及用于支持完成美国使命的商品和服务时，关于伊拉克腐败的报道迅速增加。①

随着2005年到2006年安全形势开始恶化，这个国家的不稳定和人们对中央政府丧失信心的情况进一步加剧，更导致了国家和省级层面的政府机构腐败的大幅度上升。

我们研究过这个问题，社会学家也告诉我们，在一个国家或社会失去对未来的信心时，腐败就会增加。只有通过恢复人们对这个国家未来的信心，

---

① 《稳定和重建伊拉克：伊拉克情况导致欺诈、浪费和公款滥用》，政府问责办公室GAO－07－525T号报告，2007年4月23日。

官员们的那种“今天我能拿走什么就拿走什么，因为可能没有明天”的心态才能够开始从政治生活中消失。①

对于美国公司和来自欧洲的国际公司，以及像日本和韩国的公司来说，系统性腐败对于它们进入伊拉克市场的意愿造成了重大障碍。在美国国内，作为对于有关美国企业贿赂外国官员广泛报道的回应，在20世纪70年代后期曾经通过了一部《境外腐败行为法》，以严厉惩罚那些和外国官员之间有任何腐败行为的公司。

由于新闻报道专注于伊拉克官员当中广泛存在的腐败现象，导致一些美国公司对于参与伊拉克经济重建工作持保留态度。然而，这是一个必须解决的问题。我们最起码需要提供这样的保证：由专责小组推动美国公司参与的任何交易，和伊拉克官员的腐败行为之间都将不会有任何关系。

在2007年初夏，当我们同伊拉克副总理巴勒姆·萨利赫审查我们的计划和回顾取得的进展时，他问我们可以做些什么来帮助伊拉克政府执行预算。油价迅速增长，伊拉克政府的收入变得越来越多，但议会通过的预算却很少有被真正执行的。

简而言之，伊拉克人缺乏花自己的钱的能力。

作为一个美国人，这是一个需要考虑的新问题。如果说有一件事情美国政府做起来没有任何问题的话，那就是花纳税人的钱——只要国会拨付资金即可。但是在伊拉克，政府的去复兴社会党化，驱逐了大部分有经验的能够就大规模采购做出决定的领导者。从本质上讲，伊拉克政府清理掉了最有经验的官员。在没有这些人的情况下，一般的官员，缺乏进行商品和服务的重大采购时所必需的技能和信心。

对于伊拉克政府而言，这是一个越来越突出的危机。议会正在大张旗鼓地通过预算，宣布建立电厂、学校、医院、道路和各种基础设施的计划，但是民众没有从中看到任何结果。与其说一般伊拉克人认为这是政府缺少能力，还不如说他们一致认为政府太腐败。在逊尼派占多数的伊拉克西部地区，普通民众的结论是：什叶派主导的政府，把所有的钱都用于什叶派聚居的伊拉

① 苏珊·罗斯－阿克曼：《腐败与政府：原因、后果和改革》（纽约：剑桥大学出版社，1999年）。

克南部地区的项目建设。在南部的什叶派地区和北部的库尔德人地区，普通民众则怀疑是马利基政府偷走了钱。不过，无论怎样，民众对于政府的信心都在崩溃。

作为对于副总理萨利赫的请求的回应，我们开始评估美国培训伊拉克官员的工作。我们对于自己所了解到的情况印象深刻。后来，美国国际开发署和一家西方大型公司签订了 3 亿美元的合同，由后者提供在采购和预算执行方面的教育培训。这个培训活动是通过在教室上课的方式进行的。伊拉克政府工作人员将进入“绿区”，通过安检之后进入培训中心，在那里上完一天的课然后回家。几个星期后，他们将获得一个证书，然后重返自己的工作岗位。①

这个项目到现在为止已经执行了 3 年，培训了数以万计的伊拉克政府工作人员。但是，作为执行总拨款资金的一个百分比的预算要求，虽然始终保持在 30% 左右，但在实际工作中却没有任何改善。很显然，课堂训练并不具有预期的效果。

在这种情况下，我们开始与伊拉克的部级官员接触，这让我们了解到了更多的东西。大部分新培训的官员其实都知道该如何执行其特定的工作任务，但对这样做却有顾虑。反腐败努力的一个意外后果，就这样显现出来了。在一个对于官员行为唯一的约束就是惩罚而对于按规则办事却没有任何奖励的政府机构中，一个官僚最明智的选择就是不作为。

所以，这正是大多数伊拉克官员所做的事情——什么也不做。

面对这种情况，我们只好寻求一家大型西方会计师事务所——均富会计师事务所——来提供服务，由它为伊拉克部级的直接预算执行提供支持。我们的方法是独一无二的：我们授予了均富会计师事务所工作人员广泛的指导权，但我们也要求他们的日常指挥系统的核心，就聚焦在配合部长监管部门进行大型采购预算。专责小组向他们明确下达的指令就是要他们驻扎在“绿区”之外的部委当中，和那里的工作人员并肩工作。他们将提供现场指导，而不是课堂培训。并且他们将利用他们作为注册会计师的可信度，向伊拉克官员执行的诚实交易提供认证，以确保他们在工作做得很好的情况下，免受

① 《稳定和重建伊拉克：美国各部门需要为部门间协调和管理风险作出努力》，美国政府问责办公室 GAO－08－117 号报告，2007 年 10 月。

虚假的腐败指控。

在3个月的时间内，在斯科特·金领导下的均富会计师事务所，向规划、工业、电力和贸易这些部委派出了150多名会计师和顾问。充满激情和活力以及极富领袖魅力的斯科特·金是美国一位前空军军官，他退役后在私企的职业生涯已经非常成功。他欣然接受了专责小组有关采购援助工作的任务，并与主要的伊拉克部长——特别是规划部部长——建立了值得信赖的合作伙伴关系。自此以后，预算执行情况几乎立刻改善。诚实的官员们现在对于自己的角色充满信心，并且在需要时，他们可以随时从权威的顾问那里获得技术支持，也无须再对受到任何错误指控的可能性感到忧虑。而那些不诚实的官员，现在则不得不接受会计师事务所顾问的监督，后者将监督预算执行情况，并在每天的工作结束时直接向部长报告相关情况。

这个程序的关键是防止专责小组或者任何美国政府工作人员获得任何交易细节。我们必须避免任何我们正在或者试图影响伊拉克部门内部日常工作的暗示。而伊拉克的部长们必须相信，会计师和顾问是为他们工作的。我从斯科特·金那里所得到的全部信息，就是有关经济活动和指标的月度总结报告，它们可以体现每个部门内部预算的总体执行情况。这些足以有效地监控均富会计师事务所的工作情况，虽然我们并不知道任何交易细节。

有了这种新方法，伊拉克官员开始购置相关的商品和服务。而且由于他们的预算增加，订单的数量开始增加。在这一点上，我们也了解到了伊拉克人喜爱美国产品的情况。与几乎世界上其他任何国家不同，伊拉克人仍然一致地认为，世界上最好的商品是美国商品。由于对于日本作为一个经济强国而崛起，以及欧洲、日本和韩国商品品质提高的信息的隔绝，伊拉克人只想购买美国商品。对于愿意冒险的美国公司而言，这种趋势将创建一个巨大的竞争优势。我们现在所需要的，就是有美国公司愿意冒险。

均富会计师事务所同负责商业和其他业务稳定的专责小组团队进一步合作，建立了采购援助中心，这是美国公司直面巨大风险和困难，为专责小组的使命提供支持的又一个例子。它在伊拉克冲突最激烈的时候加入了专责小组，为美国的使命做出了不可估量的贡献。

到2007年5月，专责小组运用了它能够使用的所有的资源，推动了伊斯坎迪利亚的业务生产，订单涉及各种各样的商品，从拖车式房屋到用于病虫害控制的农药喷洒车，再到油田设备，等等。但是，和其他地方的企业一样，如果伊斯坎迪利亚不发展自己的市场，就必然无法生存。我们的目标是恢复伊拉克企业的生产，然后让外界对伊拉克企业的生产能力有信心，并生产出在伊拉克或者世界上其他国家销售的产品。

由愿意减薪并加入政府部门的出色的私企高管——包括格里·布朗、戴维·库德拉、史蒂夫·吉尔里和比尔·邓肯——所带领的行业专家和顾问组成的团队，冒着巨大的生命危险，并且几乎是日夜不停地工作，以便找到为伊拉克企业创造需求的创造性方式。格里·布朗在让国际公司参与伊拉克经济事务方面的效率尤其显著，他还成功地促成了戴姆勒－奔驰汽车公司的回归。早在 20 世纪 80 年代初，戴姆勒－奔驰公司就通过合资的方式，制定了一个在伊斯坎迪利亚生产卡车的计划。但后来因为两伊战争，该计划落空了。现在格里·布朗重新启动了与戴姆勒－奔驰汽车公司方面的合作，后者派出代表，在 2007 年 7 月访问了伊斯坎迪利亚，为的是看看企业的情况，并确定旧的计划是否有可能重新执行。

尽管缺乏用于帮助伊拉克企业重新启动业务的专项资金，但专责小组通过努力，还是设法在 2007 年夏天之前重新恢复了十几家企业的生产。

我们重建伊拉克经济和恢复企业生产的计划，其中包括伊拉克政府所关注的一些重点领域。尤其对于每家企业原来所拥有的但在 2003 年被驻伊联盟临时管理局查封的资金账户余额重新给予恢复，并且还给了一些企业所需的、用以恢复生产的资金，这一点至关重要。我们还公开提倡在伊拉克国内执行正常的贸易政策，废除驻伊联盟临时管理局已经执行的摧毁伊拉克工业和农业的“零关税”制度，代之以一个正常的、对于周边国家采取镜像关税时间表的关税制度。

伊拉克财政部部长巴扬·贾布尔同意帮助企业恢复银行的资本金账户。于是我分派了几名会计师去登记在 2003 年被查封的企业账户信息。尽管这方面的信息是很难获得的，但我们最终还是确认了从伊拉克企业的银行账户中被转走的并被存到驻伊联盟临时管理局创建的伊拉克发展基金当中的 7 100 万美元资金。财政部部长同意将努力把这笔资金转回伊拉克原有企业的银行账户中。

我对这个消息感到振奋。尽管如果分摊到 200 多家企业当中，7 100 万美元并不算很多，而且这也仅仅是我们开始协助伊拉克工业恢复到适度的生产水平的第一步，但它还是发出了一个积极的信号，并且资金让一些企业负责人对自己的经营命运拥有某种控制力。

不过在随后的几个星期内，我的兴奋感就减退了。把资金转回原有企业的业务，在伊拉克国有银行需要大量的时间，每家银行都是独立管理的，效率非常低，转账过程也很慢。伊拉克发展基金的账户是由一个并不能很快做出决定的跨国官僚机构监管的。

在当年6月份某天的晚宴上，伊拉克财政部部长贾布尔告诉我，为了支持我们的项目，他要协助工业部恢复一项完整的经营和资本预算，其中3亿美元用于运营，1.5亿美元用于资本支出。他又告诉我，在等待预算审批之际，他已经批准了一项短期贷款计划，允许国有企业从他已经确认并划给拉菲丁银行*的资金中，获得近乎零利息的贷款用于恢复生产。①

听到这个消息，我和工业部部长法齐·哈里里欣喜若狂。贾布尔所做的不仅仅是让那些企业被扣押的资金重新归回企业，而且他还在资助并授权工业部让一些企业恢复生产，让一些专业人员重返工作岗位，并启动伊拉克工业的私有化。我和贾布尔、哈里里都一致认为，我们应该从水泥行业开始合作，在重新恢复生产的企业成立私企合作投资项目，让企业随时间的推移逐步走上私有化的道路。

到仲夏时节，2 000多家伊拉克企业已经通过专责小组的系统而进行登记，并开始和美国的公司做生意。达里尔·斯科特根据合同，每月将1亿美元注入这些伊拉克企业中。这是一项直接的经济刺激手段，它只使用了我们帮助伊拉克创造就业的每月军事行动成本的一小部分。在竞标这些项目的过程中，伊拉克企业不得不采用美国的标准术语和商业实践办法，以便获得高评级和更多的未来合同。在接下来的几个月里，又有数百家伊拉克企业登记注册并与美国方面的公司做生意。

这种伊拉克先导方式的好处是显而易见的。伊拉克方面的企业现在正在

---

* 伊拉克最大的银行，成立于1941年，总部位于首都巴格达，在伊拉克有165个分支机构，在开罗、贝鲁特、迪拜、巴林、阿曼等地也设有分支机构。——译者注

① 伊拉克共和国2007年国家预算，伊拉克财政部，2007年。

获得一种有关采用高度严格的标准做生意的“现场”培训课程，这种标准甚至比它们参与国际市场竞争所需的标准更加严格。而且，伊拉克企业竞标美国公司合同的迫切程度，似乎完全有悖于美国国内的传统看法——伊拉克人对美国人普遍怀有敌意。

伊拉克企业的改变为振兴伊拉克经济并将其引向积极的方向提供了另一种机会，那就是，几十年来，伊拉克一直是以现金为基础的社会，它的银行都是效率极其低下的大型国有银行，如拉希德银行*、拉菲丁银行和伊拉克农业银行。这些和伊拉克各部委有着密切关联的银行，都是服务于国有企业的，主要是企业财务和员工工资。同时，自 2003 年以来，这些银行还专门为伊拉克政府内部交易事务服务。根据联合国设立的国际债务保护规定，伊拉克只能通过伊拉克贸易银行和纽约的摩根大通银行建立单一的代理银行关系与国外从事商贸交易，而所有美元信贷票据和函件，都要通过伊拉克贸易银行执行。

对于和美国政府之间的合同，以及向伊拉克企业的支付，伊拉克银行都是通过现金完成的。自 2003 年以来，许多有关失踪的美元“砖头”的负面消息被大量报道，而且美国仍在用成箱成箱的美元现金与伊拉克进行商品和服务贸易。

要想让伊拉克在世界经济中占有一席之地，伊拉克经济就必须从以现金为基础的交易体系，转向自动化的现代银行交易体系。

通过和美国财政部驻伊拉克大使馆的联络人威廉·鲍德里奇的合作，我们看到了将伊拉克先导计划和这个国家的银行业发展结合起来的机会。鲍德里奇具有帮助发展中国家建立金融基础设施的丰富的经验。我们的想法和要求是，伊拉克企业一旦通过伊拉克先导计划从美国方面得到了合同，那么就必须在伊拉克刚刚建立的新型私人银行开户，它们在那里将接受电子支付而非现金支付的形式。通过这一方法，伊拉克民营企业将会刺激私人银行业的发展和资本化，而美国公司也将取消在伊拉克全国各地长期执行的现金付款方式。鲍德里奇审查了几家具有合作资质的私人银行，并从中为这个新项目

---

* 伊拉克第二大银行，于 1988 年成立，总部位于伊拉克巴格达。拉希德银行拥有 138 家分行，其中 61 家分行位于巴格达，77 家分行在巴格达城外。——译者注

确定了合作伙伴。

曾为达里尔·斯科特将军负责推动承包合同自动化的克里斯·哈格，现在被指派为专门负责推进伊拉克银行业务的现代化，而达伦·法伯则匆忙接手承包合同自动化。哈格和鲍德里奇创建了一个由选定的几家伊拉克私人银行组成的财团，然后为它们负责配备了电子资金转移的设施，使它们能够采用全球银行间金融电信交易的国际标准进行电子支付。

有了这个新的支付体系，在12个月内，有超过95%的提供给伊拉克企业的付款，以及总计超过10亿美元的年度业务收入，是通过伊拉克私人银行进行的。借助于这一新的支付体系，伊拉克银行可以像世界上任何其他国家的正规金融机构那样运转，可以提供贷款，可以与国际银行之间形成代理行关系。更重要的是，这一努力导致从伊拉克战场上“撤除”了数亿美元的现金，而这些原本自由流动的现金能够支持叛乱活动，以及购买制造简易爆炸装置所需要的设备。

哈格所做的工作，有助于展示他和财政部之间的一种有效的跨部门合作的关系，鉴于我们在配合国务院工作方面所存在的困难，这是一个重要的成就。现在，来自美国财政部等专门研究金融风险的团队，已经可以实时监控电子金融交易，并能够掌握伊拉克境内的恐怖和叛乱团体的资金流向。美国财政部副部长罗伯特·金米特是我们工作的一个主要的支持者，他甚至参加了我们同伊拉克各地私人银行在约旦安曼举行的一次旨在加强这项工作、展示它对于美国在伊拉克整个使命所具有的战略意义的初始会议。

经过长时间的探索，我们终于知道军队的“经济体内部的经济”如何能够用来创造性地解决问题，并提供财政刺激以重振伊拉克经济。在过去的3年时间里，我们已经有数亿美元花在了教育课程、研讨会和咨询服务等方面，由此“迫使”伊拉克人充分认识他们采用的新的法律体系、新的银行实务和业务流程的必要性。现在，我们只要创造一些开展商贸交易以及赢得未来业务的简单条件，就能够为伊拉克打下商业现代化的基础，它只需要付出一小部分资金和努力，就能够取得比以往大得多的理想成果。

两年来，我一直在同五角大楼的官僚打交道，我自认为这在很大程度上避免了文牍主义、各种政治小动作、偷懒怠工和繁文缛节之类的东西带来的不利影响。随着我们履行伊拉克使命的初步成功，我的一种信心越发强烈，那就是我已经掌握了如何在不会引发糟糕问题的情况下进行操作。然而，没想到我很快就陷入了一种窘境当中，而那种窘境会使一般美国人对于冒着风险在公共服务领域供职的前景产生畏惧。

2007 年夏天的一个晚上，在回到我们在巴格达的新驻地以后，我看得出有什么地方有点不对劲儿。我的军事工作人员向我透露了出现的问题：我的军事助理除了违背其他军规以外，还在我不在的时候，和我的团队中的一名年轻女性成员公开同居。自一年前专责小组成立以来，那个年轻的已婚女子就以政务官的身份被分配到了我的办公室，参与伊拉克团队的工作。作为美国的年轻精英之一，她分别拥有佛罗里达大学和耶鲁大学的学位以及私人飞行员驾照，也是美国冬季奥运会的骨干成员之一。她还曾前往伊拉克各地支持专责小组的工作。

按照美国军队在伊拉克军事区域内的通例，与他人同居在国防部人员中是被禁止的。根据美国《军事法》，通奸是犯罪行为，会依据《军事审判统一法典》而被起诉。许多人的军事生涯就是因受通奸指控而就此终结的。

现在，既然我已经注意到这个问题了，那我别无选择，只能采取行动。作为一名高级官员，在接到有关违反当前军令或者军法行为的报告，我应当依法采取恰当的措施。我与他们面谈并让他们做出解释。我没有指责他们什么，我只是问他们这是否属实，并告诉他们，如果确有此事，我可以理解，但我需要采取行动处理这件事，然后对他们的工作做出调整。

这时，我的军事助理开始大肆发泄，声称我们的使命是一种失败，伊拉克官员腐败到无可救药的地步，他们不可能具有文明行为，并指责我对美国人说谎，指责我率领的这个没有希望的团队拉长了战争周期。我的女政务官随后也发了一通同样富有攻击性的长篇大论。我愤怒地做出了回应。自此，我们的冲突开始升级。

当你在战争环境中开展工作时，你的生命实际上是和你的辅助人员的努力息息相关的，彼此之间需要构建起默契和信任。而且其实早在这之前已经出现的迹象表明，我的军事助理、一名军官——一名伊拉克战争中的退伍军人——并不赞赏我们团队的使命和做法，但我仍把他和我的军事助理两个人都看作是我值得信任的机要参谋。

几个小时之后，我再次和他们会面。这次是在使馆区的一家咖啡店里。我通知他们说，我将把他们送回国内，而且我希望他们在采取任何后续步骤之前先休息一下。我对那名军官说，不管接下来会发生什么，鉴于他对我们所担负的使命的看法，他都不可能和我们进行长久的合作，我说我以后会安排他回到部队并将他派驻到其他地方工作。他点头表示同意，并且说他愿意接受这种安排。那个女政务官表示，她已经筋疲力尽，也准备去做别的事情。

此事我通报给了在伊拉克的专责小组的其他官员，然后我打电话通知我在华盛顿的其他团队成员，他们两个人将首先回到华盛顿，并将休假两周，直到我回来。我只是简单解释了情况，但暂时没有把发生的事情正式记录在案。

我觉得他们的行为，至少部分是由于我们团队所处的离奇境况所导致的，它让我们的军事和非军事人员终日处于高压状态，不断地遭受暴力袭击的威胁。这两个人都对我们肩负的使命做出了贡献。我不希望这件事给他们带来糟糕的结局。我希望他们经过几周的充分休息和体力恢复，会冷静下来，同时可以找到一种理性地处理这个问题的方式。

当我留在伊拉克时，那两个人回到华盛顿我在五角大楼的办公室，不是按照我指示的那样先给自己放放假。在掌握了有关我的日程和电子邮件信息后，他们按照时间顺序，对我们过去 6 个多月的工作逐项进行指责，批评我所有“错误”的工作方式，并声称我们的使命是失败的。每一项虚构的个人指控，都关联着一个实际发生的事件，比如或者在伊拉克，或者在约旦，或者在迪拜，在华盛顿，我们举行的一次会议，或者举办的聚会，这些指控让那些不知情的同僚将信将疑。他们把指控文件在五角大楼内广为散发，并把它呈交给副部长英格兰的办公室。英格兰的参谋长鲍勃·厄尔又把它转交给了总法律顾问办公室，并询问我到底是怎么回事。

那份文件并未署名，而且除了时间顺序混乱以外，还缺少其他任何系统性逻辑结构。它是一页又一页未经格式化的内容散乱的文本。由于我的女政务官处理过我的媒体事项时间表，因此她掌握了所有报道伊拉克冲突的记者团的联系信息，于是，几乎每一家重要的媒体机构都收到了那份文件。

他们把那份文件又分发给在过去一年里参访过伊拉克的每一个企业高管。国防业务委员会成员和美国商会的所有成员都收到了他们措辞激烈的有关我所有不当的做事方式的指控。

当我返回华盛顿时，刚刚来到五角大楼，我就发现总法律顾问办公室的律师正等着要见我。他们走进我的办公室，郑重地通知我说，我现在将因各种被指控的行为而接受调查。我还被告知，提出指控的人正在受到举报人享有的保护，而且对我而言，任何试图抹黑他们或者以任何方式与其接触的努力，都可能被认定为是犯罪行为，都将要受到联邦当局的起诉。

我大为震惊。我已经根据在战区不法行为的指控条例采取了明确（同时我也认为是适度的）的惩戒措施。有几个人已经获悉此事。如果受到纪律处分的雇员可以很方便地制造对其上司的指控，那么，一个管理机构到底如何才能正常运转呢?

我无法获取具体的指控内容，我甚至不知道我究竟因为什么被指控。在当时，我还一直没有得到任何信息通知说那些不具名的指控的确是存在的。

我受到了来自国防部监察长办公室调查人员长达 4 个小时的质询。我被要求宣誓，并不得不忍受他们抛给我的一系列离奇的问题。我没有律师在场，也不知道我的情况有多严重。我诚实地回答了每一个问题，否认所有荒谬的指控，并且确信在正常情况下，这个审查过程能够很快地让真相水落石出。

我的团队的其他高级官员也从伊拉克被召回国内，而且在接下来的两周时间里，他们也受到了同样的质询。人人都感到惶恐不安。对我们肩负的使命而言，这个时间点简直是糟糕得不能再糟糕了。我们当时正在努力地执行辛辛苦苦从国会那里得到批准的那笔资金预算，现在却不得不花费大量时间以应付调查。

我和副部长英格兰做了沟通，他正被那些指控及其造成的负面影响弄得心神不安。本来他所支持的事业正在向好的方向发展，但现在却遭到了不测。如今担任盖茨部长高级军事顾问的切尔莱利中将，直视着我的眼睛问："那里面有没有什么事是真的?"我预料到他必然会问我什么，但这句话还是让我浑身一震，一想到盖茨必然也是这么想的，就让我不寒而栗。

我为自己聘请了律师团队，并提供了对于我的指控的副本、连同与这些指控有关的其他文件和信息。鉴于目前没有证据来支持他们的不实指控，我的律师团队并不担心结果。他们说他们将认真调查此事，并会打电话给我。几天后，他们给我带来了令人不安的消息，那个政务官和她在个人简历上所声称的身份完全不符。律师团通过调查得到的结论是，她并不是奥运代表队成员，从未上过耶鲁大学、佛罗里达大学或者美国的任何其他大学或学院，也没有私人飞行员驾照。

她的整个简历都是假造的。但不知道什么原因，她用伪造的简历得到了白宫的任命，并通过了资质安全检查。

尽管有这个新的信息，但我却被告知我什么都不能做。总法律顾问办公室已经明确表示，我为质疑原告指控的可信度所做的任何事情，都可能导致刑事起诉。

第6章　黑暗的日子

在私企或者政府机构工作，动辄遭到诬告，越来越成为管理层人员日常生活的一部分。我后来了解到，有一种课程是专为各类高级职员准备的，他们可以从课堂上学到如何处理不可避免的诬告以及由此导致的调查。处理这类事情是有一个流程的，而且如果作为被诬告的一方果真有不当行为的话，那么这个流程就会告诉他如何恰当地应对。如果新闻媒体获取了指控信息，调查就会变得公开——这违背了五角大楼的政策，因为在等待结果公布之前，内部调查应该是保密的。在这件事公开之后的那个星期一的上午，当我赶到五角大楼时，我意识到自己不得不面对新的处境。我过去能够感觉到的那种“高空掩护”式的政治支持，因为我与盖茨部长和政府之间的可疑关系，现在统统不见了。要不是副部长英格兰的持续支持，我早就成了孤家寡人。

我的伊拉克使命，对于五角大楼的官僚和管理部门中的许多政务官而言是不可理解的。高级政务官们在任何地方都根本不做具体业务方面的事情，他们尤其不参与战区事务，避免让自己卷入有暴力风险的战术活动中去，以及卷入对于一个政治家而言的一种更糟糕的境况——失败之中。在多数时间，我一向激进乃至有些霸道的个人行事风格，以及对于五角大楼官僚结构和程序的持续挑战，几乎让他们所有的人都感到恼火。许多人都一直认为我的下场会很糟糕，而现在他们的预测应验了。

在国防部工作3年之后，我变得越来越自信，我在任何不利情况下都能够“涉险过关”，而对于任何可能出现的结果都事先做好准备。然而，我现在所经历的情况对我而言，却是以前从未出现过的。

如果我当时照章办事，把他们的问题正式记录在案，并在让他们回国之前以书面的形式正式解除他们的职务，而不是以口头的方式传达给高层人员，那么我就会一直受到保护。事实上，由于我为避免断送他们的职业生涯而做出了一种考虑不周的选择——我对于这种情况所做出的反应更像是一位企业高管，而不像是国防部的一位高级官员——让我为自己当时采取的非正式的处理方式而种下了苦果。

我给在伊拉克军事指挥部的几位同事发了邮件，简单地解释了发生的事情，以避免他们听到这些情况而不明就里。彼得雷乌斯将军寄来了一份表示鼓励的信函，并告诉我要保持注意力集中。其他几位同事也一样。

我的妻子辛迪在整个事件过程中都是我的强大的后盾。自从离开加利福尼亚之后，我们的整个经历完全不由自主，不能按照我们当初的计划进行。在之后长达两年的时间里，我在五角大楼几乎每天都工作到很晚，和汤姆·莫德利就业务改革不停地忙碌。而到现在为止，我在战区已经工作了一年多，有一半时间都不在美国国内，我跟随部队四处“打游击”，随时都面临受伤或者死亡的威胁。当我回到美国时，我不得不忍受时差导致的注意力不集中的困扰和折磨。我一边对来自伊拉克的日常新闻感到忧心忡忡，一边要承受来自五角大楼的各种压力，并且还担心我在伊拉克的下属的安全。我的妻子承担起了所有的家庭责任，并努力保证自己出色地完成自己的本职工作。她并未签下一纸契约而非让自己成为“军嫂”。那张契约原本只是我在五角大楼内完成一份为期两年的工作，然后就回到我们在加利福尼亚家中的合同。

她从未质疑过这项使命，她也从未要求过我提出辞职。她一次又一次地告诉我，媒体的噪音全都无关紧要。尽管发生了这一切，她一如既往地坚强。但是，我知道这种情况以及它可能对我们的孩子产生的影响，知道这会让她感到多么担心。

虽然我在华盛顿的处境彻底被改变了，但是在伊拉克的事情还算正常。我们的团队每天全天候工作，将我们最近获得的资金转化为用于购买材料、设备和售后维护的一张张订单，以便帮助伊拉克的企业重新运转。

在伊拉克地方机构的要求下，我们开始在一些企业举行相关的活动。在企业仪式上，我们的团队成员会展示巨幅的签字“支票”，以此庆贺我们获得了用于帮助企业恢复生产的拨款。这些仪式给当地企业员工带来的激动情绪，让我感到惊讶。尽管在伊拉克全国各地一直都在投入基础设施建设，但是随着整个国家安全程度的下降，类似的活动通常并不公开宣传和展示。同时人们还担心，如果活动显然和美国在伊拉克的使命有关联，那么就可能成为暴力袭击的目标。

我们的捐款通常都是小数额，在大多数情况下都是几十万美元。我们推出的规模最大的项目，是拿出 600 万美元用于恢复贝吉的化肥企业的生产。我几乎参加了每一家企业恢复生产的开业仪式。在每一次这样的活动中，当地社区的代表以及媒体记者都会参加，企业所有的工作人员也会到场。人们成群结队地抢着和我们握手，一次又一次地感谢我们的帮助。没想到我们这种表达一点诚意的方式，会带给他们那么多的希望和感动。

当然，这种方式在我们的使馆那里却受到了很多的批评。我们的巨幅支票被国内舆论嘲讽为廉价的宣传噱头。2007 年 3 月，一位新大使莱安·克罗克被任命接替前大使查尔梅·哈利勒扎德。之前哈利勒扎德虽然在给我们提供支持方面从未动摇过，但他的支持对于那些反对我们工作的大使馆的一些成员并未产生多少影响。在克罗克任职期间，对我而言，他是一个出色的支持者和顾问。他和他的工作人员甚至把我们的一张巨幅支票亲自赠送给迪亚拉那家电器厂的负责人，那个负责人就是在 6 个月之前战战兢兢接待过我们的人。① 克罗克继任大使后，大使馆成员对我们工作的公开敌意慢慢消去了。

我现在没有助手，我需要有人来帮助我和驻伊拉克多国部队的指挥人员保持联络。鲍勃·洛夫刚刚为他在维克托尔军营的团队增加了新成员——贝丝·劳——一位来自阿拉斯加陆军国民警卫队、接受为期 6 个月工作任务的陆军预备役中校。

贝丝是一个高个子且性格外向的女人，有着一头近乎鲜红的长发，也有着非常直率的管理风格，她的个人经历非常有趣。作为亚利桑那州的一名高中辍学生，贝丝在中学时代一直在辛苦打拼，想要寻找真正属于自己喜欢的职业。1977 年，在美国女子军团得到普通教育资格证书之后不久，她便应征入伍。在部队服役期间，她做了许多令人惊讶的事情。她获得了大学学位，又拿下了研究生学位，并成为她所在的部队当中的首批女直升机飞行员之一。

---

① 《克罗克大使访问巴古拜》，美国部队新闻服务处，2007 年 8 月 30 日。

她曾驾驶 UH－1 直升机在美国各地执行禁毒和其他任务。入伍后，她从士兵变为候补军官学校的一员，再成为一名军官，并最终拥有了中校军衔。后来，当她的丈夫、陆军飞行员史蒂夫·劳被分配到伊拉克之后，她也经过安排被分配到了伊拉克。专责小组从军队人员办公室提供的可用人员名单当中选中了她。

当我在当年的 8 月份与她第一次会面时，我的心情是暗淡的，我没有任何想再次与来自军方的辅助人员合作的念头。她目不转睛地盯着我说："人人都知道那两个人是个麻烦，但谁也没想到他们会这样对你。你不知道这个使命对部队意味着什么。不要让那两个混蛋毁了你，以及你在这里所做的一切。"

贝丝的这番话一下子拉近了我和她之间的距离。我也看到伊拉克人民对于我们为恢复他们的生计所做的努力的回应。这些帮我顺利地度过了那段艰难时期。在那个时期，是他们让我想到，我们的使命是为伊拉克人民提供服务，而与服务相伴而来的必然是挑战。尽管在华盛顿的处境让我心烦，但和我们的士兵在每天的战斗中所面对的情况相比——更不用说那些在日常生活中苦苦挣扎的伊拉克人——我的问题根本不算什么。

贝丝很快重建了我们的业务秩序，使之变得更加合理。她还与不久前分配给我们的承包管理人员——空军中校马克·贝尔德——一道努力，为专责小组最新拥有的一个废弃的别墅区——它靠近"绿区"的南部边缘，曾经由萨达姆手下的官员占有，后来被美军查封——配备了管道和电力设施，使之达到了宜居的标准。而接替汤姆·斯奈德中校的贝尔德不分白天黑夜地工作着，致力于让我们的伊拉克企业项目得到资助，并为我们的制造业团队提供必要的支持。

不仅这些，我还不断地获得其他好消息。马修·舒伊福林是在国防政策研究室工作的一名年轻领导，他极具语言天赋，精通阿拉伯语及其 4 种方言，还有波斯语、汉语、日语、西班牙语和葡萄牙语。他拥有乔治敦大学的博士学位，曾经在沙特阿拉伯、叙利亚和埃及居住过，并拥有在伊拉克长期工作的经历。他厌倦了五角大楼的工作，于是毛遂自荐，在 7 月份和我们一道考察了伊拉克。考察结束之后，他说服他的领导把他安排到我们的专责小组工作。这个决定对我产生的影响是不言而喻的，舒伊福林是一个不凡的人才，他愿意加入我的团队工作，对我而言真是太及时了。

几个月前，我和伊拉克工业部部长法齐·哈里里、财政部部长巴扬·贾布尔曾联合举行了几次新闻发布会，向外界公开了我们的工作和合作情况。在这些新闻发布会上，美军方面除了与伊拉克总理马利基、外交部部长胡希亚尔·兹巴里和国防部部长阿卜杜勒·卡迪尔经常合作的彼得雷乌斯将军和克罗克大使参加之外，还有美国其他军官和伊拉克高级官员共同出席，他们还会对外界公布我们的项目进展情况，这是非常罕见的，也表明这些新闻发布会的不同寻常。我试图长期在伊拉克政府机构所在地举行新闻发布会，比如在巴格达的阿德南宫*或者议会大厦，但没想到法齐·哈里里现在却提出要去美国，并要和我一起在华盛顿举行一次相似的新闻发布会。

9月4日，我和哈里里在五角大楼简报室举行了一次联合新闻发布会，我和哈里里分别介绍了我们的工作情况以及近期获得成功的案例，C－SPAN**为此专门做了电视播报，并在网络上广泛报道。最重要的并且也是我永远不会忘记的一件事情是，国防部副部长戈登·英格兰推出了介绍我们工作情况的简报，并借此表达了对我们的工作的强力支持。①

法齐·哈里里冒着很大的风险访问华盛顿，并和我肩并肩地站在五角大楼简报室的新闻发布会上，一起面对参加新闻发布会的所有人。他一直住在战火飞扬的巴格达，在那里，政府官员几乎都是袭击目标。作为一位部长，他冒着巨大的安全风险为我站出来说话，确保我们能够顺利完成恢复伊拉克企业生产的任务。当然，私底下他也作为我的一位朋友而积极地支持我的工作。

到了9月底，我们已经在整个伊拉克成功地恢复了16家工业企业的生产，有超过5 000名工人重新回到了工作岗位。不过遗憾的是，由于媒体曝光了我们的“10强”名单以及之前预计的恢复1万个工作机会，因此我们的工作被公开认定为未能达到预期目标。这些计划是在我们认为自己能够获得资

---

*　在萨达姆·侯赛因执政时期，长期担任伊拉克国防部部长，同时也是萨达姆最信任的堂兄弟阿德南·凯鲁拉的私人官邸。——译者注

**　美国一家提供公众服务的非营利性媒体公司，由美国有线电视业界联合创立。——译者注

①　《经济专责小组致力于推动伊拉克业务》，美国部队新闻服务处，2007年9月4日。

金并很快在1月份启动业务的情况下制定的，但在此之后，律师告诉我们说，我们不能将现有资金用于我们的项目。在那个充满非议的时期，我们的一切解释都无济于事，任何能够用来诋毁我们工作的信息，都会被传得满天飞。①

有5 000名工人在一家恢复生产的企业获得了就业，并且是从事长期稳定的建筑工作。他们所签的合同都不是类似保安工作的临时性合同，而是企业内工作的正式合同。这是一个良好的开端。

在8月和9月期间，我的那个由比尔·邓肯带领的团队昼夜不停地工作，以便取得更多的成果，同时这也导致团队成员们疲劳不堪。史蒂夫·吉尔里是一位来自波士顿的经验丰富的供应链管理专家，他着眼于提高伊斯坎迪利亚企业的产品产量，他把自己的耐力推到了极限。整个团队成员都几乎耗尽了自己的体能和精力。在10月份，这30个企业团队的成员当中有20个都陆续返回美国了，而之后，他们绝大多数都没有再回来。

我自己的未来如何，现在还不清楚。我从未想过要在伊拉克干满一年。一年前我曾自信地告诉国防部次长肯·克里格说，用不了短短几个月，我就会返回五角大楼，并专注于业务现代化。现在自那次谈话之后已是14个月过去了，但我还在伊拉克，而且我曾希望在圣诞节之前把我担负的使命移交给我的接替者。

这个计划现在正变得复杂起来。一场正在进行中的调查让我饱受困扰。在还自己一个清白之前我放弃这项使命，就等于我默认自己受到的指控，那也就是说我是因为犯下某种过错而被迫离职的。我需要坚持下来，直到检察长发布有关我的行为是没有过错的报告为止。不久，我得到消息，检察长米克·基克莱特已经告诉了英格兰副部长，对于我的种种指控，没有任何有价值的证据。但与此同时，他的调查组成员正在同那12页调查报告中提到的每一个人谈话，以确保没有人会说这个案件有暗箱操作之嫌。他无法判定这个过程将会花多长时间。我意识到这件事不会很快得到解决，因此也变得越来越苦闷。

---

① 《美国竭力推动伊拉克发展》，《华盛顿邮报》，2007年8月24日。

整个 2007 年的大多数夜晚，在巴格达的“绿区”随时都会传来令人惊悚的警报嘶鸣声，随后瞄准使馆的火箭筒如雨点般落下，然后在各处爆炸。我们的新总部办公室在共和国宫 * 内部，它位于“绿区”最南面，距离使馆大约有 2 英里。然而，从 9 月份起，针对这里的空袭开始减少。而到 10 月份，这里的夜晚变得出奇地安静。

此时，美国向伊拉克临时增援的部队开始行动。彼得雷乌斯将军和奥迪尔诺中将执行了一项新的安全计划：几乎在巴格达的每一个城区都部署了部队，并从伊拉克陆军部队和警察局重新调集了保护我们工作团队的兵力。有了这一强大的力量增援，伊拉克的安全开始恢复，社区秩序逐步回归到正常状态。高空监控系统监测所有火箭弹发射，使得部署作战部队能够很快肃清叛乱分子的窝点。

和平又重新回到巴格达。

这项新的巴格达安全计划代号为“Fardh al Qanoon”，阿拉伯语的意思是“恢复秩序”。

当你飞越这个城市上空时，你可以看到它发生的明显变化，城市的许多地方都已经恢复了车水马龙的景象。而仅仅在几个月前，这里的街道上还是冷清清的，当你驾车穿过巴格达时，空气中到处弥漫着恐怖气氛。

2007 年的各种军事行动，扭转了伊拉克的局势。指挥这些军事行动的指挥部成员都由一些非凡的领导者组成，我有幸结识了其中的很多人。伊拉克各个分区的司令官，都制定了全面的反恐战略，随着安全秩序的恢复，我们被要求参与支持他们的工作。

当驻伊拉克多国部队巴格达分区副总指挥文斯 · 布鲁克斯准将——一个负责巴格达安全、拥有过人智慧的领导者——将专责小组与其稳定策略联系起来时，我开始重组一支制造业团队。

我们的团队主要专注于那些根本就不应被关闭的，以及其业务完全能够在新生的伊拉克蓬勃发展的企业。一个例子就是，巴格达多拉区的重型工程和设备供应公司（HEESCO）。这家规模庞大的，能够为基建、石油和天然气工业公司提供大型钢铁基础设施的公司，自 2003 年以来便基本处于闲置状态。

---

* 原名为哈希姆王朝皇宫，占地面积约 17 平方公里，是伊拉克前任总统萨达姆办公、接待外宾、开会及生活起居的地方。——译者注

在2007年4月恐怖分子摧毁巴格达北部底格里斯河的萨拉菲亚大桥以后，HEESCO的工程师和工人重新开始搭建钢质大桥的结构。在不到一年的时间里，也就是在2008年年初，大桥重新落成并开通。

全面恢复HEESCO的生产，是振兴正在清除基地组织成员、由逊尼派占主导的多拉区的关键。这里以前是包括亚述基督徒*的一个混合城区，现在则完全是清一色的逊尼派居民聚住。我们希望通过恢复HEESCO的生产业务和给当地人提供就业岗位，让这里回归正常生产和生活状态，城区的人口也就会变得越来越多。

第一次考察HEESCO，就给我留下了深刻的印象。员工们集中在一起，等待我们的到来。工程师和专业技术人员都很年轻，也很国际化，并且向我们细致而准确地描述了公司的整个状况。当工作人员陪同我参观公司的设施时，他们带我去了工程部，那里全是老式的绘图桌。我看到工程技术人员还在使用水墨纸完成设计工作，这种材料在国际上已经淘汰20多年了。公司的核心工程技术非常好，但技术设备已经完全过时了。后来，专责小组为这家公司购买了电脑设备和计算机辅助设计软件，并为全体员工提供培训。同时，我们还为这家公司购置了新的氧气罐，改装了氧气焊接系统，使生产操作和经营全面恢复。几个月之后，我和我的团队成员造访了多国部队驻巴格达的指挥官约瑟夫·费尔少将的工作场所。我们的团队受到热烈的欢迎。显然，我们与这个军事指挥部的关系是积极的。

我们内心很清楚，在今后几年，我们所支持的一些项目不会马上见到经济效益。在卡迪米亚——第七代和第九代什叶派伊玛目**神庙遗迹所在地——的一家大型棉纺厂及其配套的另一家毛纺厂，雇用了数千名生产工人。无论是棉纺厂还是毛纺厂，要让它们获得长期竞争地位几乎没有希望，工厂的织机都已经有四五十年的历史了，都需要更新换代。

---

* 一个基督教小派别，因据称该派系亚述人尼尼微的后裔，故名。根据传统看法，该教派由圣托马斯改宗而成。自穆斯林入侵中东后，该派主要在库尔德斯坦北部山区活动。20世纪以来，他们大多被赶出库尔德斯坦，后来主要生活于叙利亚、黎巴嫩和美国。——译者注

** 阿拉伯语中的“领袖”、“权威”之意，伊斯兰教的教职称谓。什叶派及其各支派用以专指他们的精神领袖和教权代表。——译者注

作为恢复地方经济的一个组成部分，专责小组被要求让这两家工厂恢复生产。专责小组为它们购买了一台用于清洗羊毛的大型锅炉设备，还更换了一台受损的锅炉，使织机再次运转。我们所做的工作对于这个社区所产生的积极影响，是推动当地社会稳定的一个重要因素。或许经济影响是暂时的，但这个过程却非常重要，因为它改善了当地社区的福利，并有助于该地区的社会安全与稳定。为了支持“恢复秩序”这一安全计划的目标，专责小组支持了许多这样的项目。我们所做的工作对于伊拉克的长期经济或许并没有太大的意义，但在推动反恐战略的背景下，对于恢复伊拉克人民的正常生活却是极有意义的。

另一个例子是，在臭名昭著的阿布格莱布镇*，一家乳制品企业已经在军事行动期间被摧毁。在 2004 年，联合国曾查封并控制了这家企业存放的、准备投入生产的、最先进的巴氏杀菌和包装设备。现在，专责小组被要求前去调查和了解需要做什么，才能使这家企业恢复生产。这是专责小组在伊拉克所资助的仅有的两个建设项目当中的一个。专责小组与美国陆军工程兵团合作，建造了一个用于储存乳制品的大型设施。这是又一例不单单为经济原因而推出的项目，它旨在向当地社区展示我们正在采取积极的行动以恢复伊拉克人民的正常生活。

随着专责小组振兴伊拉克工业的工作在整个城市产生的硕果，以及采购团队开始在伊拉克各个部委内部加强预算执行，我们的企业参与工作也开始加速。由于私营银行推出的举措减少了美元现金流通，并使银行系统自动化，因此“伊拉克先导”计划推动的金额数百万美元的美国订单流向了数百家在巴格达的公司。专责小组也正在为“恢复秩序”的安全计划行动提供广泛的支持。不过我们仍有许多工作要做，因为不管在哪里，用以支持经济持续发展的基础设施都相当匮乏。

30 年来，巴格达不曾有过任何规模的新的商业设施的建设。对于寻求做生意的企业或公司而言，这里没有办公空间，没有工业园区，甚至也没有拎包即可入住的出租物业，无法使任何企业或公司可以随时拥有开展业务的办公场所。虽然巴格达的安全形势已经显著改善，但民众仍心有余悸和缺乏安全感，因此短时期之内我们还很难以说服一些企业或公司建立持续的运营业务。

---

* 这里的阿布格莱布监狱曾爆出过虐囚丑闻。——译者注

我们别墅区的一些房子变成了美国一些企业或公司轮流将其代表派驻伊拉克并根据需要和专责小组进行合作的临时营业总部。那是一个拥挤而繁忙的场所，拥挤到还需要我们在附近建造一座大楼作为附属设施，并将其提升到二星级汽车旅馆的标准：有电，有水，能上网，有能做当地饭的像样的厨房，有这些，我们就可以持续合作。

纽约 ABC 家居中心曾派代表考察过伊拉克的一家公司。作为一家家庭时尚品和手工编织地毯的精英零售商，ABC 家居中心在百老汇的商店是一栋非常醒目的建筑，店内好几层都摆放着高档家居和装饰品。ABC 家居中心的首席执行官格雷厄姆·海德，对于世界贫困国家和地区的经济振兴充满激情，因为那里的本土工艺品可以在西方国家销售并获得收入。他在后来的几年中全力给我们献计献策并提供援助。

像中东和南亚其他大多数国家一样，伊拉克有一个世纪之久的编织地毯的传统。在萨达姆政权下，家庭编织普遍工业化，并建造了数十个有大大小小的编织机的大型工厂。萨达姆曾下令，所有地毯都必须专供于装饰他的宫殿和政府机构的办公场所。久而久之，伊拉克地毯的传统艺术特色不复存在，代之以一种鲜明的媚俗特征，主题大多关于萨达姆、两伊战争宏大场面、“所有战役之母——第一次海湾战争”，以及著名旅游景点类主题，如巴比伦伊什塔尔城门和乌尔古遗址。偶尔，某些地毯编织工厂会根据某个复兴党官员对自家或是政府大楼的特别要求而生产出一块漂亮的丝织或羊毛地毯。

当专责小组在 2007 年考察一家地毯编织厂时，我们根据考察的情况推断，伊拉克的整个地毯行业都必须振兴。但这实际上最初并不是我们的优先项目，因为我们的项目事先都安排好了并非常密集，而且地毯显然也无法在国际市场上出售。然而，不幸的是，大部分织毯工人都是战争寡妇，许多妇女都带着孩子，而现在都没有工作。这个行业最大的工厂同时也是手工编织地毯的国营公司的总部设在卡迪米亚，但旗下的工厂都分散在全国各地。

格雷厄姆·海德把我们介绍给与格里·布朗合作的、ABC 家居中心的主要地毯零售商理查德·林洛斯。英国人林洛斯在编织地毯方面是一个真正的世界级权威，只要看一眼地毯，他就能告诉你有关它的一切，比如它的羊毛或蚕丝的产地、染料构成情况。而最让人印象深刻的是，他能够告诉你地毯的产地——确切到产地所在的城镇或者乡村。几十年来，他走遍世界各国，收购地毯并与当地社区合作，专门为伦敦最大的哈罗斯百货公司和纽约ABC家居中心编织可供销售的艺术地毯。

在听完我的兜售之后，林洛斯审视了一番我在五角大楼办公室的不拘一格的装饰物。他不以为然地看着我脚下的地毯，问我它来自哪里。我告诉他，我在2007年第一次考察库尔德斯坦时，应哈利勒扎德大使的要求，我和库尔德政府部长们举行了一整天的会谈，会谈结束，当我即将登上飞机准备离开时，他们送给我一块小地毯——那个地区的一个常规性礼节。后来我把它带回华盛顿，铺在了我的办公室的地板上。当来我办公室的人在谈话中问起它时（这是一个很好的引子），我就喜欢用它来“推销”库尔德斯坦，将其作为鼓动来访者在伊拉克投资的一个切入点。

当我告诉林洛斯这一切时，他不禁笑出声来，我问他为什么这么好笑，他说：“哦，除了那是一块丑得要命的地毯之外，它还是伊朗的东西。它是在伊朗的一个叫科曼莎的地区的一个小镇生产的。这块地毯大概有40年的历史，而且一分钱不值。”

林洛斯答应我看看伊拉克的地毯厂的情况。之后，他专程来到伊拉克考察一些地毯厂，并向工人了解了情况。同时，他还带来了土耳其的织毯专家了解地毯厂的具体情况。他们决定尝试恢复伊拉克的地毯，但不是生产那种廉价而又俗气的地毯。他们的设想是，与伊拉克业界领袖和地毯编织工人合作，拯救濒临失传的伊拉克传统地毯编织艺术。

世界上历史最悠久和著名的手工编织地毯，现在存放在俄罗斯圣彼得堡的冬宫博物馆。这块地毯在西伯利亚阿特莱山脉帕奇里克山谷的一处考古现场被发掘，年代大约在公元前500年，它是一位塞西亚* 王子的墓穴随葬品。这块红、绿、蓝和金四色的极为漂亮的艺术地毯，它的产地被认为是波斯居鲁士统治时期的古巴比伦周边地区，据说，当初是居鲁士把地毯编织艺术从巴

---

* 南俄草原上印欧语系游牧民族，中国史书普遍称之为塞族或萨迦人，其活动地从今日俄罗斯东部的欧洲部分直至内蒙古和鄂尔多斯沙漠，是史载最早的游牧民族，公元前7世纪时曾对高加索、小亚细亚以及亚述帝国大举入侵，威胁西亚近70年，其后逐渐衰落。——译者注

比伦带到波斯帝国的。①

林洛斯根据他手中有关帕奇里克地毯的照片，让人制作出了能够还原并编织出这种地毯复制品的“打结法”简图。然后，他陪同专责小组的成员前往库尔德斯坦，我们在那里找到了当地的牧羊人，从他们手里我们得到了伊拉克自古以来就有的各种绵羊的羊毛。我们还收集了一些当地植物性天然染料并加以选择，使之完全匹配帕奇里克地毯原来的颜色。我大约每3个月走访一次卡迪米亚的那家地毯厂。随着这个项目的顺利运转，我终于看到了从编织机上生产出来的两块帕奇里克地毯，那种无比激动的心情难以平复。因为出现在眼前的这块地毯是代表着伊拉克真正的艺术和文化的作品，而且是从人道主义的角度出发而诞生的作品。一种被战争、暴力和腐化剥夺了生命力的艺术正在复苏。

在地毯厂开始生产古老地毯的复制品的同时，林洛斯又专程参观了大英博物馆和卢浮宫，寻找到了古代美索不达米亚的其他艺术图案，然后结合伊拉克古代文化中的艺术图案，将其转化成用于新地毯设计的图案。

所有地毯都在纽约销售，而且在几天之内就销售一空。

2008年1月，达里尔·斯科特少将结束了他作为驻伊拉克联合承包指挥部指挥官为期两年的任职工作。我和达里尔做了一次长谈，讨论了他下一站来专责小组的可能性。我原来的支持者迈克·韦恩，现在担任美国空军部长。在韦恩的支持下，我得以让美国空军系统把斯科特分配到我的办公室来，担任业务转型办公室的副主任。这就能够让另一位两星将军、陆军少将卡洛斯·佩尔，调到伊拉克行使为期6个月的职责，而鲍勃·洛夫也能够借此机会回国一次，享受一个难得的假期。

一年前，我们曾经请求所有军事部门给我们提供人力支援。现在，也就是2008年年初，一支军官队伍被派来增援我们了。我们最终得到了我们一直缺乏的东西：一个人员配备齐全的组织机构，它能够有效地和各级指挥部门联络，并且能够更好地满足“绿区”不断要求获得信息的“野兽”般的胃口。

---

① 《独特的地毯带来商机》，沃尔夫冈·克洛斯，2008年。

当我外出的时候，有了佩尔将军负责日常运作，还有足够多的高层领导管理我们的项目，这使我能够专注于我们的战略举措，并与伊拉克政府、省和地方各级层面的领导人接触。贝丝·劳让我在华盛顿的管理办公室以及整体业务运作恢复了秩序。马修·舒伊福林为专责小组的使命提供了宝贵的战略方向建议，使我们能够致力于为伊拉克政局稳定带来最大影响的这一任务。

通过 2008 年年初几个月的努力，巴格达的安全局势终于有所改善，它的氛围发生了显著的变化。在一次去“红区”* 参观一个商业区的途中，我曾从我乘坐的装甲越野车上下来，当我环顾四周时，我看见孩子们蜂拥着向我们的车子跑来。后来，当我们走在街上时，孩子们也总是来到我们跟前，有时还会向我们要糖果和零钱。不过在很多情况下，当我们到一个地方参观企业时，孩子们只是随我们一道同行。在那次参观中，当地的省级重建团队（PRT）的成员也赶来了，他们身着防弹衣并戴着头盔，还有这个地区前方哨所的士兵也来了。

当时，我的安全警卫把我的防弹衣和头盔递给我，我又把它们放回了车里。在那一刻，我第一次感觉到这一切的荒谬。我们到这里是为了帮助巴格达的民众的。我们的士兵是随时要参加战斗的，他们有充分理由穿戴盔甲。但作为平民的我们，到这里是为了建立与当地民众的信任关系，为了与他们广泛接触。而现在的我们，看上去就像是刚刚离开航天飞船的宇航员，包裹着厚厚的护具走在外星人中间。

我想象着如果发生什么意外，我将会体验到的恐惧感——假使一个狙击手开枪，或者一颗炸弹爆炸，当我醒来后，身边被那些蜂拥至我跟前的孩子们的尸体所包围，而我却因为有防弹衣的保护活了下来。我宁愿死去也不想经历那样的时刻。

安全卫队对我的做法提出了异议，但他们是为我工作的，所以当我告诉他们我已经决定这样做时，他们也无计可施。士兵们耸耸肩，开始走在前面。省级重建团队的成员们看着我，好像我是个疯子似的。那天当我走在街上，然后进入商店和当地人交谈、喝茶，并且是真正作为一个普通人与他们交流和沟通时，我第一次体验到了全然放松的感觉。

---

* 特指在伊拉克巴格达受保护的“绿区”之外的区域。——译者注

从此以后，我在伊拉克再也没有穿戴过盔甲式的东西。

现在，伊拉克的安全局势得到了控制，我们就能够更加公开地在伊拉克工作了。我们开始进一步考虑必要的业务的基础设施，以便成功地使一些国外的公司能够在伊拉克独立运营。随着最近格里夫航空公司针对巴格达推出的商业航空服务，以及阿联酋联合航空公司、奥地利航空公司和海湾航空公司就伊拉克国际航线展开的迅速谈判，空中航线似乎正在全面恢复，但目前尚缺乏配套的、体面的、安全的酒店。

为此，专责小组与伊拉克政府合作，在“绿区”圈定了一块适合建一个大型酒店的土地。然后，我们积极寻求国际资本的投资。经过一番努力后，一个包括来自美国、约旦以及黎巴嫩投资商组成的财团愿意投资酒店。最初，这个财团试图和万豪国际集团 * 协商一项酒店经营协议。我和彼得雷乌斯将军与万豪国际集团的掌门人威廉·马里奥特在华盛顿会了面，并试图说服他考虑这个项目。之后，在长达数周的时间里，巴格达 30 年来第一个重大建设项目的合作者似乎无疑将是马里奥特。然而，2008 年年末，在巴基斯坦首都伊斯兰堡发生的万豪酒店爆炸事件，导致了这一合作项目的流产，随后被另一个合作项目——罗塔纳酒店（总部位于阿布扎比酋长国的一家豪华连锁酒店）——所取代。这个项目最终被批准，并在 2008 年破土动工，计划于 2015 年完成。

这个项目之所以重要，不仅仅和要为商务旅行者建造合适的酒店这一目的有关。在 2007 年年初，伊拉克就成立了国家投资委员会，并任命艾哈迈德·里达担任第一任主席。为了促进在伊拉克的外国机构和组织进行直接投资，里达曾在阿布扎比商会工作多年，他所具有的现代投资实践知识，是该地区的领导人以及其他伊拉克领导人所不具备的。他也和努里·马利基走得很近，这也同样使他在伊拉克领导人中变得无可替代。

伊拉克总理马利基在伊拉克政府内领导的是一个相对较小的、被称为伊

* 全球首屈一指的国际酒店管理公司，总部位于美国马里兰州的贝塞斯达。它拥有遍布全球 74 个国家和地区的 4 000 家酒店，雇用约 30 多万名员工，2011 财年收入超过 120 亿美元。——译者注

斯兰达瓦党的什叶派派系。作为总理一职的妥协候选人*，他在 2005 年全国大选结束围绕组建新政府陷入僵局数月之后，最终当选。作为这一妥协的一部分，参与竞争的什叶派选定了马利基，而在 2003 年之前，他一直是达瓦党的反对派人物，曾在不同时期分别住在大马士革和德黑兰。

达瓦党，一个在很大程度上由伊朗资助的什叶派伊斯兰派别，在全国大选中只赢得了极少数议会的席位。伊拉克政府内的大多数重要席位都归较大的政党——伊拉克什叶派的伊斯兰最高委员会、什叶派煽动者莫克塔达·艾尔·萨德尔领导并得到迈赫迪军支持的萨德尔政党，以及几个逊尼派党派。

作为局外人，特别是作为美国人，很容易根据其主要教派——逊尼派和什叶派——来观察伊拉克。但在占大多数的什叶派人当中，还有常常被忽略的、多层次的种族和宗派的复杂性。一般说来，伊拉克伊斯兰最高委员会（ISCI）代表什叶派的上层和中产阶级、商人、宗教领袖和政府官员。萨德尔派通常代表穷人和受压迫者，也即伊拉克什叶派社会的下层阶级，他们的基地主要是在贫困地区，比如巴格达的萨德尔城区、巴士拉的哈伊尼亚城区和伊拉克南部沼泽地区。萨德尔派是非常保守的派别，并且敌视西方文化及其政治影响。达瓦党是“中间派”派别，主要由伊朗支持的小党派成员组成，当需要在政治方面做出妥协时，它就会在较大的伊拉克伊斯兰最高委员会和萨德尔派别之间充当一种妥协的力量。①

与总理领导的达瓦党密切配合的里达，是我们与之合作的第一个伊拉克官员。他急于证明伊拉克经济发展的进展成就。事实上，在国家投资委员会成立初期，他就是一个可靠的合作伙伴。

对于如何租赁国有土地，必须提上议事日程，但我们必须顾及两个影响因素：一个是伊拉克人担心自己被利用，另一个是目前尚未评估巴格达用于商业开发的大片房地产地皮的价值。

---

* 即在各方达成妥协的情况下产生的候选人。譬如在一次选举中，三方都想推选各自看中的某个人做候选人，而且经过各种博弈或斗争，都无法达到推选己方候选人的目的，在相持不下的情况下，各方都各退一步，同意推选第四个候选人，同时也是三方都可以接受的人做最终候选人，即妥协候选人。——译者注

① 瓦利·纳瑟尔：《什叶派的复兴：如何在伊斯兰教冲突中塑造未来》（纽约：诺顿出版公司，2007 年 4 月）。

我们指派了由斯科特·金领导的一个团队调查周边国家的做法和房地产租赁利率，根据土地和有价值的资产进行评估，比如政府设施、河滨物业、河岸景观以及公路和航空运输基础设施。通过调查获得的数据，将被用于伊拉克政府进行房地产开发谈判。①

但对我们付出的努力，潜在投资者并不十分买账。伊拉克方面希望拿到国有土地的租赁付款，租期 50 年，租赁期满，投资者有权额外续租 50 年。租赁费根据专责小组提供的分析框架，按照合理的水平加以确定。许多对在巴格达国有土地上开发感兴趣的投资者都对此感到恼火，他们本质上都期待伊拉克人能够通过白送土地以换取投资，而不是收取租赁费。

对于伊拉克政府来说，免费赠与土地是不可能的。随着巴格达整个城市安全状况的好转，土地价格暴涨，我们将其看成是对于这个城市未来经济前景充满信心的一个积极的信号。免费赠与用于投资的土地，对于伊拉克政府并不是一个好政策，在政治上也站不住脚。

美国投资公司和伊拉克政府之间的谈判极为缓慢。伊方喜欢一遍又一遍地争论同样的条款，仿佛是第一次被赋予那种长期以来只有处于萨达姆政权顶层才能拥有的最终决定权似的。不过这个过程为伊拉克领导人讨价还价并就商业交易目标形成他们自己的观点，提供了一个良好的机制。这是伊拉克建立能够在未来谈判中被反复应用、属于自己的一系列法律条款和条件“样板”的漫长过程的开端。然而，谈判给投资者带来了难以忍受的痛苦，而且看到这种情形，对于专责小组而言也不是什么乐事。就在所有投资方都准备放弃之际，伊方最终签署了协议。

这个酒店的投资项目，让我们开始了与海外私营投资公司（OPIC）——一个为世界高风险地区私营部门的发展提供低息融资的美国政府机构——的合作。海外私营投资公司为罗塔纳酒店项目提供了 50% 的融资。在海外私营投资公司和伊拉克政府之间建立关系，对伊拉克的经济发展至关重要。因为海外私营投资公司代表一个可信的金融机构，其在伊拉克的存在，将使民间金融机构建立起对于投资伊拉克项目的信心。

---

① 《均富会计师事务所关于巴格达商业发展及资产估值方法的报告》，业务与稳定专责小组，2008 年。

截至2007年年底，专责小组已发展为具有250多名专业人士的规模。产业振兴小组的领导者是鲍勃·洛夫和马克·贝尔德中校，预算和采购援助小组的领导者是斯科特·金，“伊拉克先导”计划承包支持团队的领导者是达伦·法伯，私人银行和金融基础设施发展团队的领导者是克里斯·哈格，投资者支持小组的领导者是戴维·斯坎特林。另外，专责小组还有一个专业的投资顾问团队，总部设在库尔德斯坦省会城市埃尔比勒。约翰·道迪和他的两个新的合作伙伴——麦肯锡公司的约翰·斯托纳和杰里·伦德奎斯特——继续提供战略建议，特别是向伊拉克工业部就行业私有化提出建议。

专责小组还对管理团队进行了业务培训，由约翰·斯托纳负责这项工作，教授有关营销、配送以及如何把握盈亏点的基本原则。他还负责伊拉克工业部内部的其他咨询工作。我们的目标是，随着时间的推移，伊拉克的各行各业将逐步走向私有化，而管理团队必须做好准备，以适应新的自由市场的竞争环境。我们的工作范围和强度将根据各种请求支持的情况不同而有所增加，因为这些请求可能来自驻伊拉克多国部队指挥部，也可能来自美国国务院或者财政部，我们都在和所有这些机构积极合作。

伊拉克重建管理办公室仍然是一个批评机构，但是随着我们工作范围的变广并不断取得成果，它也变得安静了。

伴随着各项工作的进展，一个全新的管理机构出现了，它就如何解决伊拉克战后稳定问题，提供了一种初始的借鉴或方法。有一个事实对我而言是很明显的，那就是鉴于我在华盛顿的不幸情况，我不可能很快把这项使命交给另一个替代者。同样清楚的是，没有其他任何美国政府机构会主动为我们的工作承担起责任。我们唯一要做的，就是在伊拉克政府内部建立起一种职能，以便在没有外来帮助的情况下做好我们所做的工作。这是一个明智的策略，不过，现在我把我们的使命看成是一种开展有效的“国家建设”的模型，其最终结果就是建立起一个在全球经济共同体内正常运转并能够蓬勃发展的主权经济。

应伊拉克规划部的要求，专责小组的斯科特·金经过努力，建立了“省级采购援助团队”（PPAT）——部署于每个省会城市的规模是两三人的多个活动小组——帮助各省省长执行省级预算。

为了避免冲突，负责小组和我们的国务院合作建立了采购援助中心

(PAC)。专责小组为采购援助中心提供了将近5%的预算，并提供了能够使工作在伊拉克顺利开展的生活保障措施和相对宽松的安全措施。由于提供了5%的预算，我们能够进一步帮助伊拉克政府推进整体“能力开发”战略。

当我们和我们自己的使馆合作时，我们通常并不公开宣布专责小组的项目投放“所有权”。由于使馆工作人员和军事领导人轮流任职趋势明显，他们往往并不知道，采购援助中心本质上是专责小组推出的一项举措。克罗克大使经常把采购援助中心统计数据和成就作为国务院的一项成就，加入他提供给华盛顿的日常回馈报告中。这彰显了我在2007年年初曾希望实现的与伊拉克重建管理办公室之间的合作意图：国防部在国务院支持下开展工作，而国务院可以凭借我们取得的成就给自己“加分”。

然而，随着采购援助中心开始兑现具体成果，部门之间也就埋下了冲突的种子。

美国国际开发署起初对于我们在伊拉克的工作普遍持友善的态度。在2000年担任美国国际开发署驻伊拉克总监的巴姆比·阿雷拉诺，是一个睿智而又干练的开发专家，有广泛的国别开发经验。我和他经常碰面，并且都对驻伊联盟临时管理局，尤其是伊拉克重建管理办公室，带来的一些负面影响颇为沮丧。不同于驻伊联盟临时管理局，它具有面积很大、由承包商管理并且环绕共和国宫的拖车式房屋停放场，而且其封闭式的安全措施能够避免外人很容易地和伊拉克领导人接触；美国国际开发署使用了驻伊联盟临时管理局建设拖车式房屋停放场的成本的一小部分，请“绿区”的一个小型社区的伊拉克工程队建造了小型房屋，而且距离使馆有较远的距离。不过这是一个更健康的工作环境，和我们在2006年到达时使馆工作人员的糟糕情绪相比，美国国际开发署成员对于在伊拉克工作的态度要积极得多。

然而现在，我们和美国国际开发署的良好关系迅速趋于冷淡。2007年，一个在伊拉克财政部工作的美国国际开发署财务顾问遭到恐怖分子绑架，从那以后，美国国际开发署越来越受到国务院限制性的安全措施的制约。它现在基本上被封闭了起来，并且不得在“绿区”范围之外，以及在巴格达曼苏尔社区附近有围墙的美国国际开发署大院之外活动。阿雷拉诺已经去履行新任职了，代替他的是另一位总监，鉴于在外部活动受到限制，后者似乎更关心他是否能够顺利结束在伊拉克为期一年的任期。

美国国际开发署更新了一份价值超过2亿美元的大合同，为伊拉克政府在金融管理和预算执行方面提供课堂式的能力发展培训。但是现在，在只需不到该合同预算费用10%并且在安全措施升级具有更大效率的情况下，采购援助中心却正在让美国国际开发署的援助工作更加无效和昂贵。于是，美国国际开发署也开始竭力反对采购援助中心所做的一切，这种敌意很快就针对专责小组的举措。

新组建的省级采购援助团队也让另一个在伊拉克遭受挫折的试验性组织——省级重建团队——感到恼火。省级重建团队原本是查尔梅·哈利勒扎德倡议成立的，最初在他的领导下在阿富汗开展工作，后来在他成为驻巴格达大使时，他又把这个团队转移到伊拉克。成立这个团队的目的，是要把管理、建筑和开发方面的平民专家团队部署到伊拉克的各个省，以协助伊拉克建立高效率的省级政府。①

省级重建团队面临的问题是，让“绿区”成为一个有围墙的要塞的同样严格的安全防卫措施，现在正在伊拉克各个省会城市被复制。各省会城市都建了多个小型使馆大院，有的配有军事设施，并且有限制性较强的安全程序，工作人员很少与当地人进行日常接触。当少数平民团队成员获准冒险外出时，都必须穿着沉重的防弹衣，并由美国部队士兵或私人保安承包商提供安全护卫服务。这带给当地居民的形象已经糟糕得不能再糟糕了。

2007年，与备受争议的批准“增兵”计划一致，国会也批准了为省级重建团队增加资金。国务院方面不是通过招聘过程为省级重建团队增加人手，而是向联邦政府其他机构发出备忘录，分别要求它们无偿地向省级重建团队提供人手（但每个联邦机构都不得不向派驻到省级重建团队的工作人员提供支出）。不过这一要求的大部分责任落到了国防部头上。② 我被要求参与五角大楼审查国务院此项请求的工作。国防部人员像对待特遣部队成员的选拔一样，严格审查预备役军人和平民志愿者的名单，寻找排名前200位愿在省级重建团队工作半年到一年的人。在战争的节点上，经过如此多轮的具有熟练技能的预备役军人轮换之后，现有应聘人员的素质并不是特别高。

---

① 《伊拉克省级重建团队的贡献》，美国特别报告和平研究所，2007年3月。

② 《省级重建团队：提高伊拉克国家能力，加速伊拉克向独立自主转型》，国务院情况说明书，2007年1月11日。

我尝试采用一个不同的方法。国会已经为省级重建团队拨款超过 3 亿美元。这看上去是一大笔经费，但分摊到伊拉克全国 18 个省当中，每个省却不到 2 000 万美元，并且大部分资金都只将用在严密设防的机构大院的内部人员的安全、食品和生活费方面，只留下少量资金可以真正为其所在省创造价值。

我认为，整个工作模式应重新考虑：取消"团队"这个词，只是简单地说，将为每个省提供 2 000 万美元，以支持当地的重建、管理和开发，这样我们将更容易与省级领导人建立良好关系，并避免在伊拉克各地产生小型"绿区"。这就要求在各省收到承诺的分配资金之前，与各省所认同的标准检查程序的定义达成一致意见。

我还认为，整个项目计划应该更名。美国显然无意重建伊拉克任何省，因而把一个个小小的平民团队命名为"省级重建团队"，只会让各省民众产生不好的期待。这样一来，不管各团队多么有效率，其最终失败的结果几乎是不可避免的。最好按照其本来的属性为它们命名，比如可以叫作"省级顾问"——如果非要组建类似的团队的话。

他们对于我的提议置若罔闻。工作人员被迅速部署和分配，规模不断扩大的省级重建团队被组建起来。伊拉克各省省长通常不喜欢这些新型的省级重建团队，他们已在全国各地的会议上多次公开地或隐晦地表明了这一点。这些省级重建团队被看作是一个与新成立的省级政府竞争的替代性权力机构，而不是被视为合作伙伴。通常，省级重建团队针对其所开展的项目——课堂训练演习、战略发展项目及小规模的试点经济项目——与各省领导者之间几乎没有什么合作。虽然在某些情况下，有才华的团队领导能够克服结构性限制并给当地带来积极的影响，但这只是例外，而不是惯例。应各省省长的要求，除省级重建团队外，还建立了专责小组的省级采购援助团队。当选省议会成员的人被允许参加面试，并参与在省政府正式指挥下的省级采购援助团队人员的选择。

专责小组提供绩效管理方案，并最终交由我审查。但这只是在总结层面——无论是我本人还是任何专责小组负责人，都不会看到具体过程，只是为了避免对省级决策产生任何暗示性的影响。省级采购援助团队职员负责为省级预算执行提供支持和透明度保证，正如采购援助中心的工作人员为巴格达各部委提供的类似辅助一样。在它们成立后的几个月之内，省级预算执行部门的业绩开始改善。

大使馆方面监督所有省级重建团队省级重建任务的负责人，对我们采取的方法非常生气，并认为她对所有省级重建活动的管理权被削弱了。她要求我们让省级采购援助团队成员向当地省级重建团队经理报告，并且为当地省级重建团队提供途径，使其可以获取所有省级预算分配和相关工程的详细资料。我没有理会这一要求，因为它会毁掉我们的整个举措。

这项事业就是这样进行的。我们意识到，我们的任务将无限期地延续下去，直到有一个组织可以接替我们的工作，并且顺利结束过渡期。很明显，没有哪个美国平民机构愿意接替并承担我们的工作。即使我们与美国政府某些部门的关系有所突破，但随着新的工作人员不断进出伊拉克，其他方面的关系也会瓦解。我们唯一可行的选择，就是让伊拉克人接手我们的工作。于是在伊拉克各部委和各省份，我们正在配置资源，以便实现这一目标。

第7章　外交事务

在2008年，随着发展势头越来越好，我们的工作所取得的积极成果也越来越清晰。国防部副部长戈登·英格兰给了专责小组一项新任务：开始和日本政府合作，帮助其执行最初在2003年承诺的、用于伊拉克重建计划的50亿美元软贷款。在部署部队两年多之后，日本在2006年7月撤回其驻守在伊拉克南部城市塞马沃的600人的部队。因为债务清偿问题未得到妥善解决，以及在日本政府内部对于安全问题的担忧，到目前为止，还没有任何软贷款资金在伊拉克进行投放。英格兰与副国务卿约翰·内格罗蓬特密切配合，一再鼓励日本政府开展有助于软贷款资金使用的项目，尤其是在伊拉克南部。

英格兰提出，将专责小组作为日本政府以最小风险重新参与伊拉克建设的媒介。这对于专责小组而言，将是一个崭新且独特的角色，而且鉴于到目前为止，专责小组在伊拉克南部有限而重要的战略参与，这可以使它在南部地区发挥更大的作用。为此，我招募了一个政务官——曾担任过海军后勤部部长助理的尼古拉斯·库尼什，他负责这项工作。尼克*在海运物流方面有深厚的背景，他曾是一名经验丰富的海军飞行员，也曾在日本大企业工作过多年。会说一口相当流利的日语的尼克，愿意接受这个和日本政府合作的任务。

在短短的几个月内，日本政府和伊拉克政府就如何使用总金额达12亿美元的首批贷款达成了协议。协议的大多数项目都是在伊拉克南部和整个巴士拉执行的，它最初专注于恢复乌姆盖斯尔**工业港口的整体吞吐能力。[①]

---

* 尼古拉斯的昵称。——译者注

** 伊拉克知名港口城市。——译者注

① 久根直人：《日本在伊拉克——再见，部队！你好，援助！》，《亚洲时报》，2006年7月26日。

在此之前，专责小组在巴士拉只有少量的项目参与。在2003年多国部队入侵之后，由英国部队负责在此开展安全行动的巴士拉市，几乎完全在什叶派民兵组织的控制之下，他们对当地居民实行苛刻的宗教限制。自2003年以来，在巴士拉不曾有过任何有像样结果的重建活动。①

这在战略上是不幸的。作为伊拉克未来经济的商业关键地区，巴士拉的重要性不容忽视。伊朗的媒体和贸易严重影响了巴士拉，因此，如果允许它被忽略并落入那些民兵之手，那只会增加伊拉克南部长期遭受压迫的什叶派的猜疑，即在保护他们的安全方面，联军是不可信任的。

第一次加入专责小组并履行职责的马修·舒伊福林，和尼克·库尼什共同负责专责小组在伊拉克南部的重建任务。以乌姆盖斯尔港和巴士拉国际机场为基地，专责小组开辟了一个在巴士拉城和周围社区之间充当跳板的安全活动区域。库尼什和马修密切配合，开始与日本主要承包商联络，选择软贷款资助项目，并提供相应的场地和其他相关的支持，使这些项目能在伊拉克南部正常运转。日本国际合作机构，以及日本工营公司、日晖化工建设株式会社和三菱重工在内的主要大公司，都通过专责小组的支持分别在伊拉克南部建立起了自己的业务。

这使我联想起了我在私企的职业生涯中所获知的某种东西，但鉴于在美国国内私营企业和政府之间众所周知的严格的分离状态，所以在很长时期内，我已经忘记了这一点。那就是，在大多数国家，行业经济利益能够起到间接推动政府利益的作用。要重建伊拉克与世界上其他国家的关系经济，让各国的各行业——而不只是美国的各行业——参与其中是至关重要的。在这方面，专责小组给予日本软贷款项目的支持，有助于建立日本和伊拉克两国之间的经济联系，这种支持的意义，远比仅仅通过软贷款提供的对外援助更深远。

我和马修、尼克在2008年访问了日本，与日本的一些企业和政府领导人举行了会议，并鼓励他们再次参与伊拉克重建。这对于我们履行在伊拉克的使命而言有多重战略意义。面对不断增加的预算压力，美国需要让其他国家参与伊拉克事务，同时也分担恢复这个国家的稳定所带来的某些负担。一些国际公司在伊拉克更广泛的参与，能够进一步向伊拉克人民传递这样的信息：

---

① 《英军离开，巴士拉局势恶化》，《华盛顿邮报》，2007年8月7日。

一旦暴力平息，他们就有机会在全球经济中拥有自己光明而美好的未来。归根到底，由于日本是美国的联军合作伙伴，因此我们的支持显然更有助于推动美国和日本的外交。

在一年之内，专责小组接待了一些日本商界代表团，并为在伊拉克南部启动的20亿美元软贷款资助项目提供了协助。在2009年年初，我们的这一努力通过支持一个由日本官员组成的代表团造访巴格达而达到顶点。为了欢迎他们，我们特意安排了伊拉克官员欢迎日本官员的一个正式接待会。我们还用我们的个人支出，为日本客人提供了从科威特空运过来的新鲜寿司。在活动安排好后我们就基本上退居幕后，以确保这个仪式显然是为日方而不是为美方举行的。① 活动期间，尼克·库尼什是唯一受邀的非日本籍人士，他负责参与和组织在安曼、东京和巴士拉的3个独立的日本－伊拉克商务论坛，以促进日本在伊拉克的业务的发展。

在2008年，作为专责小组参与伊拉克建设的一个直接成果，就是产生了一个相似的美伊外交契机。在经过长时间的讨论并通过技术人员和管理人员多次造访伊斯坎迪利亚以后，戴姆勒－奔驰公司现在正就其伊拉克战略做出一项决定。在这年的夏天，约阿希姆·施密特——戴姆勒公司的一个资深高管和公司驻该地区的国际业务负责人，作为专责小组的客人访问了巴格达，并就在那里建立卡车组装业务签署了谅解备忘录。② 这是我们事先并未预料到的。

一些伊拉克官员应邀参观总部位于斯图加特的戴姆勒公司的生产线和设施，并进一步就广泛的合作关系展开讨论，尤其是在工业车辆业务方面。这一活动很快通过德国驻伊拉克大使就如何推动各国政府之间的经济合作讨论而变得更具实质性意义。专责小组为这次造访斯图加特的活动提供了直接支持，并支持德国驻伊拉克大使拓宽自己使命的努力。这年秋天，伊拉克政府和德国政府签署了经济发展协议，承诺通过共同努力，恢复伊拉克的工业生产能力。③ 该协议生效后，德国将给伊拉克提供超过10亿美元的直接投资。

---

① 《伊拉克－日本第二次经济论坛峰会（伊拉克巴格达）》，日本经济新闻社，2009年12月20日。

② 《戴姆勒－奔驰宣布在伊拉克建厂》，德国大使馆新闻稿，2008年。

③ 《德国与伊拉克签署投资协定》，路透社，2008年7月23日。

日本和德国的案例，展示了专责小组在伊拉克经济稳定中的独特的推动作用。在这两个案例中，其他美国政府机构都没有办法直接支持其他国家的商业利益。例如，美国商务部永远都不可能安排和组织日本或者德国代表团在伊拉克进行商务活动，因为这会与其扩大美国工业在国外参与这一核心任务有直接冲突。而专责小组的任务是迅速恢复战争国的经济稳定，在作为反恐的一个机构而建立起安全机制之后，为处于战争中的国家的经济恢复和成长创造条件，使用各种手段来获得美国或国际的私人机构投资不仅完全合理，而且也是动用最少的纳税人支出来支持这一美国利益的最佳方式。

对于专责小组而言，支持日本软贷款项目这一工作的主要目的，就是在巴士拉省建立专责小组的业务。自从在乌姆盖斯尔港口开展业务以来，专责小组在 9 家工厂——它们自 2003 年以来就一直闲置或被废弃——推出了恢复生产的举措。尽管在伊拉克其他地区许多重工业企业被迫关停令人扼腕，但这种情况在巴士拉更让人难以理解。巴士拉省土地面积大约是美国特拉华州的 2 倍，在其土层下面含有多达 1 000 亿桶石油。作为巴士拉省首府和历史悠久的港口城市的巴士拉市，位于靠近波斯湾的阿拉伯河航道附近，曾是丰富多彩的世界文化家园，与周边国家有数百年的贸易历史。鉴于全球对于能源的需求，巴士拉本该成为该省的主要城市和工业活动中心，但自推翻萨达姆政权 10 年以来，这里的工业却长期处于关停和废弃状态，一个相当大的发展机会就这样被错过了。

专责小组开始恢复多家工厂的生产，从大型工业设备制造厂，到全国唯一生产具有多种应用功能的高密度聚合物（塑料）的石油化工厂，再到规模庞大但却停产的巴士拉国家钢铁公司——一家停产超过 10 年的苏联式大型钢厂。如同在伊拉克其他工厂开展的业务一样，我们的工作目标是，获得生产重新启动所必需的设备、原材料及维修服务，然后致力于把供应商和客户联系起来，以便维持长期生产。这个过程刚刚开始，我们就能够恰如其分地做出判断：这些工厂将成为外国投资者的首选投资对象。随着石油工业将以巴士拉为中心，对于这个省的工业生产产品，未来将有无限多的需求。

这些项目的落脚点大部分在城市郊区，或者是在市中心和乌姆盖斯尔港口之间。这个城市完全缺乏安全保障，因此我们也几乎不可能准确评估从

2007 年到 2008 年初在那里的机会。

安全崩溃的原因是很复杂的。继萨达姆政权倒台后，联军把巴士拉省的重建和安全事务指派给了英国。到 2007 年年末，最初 4 万多人的英国部队，减少到了不足 4 万人，而且所有力量仅限于在巴士拉市和巴士拉国际机场的基地。①

在 2004 年年初，英国指挥官相信，他们可以应用在北爱尔兰得到的教训，笼络当地社区领袖，实现有效沟通并建立稳定局势。但在 2006 年，英国军方做出了一项战略决策，允许武装民兵在这个城市的存在，这很快就把整个城市划分成多个民兵驻扎的区域。于是，腐败迅速滋生，随机的检查站遍布城乡，向居民勒索钱财。甚至还有更糟糕的情况，用不同的方式虐待某些民众或者教派成员。英国基地在夜间经常被火箭筒和迫击炮袭击，但军方却很少进行必要的还击，以阻止更多恐怖袭击的发生，虽然在国内承受着越来越大的撤兵压力的英国政客们允许他们这样做。在 2007 年夏天，所有英国部队从整个巴士拉市撤到机场附近的一个单一的基地，将巴士拉完全交由民兵控制。②

由于整个城市陷于安全稳定崩溃的局面，因此激进的什叶派民兵很快把对伊斯兰法的严苛解释强加到当地居民头上，仅仅因为违反着装规定，他们就在几周内处死了超过 40 名女性。这个在历史上具有非常重要地位的港口城市变得如此不堪，对于联军而言是一种可耻的失败。

对于专责小组来说，这种安全局势的崩溃让我们在巴士拉省的工作极难开展。驱车穿行于巴士拉市，你很难想象西方部队曾在这里长期驻扎过。整个城市道路充斥着垃圾，那些历史悠久的运河成了开放的、散发着恶臭的下水道，孩子们和成人们从一栋建筑物迅速地跑向另一栋建筑物，街道上总是冷冷清清的，建筑物墙壁上还留有 20 年前两伊战争期间留下的炮弹痕迹，在每一个街区都能够看到成堆的瓦砾。总之，看不出任何重建的迹象。

为此，我想到了这里的居民，想到了他们必然会如何看待美国。第一次海湾战争后，美国曾鼓励在伊拉克南部推翻萨达姆的一次起义。当后者报复

①② 弗兰克·路德维奇：《英国军队在伊拉克和阿富汗的军事失败》（纽黑文：耶鲁大学出版社，2011 年）。

性地用直升机攻击并将坦克开进巴士拉市以后，什叶派惨遭屠杀，而美国只是袖手旁观。现在，在萨达姆被推翻整整 5 年后，巴士拉市的人们仍然生活在彻头彻尾的肮脏和混乱中。伊朗的宣传总是重复着这样的概念：美国人待在伊拉克，是要征服伊拉克人民。我不禁想到，鉴于到目前为止所发生的情况，如果我是一个巴士拉市人，我也很可能会相信这一点。

当我们驱车穿过城市时，在街道角落或者在检查站，年轻人的目光清楚地表明，我们是不受欢迎的人。

想要见到英国指挥官也是很难的事情，他们也必然会因为自己没有能力确保这个省的安全而感到无比沮丧。当我在巴士拉的时候，我经常同他们见面，而且我也注意到，英国部队的士气一次比一次低落。我亲身感受到，对于一支部队而言，最糟糕的事情莫过于自己无所作为，而周围的环境安全问题却异常糟糕。由于我们习惯了在伊拉克美军基地的一流的基础设施——从餐厅到举重房再到大型娱乐设施，因而在参观了巴士拉的英军基地之后，给我们带来的是完全不同的体验。尽管指挥官尽最大努力保持部队的积极性，但士气仍然不振，而且基地的基础设施水平和获得的支持程度，显然远远低于美国。

不过，在后来我们与英军合作的情况下，他们的能力还是给我们留下了深刻的印象。他们能够用较少的资源做更多的事情。我由衷地同情在巴士拉的英国士兵和指挥官，很明显，假如他们拥有足够的兵力和资源，他们决不会让巴士拉局势变得像现在这样糟糕。

2008 年 3 月，巴士拉省的一切都发生了改变。伊拉克陆军在一次突然的军事行动中开进了巴士拉。这次行动后来被称为“骑士突击”。安巴尔省的两个旅首先进入巴士拉，其目标很明确，就是要恢复秩序，将什叶派民兵，尤其是迈赫迪民兵，从城里驱逐出去。① 这次行动也是伊拉克军队领导的第一次重要军事行动，它相继得到了联军空军力量和特种作战部队的支持。这次行动自发起后不到一周的时间里，萨德尔党派的领导层便就停火达成了一项协议。在接下来的几周时间里，随着藏匿的武器被查获和社会秩序的恢复，伊

① 迈克尔·戈登和伯纳德·泰勒：《残局》（克诺夫道布尔迪出版集团，2012 年 9 月）。

拉克武器以及向民兵提供军事支持的证据，也在整个城市被发现。

继上次巴格达发生持续交火事件以来，已经过去了半年多时间，但由于在巴士拉开展的军事行动，使得警报声不断响起，从巴格达东部萨德尔城地区发射过来的火箭筒，用以报复伊拉克政府打击南部萨德尔民兵的行动。空中侦察系统通常能就火箭筒发射来源地提供快速的信息，但由于伊拉克正在经历干旱天气，而且在一年四季中，通常刮西风，巨大的沙尘暴席卷整个巴士拉市，让监控系统失灵。随着天空因沙尘暴而变得暗淡，一种恐惧感在整个巴格达上空弥漫，而且由于警报声不断响起，因此会带来什么样的后果，显然是可以预知的。①

随着这一轮袭击的开始，我们又想起了 2006 年和 2007 年时的情形。当时我们正在造访巴格达，而火箭筒袭击是当地居民日常生活的一部分。当我们在火箭筒再次袭击期间进入共和国宫的美国使馆大院，准备和克罗克大使会面时，我们看到的是令人不安的景象。自上次火箭筒袭击结束半年多以来，许多使馆工作人员都已返回美国，新的接替人员也已经到岗，他们中的大多数人从未经历过这样的场面：在夜晚怀着恐惧的心情，听着警报声发出尖锐刺耳的声音，满怀惶恐地等待着火箭筒袭击可能带来的任何冲击。他们会根据指令逃离自己缺少保护的拖车式房屋，而在整座宫殿式的建筑物里，已经为他们备好了简易的行军床；大厅里的一排排人都倚靠着墙壁坐在那里，看上去显然心情狂乱、惊恐不安。

在近一年的时间里，日常的火箭筒袭击是如此频繁，以至于在使馆的工作人员和军事人员都有一种宿命情绪，他们所能做的就是索性去忽略它，继续做好自己的工作。然而，现在，一种真真切切的恐惧感正笼罩着这个地方。

在此期间，专责小组一个关键性的领导人——空军中校马克·贝尔德——正站在“绿区”一所房子外面，和我们最可靠的承包商之一，也即国际基础工程公司德尔首席执行官格雷格·霍尔姆斯以及他的妻子卓莱达交谈（当汤姆·斯奈德中校接手其他任务以后，他开始负责我们的财务和承包管理工作）。他走到外面，用他的蓝莓手机接听别人打来的电话，但电话信号不佳。由于伊拉克移动电话网络严重拥堵，因此这种情况屡见不鲜。在他的电

---

① 迈克尔·戈登和伯纳德·泰勒：《残局》（克诺夫道布尔迪出版集团，2012 年 9 月）。

话信号中断 10 秒钟以后，他走回那所房子里。就在这时，一枚 107 毫米火箭筒落在距离他刚才打电话不到 1 英尺的位置，房屋玻璃全被炸碎并四处飞溅，所有人都被掩埋在玻璃下面。如果他还继续在那里打电话的话，那他早就没命了。专责小组工作人员曾多次与死神擦肩而过，而这是我们距离死神最近的一次。

在 2008 年 2 月，劳埃德·奥斯汀中将从雷蒙德·奥迪尔诺中将手里接手了指挥驻伊拉克多国部队的任务。奥斯汀同样是一个对于经济学和管理学具有丰富知识和深刻理解力的作战指挥官。我每月都会和他见面，就工作进展情况进行沟通，正如早在 2006 年，我和切尔莱利中将协同工作时，也会和其他驻伊拉克多国部队指挥官定期沟通一样。随着巴士拉在"骑士突击"行动结束后变得平静下来，专责小组也面临着一些机会，为此，奥斯汀询问专责小组能够为巴士拉提供什么样的帮助。并且由于美军只是为伊拉克军方提供有限的支持，而且也没有任何美国文职人员，因此，他需要我们尽一切可能提供协助。于是，我们马上把当前在巴士拉的业务范围扩大到银行自动化和投资者支持方面——在马修·舒伊福林一年多前就已打好的基础之上。

2008 年春天，我曾负责接待过汤姆·普利兹克对五角大楼的一次造访。普利兹克最有名的身份是凯悦酒店董事长，但其实他也是工业巨头美联集团 * 的董事长。除了负责监督这些跨国公司的运转之外，汤姆还创建了特莱顿国际租箱公司——世界最大的集装箱租赁公司、第一个国家卫生保健 PPO ** 机构，以及其他一些正在蓬勃发展的企业。摩根·斯坦利副董事长比尔·斯特朗和普利兹克一道来到五角大楼，我极力劝说他们去访问伊拉克并评估那里的商业机会，他们最终接受了我的这一提议。

后来，在走访巴格达和巴士拉的过程中，普利兹克被我们的挑战所吸引，不但很快给我们提出建议而且还提供了帮助。凯悦酒店方面也提交了一份提

---

* 一家主要从事产业投资、国际贸易、矿业开发和石油化工等的美国知名企业，总部在加利福尼亚。——译者注

** 美国的一种管理型保健模式，其主要特点是对医疗服务范围没有限制，病人如果到推荐的医院或医生那里就诊，可降低医疗费用的自付比例。——译者注

案，准备接手巴格达历史悠久的阿尔·拉希德酒店的装修和经营事务。后来我们也查看了在巴士拉阿拉伯河河岸边的喜来登酒店，它的位置非常理想，但是这栋大型建筑物在2005年到2008年的巴士拉混乱期间，被抢劫者洗掠一空，只剩下光秃秃的水泥建筑物。

普利兹克家族的人于2009年在芝加哥接待了伊拉克旅游部部长，作为普利兹克家族基金会贡献的一部分，他们提出将继续支持伊拉克文物和考古遗址修复事业。积极参与各种外交政策委员会和组织（比如战略与国际研究中心以及对外关系委员会）活动的普利兹克，对于我们的使命和推动经济发展的方法（它们涉及私营企业，并致力于在战乱国家建立一个可持续发展的经济基础，而不是单纯地提供慈善救济）很感兴趣。

普利兹克再次访问伊拉克，紧接着是阿富汗。为了更好地评估这两个国家的商业和经济机会，他冒着很大的风险进入暴力冲突地区。他在华盛顿给予我们的支持，使我们在纽约和华盛顿的商业精英或商业领袖圈和外交政策机构当中建立起了信誉。他的首个派往伊拉克的代表团成员，包括斯特朗以及化肥巨头CFS工业集团首席执行官史蒂夫·威尔逊，回国以后在《芝加哥论坛报》写了一篇专栏文章，分享他们在伊拉克的所见所闻（伊拉克的发展状况超出他们的预想），在总体上给予了正面评价并鼓励投资者参与。①

我们在巴士拉最关注同时也为之付出显著努力的项目，包括一家废弃的大型轧钢厂。我把这个项目看成是对我个人的挑战。在2008年，伊拉克以每年600万吨的量进口钢材。全球钢铁市场由于中国的钢材需求增加，其价格接近历史最高点。随着伊拉克重建石油和天然气等基础设施，钢厂将在巴士拉满负荷运行。对于外国投资者而言，这是一个不容错过的机会。

我接触了世界最大的钢铁公司——美国安赛乐米塔尔公司，它前不久收购了美国国际钢铁集团，使其在美国国内拥有了顶级生产商的地位。应专责小组的邀请，在2008年，安赛乐米塔尔公司首席财务官阿迪亚·米塔尔带着他的工程师和经理人团队访问了伊拉克，然后向法齐·哈里里提交了一份颇具远见的、在伊拉克南部重启钢铁工业的提议。这个最后导致产生了一个公

---

① 汤姆·普利兹克、威廉·斯特朗和史蒂夫·威尔逊：《在伊拉克的投资机会》，《芝加哥论坛报》，2008年9月9日。

开谅解备忘录的提议，要求以超过30亿美元的投资额创建一个钢铁厂，旨在确保伊拉克每年能够生产出超过150万吨供石油行业和其他行业应用的钢铁。

在提交这一建议的几周之内，纽约投资银行雷曼兄弟*突然倒闭，于是2008年全球金融危机开始了，世界经济陷入严重的衰退和信贷危机状态。钢材价格从2008年秋天的峰值水平下跌了近80%的幅度。就像同行业的其他对手一样，安赛乐米塔尔公司并没有扩张，而是进行了重组，并撤回其最初那个提议而不予考虑。结果，巴士拉的钢铁企业由充满希望转为绝望。

然而，2008年春天，专责小组迎来了一次突破。在几个月的时间里，由于在迪拜主办了由伊拉克工业部参与的投资大会，专责小组也派出一个由顾问和会计师组成的团队，和法齐·哈里里一道共同审查各项提议。在约旦安曼经历过一场马拉松式的谈判之后，于当年3月，最终签署了一份伊拉克国营工厂首次引入私人资本投资的协议，斯科特·金领导的均富会计师事务所的会计师们为这次合作提供了支持。在卡尔巴拉**，库巴伊萨水泥厂和加伊姆水泥厂也将因为欧洲主要国际企业与伊拉克投资者的共同投资而得到振兴，每家工厂获得的投资额度超过1亿美元。这对我们的项目而言是一个振奋人心的肯定，而且它证明将国有企业私有化的过渡性做法是合理的。伊拉克工业部将从获得投资的工厂那里获得年收入，并将其用于启动属于工业部的其他长期关停的、接下来也有可能被私有化的工厂业务。

我们对这个消息感到高兴。不过由于库巴伊萨和加伊姆两大水泥厂都在安巴尔省，而这里是2006年和2007年暴力冲突最严重的中心地带，并且因为长期电力短缺，因此专责小组在恢复大型闲置工厂生产方面所取得的成果远远低于预期水平。作为与国际投资机构达成谈判协议的一部分，水泥厂将建立专用的发电站。这是我们最终在安巴尔省促成的成果，也是我们后来取得的诸多成就当中的第一项成就。

随着在提供给华盛顿的指令简报当中我们的工作所产生的广泛影响越来越大，我也越来越忙于向在白宫负责伊拉克使命的国家安全委员会的领导人

---

* 美国第四大投资银行，现已破产。——译者注

** 伊拉克中部城市，是伊斯兰教什叶派的圣地。——译者注

提供即时信息汇报。梅根·奥沙利文曾是驻伊联盟临时管理局时期布莱莫在巴格达的团队的早期成员，但不同于驻伊联盟临时管理局许多前任成员，她从一开始就是我们工作的坚定的支持者。作为牛津大学博士的奥沙利文，因为敢于和所谓的激进派成员——特别是伊朗支持的巴德尔组织当中公认的激进的什叶派分子——接触而享有盛誉，并继续频繁地访问伊拉克。2008 年 5 月，奥沙利文离开了她曾担任伊拉克和阿富汗总统顾问的国家安全委员会，继而到哈佛大学肯尼迪政府学院任教。在布什政府执政期间的最后一年，她的继任者是陆军中将道格拉斯·鲁特，他也是我们工作的一个坚定的支持者。

当我先后向他们汇报我们的工作进展时，奥沙利文和她的继任者鲁特都会提供大量的、积极的反馈信息，然后他们不约而同地都提了一个建议，那就是让我直接向布什总统汇报。起初，我将这些建议看成是礼貌的、随口说出来的建议。作为一种鼓励，高级政务官推荐你和更高级别的官员直接接触，是很常见的，但通常都不会有什么结果。我多年来已经了解到，这是一种标准的华盛顿模式：它善意且无害，但也不值得认真对待。我都很少能见到国防部部长罗伯特·盖茨，当然更谈不上能见到总统。但我对此感到高兴。我对于向副部长英格兰汇报工作，以及有机会经常与参谋长联席会议主席迈克尔·穆伦上将、戴维·彼得雷乌斯将军和其他组织的负责人互动，已经感到心满意足。到目前为止，就我在五角大楼的实际工作情况，以及与高层次领导人的接触频次而言，我已经远远超过了我的预期。我一直感激奥沙利文和鲁特提供的一切积极的反馈和建议，并继续努力做好我的本职工作。

在巴格达，间歇性的火箭筒和迫击炮袭击持续了数周，它们虽然逐渐减弱，但并未完全停止。① 5 月下旬的某一天，当时，贝尔德、鲍勃·洛夫、贝丝·劳以及现在在伊拉克的长期业务助理索尼娅·斯蒂芬斯，还有我本人，正在“绿区”大使馆方圆两英里的工作区的大院外面碰面，突然，那再熟悉不过的火箭筒的声音从我们头顶呼啸而过，爆炸地点与我们的总部非常接近。我们很快冲进屋内，几秒钟后再次传来了火箭筒的爆炸声。

---

① 《伊拉克的死亡阴影》，《马尼拉经济日报》，2008 年 6 月 9 日。

几分钟后，我们得到的消息是，火箭筒落在了与我们的总部大楼对面街道相距几百码的餐厅附近，我们的几名辅助工作人员被弹片击伤，其中一人伤势严重，并被立即送往美国战斗支援医院。几分钟后，我们被告知，他已经停止了呼吸。

当时迪奥纳西斯·萨奎德勇敢地跳起来去掩护他的女同事，爆炸产生的碎片给他带来了致命的伤害。工人们是我们扩展团队的一部分，他们几乎每天都在和我们互动。作为两个孩子的父亲的萨奎德，他违抗了2004年菲律宾政府向在伊拉克工作的菲律宾人强加的一项禁令，转而为一家美国政府承包商工作。

2008年夏天，专责小组的成员规模已经超过了400人，他们被分配在伊拉克的每一个省份，并且在除石油和天然气行业之外的每一个行业工作。这些成员在有高墙的大院之外广泛开展活动，与伊拉克企业家、农民、商人和政府工作人员自由地交流和沟通。但在开展业务两年之后的今天，我们在伊拉克遭受的第一次暴力伤亡事件就发生在所谓的安全“绿区”，萨奎德在那里成了一枚很可能是向共和国宫发射但却偏离目标超过两英里的火箭筒的受害者。

当专责小组成员开始在伊拉克全国各地的工厂工作时，他们对农业变得越来越感兴趣。像化肥厂、纺织厂和食品加工厂等，它们要么是伊拉克农业部门的供应厂家，要么是农业部门下属的其他厂家产品的消费者。随着战争期间这些工厂被迫关停，它们对伊拉克农场的影响非常大。早在一年多前，驻伊拉克多国部队的指挥官就曾问过我专责小组能否进行农业援助活动，但我们当时忙于其他项目，根本不可能承担更多的工作。而且我也认为，我们并不是适合做这件事的最佳团队。

但2007年某一天我和J. C. 彭尼零售公司一位高管的一通电话，完全改变了我对于这件事的想法。这年年初，在与彼得雷乌斯将军的一次讨论中，作为西点军校毕业生和该公司高管的詹姆斯·肯尼曾表示愿为我们的使命提供帮助，为此，彼得雷乌斯将军让我去和肯尼联系。我们在电话里谈了很长时间，他肯定了我们的分析和判断，即从长远来看，鉴于在东亚堆积如山的廉价服装和近于无限的制造能力，伊拉克服装企业将无法变得兴旺发达。

然而，他也告诉我，有机棉在高端环保型服装制造商那里有极高的需求，而且每吨价格是普通棉的6倍。如果我们能提供有机原棉，或者比这更好的是，我们能提供用有机棉制作并符合公认标准的机织织物或衣服，那么，市场需求空间将会很大。如果我们想让伊拉克的纺织业重新焕发生机，那么我们就需要找到能够填补的某种缺口，而有机棉可能就是这样一个缺口。

要想获得有机认证，一块施过化学农药和化肥的田地就必须休耕三年；而一旦一块田地在休耕期结束后选种作物，只有通过国际标准明确定义的天然产品才可以在上面进行种植和控制虫害。①

我觉得这听起来很不错。因为伊拉克各地的农场几乎都停止生产了，再加上整个国家几乎所有的轧棉机厂和纺织厂都已关停，自2003年以来，伊拉克的棉花农场也有很大一部分已经休耕了。如果我们能让无事可做的棉农接受有机栽培培训，并且让农场获得认证，我们就可以重新振兴伊拉克的棉纺织业，并让成千上万的农民和农场员工回来工作。

当我回到华盛顿以后，我拜访了几位有机农业和棉花种植专家。但之后我却接到了参议院军事委员会一位朋友的电话，他说，除非我们想让我们的任务资金被用作他途，不然，我们最好放弃我们打算在伊拉克推动棉花种植的努力。我们的努力显然吸引了棉花游说议员的注意，因为我向各家农业机构和美国农业部广泛调查过关于棉花种植的事宜。

但我们的行为却和《邦帕斯修正案》的法律条文发生了冲突。这是20世纪80年代通过的一项法律，目的是阻止美国的对外援助资金被用于协助有可能与美国农产品在国际市场上展开竞争的任何国家的任何农产品的发展。②

对于那些涉及在全球市场上或交易所销售的农产品，如谷物、玉米、油菜籽，以及亚麻和棉花等，美国的这一法案是禁止将本国的资金划拨给美国国际开发署和国务院援助国外的农业生产和发展的。

这一法案的逻辑是清楚的，美国的农民面临着越来越激烈的国际竞争环境，所以该项法案不希望自己国家的纳税人的钱花费在创立新的、更多的竞争对手方面，这也是可以理解的。但在战乱国家，凶残的恐怖分子正在杀害我们部队的士兵，而美国已经为这场战争耗资数千亿美元，阻止恢复战乱国

① 《关于有机棉的事实》，有机物贸易协会，2010年6月。

② 《公共法》第99－349号修正案，1986年。

农村的正常生活，无疑是极为短视的做法。

显而易见的问题是，每一个处于战争中的国家，其多数士兵都来自农村地区。其实，不仅美国军队如此，世界上其他国家也都如此。如果你不想让伊拉克激进派领袖很容易招募到愿意服役的新兵，那么一种方法就是让伊拉克农村地区变得繁荣起来。

根据美国的法律，美国国际开发署和农业部不能帮助伊拉克振兴棉花产业，即使是对全球供不应求的有机棉产品，也是如此。国防预算没有直接可用于为伊拉克棉农提供支持的资金。而我负责的产业振兴资金，也都用于重新启动工厂，而且不管怎样，我永远不可能得到五角大楼财政律师的批准，将这些资金直接用于支持伊拉克的农业。

这是一种耻辱。棉花种植在伊拉克依然低迷，最近这些年的产量，还不到历史高峰产量的1/3。那些伊拉克著名的棉产区，比如基尔库克*和迪亚拉省，现在是这个国家最贫穷落后的区域。

然而，我们还是积极地致力于为我们的军队指挥官提供农业支持。之后我得到了一个为我开绿灯的机会，可以聘请专家在和军事任务有关联的地区工作，比如那些获准使用国防部用于伊拉克战争常规资金的地区。为了确保我们聘请的任何农业专家不会被认为是在从事“对外援助”活动，我们使用了有别于我们所从事的其他业务类型的管理模式。我致力于招聘农业专家，并将美国赠地大学作为我们的专业知识顾问机构，然后将这些特殊的员工直接安排在地方军队当中。

为了让这种方法奏效，我和美国农业部合作聘请农业专家，通过其海外的农业服务为伊拉克和阿富汗提供额外的农业支持，但这让美国农业部一直承受着很大的压力。后来建立的对外农业服务局（FAS），旨在为美国农产品开拓新的市场，但它只是一个仅有一笔微薄预算、由农业经济学家组成的小型精英组织，它没有任何现成的、可以随时输送到伊拉克战区以帮助农民的国外农业发展专家“替补队员”。对外农业服务局充其量只能把几名专家安排到我们的大使馆或者省级重建团队完成为期一年的任务，但那里的安全约束条件会限制他们的能力，使他们最多也只能有限地参与农业发展活动。不过

* 伊拉克东北部城市。——译者注

美国农业部愿意和专责小组合作，以便找到这一问题的解决方案。

2008年夏天，来自包括弗吉尼亚理工大学、宾夕法尼亚州立大学、密西西比州立大学、俄克拉荷马州立大学、马里兰大学以及得克萨斯州农工大学的世界一流的国际农业专家，开始在伊拉克各国各地工作。这40多名具有不同专业技能的大学教职员工以专责小组兼美国农业部农业团队成员的身份而工作。作为美国农业部专员被分配到巴格达大使馆的罗德·麦克谢莉，是一名支持这一罕见的政府间合作模式的得力干将。

在2008～2009年期间，这支与我们的军队合作并提供支持的农业专家团队，在伊拉克最危险的地区积极开展活动。他们与伊拉克省级官员和农民合作，为安巴尔、巴比尔、巴士拉、纳杰夫、摩苏尔、萨拉赫丁、迪亚拉、巴格达、济加尔和瓦西特等省区起草了农业全面发展计划。他们还与拉马迪、纳杰夫、巴士拉和巴格达等城市的农业院校合作，提供教科书，将课程设置现代化，开办主题范围从水资源管理、土壤学到如何提高农产品产量的专题讲座。①

最令人振奋的是这支团队在伊拉克全国各地完成的战略项目。一批渔业养殖场、农贸市场、农产品加工厂和农场改造工程，都在全国各地投入运营。部队指挥官能够迅速地将用于地方项目的资金，用于专责小组农业团队所确定的机会型项目中。两年多来，投入这些项目的总成本还不到800万美元，但投资回报率却是不可估量的。

在这年的夏天，美国国会另外拨款5 000万美元用于资助专责小组在伊拉克的资本投入。② 与以前相比，这些资金的限制性要小得多。根据宽泛的指令，它们可用于恢复和振兴伊拉克工厂、农场和其他行业。有了这些资金，我们得以推出我们在伊拉克农业领域最有影响力的一个项目，而这一项目终将影响伊拉克的整个贸易政策。

到2008年的年中，伊斯坎迪利亚的工厂共有3 000多名员工，他们组装和制造各种工业产品、汽车、拖车式房屋、纽荷兰公司拖拉机、钢组件以及油田设备。而我们了解到，伊拉克农民需要获得为水果和蔬菜创造冬季生长

---

① 博洛格研究所就伊拉克地区业务和稳定情况向专责小组提供的报告。

② 《2008年财政年国防授权法案》，《公共法》110－181，2008年1月28日。

条件的绿色大棚，并通过为农作物遮蔽烈日而将冬季生长期延长到初夏时节。

为此，专责小组投入一笔不大的资金购置了金属折弯设备和原料，并在伊斯坎迪利亚建立了一个具有一定规模的温室制造业务机构。艾哈迈德·阿拉基是一名为专责小组工作的伊拉克裔美国人，也是爱达荷州大学农业教授，他通过与伊拉克各省省长的接触和沟通，制定了一个蔬菜种植业务发展计划。专责小组还向每个省捐赠了数百个具有一定规模的大棚。各省以 3 年期付款计划为条件，将大棚以一半的成本价格销售给农户。这一分期付款计划，以确保农民有足够的积极性开展农产品种植业务。专责小组从 3 年还款融资中获得的未来收入，将用于更多的大棚支持。

这一项目在卡尔巴拉市产生了显著的影响。作为什叶派伊斯兰教最神圣的城市，卡尔巴拉是供奉第一个什叶派伊玛目和先知穆罕默德的外孙侯赛因·伊本·阿里的神庙的所在地，公元 610 年，他在对抗伊斯兰王朝统治的一次敌众我寡的战斗中被杀死。① 每年都有数以百万计的什叶派穆斯林到卡尔巴拉朝圣，经常徒步数百英里去拜谒侯赛因神庙。鉴于这个城市的重要性、目前它和伊朗的敌对关系，以及该市作为什叶派守护者的地位，美国愿意慷慨地为卡尔巴拉市提供各种支持和发展机会，并且这样做也可以在整个伊斯兰世界产生反响，还可以传达出一个明确的用以对抗伊朗领导人的舆论宣传信息——美国是所谓的“大撒旦”，正在与整个伊斯兰教交战。

卡尔巴拉市坐落在幼发拉底河和沙特阿拉伯北部广袤的沙漠之间。为了建立一道屏障以阻止大漠风沙的侵蚀，卡尔巴拉省领导下令，由当地人种植了一条长约 15 公里的环绕卡尔巴拉市西南部的椰枣和橄榄树防护林带。有了专责小组捐赠的大棚之后，该市又在靠近防护林带的地方建立了一个蔬菜种植中心。今天，数百个大棚布满了这个沙漠地带，一个全新的蔬菜种植行业已在卡尔巴拉诞生，它通过将可直接作为食物的新鲜农产品销售给进入这个城市的数以百万计的朝圣者，为数千个农民和分销商创造了就业和盈利机会。

在这个项目推出两年后，我造访了卡尔巴拉市并看到了成果。绿色大棚分布在这个城市西南部的沙漠地带。对于美国为这个城市的一些最穷困的居民无偿提供经济保障来源，整个地区的居民的感激之情是发自内心的。而且

---

① 哈尔姆，什叶派。

最重要的是，随着蔬菜和水果的产量在卡尔巴拉市和整个伊拉克条件相似的地区不断增加，比照从伊朗进口的廉价商品，农民对公平价格的要求也跟着提升。①

2010 年，伊拉克与伊朗两国政府最终确立了镜像关税制度，使得在经过 7 年的不公平贸易之后，让伊拉克农民与其北部和东部的竞争对手处于一个更公平的竞争环境中。在伊拉克的一些最重要、政治影响力最大的地区出现的蔬菜种植基地，在很大程度上得益于绿色大棚的推动作用，但同时也为纠正美国占领伊拉克之初存在的错误带来了一定的政治阻力。

2008 年春天的华盛顿，“选举季”的选举正进行得如火如荼，而在专责小组内部，一场业务对话却正在转向另一个新的话题：如何将我们的工作逐步过渡给伊拉克人，或者如果必要，过渡给驻伊拉克多国部队、美国国际开发署和大使馆。我们的猜测是，作为五角大楼高级政务官，我的任期显然会在 2009 年的 1 月 21 日结束，国防部部长办公室的其他所有高级领导人也是如此。这项交接任务是前所未有的，原因是，所有政务官在国防部尚且不可能做战术工作，更不用说在活跃的战区了。如果没有我们自己制定的一个具有前瞻性的过渡计划，这项使命就会有突然中断的风险，将导致我们在伊拉克有太多工作不能做完，有太多承诺无法兑现。

这是一个无法回避的干扰，并且会对我们当前的工作进程产生不小的影响。一个最明显的情况是，随着我们的努力给伊拉克带来的更大的经济效益，伊拉克的安全环境不断改善，但我们都不愿意进一步扩大我们的工作范围（除了我们在巴士拉的最新工作任务以外），尽管分区指挥官不断呼吁我们做更多的工作。我们有 400 多名团队成员分布在伊拉克全国各地，要维护已启动项目的发展已经很困难了。从 2005 年 5 月我首次接受这项使命到现在为止，我连续工作的 23 个月中，平均每月要花 10 天时间在伊拉克各地工作。由于伊拉克比美国东部标准时间要早 8 小时，我的昼夜节律感完全混乱，基本上只要能有机会躺下，或是能找到一个安静的地方，我就能够迅速入睡。

① 乌尔里希·费希特纳：《保罗·布林克利的战争——用资本主义的武器平定伊拉克》，德国《明镜周刊》，2009 年 4 月 22 日。

虽然188磅的体重让我拥有了自高中毕业以后的最佳体型，但我却感到身心俱疲。鉴于我们的团队必将随着很快到来的政府管理层的人事变化而解散，扩大我们的工作范围，基本上是没有任何意义的。

其实专责小组自成立以来到今天已经发生了很大的变化。由于布奇·佩尔少将接手巴格达的工作，以及专责小组从一个正规军官队伍中获得的日常工作和联络方面的人员安排，使我们现在与驻伊拉克多国部队的每一个指挥系统、使馆方面（尽管安全有所改善，但其在很大程度上仍然保持封闭状态）都有了更好的横向沟通。我不需要再花那么多时间忙于日常活动的各种具体细节了，这让我感到如释重负。得到“解放”的我在伊拉克时，能够更多地与伊拉克商界、各部部长、省长和地方领导人接触。而当我回到美国以后，我能够把更多的时间用于会见一些公司的领导人，鼓励潜在的投资者参与伊拉克事务。不过我们的速度也正在放缓。这个早已习惯了军事指挥和控制原则的“金字塔”形结构的组织扩展范围越大，其工作效率也就越低。我们已经失去了最初的创业激情，我们正在变得官僚化。我们的角色更加趋向于战略而非战术层面，而且我们的管理重点也转移到了我们的内部和外部计划的监测指标和进度上，因而我们很自然地也就失去了那种在2006年和2007年让我们的努力和成就变得独一无二的创业活力。

但总体而言，到今天为止，专责小组的工作所带来的成果，正在影响伊拉克的各个经济领域。伊拉克各部委正在由致命暴力不断威胁下的一种存在主义思维定式，转向积极推动重建它们的国家的工作。每当我们与伊拉克部长级官员会面时，都能够感受到他们的兴奋，他们似乎都意识到，他们终于可以开始工作了。在各部委内部，各方面工作都在加速推进行业私有化、预算执行、市场经济培训、国家投资委员会及其下属各省投资委员会的建立。

我们在华盛顿的信任度不断被提升，即使是那些以前的反对者也沉默了，这是因为我们的工作在伊拉克所取得的成就在美国国内已变得家喻户晓，同时也因为彼得雷乌斯将军越来越多地、公开地把专责小组的工作确认为美国反恐总体战略取得诸多成功的要素之一。

在我一度几乎每天都要和副部长英格兰的参谋长罗伯特·厄尔召开碰头会的一次会面中，他告诉我说，白宫已经要求我向他们提供汇报所需要的材料，他看上去对于白宫的这一要求感到很惊讶。

会面时间（原本）安排在3月12日。始终都支持我工作的英格兰副部长给了我必要的建议，告诉我该说什么、该做什么以及该提供什么信息。会面的时间是20分钟——对于一个低级别的官员而言，这显然是一个相当长的会面时间。涉及非内阁任命成员的总统会见过程，一般是以简短的任内职务履行情况为核心来进行正式汇报，期间要进行一番简单的讨论，然后是拍照，再接下来便是结束会见。整个程序通常只有几分钟。用20分钟时间听取一次简要的汇报，显然是不同寻常的。

我对于英格兰副部长的支持非常感激。一般而言，无论是内阁部长还是副内阁部长，通常都不喜欢来自白宫方面的要求其下属直接汇报工作的工作作风。如果白宫需要一次直接报告，内阁秘书就会做出专门安排。

像往常一样，我3月上旬大都在伊拉克，并在一个星期五回到华盛顿，这样我就可以和家人共度周末。随着3月12日星期三这一天的临近，我开始变得焦虑。自2004年进入国防部以来，我已经习惯于各种会见高级官员的方式，不管是在国内还是在国外。我曾在摄像机镜头面前向国会委员会宣誓做证。我在华盛顿和巴格达都主持过时间很长的新闻发布会。我原本以为我早已完全克服了这种场合下的怯场感，没想到这次却有所不同，我感到了自己进入这个世界上最强大的办公室的压力。

一般情况下，我除了会大致考虑一下汇报主题的基本结构外，几乎从不会专门为一次汇报而去精心做准备，我一向以自己能够就任何主题即兴发挥的能力而自豪。可是这一次却不同，我不仅仅做了准备，而且还做了反复的精心准备。

在过去的两年时间里，我曾多次进入白宫与国家安全委员会领导会面，而且就在我当初抵达华盛顿不久，我就为我的家人安排了一次参观白宫之旅，这其中就包括了“窥探”椭圆形办公室内部。但在参观之旅中看到的椭圆形办公室，和自己直接进入椭圆形办公室与总统会面，是完全不同的两码事。

总统和我握了握手，然后他很快示意大家都坐下来，那种十分随意的方式让人感觉到，我们似乎是在按照惯例参加一个既定的议事日程。

我坐在总统旁边那个单人座位上，左侧壁炉上方悬挂着那幅著名的乔治·华盛顿肖像。国防部副部长戈登·英格兰和国防部部长罗伯特·盖茨分别坐在我左侧和右侧的长沙发上，国家安全顾问斯蒂芬·哈德利及其下属则坐在他们旁边。英格兰副部长在开场白中介绍了一下我承担的工作，接着我开始汇报。

这种环境给我的汇报带来了困难。我的座位与总统的座位之间有一定的距离，这使我很难把我带来的几张幻灯片和照片展示给他看。我早已习惯的那种固定的汇报工作方式，正在妨碍我的叙述。我试图介绍我们所参与的每一个领域的工作的情况，但当我复述我们在伊拉克国有企业的工作的统计数据时，谈话被打断了，显然，总统已经准备好要问我这个问题了。

他尖锐地问道，为什么我们会想到要让伊拉克国有企业重新恢复运转。我向他解释了我们的设想、这种设想和早期的努力目标有何不同，以及我们设想从伊拉克复兴党专制的独裁式社会主义逐步过渡到自由和民主社会阶段，将会减少社会暴力冲突和降低失业率，并为最终恢复社会稳定争取时间。我又复述了我们在争取私人投资方面的统计数据、促进伊拉克国有企业进行合资的初步进展情况，以及我们对于伊拉克未来更多的预期，诸如此类。根据那些主流媒体的刻画，我原本以为会看到一个亲切和蔼、对细节略感好奇的布什总统。但事实上，我当时所感受到的总统，让我联想起私企中的一个多疑的首席执行官在向我发问。我去的时候带足了图表和图形，我为任何可能涉及的问题做了准备，我相当于已经拥有了一份精心准备的发言脚本，我相信能够用事实回答他的问题，然而，我和他完全不合拍。

既定的 20 分钟汇报时间已经用掉了将近一半，谈话并不顺利。他在这次会面之前，显然已从一份预读工作簿中看过了我展示的图表。我看着总统的目光，他似乎已经流露出对这个过程的不耐烦。我停顿了好一会儿，看了看我的左右两边，五角大楼高层的官员都坐在那里，盖茨目视前方又略微低下头，而英格兰看着总统，并没有看我。

我继续陈述。

我之前想到过在这间椭圆形的办公室里通常会发生的情形。在这里，每天会有多少次炫耀式的展示出色成果和进展的统计数据、图表及图形方面的复述，这个男人势必会对这些感到厌烦，这会让人变得麻木。这是他执政的第八个年头，而且在他所有的战略决策中，关于伊拉克战争的公共舆论，是最让人难以忍受的。当每一个在这里向他汇报所有图表和统计数据的人都在向他表明，目前的一切是多么完美，然而外部世界却明显不是那么回事儿的时候，他会感到多么疲倦！

我也从他的角度意识到，我出现在这里可能没有任何意义。一个五角大楼的级别相对较高的政务官为什么要首先说起经济？为什么国防部一边无休止地为海外军事行动申请更多的资金和补充预算，一边却要把时间和金钱花在经济发展上？这难道不是国务院的工作吗？

我再次停顿所导致的沉默气氛，持续到让这个房间里所有人都感到不适的程度。我放下我准备好的所有图形、照片和图表，我对总统说，我想给他讲一个故事。他听到我的话很惊讶。在他还没来得及回答的时候，我就开始讲起那个有关伊拉克足球的故事了，我们为部队士兵给街道上的孩子们备礼物而购买的伊拉克生产的商品的第一次努力，可以充分地表明战争本身，以及无尽的制裁给伊拉克的商业灵魂带来的摧毁。

我的陈述侧重于在足球上打上“中国制造”标签这个细节，以及那个企业经理令人心碎的解释——没有哪个伊拉克孩子想要伊拉克生产的东西。我把目光转向布什总统，并注视着他的眼睛，我告诉他，所有伊拉克人民都需要时间和空间，以便重塑他们的信心，并在世界经济领域占有一席之地，而我们现在正在提供他们需要的时间和空间。这时，他的目光变得柔和了。而当我讲到我们在私营银行、农业、外国直接投资和预算执行援助方面的工作时，他又坐回到了他的椅子上。我向他讲述了我们是如何组建起一支超过400名专业人士的团队的，以及这些团队成员主要来自美国私营企业，具有国际业务经验，他们在暴力冲突最严重的时期甘愿冒着生命危险，与我们的部队士兵肩并肩地开展工作。那些商界人士就像他们本人曾经所做的那样，在国家需要的关键时刻勇敢地挺身而出，弥补了我们国家外交政策的一个不足。

总统身体前倾，随着时间一分一秒地过去，他的注意力变得越来越集中。盖茨部长也开始强调起这项工作的重要性了，尤其是对于确保地面安全所需的条件而言，它为什么是一个相当有益的补充。这时，气氛转而活跃起来，而会见时间也超过了20分钟。整个会见时间超过45分钟。总统提出的最后一个问题是，假如我还在私营企业，我是否会在伊拉克投资。当我回答完毕后，他突然站起身，走到办公桌前，把椭圆形办公室的几个纪念品送给我，握着我的手说感谢我所做的一切，同时，我们摆好姿势一起合了影。

当我们离开椭圆形办公室时，盖茨部长和英格兰副部长显然都是挺高兴的。

当我乘坐地铁返回五角大楼时，我想起自己自 2004 年搬离加州，直至后来我的工作职务实际被剥夺以来，从水晶城*的那个小房间起步到今天，我已经走过了多么漫长的旅程。这是一次狂野之旅，而我的身心都已疲惫不堪，好在 2008 年是小布什总统任期的最后一年，我的这一旅程终于可以告一段落了。

---

* 美国弗吉尼亚州阿灵顿县东南部的一个大型城区，位于华盛顿特区市中心以南。——译者注

第 8 章　一个了不起的年头

2008 年 8 月，就在我因解雇两名工作人员引发一系列事件并最终导致国防部监察长办公室着手调查一年后，我终于收到了有关调查结果的最终报告。我一直都在苦苦等待这份报告，我终于有了一份还自己清白的材料，可以向每一个人讲述过去发生了什么以及原因。经历过这个事件以后，我就再也不是原来的我了。后来的工作中，我对于任何员工出现的任何过失或问题，都会按照基本的管理原则进行处罚，并尽可能地形成书面记录。为了避免常规管理措施有可能带来的不良后果，我对于那种即使曾犯过严重错误，而通常会从组织中将其解雇的员工，也会谨慎对待，并尽可能将其留用，以观后效。

一年以来，那个似乎没完没了的过程始终在我的脑海里挥之不去，尽管我对于最终结果没有任何怀疑。它也给我带来了经济上的负担。我的法律费用已经攀升到数万美元，而所有这些费用都是不能报销的。我对于这种情况颇为无奈和沮丧。

虽然最终的结果撤销了对我的所有指控，但实际上，我很难利用它为自己做公开的辩护。每项指控都被列出来，后面都附有法律性声明，描述对于指控进行了怎样的调查，而调查结果并不支持指控的理由。这只不过是针对指控的一种调查，它并不会反映出整件事有多么荒谬。虽然国防部监察长办公室方面已经完成了它的任务，但我最终却并没有得到我所需要的那份简单声明——一份质疑过我的诚挚的、善意的、我可以广泛散发的无罪声明。

通过进一步的反思，我清楚地意识到，正如肯·克里格早在 2006 年夏天曾警告过我的那样，因为我在伊拉克工作，以及我公开支持美国改变有关伊拉克的政策方向，我得罪了五角大楼的很多人。当那个倒霉的“机会”终于到来时，没有人把我从那辆公共汽车前面一把拉开，而是看着它从我身上碾压过去。这是一个重要的教训。在一个政治体系中，有无数种可能让你遭到伤害，而如果你失去了太多的支持者，那么你没法预知，究竟会有哪些人伤害你。

当待在华盛顿让人感到无比沮丧时，我会立刻回到伊拉克，因为那里总有一些非同寻常的挑战在等待着你。我们当年重新启动的首批工厂之一，是拉马迪陶瓷厂——我们在 2006 年 8 月与海军陆战队一起参访过的那家位于安巴尔省首府的工厂。那也是我们在执行任务过程中，首次遭受轻武器袭击。这家工厂因为位于一个高风险区域而使人们很难前去参观，但工厂里满是全新的设备，而且它是那个具有战略意义的城市的一个主要就业单位。我已经指派工程师与那家工厂合作，以便推动它的运转。我们安排工厂的员工去意大利接受再培训，充分了解意大利制造的生产设备；我们购买了小型零部件和一些原材料，并从海军陆战队那里确认，工厂可以得到稳定的电力供应（因为陶瓷窑炉需要稳定的不间断电力）。

目前面临的是市场营销问题，工厂管理者显然没有这方面的经验，不知道应当如何把成品——水槽、夹具、马桶等——销售给新兴的私营建筑企业。我们为他们提供了培训课程，告诉他们如何找市场、如何进行销售，但到目前为止，他们只是在生产产品，却没有任何客户。

由于库尔德斯坦正在经历一个重要的住房建筑热潮，于是我们和那里的建筑投资商协调，希望他们进行投资，库尔德斯坦一家私营建筑公司承诺会购买拉马迪生产的陶瓷器具。我还想，如果通过获得大批量订单来促进工厂业务的发展，并指导工厂与私企客户沟通，那么这就能够使他们逐渐形成为客户服务的技能。我开始启动这项工作，之后从工作人员提供的报告获知，一切都进展得非常顺利，我将其写入我提供给彼得雷乌斯的其他定期月度审查报告中。

凑巧的是，在 2008 年夏天，彼得雷乌斯从海军陆战队提供的一份报告中，了解到了安巴尔省经济发展的其他情况。一向习惯于深入调查的他，询问了那家陶瓷厂的情况，获知他们的产品仍然没有市场，在一次我汇报我们工作进展的时候，他把这个信息的资料随手扔到了我的腿上。因为我近期没有向我的工作人员问起过拉马迪，而我上次考察那里是在几个月之前，所以我承诺我会把这件事调查清楚。

我是带着恼火的感觉离开的。既然我们和海军陆战队是如此同步，正如我的团队所坚称的那样，那么为什么彼得雷乌斯会在我之前得知一家生产水槽和马桶的工厂的问题？在我和他一同审查所有项目的过程中，在我们一边共同面对一页又一页涉及房地产、钢厂、卡车制造厂，以及与国际公司主要供应协议相关的重要举措之时，他为什么一边又会问到我有关马桶的事？

我不客气地把这个问题抛给了里贾纳·杜贝——一位前参议院军事委员会的成员，现在监督专责小组在安巴尔省的所有业务。我向她发了一通火之后，她平静地向我解释了来自库尔德斯坦的订单还没有到达的原因，因为来自拉马迪那家工厂的设备样品似乎从未送达埃尔比勒，尽管工厂坚持声称，样品已经多次发货了。

我的懊恼情绪进一步升级。那时，我们在伊拉克各地运作的项目及其方案超过 200 个，毫无疑问，凭借我们的物流实力，我们是能够解决两个城市之间甚至是伊拉克全境的马桶运送问题的。

最后，我们安排将一个马桶样品直接发送到专责小组在巴格达的总部，然后再从那里把它送到埃尔比勒。当我不久之后抵达巴格达时，里贾纳在我们的工作区大院和我会面，她在向我汇报安巴尔省的工作情况时告诉我，那个期待已久的设备样品她终于收到了，并将尽快把它发送到埃尔比勒。一旦建筑公司认可了产品的质量，我们就可以期待接下来很快就会有大量的订单交给拉马迪陶瓷厂，而工厂据此生产出的产品将用专用卡车运送，以便避免更多物流上的障碍。

但第二天，里贾纳要求见我，她看上去心烦意乱。“我们好像把拉马迪的样品弄丢了，它是昨天送到的，我都看见那个箱子了，但现在它又不见了。”

我们走到外面，场地上是一堆堆建筑材料和成捆的木材。我们大院隔壁那栋扩建的建筑物正在装修，施工人员正在现场干活。

我有一种不好的预感。

我们去了隔壁，在一堆水暖器材的包装物上，发现了一个可疑的、已经打开的板条箱。当我们冲进大楼并进入楼上卫生间时，谜团解开了：3 个标准的西式马桶，还有一个非常华丽的伊拉克风格的马桶，在卫生间的隔间一字排开，每一个马桶都用崭新的铆钉固定在地板上。那些施工工人看到了那个板条箱，以为是用于他们这个建设项目的，就把它安装好了。他们甚至还让它派上了实际用场，尽管楼内还没有安装下水管道。

我们目瞪口呆地站在那里，先是讶异得很长时间都没有说话，继而感到震惊、沮丧、无奈，最后我们忍不住对视哈哈大笑。两年来为了让这家工厂重新运转所经历的一系列波折——从险些遭到枪击，到很长时间断电，再到帮助工人获得去意大利培训的签证和过境许可，最后到为了让马桶样品发送到埃尔比勒而付出的种种努力——已经刷新了之前所有项目所遇到的所有荒唐波折的纪录。

那天晚上，我把有关拉马迪陶瓷厂的信息从我提供给彼得雷乌斯的定期报告中删除。在伊拉克执行任务期间，我再也没有向我的工作人员问起过拉马迪陶瓷厂。事实上，那家工厂正在恢复。伊方有了诸多建筑公司的名称和联系方式，从现在开始，他们自己负责自己产品的销售。

现在，提名彼得雷乌斯担任美国中央司令部（CENTCOM）司令官的消息已经公布，他很快就将不再行使驻伊拉克多国部队指挥官一职。在他离任之前，也就是2008年的9月，我负责主持了英格兰副部长到伊拉克的告别访问，而彼得雷乌斯也和莱安·克罗克大使一道，共同主持了向其表示敬意的一次正式晚宴。

在宴会上，彼得雷乌斯和克罗克共同发表了演讲，他们的部属聚集在他们旁边。他们高度默契的互动令人惊叹。彼得雷乌斯是主角，克罗克是配角，但他们俩偶尔会转换角色。他们之间的和睦关系是众所周知的，但是，当他们一起回顾过去两年的经历时，我忍不住把他们之间默契的合作过程，与过去五角大楼和国务院之间的激烈冲突进行了对比。

当进入话题讨论环节时，我们听彼得雷乌斯与在场的伊拉克政要交流是件很有趣的事。他们讨论的话题涉及伊拉克第纳尔*的价值、婴儿死亡率、受伤士兵的数量和他们的伤情等，彼得雷乌斯完全掌握安全、经济和政治等所有方面的情况，其细节之多和层次之深，令人感到不可思议。

为了履行自己的职责，他多次到伊拉克全国各地调查。他对于详细信息

* 伊拉克货币单位，1第纳尔相当于1 000费尔。——译者注

的需求到了痴迷的程度，这使得他对于伊拉克及其层层嵌套的复杂政治结构拥有近似百科全书式的知识。这种对于细节的执著，缘于他的雄心和竞争动力（他要证明那些唱反调的人是错误的），以及他在业务每一个方面的精进都要为其使命负责。所有这些，促使他形成了一种独特的领导风格，而这种领导风格和他要在伊拉克所面临的严峻挑战环境下行使的指挥权是高度相关的。

在彼得雷乌斯将军在伊拉克工作的 19 个月期间，以及在他担任美国中央司令部指挥官、驻阿富汗国际安全援助部队指挥官期间，在我和他的每一次沟通过程中，他都一直把专责小组作为一种重要的资产来对待，并且始终支持我们在伊拉克不同的行业不断扩大工作范围。他的领导风格也使我变压力为动力，决心既不辜负在伊拉克的使命，也不辜负这一使命的最大领导者——彼得雷乌斯将军。我会不惜一切代价确保我们的这项事业获得成功。

2008 年 11 月 4 日这天的选举之夜是一个标志，我认为这必然意味着我在国防部任职期限的终结。参议员巴拉克·奥巴马以相当大的优势超过参议员约翰·麦凯恩而当选，这也意味着布什政府的任何级别的政务官都将快速而彻底地离开。虽然对我的职务任命并非出于政治原因，但我也是布什政府任内的官员，因此必然也会被要求离开。

我对此感到满意。我 4 年前来到华盛顿，在全球最大的官僚机构五角大楼工作，工作的核心就是完成一项战时对外援助任务。这需要在连续 28 个月时间内多次前往伊拉克，并且每次都要至少工作两周。到目前为止，我已经感到精疲力竭，回想这段时间以来，我几乎没有正常的作息时间，我始终担心我们在伊拉克安全高墙之外工作的数百名专责小组人员的安危，我也经常忧惧接到的每一个电话，因为它们可能会带来坏消息，所有这些都是我持久而沉重的负担，能够从中摆脱出来，再次回归正常生活，这无疑是一种解脱。

但在那个月从美国返回的最新任命的驻伊拉克多国部队指挥官奥迪尔诺将军和奥斯汀中将，却认为我们的使命并不会马上终止。因为在早些时候，作为我们过渡计划工作的一部分，我和驻伊拉克多国部队副指挥官戴维·帕金斯少将曾密切配合，尝试着将博洛格研究所主持的专责小组农业项目移交给美国国际开发署。而美国国际开发署的领导层和农业部在巴格达的代表，也承诺给部队同样的技术支持，将农业专家派驻到部队当中，就像我们曾经做过的那样。但这个项目移交一个月后就失败了，所有农业工作都不得不中断。尽管博洛格团队的工作相当出色，并且完成了数十个项目，但这个项目的工作并未一直持续下去以致产生一定的影响。

驻伊拉克多国部队十分担心我们其他重要项目也会面临同样的命运。奥迪尔诺将军通知我说，他将会提出要求，那就是在一个较长的过渡时期，需要我继续履行自己的职责，一直到新政府上台为止。我承诺我将尽一切努力不辱使命。

不过私下里我却很担心，在奥巴马新政府当中，让某个新的政务官接手这份工作的可能性不大；而如果让我接手眼下这份工作，作为我在进入新政府机构之前的一个"机会"，我一定会笑出声来：有一半的时间要在保护区域之外的战区度过，另一半的时间则要在庞大的五角大楼官僚体系中为争取资源而战，并试图说服一些公司和企业投资伊拉克，这算是一个什么样的"机会"呢？这在理论上看起来很疯狂，尤其是因为奥巴马竞选班子已明确表示，他们将会结束在伊拉克的战争，并将逐步减少驻守部队的人数，同时会增加对于伊拉克冲突的关注。自从参加竞选以来，结束伊拉克冲突，就一直是奥巴马竞选班子对外政策的一个支柱。

另一方面，如果专责小组在五角大楼内部被转手给一个非政治性任命的官员，那么它最终将会成为一个级别较低的组织，这样一来，国防部的官僚作风就会把它压垮。专责小组之所以能够勉强存在这么长时间，是因为我们可以直接向国防部副部长报告，这为我们非正统的运作模式提供了一种庇护。而如果将在伊拉克的使命向政务官级别以下的官员移交，那么就可以迅速地让它归于终结。

对我来说，继续致力于这一使命，可能会使我的工作成为一个无限期的承诺。我不想再去解决五角大楼官僚机构当中任何更多的问题，作为一个在新的民主党政府当中由布什政府任命的官员，那些问题只会变得更糟。

后来，情况变得更加难以预测。在竞选之后有一种说法开始流传，那就是，国防部长罗伯特·盖茨将被要求继续留在奥巴马政府任内。起初，我认为这令人难以置信，因为这完全不符合常规的政治制度，即使在战争时期，新总统也会用自己的团队取代他前任的团队。但不久之后，这种传言越来越多，并且最终成为一则公告：盖茨将会留任。这是由新总统做出的一个令人印象深刻的决定。这表明他对于党派之争拥有很强的控制力。这在华盛顿几乎是闻所未闻的事情。现在，盖茨将不会在 1 月 21 日离职。不仅如此，盖茨也很有可能希望我在过渡期继续留任。

盖茨的参谋长罗伯特·兰戈尔在 12 月初向我证实了我的这一判断，他通知我说，我的名字已经提供给白宫过渡小组了，我在几个月内能够继续留任，并被视为两届政府顺利交接和过渡的关键人物之一。几周以后，盖茨的工作人员又通知我说，奥迪尔诺将军和美国中央司令部司令彼得雷乌斯将军都请求盖茨继续留用我，并作为其新组织的成员。根据盖茨的工作人员的描述，当被问及为什么这一做法如此重要时，奥迪尔诺表示，专责小组的存在不仅增加了伊拉克使命的有形价值，而且也有助于推动其他类似专责小组这样的政府工程的机构更加高效地工作。彼得雷乌斯进一步认为，专责小组的经济工作进展程度能够作为一种具体的指标，让伊拉克领导人看到这样的希望：如果他们也能做好自己的本职工作，伊拉克就能够在全球经济中占有一个稳固的地位；而且和战争付出的总体成本相比，仅仅是这一希望对于士气所产生的影响，也值得我们为此付出这一轻微的代价。

等到美国新总统就职这一天，很明显，我必须继续留任一段时间，我别无选择，因为就此离开显然是不负责任的。我和我一起共事过 4 年的布什政府成员彼此道别，其中包括：布拉德·伯克森，他在几年前开始担任盖茨部长项目分析主管一职。杰·吉布森，他在汤姆·莫德利离开之后，接手了后者在金融组织方面的工作。自我加入这个部门以来，杰里·琼斯就一直是我的长期顾问，他曾经把他在行政机构工作数十年的管理经验与我分享。我尤其不愿意看到马克·金米特离开，他一直是负责政治和军事事务的助理国务卿，他在前任政府的国防政策机构中担任副助理国务卿期间，就成了专责小组的一个坚定的盟友；作为一名刚刚退休的陆军准将，在为阻止战争而尝试改变五角大楼的文职官僚主义作风的过程中，马克经历了各种挑战。我会非常想念他的。

但我首先会想念戈登·英格兰。他始终和我风雨同舟，总是为我提供各种建议，从未回避过任何艰难的决定，而且具有敏锐的商业管理头脑。在

2006年6月，从我第一次伊拉克之行返回的那一刻起，他就在战略上一直支持和拥护我们的使命。如果我无法获得如此多的来自军方指挥部的支持，没有它随时为我们的努力提供必要的庇护，那么我对于自己在五角大楼的工作必然会心存畏惧。

随着奥巴马新团队成员抵达五角大楼，我发现，和我预期会遭到冷遇的情形相反，我们的工作备受重视，我也受到了欢迎。我之前在伊拉克结识的新美国安全中心（CNAS）的创立者兼主任米歇尔·弗卢努瓦，现在接任了负责制定政策的国防部副部长一职。新美国安全中心一直是专责小组过去工作中的支持机构，并为我们参与它战后稳定工作的研讨会提供了场所。约翰·纳格尔，一个才华横溢的退休陆军中校，同时也是新美国安全中心的高级负责人，他在很多情况下给我们提供了有益的建议。当知道米歇尔将进入五角大楼高级领导层，我尤其感到高兴。

我向弗卢努瓦报告了工作情况以后，她告诉我说，我们应当继续做好自己的本职工作，就像一切都没有发生过变化一样，而且我们的工作性质，完全符合新政府在伊拉克问题上的政策，那就是侧重于减少军事参与，增强经济和战略合作伙伴关系。虽然我还不清楚我们的使命最终何时终结，但她还是明确地表达了对我们的工作的支持，并且一再强调，我们需要继续做好本职工作。

一切尘埃落定，同时有一件事也变得相当清楚了，那就是和过去相比，新政府所提供的环境，实际上可能更利于我们开展工作。对于专责小组而言，布什政府任期的结束，带来了一系列新的挑战。以为我们的使命将随政府更迭而终结的军方，并没有安排人手取代在2008年全职协助我们履行使命的军官，虽然他们在专责小组的任务已经结束。在不长的30天的时间里，先后有1名两星将军、2名上校和4名中校，以及相应数量的较低级别的军事人员离职。在开展专责小组项目的8名主要负责人当中，只有2名留了下来，其他人均接受了在别的地方的职位，因为他们预计专责小组的使命终将会结束，因而尽快在别的机构中寻找到了工作。

只有我、马修·舒伊福林和克里斯·哈格作为“硕果仅存”的高级领导者，继续负责监督伊拉克的使命履行情况。贝丝·劳仍然是日常业务的主心骨。伊瑟·斯沃茨继续就预算问题和我们与国会的沟通提供战略建议。格里·布朗作为我们的营销方面的带头人，继续他一向出色的工作，并与跨国大公司保持密切接触。马克·贝尔德晋升为全职上校——是我的下属中第二位晋升这一军衔的军官——并且开始承担一个新的角色：主持空间系统和航天运载火箭发展计划。

我们的组织实际上像是一张刚刚铺开的白纸，它的缺陷显而易见：突然之间，一个在伊拉克各地有超过 400 名员工并分头工作的组织，急需一些新的管理者。虽然我已经“放平”了金字塔式的纵向组织结构，但我、马修和克里斯都沉浸于项目的细节管理以及在整个伊拉克经济行业的日常活动管理中。

现在专责小组的工作又要开始加速，我们需要再一次如同初创时那样展开快节奏的运作。随着金字塔式的组织结构的瓦解，灵活性也随之增加；尽管我们的行政管理程序受到负面影响，但我们的项目和计划的执行力度显著提升。这是典型的管理权衡模式——一种新的结构与精益运营模式，在这种模式下，我高兴地看到了它运转灵活性的恢复，这也正是我们早期工作的特征。

伊拉克政府也正在进步。在整个 2008 年，社会安全状况持续改善，各部委首次近乎全效运转。虽然决策仍然缓慢，在部委内部的业务协商或谈判依然令人感到头痛，但进步是明显的。在工业部，一批大型国有企业完成了 12 项私人投资项目的合同签署，包括制造变压器的迪亚拉电热设备厂、贝吉化肥厂、加伊姆磷酸盐厂以及在安巴尔省费卢杰的水泥企业等。这些合同的投资额超过 8 亿美元。我们的私有化过渡方案正在奏效。

当我们在 2009 年 1 月回到巴格达时，另一项重大挑战正等待着我们。预期专责小组将被终止的国务院，将我们那些装修过的建筑设施提供给了另外一些不同的国家，以作为这些国家驻伊拉克大使馆的另外一个活动场所。让区域国家建立驻伊拉克大使馆，包括卡塔尔和阿拉伯联合酋长国在内的波斯湾邻国，并和伊拉克政府关系正常化，是国务院的一个主要优先事项。之前因为我预期我们的使命终将会结束，所以我告诉过克罗克大使：如果我们不得不放弃一处建筑设施，那么可以让阿联酋的使馆租用，我不会有什么意见。

早在2008年12月，我就被告知，阿联酋的相关人员已经通知他们的使馆方面，同意将我们的建筑设施作为他们的使馆所在地使用。我们原本在机场附近的维克托尔军营还有一处小型工作场所，在伊拉克其他各地还有一些工作场所，而现在，我们在巴格达市实际上已经没有立足之地了。当我们的团队被要求留任时，首先要做的，就是为我们的工作总部找到一个新址。我在2009年1月份回到了巴格达，而且就在我和一个伊拉克官员共进晚餐时，阿联酋的大使也抵达了这里。为了找到恰当的话题，我对他即将入住办公新址表示祝贺。他一脸疑惑，然后告诉我说，他无意入住我说的那个办公新址，而且也不知道我在说什么。

最终，阿联酋驻伊拉克的大使馆并没有搬迁至我们原来用过的那栋建筑物中，但我们仍然不幸而且是无缘无故地成了“无家可归”的人。

我们的“承包换生命”外援服务团队立即采取行动，在“绿区”租赁了相邻的两栋别墅式公寓，在后院让人建起了一个小型旅馆，有13间三星级酒店标准的房间，并且全面装修了公寓，它们能够为专责小组成员提供住宿、餐厅和会议室。和过去相比，这个“新家”有更多的优点。我们在2月下旬搬进了这个新的住所，在“无家可归”60天后终于又恢复了业务。

半年后，我驱车去我们原来的办公地点。当时装修花费了数十万美元，待我们离开时，那里已经具有良好的生活和工作条件。而在闲置了半年后，它完全变样了，灯具和木制品被偷走，下水管道再次堵塞，开放区域长满了杂草，它看上去就好像我们从未去过那里似的。

当我们应对组织力量的挑战，并且再次开始把在伊拉克的使命向前推进时，我们加大了外商直接投资方面的努力，并注意到了某些引人瞩目的东西。奥巴马的当选，大大消除了我们在伊拉克的使命在公共舆论当中的“毒素”。在过去的很多时候，当参与伊拉克事务的公司准备在伊拉克开展项目时，外界的反应最初都是负面的。在伊拉克问题上，公众对于布什政府的看法严重分化，这一点延伸到了一些公司的行政办公室和董事会。但随着新任总统及其团队入主白宫，那些不接我们电话的公司突然开始和我们联系了。

几个月后，又有几家新的大公司跟随专责小组一道参访伊拉克，评估开展业务的价值。斯坦·鲁米什和埃里克·克拉克负责接待来自谷歌、微软和

IBM 的代表，与谷歌推出了其搜索引擎的伊拉克版本，微软在巴格达为伊拉克的年轻技术员建立了一个培训中心。[①]曾经在 2008 年，专责小组成功地推动了伊拉克和美国通用电气公司的再次商务合作，彼得雷乌斯将军亲自邀请通用电气公司首席执行官杰弗里·伊梅尔特重返这个国家，为重建伊拉克电力系统业务建立了当地领导机构。专责小组通过自己在伊拉克的资源，也为通用电气提供了全力支持，最终就在南卡罗莱纳州格林维尔生产大型发电涡轮机达成了一项 40 亿美元的交易。[②]2009 年，我们在金融支付以及设备长期安装和维护方面，积极支持通用电气与伊拉克政府之间的友好合作关系。霍尼韦尔公司*、波音公司和若干中型投资基金以及私募股权投资公司也派代表考察了伊拉克。[③④]我们也越来越多地组织和接待了其他国家的投资商，包括来自阿联酋的国有基金会和来自土耳其的投资商。这些投资商与伊拉克的官员进行了全面接触和交流，他们参观了专责小组启动的工厂，与一些城市的贸易商会和投资委员会举行座谈，参加了有克罗克大使和奥迪尔诺将军在场的招待会。

专责小组还成功地和美国进出口银行进行接洽，接待了该行行长毕扬·奇恩，并且促成了该银行为伊拉克企业购买美国制成品提供出口信贷贷款协议。这是专责小组推动的跨机构合作的一个例子。[⑤]

这种跨机构合作的另一个例子，是我们致力于让美国地质调查局和伊拉克方面再次合作。水资源和非烃矿物质对于伊拉克未来经济的发展至关重要，而伊拉克地质调查局需要通过一种合作关系，让其技术现代化。布奇·佩尔少将在他 2008 年来到巴格达不久之后，就曾建议我们和美国地质调查局接触。

---

① 《谷歌的伊拉克责任之旅》，《快速公司》杂志，2010 年 10 月 27 日。

② 《通用电气公司与伊拉克电力交易价值达 30 亿美元》，《赫芬顿邮报》，2008 年 12 月 16 日。

* 一家成立于 1885 年的从事自控产品开发和生产，以及航空航天、汽车和工程材料的世界级企业，总部位于美国新泽西州莫里斯镇。1996 年，它被美国《财富》杂志评为全世界最受推崇的 20 家高科技企业之一。——译者注

③ 《霍尼韦尔进军伊拉克》，霍尼韦尔公司新闻稿，《商业电讯》，2010 年 10 月 5 日。

④ 《与波音公司的 55 亿美元航空交易助推伊拉克》，《华盛顿时报》，2008 年 5 月 26 日。

⑤ 《进出口银行为伊拉克提供中长期融资》，进出口银行通讯办公局，2010 年 7 月 22 日。

后来他亲自造访了美国地质调查局，并促成我们与之建立了稳固的合作伙伴关系，并且这种合作关系最终于2009年又诞生了一个新的合作项目：在伊拉克安巴尔省和库尔德斯坦地区与工业矿产部合作调查水资源和矿物，由专责小组提供资助，并且还要为调查工作提供安全保障和生活设施。①

到现在为止，虽然我们的工作正在加足马力，但我个人的状况却仍然不确定。不过不久之后，盖茨部长让一切变得明朗起来了。4月份，他向国防部的军事和非军事领导层发布了一份备忘录，再次为我们的使命赋予了新的生命力。盖茨部长阐明了专责小组使命的重要性，并且宣布重组后的专责小组要直接向他汇报工作。②这份备忘录对我们的工作做了充分肯定，而有关我个人的状况和这个组织的状况的任何残存的不确定性，现在都已经消除了。对我来说，在像罗伯特·盖茨这样必将载入史册的著名人物的手下工作，是一个无比幸运的机会。我是布什政府时期为数不多的继续与盖茨部长共事的国防部高级政务官员之一。

随着越来越多的公司参与伊拉克重建事务，我们提供的工作场所总是人满为患。在专责小组的支持下已在伊拉克开展业务的公司，现在需要有它们自己的办公场所，然而，可用而又体面的办公场所全面缺乏。为此，专责小组与国家投资委员会（NIC）合作，装修了一处废弃的大楼，以作为国家投资委员会的总部，而相邻的一栋大楼则用来为在巴格达设立办事处的公司提供办公和生活空间。我们的目标是为在巴格达开展业务的公司创建孵化器空间，为它们提供网络、生活和办公空间，以及食品和方便的交通条件，直到它们能够在这个城市的其他地方找到自己的办公地点。公司每月需要为使用孵化器办公室支付一笔费用。这是一个很有创新意义的解决问题的方法。

随着通用电气公司、戴姆勒－奔驰公司以及伊顿公司*等的加入，专责小组的企业孵化器很快就被全面使用。是格里·布朗带领其团队建立和运作

---

① 《美国地质调查局在伊拉克自然资源领域支持经济发展与稳定的活动》，美国地质调查局报告，2009年。

② 《专责小组继续推进伊拉克的商业与稳定行动》，国防部备忘录（编号OSD02903－09），国防部部长罗伯特·盖茨，2009年3月11日。

* 一家总部位于美国克里夫兰的多元化的工业产品制造商，2006年销售额达124亿美元。伊顿在许多工业领域都是全球领先者，其经营范围主要包括管理电力、液压和机械动力等。——译者注

了这个孵化器。

随着我们在商业投资领域的加速发展，我们在女性事业发展方面也做出了有针对性的努力，尤其是和一个高效率的非政府组织“女性之家”进行了合作，为其提供了必要的支持。作为我们支持投资工作的一个分支机构，莎拉·斯蒂尔和李·桑德森建立了关注女性在经济发展中参与工作的机会的具体项目。这一项目为我们将来在伊拉克以外的国家开展更大规模的工作奠定了基础。

新任命的伊拉克国家投资专员不是别人，正是萨米·艾尔·阿拉基先生。他是个充满激情的前工业部副部长，在两年前我们的初次会面中，他的沮丧和不满情绪一下子爆发出来了。除了为国家投资委员会（NIC）建设一个新的总部以外，普华永道——全球四大会计师事务所之一、国际会计和咨询公司——赢得了专责小组的一个招标合同，负责在该委员会工作，并为萨米先生提供支持，尤其是为他的团队在建议征集、财务分析和营销技术方面提供培训。已经从政府机构离任一年多的汤姆·莫德利，带领了普华永道在伊拉克的团队，这对于专责小组的领导层而言，是一个强有力的补充力量。我们与国家投资委员会合作的目的，就是要让专责小组的投资支持作用减弱，为的是创建一个无须美国协助就能够自行管理国外投资的伊拉克团队。

现在，我们在伊拉克的工业重建项目和银行重启工作的任务即将圆满完成，里贾纳·杜贝领导并主持了最后一批工业重新启动项目。以推动银行自动化和杜绝伊拉克公司——这些公司签约支持“伊拉克先导”计划，并向驻伊拉克多国部队提供商品和服务——使用现金支付方式的工作为基础，克里斯·哈格扩大了使用电子银行的适用范围，并将其应用于个人信用卡交易。哈格还与私人银行合作，建立了一家名为“AMWAL”的旨在共享电子银行基础设施的财团。①

这家财团有点类似于全球各地的货币管理财团，针对如 Cirrus、普拉斯等美国公司，AMWAL 为它们在银行系统提供交易处理，以减少其自身基础设施的运行成本。哈格后来还邀请了威士、万事达和美国运通这些在其所在国为

① 《CSC 电子银行服务进入伊拉克——提供万事达卡产品》，CSC 新闻稿，2009 年 1 月 4 日。

主要发卡机构的机构代表到伊拉克。2009 年秋天，威士和万事达通过伊拉克私人银行提供信用卡服务。接着，专责小组在伊拉克全国各地的零售场所、酒店和餐馆，均开展了部署刷卡设备的业务。所有这些都有助于在伊拉克创建一个正常的企业运营环境，实现非现金交易，从而推动伊拉克几十年来以现金为基础的金融业的现代化。

一个始终让我十分牵挂的项目，就是恢复巴士拉钢铁厂的生产。在全球钢铁业崩溃之前，安赛乐米塔尔曾对其产生过兴趣。我坚持要让那家工厂恢复生产，而且要做到这一点，唯一可行的途径就是找私人投资。我们着眼于全球钢铁业，它现在正处于产能过剩期，而且业内所有的公司都在经受行业股价低迷的打击。我们需要让一家公司恢复运转，而巴士拉正有适合我们目标的工厂。

曾在 2008 年下半年的时候，我接待了一个前来伊拉克访问的名叫张善英（音译）的韩裔美国女商人。作为韩国现代化军队创始人之一的张敬淳将军的女儿，张善英对促进韩国企业涉足伊拉克事务很感兴趣。我相信，鉴于韩国被占领的历史和曾经的经济困难，以及后来快速的现代化、工业化和民主化，从商业发展的角度来说，韩国将成为伊拉克的一个潜力巨大的合作伙伴。我过去目睹过韩国军队在库尔德斯坦高效率的重建工作，它很令人鼓舞。在支持伊拉克使命的过程中，作为盟军的合作伙伴，就韩国在这一点上所做的努力而言，它没有获得任何切实的好处。在 2008 年，张善英曾作为专责小组的客人赴伊拉克考察，2009 年，她跟随一个包括韩国浦项钢铁公司（POSCO）、LS 工业集团、LG 以及现代重工集团等在内的大型韩国公司代表团来伊拉克做进一步的考察。考虑到我们对于重启巴士拉那家钢厂的想法，浦项钢铁公司尤其让我感兴趣。浦项钢铁公司是五大国际钢铁生产商之一，美国保险公司伯克希尔·哈撒韦公司拥有其主要的股份。后来，张善英专门安排我和马修·舒伊福林去了一趟韩国首尔，与韩国主要的实业家和政府高级官员会见。我们在交流中强调，投资伊拉克是符合韩国的战略利益的，作为一个没有油气资源而且炼油能力过剩的国家，与伊拉克结成战略合作伙伴关系，将是一个双赢。尽管我们的重建工作没有涉足伊拉克石油和天然气行业，但韩国企业通过振兴伊拉克制造业所可能产生的商誉，将具有重大的战略价值。作为我们的东道主，现已 80 多岁高龄的张敬淳将军，为我们提供了直接接触主要韩国企业多个高管的机会。

回到伊拉克后不久，我们先是接待了浦项钢铁公司的代表，而后又接待了初次到伊拉克考察的韩国 STX 集团 * 的代表。我们和浦项钢铁公司的高管一同去了巴士拉钢铁厂，当我们走进那家工厂时，管理层齐聚在那里，欢迎客人们的到来。伊方人员的英语流利程度大概有 70%，而韩方人员也是如此。我身边没有任何工作人员，所以我尽己所能地为他们之间的沟通方案架起一道桥梁。在参观完庞大的工厂车间之后，浦项钢铁公司的国际业务高管发表了讲话。我注意到他开始向伊方领导人描述一种前景——以韩国的“汉江奇迹”为基础的前景：在朝鲜战争之后，他们迅速建立了自己的世界级企业，并最终使韩国跻身于世界最先进的经济强国之列。他告诉伊方人员，这个前景就是建立一个“巴士拉奇迹”，打造世界一流的、以现代化工业为核心的钢铁行业，就如同在韩国所发生的情况一样。当他在讲话时，尽管有语言的障碍和沟通的不便，但伊方人员听后显然颇为振奋。

这是一个令人印象深刻的场面。而我们在业务技术化层面，将两个几乎没有历史交往的国家联结在一起。在巴士拉钢铁厂的伊拉克本地员工和项目领导人，都不曾去过东亚，也都没有见过韩国人。这些韩国人也是第一次和伊方人员接触。他们的文化背景各不相同，但当他们开始谈论钢铁项目以及建立一个令人振奋的钢铁工业时，他们之间文化背景的差异消失了，对话变得热烈，工程项目图被拿出来展示，人们以兴奋的声调讨论工厂设备。我心满意足地坐在那里，看着这个场面又持续了两个钟头。这是一个奇妙的双方互动时刻，也是我在担任专责小组领导职务期间的一个高光时刻。①

贝丝·劳中校经常在夜里跟着我、马修·舒伊福林、埃里克·克拉克以及其他人，去美军驻伊拉克基地设备齐全的健身房健身。在 2009 年春天，我注意到她变得越来越疲惫。她在我身边工作了将近两年，正如我们中其他人都受到使命责任心的驱使一样，平均每天工作 14 ~ 16 个小时。我在很多方面都完全依赖她：她对于我们的使命的成功，对于我监督远程业务操作过程的

---

* 韩国代表性跨国企业集团，其主要业务涉及海运、物流、造船、机械、能源和建设，在世界造船行业位于前五名。——译者注

① 《STX 在伊拉克重建总价值 30 亿美元的工厂》，《大韩经济新闻报》，2010 年 2 月 5 日。

能力，是一种不可或缺的补助性力量。她在伊拉克领导层当中以及在军事指挥部内部，可以说是无人不晓，她在保持我们的工作活力和倡导首创精神的同时，为我们的高级领导团队的结构和纪律带来了恰如其分的平衡。往往在健身结束后，我们会坐在巴格达的办公楼的楼顶上，回顾这一天的工作并彼此沟通和交流，直到午夜过后，当我们和美国国内的时差感最终减弱时，我们才会回去睡一会儿觉。

某天晚上，当我们都在健身房健身时，她正在跑步机上慢跑，我注意到她的呼吸有些困难。当晚我和她聊天，她说她觉得自己有可能肺部感染了。这并不令人感到意外——我们在伊拉克都要经常抵抗某种身体上的疾病——要么是因为糟糕的食物和水，要么是来自沙尘暴中的呼吸过敏源。后来她返回华盛顿时去看了医生，被诊断出肺部真菌感染。但是在接下来的几周内，药物治疗始终没有起作用。她的呼吸变得越来越困难，即使是爬一段楼梯，她也会变得呼吸急促。我越来越感到担心。她 5 月份返回伊拉克之后，才去看了另一位医生，医生对她的肺部组织进行了活性切片检查。

检查结果是令人绝望的。

7 月份，军队病理学研究所的医生对她的肺部组织又做了进一步的分析，最终的诊断结果是支气管肺泡腺瘤癌（BAC），这是一种罕见的肺癌，其主要特征是小小的肿瘤会在两个肺叶快速产生和扩散。她处在第四阶段——癌变的最晚期。沃尔特里德医疗中心的医生认定，她最多只能活一两年。贝丝·劳是我认识的最了不起的人之一。她是具有乐观和进取精神的一个活生生的例子，她总是坚定地拒绝在重重困难面前妥协——她的整个一生，都在为克服一般人难以克服的困难而战斗。她和她的丈夫都以杰出的表现服务于自己的祖国。现在，她面对的是从未有过的巨大挑战，而且军队医生几乎完全断绝了她战胜病魔的信心和希望。

我们早在 2008 年就认识的投资人之一、加利福尼亚人卢埃林·维尔纳，是专责小组的主要支持者，他参与了伊拉克私人电信网络基础设施公司的初始投资。维尔纳曾多次造访伊拉克，了解在不同行业投资的可能性，如从食品加工业到娱乐业，再到信息技术行业。他有一种颇具神奇色彩的个性、长期活跃在民主党派中的政治背景，以及涉及技术和国防工业的多样化投资的阅历。当我们在争取资金或其他支持时，他在不同时期为我们接触美国国会要员——尤其是来自加利福尼亚的国会要员——提供了关键性帮助。他在听说贝丝的诊断结果之后，马上联系了在洛杉矶希德斯－西奈医疗中心的世界著名肿瘤学家，包括在支气管肺泡腺瘤癌方面的权威专家罗纳德·纳塔莱。纳塔莱同意和贝丝见面，并迅速重新制定了她的治疗方案，而且明确表示，这种疾病至少是可以控制的，贝丝的确可以对抗它。

贝丝请了病假，开始进入为她的生命而战的阶段。我从未考虑过让别人来取代她，因为我看不出还有谁能比她做得更好。从现在起，我和马修将会自行管理专责小组的整体事务，马修是为专责小组工作的最后一位军事顾问。

根据在2008年签署的《驻军地位协议》——它确定了美国军队未来3年在伊拉克所扮演的角色——美国军队被要求在2009年7月1日前离开伊拉克所有城市。① 对于专责小组而言，这会带来很大的紧迫感。

随着整个伊拉克的安全状况有所改善，当我们奔走于伊拉克全国各地时，尽可能停止使用军事资源。我们最后一次执行需要直接军事支援的任务，是在2009年年初。不过，知道我们在任何时候遇到问题都能够求助军队并给予快速解决，这总归是一件好事。通常，进入伊拉克某个城市时，美军必须得到伊拉克指挥官的批准，不过这一般都不会遭到拒绝，但需要时间。这是好事情。美国的伊拉克使命的目标，就是把伊拉克军队建设到不需要美国在这个国家驻军的程度。现在，专责小组所有成员将如同我们过去在巴士拉所做的那样开展工作——在任何美国军队已不必存在的情况下。如同在巴士拉一样，过渡期对于我们而言，已经不成问题。

作为奥巴马政府对伊拉克做出长期战略性承诺的一个元素，在专注于减少美国军事力量的同时，也制定了在华盛顿举行一次伊拉克大型投资洽谈的计划。在得到商务部支持的情况下，国务院负责组织和安排这次定于2009年9月举行的活动。

自从我们履行使命之初，专责小组就和商务部紧密合作，负责接待他们的商务代表团并与其配合，还在华盛顿举行各种小型活动。这次活动的目的，

① 《美国和伊拉克就美军撤出伊拉克和在伊拉克临时驻军活动达成协议》，《美国伊拉克军事协定》，2008年。

是邀请数百个伊拉克政府官员和企业领导人来到华盛顿，与感兴趣的美国公司和投资者进行为期几天的洽谈。

就像看待在2009年其他许多类似活动一样，我把这次活动视为我们再次展示自己愿意在幕后默默支持和配合国务院愿望的一个机会。我说服盖茨部长，从他可以自由支配的预算中提供资金，用来支付这次会议的费用，因为无论是商务部还是国务院，都没有用于这次活动的预算经费。

在8月和9月的大部分时间里，专责小组都特地安排我们在巴格达和华盛顿的大部分工作人员来组织这一活动。斯科特·金、格里·布朗、霍普·琼斯、索尼娅·斯蒂芬斯及其他一些人都参与其中，以便让这一活动顺利完成。我对我们做出的所有这些支持的唯一条件是，专责小组在后台工作。我们希望这些活动看上去主要是由国务院来主办的——由国务院赞助，也由国务院管理。我希望这一切努力，包括提供资金，能够充分展示我们注重跨部门合作的强烈愿望。

国务卿希拉里·克林顿、国家安全顾问詹姆斯·琼斯以及商务部部长盖理·洛克，都在会上做了发言。由专责小组支持的在伊拉克开展业务的50多家公司的代表都到场了，还有从未在伊拉克开展业务的许多受邀公司。与我们在伊拉克合作多年的几位商业领袖，以及与我们相处得如同一家人一样的政界和军界要人，也都出席了这次活动。①

最终，正如我们在巴格达大使馆和伊拉克重建管理办公室早期会议中我所确立的目标一样，我们默默而又成功地为我们的政府部门合作伙伴提供了支持。

随着本次活动接近尾声，很明显，新任政府的上台，使我们2009年的工作，远比我们所希望的顺利得多：没有官僚主义的斗争，没有部门之间的冲突，没有妨碍我们工作顺利进行的障碍；伊拉克政府一直关注治理国家的工作，而我们的各部门合作伙伴在配合他们的工作方面，的确做得越来越好；各种商业交易正在伊拉克全国各地执行。所以，这确实是了不起的一年。

同时这也代表着我们配合伊拉克政府工作的一个顶峰阶段。当我们返回巴格达工作时，随着定于2010年1月举行的伊拉克全国大选的临近，和谐的

---

① 史提芬·李·梅尔斯：《伊拉克向世界开放业务》，《纽约时报》，2009年10月21日。

政治氛围不再。那些曾经在我们巴格达的办公地点频繁地和我们共进晚餐的主管各行业的部长们，现在只能和我们单独见见面，因为每个部长都代表着一个不同的角逐权力的政治党派。这让我联想起我分别在 2004 年和 2008 年在华盛顿经历的秋季选举季，当时的党派之争到了白热化的程度，政府在下半年基本上分为两大阵营，而官僚们都在观望谁将在投票中占得先机。

内阁部长们关注的重点现在放在竞选上，因此伊拉克各政府部门执行业务的步伐慢如蜗牛。我期待着选举能够顺利进行，因为希望看到一个新的政府能够撤并某些办事效率低下的要害部门，比如交通、电力、农业和贸易部门。但最重要的是，我希望看到选举早日结束，新政府就任，我们就可以再次顺利地回去工作了。

我在 2006 年 5 月参访塔尔米耶镇。这对伊拉克及其外交情况而言，就像是平地起波澜。

2006 年 6 月，在伊斯坎迪利亚，我郑重向萨巴·艾尔·卡法吉承诺，我们会重新回到这家汽车国营公司。后来，通过专责小组的努力，戴姆勒公司的汽车、斯堪尼亚卡车以及纽荷兰公司的农用拖拉机和温控生产线在伊斯坎迪利亚上线。

在执行任务的前半年，鲍勃·洛夫和塔克·伯雷考察巴士拉炼油厂并进行初步的评估。专责小组工程师和分析师对伊拉克各地超过 70 家的工业企业进行了评估。

2007 年 1 月，多国部队驻伊拉克指挥官雷蒙德·奥迪尔诺中将，欢迎第一批来到伊拉克的投资者代表团，代表团成员包括国防和商业研究所主席比尔·鲍威尔（左四）和小托马斯·多诺霍（右四）。

在库尔德斯坦山区，专责小组的工作人员与游牧部族的牧羊人洽谈收购本地羊毛的事宜，目的是恢复当地的传统地毯生产。

2008 年，专责小组负责巴格达和伊拉克中部商业事务的团队在共和国宫前合影。

孩子们靠近燃烧的天然气，这在伊拉克南部是一个常见的现象。火焰把挥发性化合物释放到空气中，这是一种健康和环境灾难。伊拉克南部的儿童癌症发病率在全世界是数一数二的。

2009 年，左起：里贾纳 · 杜贝、斯科特 · 金和莎拉 · 斯蒂尔一道参观伊拉克的工厂重建场地。

空中鸟瞰伊拉克中部巴比伦古遗址附近大规模的蔬菜种植大棚。作为农业发展举措的一部分，专责小组在伊拉克各省部署了数千个规模较大的蔬菜种植大棚。

2008 年 9 月，美国国防部副部长戈登·英格兰来到专责小组总部，会见伊拉克规划部部长阿里·巴班和中央银行行长希南·沙比比。

2008 年 5 月，白宫椭圆形办公室，我直接向布什总统汇报工作，陪同的有国防部副部长戈登 · 英格兰以及国防部部长罗伯特 · 盖茨。

2009 年，鲍勃 · 洛夫率领一个商务代表团的成员参观苏丹南部的一个农业基地。

2010 年 7 月，埃米莉·斯科特到阿富汗赫尔曼德省克汗奈什山执行采样任务。

此为巴比伦酒店爆炸现场以及车辆残骸。箭头所指的位置是爆炸发生时，专责小组成员与酒店管理层成员举行会议时所在的办公地点。

我们同地质学家鲍勃·米勒在阿富汗西部一处盐湖开采锂矿石。在招聘资格于 2010 年 5 月被五角大楼律师冻结之后，所有专责小组人员连续数月参与矿物采样任务。

2010 年 8 月，国际安全援助部队指挥官戴维·彼得雷乌斯将军欢迎受专责小组之邀的巴菲特和其他商业领袖来访喀布尔。站在彼得雷乌斯和巴菲特后面的是美国地质调查局的杰克·梅德林。

2010 年 1 月，在巴格达交叉剑纪念碑跟前，专责小组领导告别伊拉克。左起：马修·舒伊福林、戴维·斯坎特林、罗伯特·洛夫、约翰·斯托纳、格里·布朗（脸被遮挡）、斯科特·金、埃德·普利斯、戴维·库德拉、杰里·琼斯、里贾纳·杜贝、约翰·莱昂斯、汤姆·莫德利和保罗·布林克利。

2010 年 5 月，巴基斯坦拉合尔市，旁遮普省省长萨尔曼·塔希尔宣布启动专责小组业务发展的工作。左起分别是：巴尼·金贝尔、戴维·库德拉、马修·舒伊福林、保罗·布林克利、塔希尔和巴基斯坦投资委员会主席萨利姆·曼德威瓦拉，约翰·道迪位于最右边。在这张照片拍摄几个月之后，由于对巴基斯坦的宗教所持的宽容和进步立场，塔希尔被恐怖分子暗杀。

第9章　走出非洲

2008年10月，为了使美国在非洲的军事行动拥有一个更加协调的指挥机构，非洲司令部（AFRICOM）成立，其总部设在德国的斯图加特。

随着非洲司令部的成立，专责小组在陆军和海军陆战队指挥官当中的声誉，使前者对于专责小组产生了浓厚的兴趣。他们频繁地与我们联系。伊拉克大选临近，伴随着向新一届政府的过渡，我们的业务活动格外繁忙，但各方面的请求还是持续不断。鲍勃·洛夫正在想办法联系非洲司令部在斯图加特的指挥官，想了解一下他们的想法。最后，我们为达成协议做了许多让步。

和专责小组在伊拉克不同，非洲司令部在非洲并没有开展任何积极而有效的军事行动。强大的军事存在和持续的军事行动，使国防部能够在那里建立一个类似于专责小组这样的半自治性组织。专责小组除向军方提供承包和系统支持工作之外，其所做的任何工作都必须得到来自国务院和美国驻外大使馆的正式邀请函所给予的认可。这也就是说，专责小组这个机构其实是大使馆的附属物，也是美国整体外交使命的组成部分。

我确信，这些准则将会完全阻止专责小组参与非洲国家事务。鉴于我们在美国驻伊拉克使馆所经历的重重阻碍，我们受美国大使馆邀请进而参与非洲国家事务，几乎没什么可能性，而且对我而言也没有任何吸引力。

在我看来，非洲无疑是其他援助机构和非政府组织的有效工作领域。专责小组成立的目的，是为了填补我们外交政策机构的缺陷，从而服务于那些刚刚走出战乱和冲突的国家——那些地方仍然过于危险，以至于在通常情况下，不能期待开发专家前去援助，但通过在那里加速经济发展，能够直接快速地稳定当地的局势。除了少数例外情况，照我看来，非洲国家并不符合这个模式。而现在，毫无疑问，凭借庞大的预算以及布什政府对非洲援助和发展的侧重，美国国际开发署正在从经济发展角度关注非洲。

但我错了。

在接下来的一年，来自驻非洲大使馆和国务院方面的请求越来越多，希望专责小组为非洲经济发展活动提供支持。在配合非洲司令部和国务院工作的过程中，专责小组开始在美国发起旨在推动非洲各国领导人寻求与美国公司增强商业关系的活动。新任命的美国驻苏丹特使斯科特·格拉提翁，与专责小组的沟通尤为频繁。这一密切的关系促成专责小组为奥巴马政府在非洲南部的活动提供直接支持。在2009年年初，专责小组赞助了一个企业代表团到达苏丹南部，最后促成了超过1亿美元的农业项目。更进一步地，以专责小组和美国大学的农业及工程项目合作关系为基础，专责小组还强化了以前得到过国会领导人支持和鼓励的、弗吉尼亚理工大学和苏丹南部的朱巴大学之间的学术合作关系。

2009年，通过专责小组的协调，一个商务代表团参访了苏丹的喀土穆，代表团当中的美国跨国公司专注于当地的灌溉设备、水果加工、收割设备和阿拉伯胶处理项目，最终，3家美国大公司得到在苏丹开展工作的许可，随后分别在非洲建立其业务运作体系。

我们的工作不仅限于苏丹。在美国驻卢旺达大使斯图·西明顿的要求和鼓励下，专责小组又在卢旺达提供了援助支持，促成了万豪酒店集团与卢旺达的商业合作，并推动了该国与非政府组织和商业企业关系的发展。我们的工作也不仅仅局限于在美国企业和学术界的合作。我们利用我们在伊拉克工作当中与一些国际性的公司之间形成的关系，促成了卢旺达丝绸和纺织工厂与意大利一些企业的合作关系，拓展了卢旺达的业务经营范围。我们还赞助了一个企业代表团来到卢旺达。其中有这样一个例子：一位企业高管对于专责小组的工作印象是如此深刻，以至于在随后的访问中，特地带着家人来到卢旺达，并且得到苏丹总统卡加梅和西明顿大使的接待。

在卢旺达最有趣的项目之一，是开发海拔较低的基伍湖的甲烷，从而挖掘天然气清洁能源的潜力。数千年来的腐烂植物，促使这个被高山环绕、毗邻非洲最大的大猩猩山地保护区的大湖产生了数十亿立方米的甲烷。甲烷气体经常从湖面冒出并在低洼地区积聚，这种能量一旦爆发，会给当地居民带来致命的后果。开发这种甲烷气体，能为卢旺达以及周边国家提供廉价的电力来源，同时为卢旺达创造国民收入并促进它的经济发展。

我们的这项工作始终保持低调，尽量避开媒体干扰，旨在确保我们与国务院之间建立互相信任的关系。不过它并非无人知晓。美国国会黑人议员团中有议员已经知道了我们的这项工作，因为他们收到了有关我们项目的一份简报，尤其是在卢旺达能源领域的。

在非洲工作，专责小组不得不面对一种发展机构运营模式的现实，也即我们在伊拉克暴力冲突频繁地区之外开展工作多次经历的现实。虽然我们希望美国国际开发署能创立一个完全不同的参与过程，但真实的情况却并非如我们所愿。获得美国国际开发署援助的当地社区，充其量只能算是一种在医疗和食物方面的慈善捐助。它几乎没有任何旨在推动当地企业持续发展的活动，从而使一个国家能够逐步摆脱对于国外援助的依赖。卡加梅总统最喜欢的一句名言就是"要贸易，不要援助"。目前普遍使用的"能力建设"外援模式，就是聘请外国承包商指导当地政府做好自己的本职工作。这种方式在非洲国家广泛使用，并有一些取得实际效果的例子，但也付出了巨大的成本代价。对于非洲国家的发展机构而言，直接促进企业的投资和发展，并不是优先选择。在和伊拉克相比属于中等风险的国家，例如苏丹，所有的美国民间机构（包括美国国际开发署）都被要求执行限制性的安全条例，而当地政府官员也只能参与极少量的所谓"正常的"沟通和交流活动。

我们的努力范围正在迅速扩大，尽管我们在工作中获得的资源少之又少。在15个月内，我们支持非洲司令部的工作总成本还不到100万美元，一个专职工作人员考特尼·维卡里奥、从专责小组选定的几名工作人员（当他们不在伊拉克和阿富汗时），以及达伦·法伯带领的承包支持团队，为主持这项工作的鲍勃·洛夫提供了支持。但是这一成本以及最少的资源支出所带来的回报却是显著的。我从美国驻苏丹特使斯科特·格拉提翁、非洲司令部司令官威廉·沃尔德将军那里收到了情真意切的感谢信，他们都由衷地感谢我们对于他们非洲任务的支持工作。①②

① 苏丹·乔纳森特使致国防部次长威廉·琳恩的信函，2009年9月25日。

② 美国非洲司令部司令致国防部次长威廉·琳恩的信函，2009年10月15日。

当我在政府机构工作时，经常听到的一句幽默的话是："你在华盛顿所能做的最糟糕的事情，就是你是正确的。"现在在我看来，它还有一个不幸的变种："你在华盛顿所能做的最糟糕的事情，就是成功。"显然，随着我们交付的成功的项目越来越多，以及我们即将为非洲创造真正的价值，并且要持续发挥我们的作用，我们就必须得到一笔预算和正式的许可，而这必然会引发政府部门之间的冲突。

尽管有来自相关方面的明显需求，可由于常年在国外工作所带来的持续疲劳，再加上对于我们没有能力推进在非洲的工作感到沮丧，同时也是为了准备迎接新的挑战，鲍勃·洛夫在 2009 年 12 月提出辞呈。作为同意接受他任职企业高管的条件，他被要求在离任后一年之内，在任何情况下，都禁止参与他任职的原组织的会议或者讨论。这是一项旨在防止前政府高层官员以权谋私的政策。这使专责小组失去了一个强有力的支柱以及他所有的经验。他在出色地完成了对于非洲司令部和多个美国驻非洲国家使馆的支持性工作之后，曾大力协助我推动在伊拉克的使命。他的离任，对于专责小组而言，是一个重大的损失。

随着鲍勃·洛夫的离职，以及国防部对于专责小组支持非洲司令部工作越来越严格的审查，我们在非洲的参与活动不得不中断，所有正在形成的潜在优势都归零。

不过，除了我们对苏丹和卢旺达的使命有直接影响之外，在非洲的工作还是让我大开眼界。我第一次感受到，我们与国务院之间进行直接和有效的合作不仅是可能的，而且在没有内阁行政级别和没有跨机构冲突历史的情况下，相对更容易合作，这和我们在 2003～2004 年期间在伊拉克时所面对的国务院与国防部之间合作的问题完全不同。

显而易见的是，不仅我们推动经济发展的方式，促进国际企业间的沟通与合作，支持国际化的企业积极投资那些处于苦苦挣扎中的国家，并将其视为战略重点，在战后冲突环境中是必需的，而且我们在伊拉克所做的弥补它与世界上其他国家的经济发展差距的工作，在整个发展中国家都很有必要。这些认识在未来几个月乃至几年之后，将从根本上改进我们的工作方式。

第10章　进入阿富汗

在每一届总统选举结束到新政府上任前，《新闻周刊》都会有针对性地刊载一期涉及内政、经济和外交政策的主题文章。由于它名义上有可能为新政府在政策和管理方面提供某种建议或意见，因此会吸引各政治派别的思想领袖为其投稿。在上次大选结束后，时任《新闻周刊》国际版主编的法里德·扎卡里亚，请我撰写了一篇有关伊拉克局势的专栏文章。自从我和扎卡里亚在2006年第一次会面后，他就对我们每次在伊拉克和华盛顿的工作提出过合理化建议。我的专栏文章在2009年1月份刊登后不久，我就收到了彼得雷乌斯将军发来的这封邮件。①

发件人：戴维·H. 彼得雷乌斯，美国中央司令部

收件人：保罗·布林克利先生

抄送：戴维·D. 麦基尔南，国际安全援助部队司令

时间：2009年1月5日，星期一，6时58分37秒

主题：好文章

保罗，我一大早就读到了你那篇关于在伊拉克投资的好文章。你做得很好——无论是帮助公司投资伊拉克，还是协助我们在那里的工作，你都做得很出色。

现在，在保持伊拉克势头的同时，把你的目光转向阿富汗并在那里做出同样的努力怎么样？毫无疑问，那里甚至需要更多的帮助，同时也

① 《要拯救伊拉克？投资！》，《新闻周刊》，2008年12月30日。

将给你带来更大的挑战。

请让我知道你的想法。我们都很高兴地看到，国防部部长非常支持你；现在我们需要履行我们在阿富汗的使命，因此，我们也需要你坚持更长的时间！

假如你再次回到商界，你可以实现伟大的高度，但是那样一来，你将永远不可能履行对我们的国家乃至对全世界而言如此重要的使命！

祝一切顺利！

戴维·彼得雷乌斯

这不是我们第一次受邀参与阿富汗事务。早在2006年，当我们刚刚开始在伊拉克工作时，查尔梅·哈利勒扎德就请求我考虑支持美国在阿富汗的使命。当我们的工作在2008年取得了公认的成就之后，国防部负责阿富汗事务的几位成员就接触过我，请求我们给以协助。

我没有理会所有这些请求。我所掌握的有关阿富汗的事实使我坚信，专责小组不可能为那里带来真正有价值的援助。我们大多是商务人士，工作方向是重新启动一种先前已经存在的工业经济。伊拉克有一个庞大的专业人士阶层，它有既衰败、老化但却可以继续运转的工厂基础设施，还有一种显而易见的经济资产——石油和天然气。一旦整个伊拉克安全局势得到恢复，就可以迅速地推动它的彻底改变。在我看来，阿富汗并不具备这些现代经济基本要素当中的任何一种。如果由表及里地进行考察，就可以得出这样的结论：阿富汗需要的是有能力的援助组织所推动的补救式发展。

我召集了我的智囊团成员——马修·舒伊福林、克里斯·哈格、约翰·道迪、斯科特·金、汤姆·莫德利和达伦·法伯——深入地讨论了这一点。法伯提供了有趣的视角和观点。而绝大多数人所不知道的是，实际上通过对达里尔·斯科特以及他在联合承包指挥部——该机构同时负责伊拉克和阿富汗的军事承包——的继任指挥官们的支持，专责小组已经悄悄地援助阿富汗很长时间了。法伯曾不顾个人安危冒着很大的风险跑遍了整个阿富汗，参访了偏远的美国小型作战前哨，并部署了用于远程承包的自动化系统。他相信就支持美国在阿富汗履行的使命而言，专责小组有很多能做的事情。和我们2006年在伊拉克所见到的情况不同，我们已经拥有了有关阿富汗公司的可靠数据，这得益于法伯已经部署的自动化系统和数据库。

不过尽管法伯在获取那里的商业信息方面领先一步，但我仍持怀疑态度。

我们都能够认同的一件事情是，无论如何我们都不会盲目进入阿富汗，并根据源自外部的信息尝试启动项目。我从自己在伊拉克艰难的亲身经历中学到了更多东西。如果我们要进入阿富汗，就必须确保万无一失，也就是说，进入阿富汗要有一个条件，用 3 个月的时间，把一个由农业、工业和自然资源方面的专家组成的团队部署到阿富汗，分头暗地里了解这个国家的经济发展机会。在这 3 个月结束后，我们将提供一份有关我们研究结果的综合报告，以及我们感觉能够为这项使命增值所做的工作计划。

我在我们的建议中明确告知美国中央司令部司令官彼得雷乌斯将军和美国驻阿富汗大使卡尔·艾肯伯里：如果我们认为我们不能贡献价值，那么我们就会公开表明这一点，而且我们的参与活动也将宣告终止。他们最不需要不切实际的承诺。假使我们不能够提供援助，我们也不会浪费他们的时间。我还提出要求，根据我们在非洲的经历，在我们参访阿富汗之前，我们将需要从艾肯伯里大使那里收到一份正式邀请函，目的是为了防止在国务院内部产生任何负面的反应。

就在提交这些建议的同时，我们正在重新组建我们的伊拉克团队，并专注于加速在伊拉克的工作进度。鉴于我们随着布什政府任期结束而给我们造成的资源损失，我看不出我们有能力接手另一个国家的事务。而且我确信，在考察了阿富汗的实际情况以后，我们必然会发现，我们的团队并不适合进入那个国家。我认为这只是我们在努力让我们在伊拉克的使命继续走上正轨的过程中所遇到的一个小小干扰而已。

到了第二年初春，我们开始着手讨论我们前往阿富汗的考察计划。我计划带上马修·舒伊福林、埃德·普利斯（博洛格研究所所长）、约翰·道迪（麦肯锡公司）、斯科特·金（均富会计师事务所），以及我在邀请美国地质调查局进入伊拉克时所结识的该局两名高层领导人：约翰·迪瓦恩和杰克·梅德林。空军中校朱莉·洛佩兹不久前接替了马克·贝尔德，成为我们的军事承包和财务管理负责人，她也将与我们一同前往。

杰克·梅德林是一个有趣的人。他之前在整个中亚地区工作了几十年，

对于兴都库什山 * 和亚洲喜马拉雅地区的地质结构拥有渊博的知识。他个性强悍而又令人着迷，并且会让我联想起埃德·普利斯——我认为他是农业发展领域的印第安纳·琼斯 ** 。现在，我把杰克·梅德林看成地质学领域的印第安纳·琼斯。他们不但都是在各自科研领域拥有博士学位的出色专家，而且无所畏惧，在进入危险地区进行实地调查的几十年里，都有无数次与死神擦肩而过的经历。

梅德林和迪瓦恩邀请我去他们在弗吉尼亚州雷斯顿的美国地质调查局总部，和他们一道讨论阿富汗的地质情况。在经过长达几周的多次调整会面日期之后，我同意去参加他们的会议。我对于这次会议并不乐观，去参加更多的是出于礼貌。然而，我在那次会议上了解到的情况改变了接下来的一切。

事实上，早在2004年，美国地质调查局就应美国国际开发署的请求，对阿富汗的矿藏情况进行过评估。数千年来，宝石、黄金和稀有金属的开采已遍及阿富汗。苏联在阿富汗的某些地区进行过大规模的钻探，在该国北部古迹巴比扬大佛附近，发现了一处世界级铁矿床，而在距首都喀布尔市大约50英里的地方，发现了一处世界级铜矿床。当时，阿富汗财政部部长阿什拉夫·加尼决定为美国地质调查局对阿富汗的矿藏进一步勘查提供资金，希望给这个无比贫困的国家带来经济发展和为政府提供财政收入的机会。

美国海军提供了P－3“猎户星”型海上巡逻机，用来支持美国地质调查局使用精密热磁成像设备所进行的勘查。在经过几周的时间在这个国家上空多次飞行和地毯式勘查之后，美国地质调查局收集了有关阿富汗矿产资源最全面的远程数据。在对数据进行分析之后，美国地质调查局发现了惊人的结果。高空调查显示，阿富汗富含金、铜、铁等高价值的矿物质，以及应用于高科技和国防的稀土类金属如锂、其他放射性矿物质和宝石，以及石油和天然气。可以毫不夸张地说，阿富汗没有一寸土地会没有有价值的矿藏。美国地质调查局全面分析了勘查数据，向美国国际开发署提供了一份全面的作为

* 亚洲中部山脉，位于阿富汗和巴基斯坦之间。——译者注

** 1981年到1989年间，斯皮尔伯格同乔治·卢卡斯合作拍摄的著名系列影片《夺宝奇兵》（三部曲）中的主人公。——译者注

其交付项目的报告。①

这份报告是在 2006 年下半年提交的，也仅此而已。3 年来，它始终被束之高阁。美国国际开发署当中没有人知道该怎么处理它。

听了这个介绍，我被了解到的情况吸引住了。一直以来，阿富汗在其社会安全与经济发展的方方面面，几乎都完全依赖国外援助，而且没有任何可作为经济发展基础的财富来源。然而，几乎是在美国军队驱逐塔利班并驻守这个国家 8 年之后，我被告知这样的事实：这里有可资利用的本地经济发展来源，它可以作为一个自筹资金进行发展的国家的基础，但一直以来却还没有进行开发。

梅德林和迪瓦恩都说没那么快。虽然我们所拥有的是使用最先进的遥感仪器所获得的高空远程勘查数据，并且它提供了有关在经济上可行的矿藏资源开发潜力的强大信息，但这是远远不够的，还需要进行实地勘查。如果可能的话，基于空中远程勘查数据而看起来很有潜力的地方，必须进行物理勘查和钻探，采集样品并评估其质量，还要与基于遥感结果的预期质量进行比较。只有这样，我们才能够预测矿藏资源的价值或是其潜在的经济发展可行性。

我想这很有道理，我们甚至可以把最初的某些田野考察纳入为期 3 个月的整体调查研究中。梅德林和迪瓦恩也同意使用这种方法。

我们在 2009 年 7 月 7 日第一次来到阿富汗的喀布尔，准备在该国各地展开一次旋风般的调查和接触行动。

我们有一个完整的议程：每天去不同的城市，并由一个不同的北约军事机构负责接待。我们首先见到的是驻阿富汗国际安全援助部队指挥官斯坦利 · 麦克里斯特尔将军，他承诺为我们提供任何必要的资源，使我们能够做好我们的工作。无论是从伊拉克还是从五角大楼那里，我早就知道麦克里斯特尔。在 2006 年到 2007 年那些最艰难的日子里，他曾带领在伊拉克的联合特种作战司令部开展最危险的军事行动，并被许多人认为是从根本上摧毁基地组织在伊拉克基础势力的关键人物。在他后来担任华盛顿参谋长联席会议

---

① 《阿富汗非燃料矿产资源初步评估报告（2007）》，美国地质调查局，2007 年。

主席期间，我得以更多地了解他。作为我与其长期接触，以便向联合参谋部通报我们工作的一部分，我后来经常在华盛顿与他见面。身材瘦削、喜欢思考而且做事认真的麦克里斯特尔，是那种很容易让人产生好感的人。在我们结束对阿富汗的考察之际，我们专门安排了一次与麦克里斯特尔和艾肯伯里大使的“洽谈会”，以回顾和审视我们最初的想法，并且制定了为期 90 天的评估计划。

我们从一开始就明显看出，这个任务将和我们在伊拉克的任务有所不同。艾肯伯里大使——一位不久前退役、曾担任过国际安全援助部队司令的陆军中将——在其位于驻喀布尔大使馆的个人住所为我们举办了一次正式会面。他的夫人安排了晚宴，其中包括使馆高级领导层以及诸多阿富汗部长级的人物。我对于从工作一开始就能够得到艾肯伯里很大的支持深为感动。我被要求向在场大概 50 位左右的嘉宾发言，在艾肯伯里做了一番介绍之后，我发表了简短讲话，承诺我们将作为一种非军事力量协助阿富汗，为其人民的未来构建一个独立的经济。

这次会面是我们与阿富汗商界和政界领导人的第一次接触。他们带给我的印象，与媒体宣传让我产生的感受迥然不同。阿富汗几乎所有的部长都来自美国或英国；他们都受过西方教育，许多人都是成功的商人，并且在 2001 年之后回国，帮助重建他们的国家。矿业部部长瓦希杜拉·萨拉尼、农业部部长阿西夫·拉希米，以及阿富汗投资支持机构主席努尔·德拉瓦里，当时都在场，我和他们长时间地交谈，并被他们对于国家建设的长远战略眼光和深刻见解所打动。他们都了解我们在伊拉克的工作，并急于谈论如何支持私营企业的发展。他们认为这是迄今一直被国际社会所忽略的问题。

那天晚上天气凉爽，夜空清明。喀布尔也不是我预想中的样子，它周边环绕的兴都库什山脉的天然环境美得令人窒息。第二天上午，我们很早就乘坐 C－130 运输机前往阿富汗西部的赫尔曼德省。从空中看喀布尔和赫尔曼德省之间的山区景象，十分壮观：白雪皑皑的锯齿状山峰环抱着长满绿色植被的狭窄河谷，河谷四周绿色的地块表明那里有小型农场和乡村。

再次参与履行我们军队的使命让我感到鼓舞。军方对我们的到来充满热情。很显然，我们在伊拉克所获得的声誉众所周知，他们对我们的参与感到高兴。我们先到达巴斯顿军营的英国空军基地，然后再到附近美国海军基地的海军陆战队军营。我们在军营见到了我们在伊拉克工作时的另一位朋友：军队业务指挥官和海军准将劳伦斯·尼科尔森。

海军陆战队军营位于赫尔曼德省省会城市拉什卡尔加市以南大约 30 公里的地方，周围是炎热、平坦而又无比荒凉的沙漠景观，这与我在几年前第一次与海军陆战队合作时所置身的安巴尔省的平坦沙漠没有什么不同。我对于海军陆战队似乎总能驻扎在最不适宜人居的地域感到惊叹。海军陆战队队员被部署在这里，是为了彻底驱逐在过去两年中重新占据赫尔曼德省主要地区的死灰复燃的塔利班分子。作为罂粟种植和海洛因的生产基地，赫尔曼德是阿富汗的毒品之都，毒品贸易为塔利班提供了一个稳定的收入来源。

在五角大楼时，我就经常听到关于赫尔曼德省的罂粟贸易，以及美国和其他国际机构尝试杜绝本地种植罂粟的长期努力。在我看来，这似乎是一种徒劳之举。没有另一种能够产生收入的经济作物，我们还能指望农民种什么呢？让他们等着挨饿吗？多年来，缉毒署派遣工作人员在赫尔曼德省展开行动，间或尝试各种策略，包括在罂粟种植区大规模喷洒除草剂。毫无疑问，此举赢得了贫穷的阿富汗农民的心。鉴于近几年墨西哥边境城镇安全局势的失控，我对于美国执法机构试图阻止阿富汗毒品贸易的想法感到惊叹。如果我们不能管理好我们自己的边境，并且帮助一个邻国取缔毒品经济，我们要在像阿富汗这样的国家做好这种事情，又能有多大的希望呢？

考虑到铲除罂粟的项目成本，在我看来，我们只能支付比市场价格更高的费用补贴其他农作物——实际上，就是用同样的价格补贴农民以其他农作物取代罂粟的种植。美国农业经常出于并不具有多少说服力的战略原因而获得补贴。考虑到我们的士兵在伊拉克所面临的种种安全风险，为什么对罂粟的替代性作物提供补贴就会是问题呢？虽然这在理论上似乎很有道理，但很快我就明白这个战略为什么太过简单化了。

现在，在海军陆战队的努力下，一种镇压叛乱的办法似乎有了。我并不清楚这个办法将如何发挥作用，因为除了罂粟，我看不出还会有什么样的经济替代作物能够切断塔利班的资金链。建立安全系统是有道理的，但那种反恐管理策略和经济发展的后续元素并不清晰。

后来当我们在阿富汗遇到更多美国平民工作人员时，有两件事情就变得越来越清晰了。一件事情是，在阿富汗，美国平民工作人员的总体水准远高于部署在伊拉克的平民工作人员的总体水准。我后来了解到，这是阿富汗所独有的“温和战争”状态的另一种结果。在开发社区方面那些最出色、最聪明的美国人都被吸引到阿富汗来了，他们完全避开了伊拉克。他们都受过良好的教育并且雄心勃勃，他们对于本地局势的了解程度，远远高于在伊拉克的工作人员对于伊拉克的了解。因此，我开始情不自禁地想到，或许我们以平民身份在阿富汗开展工作，会产生不错的效果。

第二件事情涉及安全管理水平问题。虽然仍旧受到严格的限制，但美国平民工作者还是得到了某种程度的自由，可以在阿富汗乡镇四处走动。从后来美军与阿富汗人共同举行的一些会议可以看出，美国平民工作人员已经与阿富汗人之间建立了牢固的关系。经过 3 年多在伊拉克所观察到的美国平民参与的无效情况，让我感到欣慰。另外，因为阿富汗从未演化成某种类似于在 2005 年到 2007 年的伊拉克所爆发的战争，因此，阿富汗的私人保安服务的状态，并没有多么令人感到恐惧。而单个人在街头所感受到的那种充满敌意的程度，要低于伊拉克。和我们过去所经历和感受的情况相比，这里能有一个更安全的工作环境。

第二天，美国国际开发署驻当地代表罗里·多诺霍，带我们参观了这座城市并审查了美国国际开发署资助的几个项目。他是一个充满睿智和富有活力的人，热情地向我们描述他的项目和方案。当我们驱车穿过这座城市时，我更加清楚地感觉到，为什么我那些关于为农民提供补贴、支持他们种植罂粟以外的作物的简单想法是不可行的。这座城市的几个居民区都有富丽堂皇的大别墅，每幢别墅周围都有高高的围墙和安保人员。这座城市的毒枭显然是靠兴旺的鸦片贸易发家的，因此他们根本不可能让罂粟作物被替代。这当中可能没有任何简单化的解决方案。

但是，也有很多没有采取明显改善措施的情况。在这座城市里，一个大型轧棉机厂被关停，附近大捆大捆的棉花正在腐烂。当我问陪同参观的人轧棉机厂为什么会被关停时，我听到了与当初在伊拉克所听到的同样的回答：那个轧棉机厂是归阿富汗政府所有的，鉴于美国在对外援助中关于国有企业的政策，因此不能得到美国政府的协助。当地有家面粉厂也被关停了。因此，即使是农民希望种植除罂粟之外的其他作物，但那些能够将其产品加工成一种有价值的商品的加工厂，却被悉数关闭了。我对于美国的外援政策感到痛心。一方面，他们为了铲除罂粟花费了多达数百万美元的资金；另一方面，他们却任由其他农作物的加工厂关门大吉。

多诺霍还带我们参观了美国国际开发署在拉什卡尔加市市郊的试点农业项目。一个实验农场尤其吸引了埃德·普利斯的注意，他形容它是为官方代表团准备的一个门面项目，而不是一个可以真正帮助阿富汗农民致富的农场。很多实验性农场正在培植的农作物是撒哈拉以南的非洲植物，完全不适合在阿富汗大规模种植；一个用于鸡蛋和肉类生产的家禽养殖场显然已投入使用，但我们目前并不清楚，这个庞大而昂贵的示范农场，如何能够向为生存而种植除罂粟之外的农作物的阿富汗贫苦农民提供指导。这些项目看起来令人印象深刻，但至于下一步的打算，那些由美国国际开发署资助而运作这些项目的非政府组织（NGO），显然没有任何明确的计划。这里的每一个项目都是独立的、各自为政的样板工程，和阿富汗的总体农业发展规划无关，和地方经济发展战略也无关。

我们在拉什卡尔加市考察的另一个目标，是一家大型石灰华加工厂。石灰华是沉积物压缩而形成的一种半宝石矿物质，而这家工厂所加工的石灰华，是一种类似大理石的亮丽的绿色半透明石头。杰克·梅德林和约翰·迪瓦恩希望去看看加工厂。那家工厂的经理很欢迎我们的到来，并带领我们参观了工厂的简单设施，其中包括使用年限不到 20 年的基本切割和抛光设备。在工厂外面，堆放着未被切割的大块石灰华。这里的石灰华的开采地点，位于横跨巴基斯坦边境的赫尔曼德省南部的查伊加山区。

梅德林和迪瓦恩强调指出，这种石头在国际市场上是很受欢迎的，但前提是要利用现代化的切割设施正确开采，而不是使用会让石头出现裂缝的炸药。而且，开采矿石需要雇用数百名乃至数千名工人，这就可以为他们提供高收入的就业机会。现在，这家工厂的规模很小，只是雕刻用于阿富汗国内市场的花瓶和盘碟，仅此而已。当我问及相关人员下一步如何利用这种石头扩大生产规模或者开发市场时，正如阿富汗农业的情况一样，在赫尔曼德也没有任何发展基础产业的计划。

我们的团队从赫尔曼德出发前往赫拉特——一个靠近伊朗边境的相对偏远的阿富汗西部波斯文化历史中心。我们初次参访赫拉特的一个收获，是参观了其靠近意大利军事基地和赫拉特机场的一个高科技工业园。这个充满大中小型工业厂房的工业园，和我们印象中的阿富汗是一个纯粹的农业社会的概念完全不同。几家工厂的众多女工正在组装线上忙碌，做着简单的组装工作或者食品包装工作。所有的工厂业务都是自2001年以来建立起来的，这是从国外回国的阿富汗裔商人投资建立的，其中许多人来自美国。

这里200多家小到中型的工业企业在工业园区运转，整个看上去就像美国任何中西部城市郊区的工业园。工人们都在专注地从事本职工作，生产全面运转，通常都具有全自动化的装配线。我惊讶得不能再惊讶了。

我们受到的欢迎程度同样令人惊讶。在我们参观过的9家工厂当中，每家工厂的经理都无比热情地欢迎我们的到来，并带领我们四处参观。我们是第一批到访赫拉特的美国商界领袖，我们见到的阿富汗的每一位商人，都希望讨论如何扩大他们自己的业务。

我们在讨论中发现，这些工厂的产品市场都是相当狭小的，对象仅包括赫拉特及其南边和北边邻近省份的二三百万居民。赫拉特唯一的对外贸易国就是伊朗。这也是我们将在阿富汗多次看到的一种模式。

尽管这个靠近伊朗边境的城市有着重要的战略地位，但这里只分配到了一名美国外交官和一名美国国际开发署顾问。我们与他们见面以后，他们都表示愿意积极支持和参与我们的工作，并因美国的资源专门用于阿富汗西部经济的发展而感到欣慰。我对于美国长期采取的援助模式感到不可思议。实际上，阿富汗的大部分叛乱活动都发生在南部和东部，因此，有效地促进像赫拉特这样的城市的稳定和繁荣发展同样重要。这个整洁而又美丽的古城，现在本应成为国际经济参与的一个样板，但事实上它却一直被忽视。这也让我想起驻伊拉克的联军对于巴士拉的看法。

像伊拉克的巴士拉或者阿富汗的赫拉特这样的与伊朗接壤的城市，本应成为展示国际亲善的理想地区，因为这有助于削弱激进的伊朗政权——它总是不遗余力地把美国的地区使命目标描绘成与伊斯兰教之间的战争，或者是为了包围并征服伊朗人民。相对于在伊拉克和阿富汗这两个国家的重建项目遭到失败的全部代价，如果美国在这两个国家履行的使命当中包括吸引私营企业的参与，那么成本就会降到最低限度。事实上，由于这些城市长期被忽视并在经济上严重落后，就强化了伊朗政府的宣传力度。

在赫拉特美军基地的北约部队行为受到高度限制，很少参与任何“安全线之外”的活动。对于这里的许多意大利士兵来说，为我们的访问提供支持，是他们在基地之外执行的第一次涉及范围较广的任务。考虑到这个城市的安全状况相对较好，因此军队在伊拉克履行的使命当中并未包括民用资源使用和重建活动，这无疑令人感到沮丧。

第二天，接待我们的是赫拉特商会——一个由当地商业领袖组成的团体，他们作为东道主，在市中心一个体面的商务酒店主持了和我们的会谈。如同我们过去多次经历的情形一样，东道主真诚地表示，他们多年来一直期待着商业合作——从塔利班倒台之后开始，他们就怀着这样的愿望。他们给我们提出了各种各样的想法和要求，希望我们参与他们特定的具体业务，希望获得资本，以便使他们能够在阿富汗扩大市场并进入新的市场。我们在后社会主义的伊拉克通常很少发现的资本主义企业家精神，在这些阿富汗商人群体当中表现得非常充分和出色。在经过几个钟头的讨论之后（期间伴随着吃午餐和喝茶），我们带着一种越发强烈的机会感离开了。我们怎么能够对这些阿富汗商业领袖提出的援助请求置之不理呢？

我们在阿富汗北部城市马扎里沙里夫的商业领袖群体那里，以及在参观帕尔旺省企业的过程中，都感受到了同样的愿望。我们的参与过程的另一个收获，是有一次驱车进入潘杰希尔峡谷——北部阿富汗人当初击退苏联侵略者，而且在苏联占领阿富汗期间也从未沦陷的一个古堡据点。潘杰希尔峡谷是一个如田园诗般的河谷，其水流形成瀑布从兴都库什山脉最高峰倾泻而下，它的原始的质朴和美丽令人难忘。

驻阿富汗国际安全援助部队的任务是真正具有国际化特征的，它大概有包括美国在内的50个国家的军队参与其中。在我们的行程中，每天晚上都会体验到北约指挥部各级机构不同国家的民族元素——一种无论在哪一个军事驻地都会涉及不同的欧洲食物、文化和沟通过程的全新体验。

我们返回喀布尔参加与商界人士的会面，并决定进一步参观这个城市。这个三面环山的城市本身的情况仍非常糟糕。它让我想起污水横流、缺乏卫生设施的巴士拉。新的购物中心已如雨后春笋般地涌现全城，但基础设施较差——道路塞满车辆和行人。在城市街道上，驴车、牛车与新型汽车混杂在一起，当官方代表团的车队从车流中穿过时，刺耳的汽笛声会响成一片。

喀布尔河流经市中心，河岸毗邻一条林荫大道，看上去就像是一个迷人的河滨商业区，只不过它现在因柴火燃烧的烟灰而变成灰色，并且四处都是炮击和枪击留下的斑斑点点的痕迹。河岸旁边的一些路面上，不乏售卖小商品的摊位，以及在摊位之间穿梭的行人，大量的垃圾在河里漂浮。

为此我感到很恼火。阿富汗战争应该是正义的"温和战争"，是整个国际社会支持的战争，阿富汗人民应该从这样的战争中获益。自 2002 年以来，国际援助机构和非政府组织已经在阿富汗花费了数十亿美元，但得到的是什么结果呢？街道路面破旧、坑坑洼洼；缺少基本的基础设施。怎么可能会是这样的呢？喀布尔是省会城市，它云集了各个国际社会组织和机构。钱都花到哪里去了呢？

如果我是一个喀布尔市民，我会很想知道，经过近十年的外国占领之后，为什么现在这里的情况还是没有变得更好？

我们所在的这条林荫大道的尽头是一个醒目的清真寺，那里通向塞满车辆的城市街道，以及用来疏导不断汇聚人流的圆形交叉路口。我对街道的繁忙景象感到惊讶。从施工材料到成捆的干货、水果和农产品，人们手提肩扛地携带着各种各样的东西，彼此推推搡搡而又行色匆匆地穿过街道，他们也有的拉着上面装着多得不能再多的货物的大型人力车，从车流中央穿过。

这个城市显然因为过多的人流而不堪重负，远远超过了街道和基础设施的承载力。横贯这个城市的低洼山区布满泥砖房，它们以惊人的倾斜角度附着在山坡之上，一条条泥土路在它们之间蜿蜒而上。你会看到孩子们和穿着布尔卡*的女人顺着土路向上攀爬，在他们穿过那些陡峭的山路时，头上或肩膀上都顶着 5～10 加仑的水罐。

经过 9 天密集的考察之后，我们终于有了一个相对可行的计划。没有预料到的是，阿富汗的每一个城市，都有一个能为经济持续增长提供动力的坚实的工业基础和轻工业能力。和伊拉克政府官员相比，在有关经济发展的世界观方面，阿富汗的政府官员通常更具前瞻性和现代性思维。这个国家的商

---

* 阿富汗女性外出时穿的一种拖地长袍服饰（通常覆盖面部，只在眼部周围区域留有纱网），颜色以蓝色为主，其次是白色和紫色。——译者注

业基础设施平均水平也高于伊拉克，还有多家航空公司可以提供国内和国际航空服务。对于发展中国家而言，这是一个可以接受的标准服务。2001 年以后才开始有的手机和数据覆盖服务，现在已在全国普及，城市正在普遍安装能够提供高速数据服务的光纤网络。阿富汗的业务支持结构是精心设计和组织的，类似业务经营许可证这样的基本流程，都经过简化而变得高效。

虽然这里的国际平民工作人员少之又少——我们还没有看到任何高调的国际平民组织（民用力量增援），但是根据我们这些天的观察和接触发现，这里的国际平民工作人员的整体素质要高于伊拉克。我们希望平民援助队伍能够大幅度增加他们所需的人才，以便真正让他们的发展目标得到实现。

然而，阿富汗没有任何可行的经济战略或者旨在建立社会经济发展基础的计划，以使政府能够为其国家安全和社会发展提供资金。如果人们只是坐在那里，一遍又一遍地想着整体安全计划，或者花上几个小时审查试点项目（它们本身都很不错），却看不到有人讨论如何为阿富汗的长远经济发展找到强力的引擎，这必然是令人失望的。

在首次会面结束之前，我们与麦克里斯特尔将军和艾肯伯里大使长时间地讨论了我们最初的看法。我们确信，我们可以安排有才华的商业、农业和地质团队成员参加援助工作，并在国家和地区层面制定详细的经济发展规划。我们做出一项坚定的承诺，就是推出为期 90 天的评估。我们还告诉他们，作为我们 90 天努力的一个结果，他们可以期待看到一个建立经济自主的阿富汗的计划。

麦克里斯特尔和艾肯伯里的支持给我带来了莫大的信心，我是带着激动的心情离开的，但心里也怀着沉甸甸的压力。我知道，要实现我向艾肯伯里和麦克里斯特尔所承诺的目标计划是可能的，因为阿富汗工作在许多方面都会比我们在伊拉克更容易，但是我和马修、克里斯·哈格以及里贾纳·杜贝，还要抽出很多精力去管理伊拉克业务。现在，我们又面临创建一个能够监督两个国家经济发展举措的组织的任务。鉴于我们获得了国务院和新一届政府的全部支持，所以我希望我们能够成功。

我回到华盛顿，我和我的团队成员把观察到的情况加以汇总，并针对建立一个能够在可预见的未来支撑其自身安全和发展需要的阿富汗主权经济，制定了一个全面的战略性计划。虽然要做到这一点需要一个过程，但美国对外援助使命的成功履行又比较急迫地需要这一计划。当我们制定这一计划时，我们开始在五角大楼范围内将其向各级领导汇报，并最终向在很大程度上代表五角大楼最高权威的盖茨部长和穆伦上将分别提供了一份简报。

在2009年，阿富汗名义上的国内生产总值大约为100亿美元。而我们的分析结果表明，这一国内生产总值的60%完全是外国援助的直接结果，另外的30%是罂粟种植及毒品（特别是生海洛因）的非法生产和出口的直接与间接结果，只有10%是合法的、自给自足的经济活动的结果。换言之，一个拥有超过2 000万人口的国家合法年度经济总量只有10亿美元。①

进一步地说，在美国和联合国支持的联军推翻了塔利班并推动建立民主政权整整7年以后，阿富汗名义上的合法国民生产总值仅为每年10亿美元。②

外国援助产生的经济量在阿富汗国内生产总值当中所占的百分比大约为60%（这在世界上是最糟糕的），阿富汗排名在索马里、卢旺达、苏丹和马里等这一系列处境对等的国家的末尾。

换句话说，2009年，美国在阿富汗每月大约花费40亿美元的军费，换来的却是一个10亿美元的经济总量。

更糟糕的是，阿富汗政府年度预算几乎完全依赖国际援助。以它自己的实力，依靠一笔不超过10亿美元，而税收所占比例不超过20%的年度预算，根本不可能在任何时间内为其自身的发展和安全埋单。

这个国家是一个典型的慈善经济的例子，是一个乞讨型的国家。总统哈米德·卡尔扎伊及其政府（由于未能建立合法性的政府而吸引了如此多的国际关注）缺少作为任何政府所需要的最基本的合法性的基础——一种由民选官员掌握的、用于保障其公民利益和国家安全的固有收入来源。

想象一下，生活在这样一种国家的情形：对于每一美元的支出，你的国家的政府都要完全依赖其他国家提供的慈善捐助。你会尊重这样的政府吗？你的党你的国家的官员是在代表本国人民的利益还是在代表援助国的利益呢？你会在意谁是你的国家的领导人吗？你难道不会认为他们是援助国或机构的

① 国际货币基金组织评估阿富汗人均名义国内生产总值，2009年。

② 麦肯锡咨询公司研究外国援助阿富汗占其名义国内生产总值的百分比，2009年。

傀儡吗？再想象一下，经过 7 年之后，这种状况不但没有变好反而恶化，你的国家对于外部援助以及外国军队协助的依赖有增无减，你会认为你的国家的领导人及其政府是合法的吗（更不要说是高效的）？你会相信国际社会会把你的国家的最大利益放在心上吗？

一个政府最根本的责任，是通过适当的税收和相关的税源，负责任地为其公民提供社会安全保障与社会稳定。阿富汗几乎无任何意义上的经济主权。从我们的分析角度来看，首先没有一个合法政府机构赖以存在的经济基础，这是基本问题，这也必然导致阿富汗政府的最终失败。就我们而言，我们永远都可以协助在阿富汗举行选举，但不会赋予其民选官员以有效的合法性。在阿富汗人民建立一个真正能够养活其自治政府的经济基础之前，阿富汗不可能有任何真正意义上的民主政府。在 2009 年，阿富汗没有任何实现这样的经济自主权的计划。

运送到印度农贸市场上的阿富汗石榴，并不会达到理想的结果。

因此，我们的战略目标，就是为阿富汗制定一条经济主权的路线图，真正让阿富汗人民能够独立自主、摆脱对国外援助的依赖。这是我们整个战略和战术计划的基础。

我们另外的关注点是国际援助的性质和有效性。自 2002 年以来，援助国在阿富汗已经花费了数十亿美元，然而能够直接驱动有意义的经济活动的费用少而又少。通过对美国国际开发署的预算进行分析，能够给我们带来启示。① 到 2008 年，美国国际开发署已经划拨了大约 65 亿美元用于援助阿富汗。但在这当中，只有 5% 的援助资金用于农业发展，还有 6% 用于通过为阿富汗政府部门提供咨询服务而支持该国的经济发展。阿富汗有 85% 的农业人口，而美国在其农业发展方面的援助资金只占总预算资金的 5%，这是一个不容忽视的显著反差；而用于农业的资金也仅侧重于果木农产品和养殖产品——一个只会对极少数阿富汗人产生影响的经济活动。大多数阿富汗人主要种植谷物、油菜和养殖牲畜，但国际援助未能投资于这些领域，这意味着大多数阿富汗人几乎没有感受到国际援助机构对于他们的经济福利的日常影响。美国国际开发署其余的预算当中，大约有 40% 用于道路建设和发电项目。

---

① 麦肯锡咨询公司研究美国国际开发署在阿富汗的支出（2002—2008），2009 年。

但是如同在伊拉克一样，阿富汗整个国家对于下水管道、水源、交通和电力基础设施的需求是如此之大，以至于美国国际开发署的这些项目作用太不明显了，根本不足以满足百姓的日常生活需求。

美国国际开发署还有一部分预算资金用于为咨询工作人员提供支持，区域范围主要限定在喀布尔。各类救援机构和非政府组织在那里雇用了数千名承包商，喀布尔真正是一个国际救援机构的汇聚地。这些机构每年为阿富汗提供数亿美元的援助资金，用于人权、教育、对部长们的支持和法治咨询服务。虽然这些项目本身有着高尚的动机，虽然每一个侧重领域对于阿富汗的未来自主经济都是重要基石，但是这种援助的结果目前尚难以看到。

就和在伊拉克一样，平民工作者在这里工作的时间，通常是一年或不到一年。他们在安全方面有很大的限制，难以真正投身于阿富汗的经济活动，大多数平民工作者都被封闭在有荷枪实弹武装警卫守卫的有围墙的区域内。一个人只要根据一个项目的负责人的任期，就能够推测出该项目是否有效；那些在阿富汗居留时间足够长，并且真正了解该国文化的援助机构的负责人，他们所实施的项目是有效的，因此他们有效的服役期也超过一年。不过不幸的是，大多数项目都未能满足这一基本要求，而只是在项目上完成了一种职务轮换，这无论是对于西方的顾问，还是对于成千上万的阿富汗人（他们迁移到喀布尔就业，要么是直接服务于救援机构，要么是间接地参与以虚假繁荣为特征、以外国援助为基础的喀布尔经济）而言，都是如此。

如此多的外国援助机构如潮水般地涌入一个如此小的城市，这一现实正在扭曲阿富汗社会。从全国各地涌到这里找工作的人让喀布尔不堪重负。但这里的工作机会并不具有可持续性，或许在某一时间点，这种体系会崩溃，而且一旦它崩溃，喀布尔的整个经济也行将崩溃。作为在 2002 年之前一个人口不到 100 万的城市，到 2008 年，却变成一个人口超过 800 万的拥挤的大城市，但其城市基础设施却只能满足其中 10% 人口的需要。每逢工作日，街道上总是拥挤不堪，运河和水道成了露天排水沟。而在冬季的夜晚，空气中总是弥漫着柴火带来的浓重烟雾，垃圾散落在全城的各个角落。

阿富汗的外国援助经济是一种非常脆弱的经济，一旦外国援助退出，其整个经济就会崩溃，由此产生的痛苦混乱局面，将为激进分子重新崛起提供有利的条件。这种退出将是必然的：在某一天，外国援助机构连同其庞大的军事和开发预算必然一同撤离。阿富汗如果不建立一个良好的本土经济取代这种援助经济，那么要想让援助阿富汗的数十亿美元和牺牲的数千个生命最终不会成为一种徒劳的付出，几乎是完全不可能的。

我们关注的第三个问题是大规模军费开支带来的副产品。达伦·法伯分析了自2002年“阿富汗行动”开始以来的军事开支，他发现的结果很令人不安。大部分军费开支和国际发展资金，都花在了阿富汗进口商品和商务服务上，而很少用于投资企业。一些国际公司已经进入阿富汗并建立了自己的业务，还谋求与美国以及其他联军所在国的承包商，向该国输入了数千名工人，而阿富汗的企业却往往只是旁观者。不管是多么简单的经济合作项目，一批又一批的进口商品证明了这种模式，就连最基本的建筑材料都是用卡车从周边国家运入的，而不是从阿富汗本国商人手里采购的。

水泥就是一个很好的例子。自2002年以来，阿富汗的水泥进口量每年增加94%，到2008年时，进口量接近每年100万吨。其实阿富汗国内是有水泥厂的，但大多被关停，自2002年以来，水泥生产量基本保持在每年不到30吨。不仅如此，从碎石到砖的许多简单商品，都同样如此。阿富汗的大部分建筑材料都来自巴基斯坦，而巴基斯坦从这一贸易中直接获利数亿美元。①

更令人不安的是，援助资金仅限于向少数几家阿富汗企业倾斜。而在阿富汗企业与美国成功建立起销售网的地区，这些阿富汗企业迅速成为某些产品的单一的供应来源，这引起其他当地部落和商人的不满。在军事和民用任务范围内，美国的合同管理指挥官和参谋不断轮换，使参与各方对于当地企业难以进行长期和深入的了解。通常情况下，一个执行新合同的工作人员所能做的最简单的事情，就是和一个之前有过成功交付商品或者服务记录的招标公司签订合同。由此带来的意想不到的负效应，就是援助资金高度集中于极少的几家阿富汗公司。②

我们关注的焦点涉及阿富汗的种族以及地域商业活动的缺乏，这种缺乏已经到了令人不安的程度。在伊拉克，虽然由于2003年以后经济活动中断，即使各教派和各部落的商业活动也停止了，但要恢复起来也相对容易。而目

---

① 麦肯锡咨询公司研究美国国际开发署在阿富汗的支出（2002—2008），2009年。

② 业务与稳定行动专责小组分析美国国防部在阿富汗的合同（2002—2009），2010年2月。

前在阿富汗，我们还不清楚各种规模的贸易关系是否真正存在过。从我们的分析来看，很显然，自 1979 年苏联入侵到目前为止，真正意义上的阿富汗内部贸易根本不曾有过。

从我们的角度来看，这是一个非常棘手的问题。

在一个自主的民主国家当中，没有一个充满活力的国内贸易，这是很难想象的。阿富汗国内各地之间没有真正的经济互相往来的历史，虽然有一些例外，但总体看来，在特定的城市和地区，一切经济活动都是地方性的。凡是有贸易存在的地方，都是与邻国之间的贸易，而不是与其他遥远的省份之间的贸易。

几个世纪以来，阿富汗令人生畏的地理环境，导致了这种经济隔离和各自为政。由于崎岖的山脉地形造成的地区之间的遥远距离，使阿富汗亚文化在很大程度上是自主的和彼此独立的，其结果是，使国内任何规模的彼此互利贸易关系从未真正发展起来。

有人常常会反驳这一结论，他们会援引中世纪和更早版本的“丝绸之路”经济——一种会激发西方各种开发机构幻想的浪漫概念——来作为证据，但这是一个错误的比较。“丝绸之路”是一条将货物从东亚输送到地中海和欧洲市场的交通路线。携带丝绸和香料的商队在通过“丝绸之路”上的每个自治区域时，会被迫缴付贡品，这就会给地方带来局部经济利益，但这并不是真正意义上的贸易伙伴关系。将一个社会凝聚成一个整体的贸易活动，本质上是一种贸易关系——将本土产品向外输出，以便获利，或者从一个邻近国家换来其他本国需要的产品。“丝绸之路”对于阿富汗现在的经济活动而言并不具有可比性。如果我们的战略目标是建立一个独立自主的阿富汗，那么实际上，“丝绸之路”经济模式是完全无法借鉴的错误的模式。在一个具有任意数量替代性商品贸易路线的世界上，古代那种收取过路费式的“劫路”经济，不可能给阿富汗带来显著而真正的经济财富。

建立一个经济独立自主的阿富汗，需要有两个条件：一是为阿富汗人民开拓一个稳定的收入来源，以便避免他们对于外国援助的过度依赖；二是为阿富汗建立稳定的商业活动的基础，以便困境中的整个社会的种族和部落派别在经济上展开互利的活动。尽管在范围和复杂程度上，完成两个目标的任务似乎过于艰巨，但我们的研究明确了一条随着时间的推移能够实现上述两者的途径。

我们的战术计划基石是开发采矿业。最初我们与美国地质调查局合作进行的实地勘查，验证了美国地质调查局在 3 年前所搜集的高空热磁成像数据。阿富汗实际上蕴含丰富的矿藏资源。我们的团队成员包括世界上一些一流的采矿专家，他们告诉我们的事情令人印象深刻。铜矿仅仅是一个例子。对于国民生产总值的贡献而言，一处世界级铜矿就有望带来每年超过 20 亿美元的收入。阿富汗到处都有这样的铜矿，在美国地质调查局进行数据收集之前，人们只知道喀布尔南部的麦斯艾纳克矿山。这处最初由苏联钻探的矿山，不久前交由中国冶金建设集团公司（MCC）开发。还有大量次优铜矿。大多数铜矿和金矿的地点都是同时被发现的。我们采集到的一些样品表明阿富汗有高纯度的矿石。鉴于每盎司超过 1 000 美元的黄金价格，金矿可以为阿富汗快速带来经济效益和就业机会。

优质的铁、钴、锂和其他几种需求量较大的稀有金属矿床都被确定后，我们与阿富汗矿业部和地质调查局合作，部署野外地质工作者在这些地点勘探和采样，同时也聘请了世界领先的矿业开发公司的法律、金融和市场营销方面的专家为阿富汗政府提供咨询，告诉他们如何以对经济和环境负责任的方式开发这些矿藏。

据美国地质调查局估计，阿富汗全部地下矿产资源的价值近 10 000 亿美元。除了这个数字惊人的国有财富以外，在阿富汗北部还有预计储量为 10 亿桶的石油，那些由苏联人钻探过的油井，在他们于 1989 年撤离后至今仍处于封盖状态。虽然阿拉伯国家大都盛产石油，使阿富汗便于进口，但对于它本身是一个燃料和能源几乎 100% 依赖进口的状况而言，让自己国家的油井处于封盖状态而不进行开发，显然是资源的巨大浪费。现在每桶油价大约为 100 美元，而且阿富汗初始开发已经不需要进行任何油井勘探了，阿富汗的石油在为它带来经济效益的同时，还将为它的发展提供短期和长期的机会。①

当然，开发矿产资源以及油田和天然气，不可一蹴而就，它需要包括铁路网络和管道在内的配套基础设施。随着阿富汗安全状况的改善，这些领域

---

① 《有关阿富汗矿产投资重要区域和非燃料矿产生产机会总结报告》，美国地质调查局和业务与稳定行动专责小组，2011 年。

终将获得私营投资，但即使如此，我们也需要通过支持反恐，向阿富汗人民迅速证明我们的努力能够带来的好处。

在这方面，我们为阿富汗工厂业务的评估提供了另一条路径。阿富汗食品加工业的发展，离不开各地生产的粮食等农产品，我们将设法通过各种途径嫁接这个桥梁，并直接推动地方社区之外的工业企业、服务企业进入这块市场。我们相信，如果我们能够就阿富汗各个地区之间开展商贸活动创建几个示范点，那么阿富汗商业领袖天然的商业因子，将促使他们逐步遵循这些示范点的做法，并进一步拓展合作规模。

我们争取一切机会，为阿富汗产品，尤其是地毯和水果，进入国际市场创造条件。虽然我们对外宣传的重点放在水果和蔬菜种植方面，但并没有为阿富汗的农民定义任何国际出口业务合作的类型。虽然我们做的这些还不足以对阿富汗的国内生产总值产生重大影响，但它们会促使国际社会对于在阿富汗开展业务的态度发生转变，并且为将来规模更大的发展打下基础。

阿富汗的采矿业很有前景。对于开采像钴、金这样的稀有金属（还包括锂矿），所需的资本投资量较小，可以使用卡车就把矿石运出来，而且初期还可以使用人力手段（镐、铁锹和手推车）开采矿石。这些将能够为当地带来直接的现金流，并提高当地人的积极性，同时也彰显阿富汗采矿业的长期扩张和发展具有可行性。

铜、铁等金属，以及应用于高科技行业的稀有金属，由于开采过程复杂，因而将需要更长的时间。配套的铁路基础设施将是关键的环节。假如自 2003 年起，国际社会把援助阿富汗的每一分钱都用于其铁路建设，那么到 2009 年，阿富汗的国内生产总值将达到现有水平的 10 倍以上。在世界其他地方同样严峻的安全形势和不利的地理环境下，有很多这样的成功例子，一些私营企业投资了开采次级矿藏的配套基础设施。如果阿富汗的安全状况持续改善，我们将有望看到这种模式也将在阿富汗出现。

我们特别强调在阿富汗全国各地建立起稳定的支柱产业的重要性——不只是美国部队所侧重的暴力冲突频发地区。为了在全境内推广我们的主张，专责小组将在喀布尔、贾拉拉巴德、拉什卡尔加、赫拉特、马扎里沙里夫、昆杜兹和坎大哈等主要城市成立运作中心。我们的目标是在 3 个月内，为所有运作中心配齐工作人员。从阿富汗政府的角度来看，这是一个异乎寻常的承诺，但却是我们认为能够实现的承诺。在评估这些项目期间，我们在华盛顿的团队致力于招募专业人才，准备增加和安排支持阿富汗使命的工作力量。得益于我们最新聘请的顾问团队的协助，专责小组开展与当地社区的合作，并将在全国各地采取一种全新的、开放式的参与经济活动的方式和方法。

在我们提交简报之后不久，盖茨部长给我们发出了一份备忘录，进一步明确了我们的工作方向、所有经济部门的工作范围，以及它对于伊拉克和阿富汗使命的重要性。备忘录授权专责小组支持美国军方指挥部开展“伊拉克自由行动”、阿富汗“持久自由行动”及其“后续行动”的目标，并且强调了我们直接向盖茨部长汇报工作的重要性。① 我不再是布什政府“遗留”下来的带领一个不起眼的专责小组并负责伊拉克使命收尾工作的人，专责小组现在是国防部在上述两个国家更广泛地履行使命必不可少的组成部分。

我准备按照每月正常轮换的原则分别重返伊拉克和阿富汗，在这段时期，我养精蓄锐，并且有了一种敢于面对一切困难的勇气。在伊拉克，我们曾经协助我们的军队彻底扭转了一个濒于失败的使命，这一成就完全超出了我在5年前离开硅谷时的预期。现在，我们准备为那个更广阔的区域的长期稳定而做出贡献，为此，我再一次充满信心！

---

①《专责小组继续推进伊拉克的商业与稳定行动》，国防部备忘录（编号#OSD03356－10），国防部部长罗伯特·盖茨，2010年3月25日。

第11章　纯洁的土地

就美国的地缘安全利益而言，在地球上没有哪个国家比巴基斯坦更危险了，它拥有将近1.8亿的庞大人口基数，而在这之中，年轻人占据的比例越来越大，拥有核武器，贫困和失业成为社会普遍的现象，自冷战结束以来，种族和教派的冲突非常激烈，且逐年猖獗，这一切使巴基斯坦成为国际公认的恐怖分子招募新兵并对邻国印度和西方国家发起暴力圣战的温床。

在这方面最典型的例子，莫过于2008年11月发生在印度孟买的暴力事件，当时以巴基斯坦为基地的恐怖分子，发动了枪击和爆炸的协同攻击，这再次将印度和巴基斯坦带向了全面战争甚至不可想象的核后果的边缘。

在阿富汗与巴基斯坦边境地区，形成了一个基本不受控制的区域，它成为寻求同时推翻阿富汗和巴基斯坦政府的激进主义叛乱分子的大本营。在这些不受控制的地区，大部分所谓的学校都是伊斯兰宗教学校，往往都由沙特阿拉伯和海湾地区伊斯兰原教旨主义者提供资助，在那里教授每一个年轻的穆斯林将对西方发动圣战视为己任。①

卫星电视不断播出有关世界各地日益繁荣和腐化堕落的画面，却极少关注这些地方更美好的生活前景。受此影响，在巴基斯坦的许多地区，人们普遍同情叛乱分子。在巴基斯坦几乎所有机构的官员普遍腐败，进一步点燃了人们被压抑已久的愤怒情绪。为此，我们提供另一种有关未来社会的景象，提醒巴基斯坦年轻人有理由对自己的前途抱有希望，这对于矫正公众扭曲的同情心是至关重要的，同时对于该地区的长期稳定也是必要的。如果我们想要阻止一个核武器国家成为叛乱分子的大本营，那么我们就必须努力创造条

---

①　法扎纳·谢赫：《了解巴基斯坦》（纽约：哥伦比亚大学出版社，2009）。

件，让这个国家的民众真正过上丰衣足食的生活。

国际社会普遍认为，究其根源，巴基斯坦日渐猖獗的叛乱分子暴力活动部分源于该国的经济原因。经济根本无法吸纳不断增加的巴基斯坦年轻人口，而他们对于印度不断繁荣的国情越来越感到沮丧——他们将这种繁荣的主因错误地归于印度与美国之间的贸易增长。任何旨在减少恐怖组织“兵源”的努力，都必须包括经济因素。

我应理查德·霍尔布鲁克*的请求，并且彼得雷乌斯将军也极力说服和鼓动我，于是我便参与了巴基斯坦的业务活动。奥巴马政府明确表示，它将美国在阿富汗和巴基斯坦的使命视为一个统一的使命。如果我们要保持我们最新建立的势头，我就需要确保我们的团队与这一思路保持一致。

当然，我们也有理由对巴基斯坦抱有希望，这里正在取得进步，军事独裁者佩尔韦兹·穆沙拉夫在一年之前，已将权力移交给巴基斯坦人民党的民选政府。①尽管这是乐观的一面，但我们也知道这当中没有任何一蹴而就的解决方案。

很难想象还有哪一种关系，会比自2001年的“9·11事件”以来美国和巴基斯坦两国之间的关系更复杂，甚至更荒谬。巴基斯坦既包含在很大程度上不受控制同时也被公认为继续破坏阿富汗稳定的塔利班、伊斯兰激进主义者以及好战部落群体避风港的普什图族和俾路支部落地区，但它又是北约部队将物资运进战区的主要物流路经国。奥巴马政府将关注点放在阿富汗冲突方面并由霍尔布鲁克打头阵，启动了与巴基斯坦多方面的接触战略。这一战略的典型特征，就是采取了“胡萝卜加大棒”的软硬兼施原则：一方面鼓励巴基斯坦兼顾美国利益，同时给予巴基斯坦较之原先3倍的发展援助；另一方面在北部部落地区使用无人驾驶飞机，对于武装恐怖分子进行定点清除。

这一外援政策的“胡萝卜”部分是：美国做出了一项重大的援助承诺——《克里卢格法案》。该法案承诺在为期5年的时间内，每年为巴基斯坦提供15亿美元的非军事援助。②作为对于援助资金的回报，法案对巴基斯坦政

---

* 美国驻阿富汗和巴基斯坦特使，也曾担任过美国常驻联合国代表、美国助理国务卿和驻德国大使等，2010年12月因病去世。——译者注

① 《2008年大选结果》，巴基斯坦联合新闻社，2008年2月。

② 《加强与巴基斯坦合作法案（2009）》，《公共法》117—173。

府设置了各种条件，其中大部分涉及发展民主制度、建立完善的法律法规，以及减少军方领导层对于巴基斯坦政治的影响。该法案在巴基斯坦引发了大规模的公开辩论，许多人认为这些援助条件过于繁琐和苛刻，而且会对巴基斯坦的国家主权带来冲击。同时该法案也引起了印度的不满，许多人不理解，为什么美国会给这样一个国家提供如此多的援助，这个国家是被公认的庇护蓄意攻击美国和印度的恐怖主义分子大本营，前不久在印度孟买发生的袭击事件，就是例证。

经过几个月的互通电子邮件和开展对话之后，我们与美国非军事援助协调员罗宾·拉斐尔——我的一个朋友和同行，她 2007 年在伊拉克工作期间，是我们工作的支持者——以及美国驻伊斯兰堡商务部专员威尔·森特，进行了密切的沟通和交流，并且收到了参与巴基斯坦事务所必需的正式邀请函。由于美国在巴基斯坦没有地面部队，所以我们实质上是“借调”给大使馆的，在驻巴基斯坦期间完全归使馆“团长”指挥。正如我们过去在非洲和现在在阿富汗所了解到的那样，这个办法会帮助我们避免陷于在伊拉克所经历的那些机构间的冲突之中。

作为前负责南亚事务的助理国务卿并身兼大使头衔的拉斐尔，被形容为一个谨慎的乐观主义者。她奉行一切从长计议的原则，并对所谓的快速修复方案持高度怀疑态度。但她相信，巴基斯坦局面动荡和许多人同情激进主义分子的一个重要原因是，该国经济的不确定性和人民生活的困苦，因此我们采取措施消除贫困，是发展美国与巴基斯坦未来关系的关键。她也对美国对外援助机构未能在一个合适的时间内，提供有价值的方案感到沮丧。在巴基斯坦的各类咨询顾问不计其数，但这里所发生的变化实在寥寥无几。

我们在伊斯兰堡首次接触了巴基斯坦的官员，包括财政部部长肖卡特·塔林、农业部部长拉菲克·贾迈利，以及巴基斯坦投资委员会主席萨利姆·曼德威瓦拉。从巴基斯坦政府的角度而言，我们在伊斯兰堡进行会晤的时机恰逢其时。就在两周前，美国国务卿希拉里·克林顿访问了这个国家，完成了和巴基斯坦高层领导人的一系列公开接触。虽然这吸引了一些美国媒体的关注，但在我抵达伊斯兰堡之后，才感觉到希拉里的访问所产生的影响。虽然希拉里的访问已经过去了两周，但巴基斯坦社会各界对于她参加的会议和发表的讲话仍然津津乐道。对于她在公共论坛上的发言的直接反馈，她对于美国政策所遭受的批评甚至对抗的正面回应，以及她对美国和巴基斯坦关系改善的承诺，为我们采取具体改进步骤创造了一个契机。

我们在她离开之后不久就来到这里，被看成是美国少有的快速跟进的一个例子。作为希拉里访问巴基斯坦时做出承诺的主要部分，我们将侧重于改善美国和巴基斯坦之间的经济关系。巴基斯坦人深知美国和印度之间正在不断发展和深化的贸易关系，以及他们这个东部地区死对头迅速提高的生活水平。他们不明白为什么美国——冷战时期巴基斯坦的盟友——现在正在发展与印度之间天衣无缝的经贸联系。

在我与巴基斯坦官员接触期间，有一件事迅速变得清晰起来，那就是，尽管希拉里在巴基斯坦受到友好欢迎，但是两国间要建立真正的信任关系，还有大量的工作要做。我听到人们不停地抱怨美国国际开发署在国家和省级层面，把资金花费在各种各样的咨询顾问的身上，以及它对非政府组织的拨款总是侧重于人权、民主发展和其他“软目标”。巴方所需要的是直接援助它的电力基础设施，增强美国与它之间的贸易关系，允许巴基斯坦纺织品不受限制地进入美国市场。

除了这两个引发他们主要兴趣的领域之外，让巴方官员感到非常沮丧的另外一件事情是，美国推动在北部部落地区建立美国享有优惠关税地位的企业区和自由贸易区。不论我在伊斯兰堡所接触的政界或商界领袖隶属什么样的政治派别，都能够明显地感觉到他们对于北部地区的反感，以及对于在旁遮普省和信德省——这些地方也非常贫困，也有不断增长的对于伊斯兰激进组织的同情——建立这样的企业区的热情。

正如我们先前在伊拉克和阿富汗一样，在初次接触中都主要采取了聆听模式，以此捕捉信息，但我们并不轻易发表意见。很明显，我们在伊拉克的工作已被巴基斯坦政府和商界领袖所熟知，很快他们就提出了参照我们在伊拉克的工作模式，希望有私营企业参与投资。

来自白沙瓦的商人们也同样令人鼓舞，但他们也流露出了对于一些部落地区居民生活没有任何改善的沮丧。他们对美方无人机袭击的不满溢于言表。

当我们乘坐商业运输机前往拉合尔市时，我们真正感受到了什么是世界级的交通运输基础设施。拉合尔市是一个有着丰富文化底蕴的城市，它有各种各样的殖民地时期的红砂岩宫殿、装饰得无比华丽的清真寺，还有将一个个传统市场和现代购物中心分隔开来的林荫大道。威尔·森特和萨利姆·曼德威瓦拉一路陪同我们，并向我们介绍了很有进取心的旁遮普省省长萨尔曼·塔希尔。塔希尔本人以前是一家企业的领导，他在历史悠久的拉合尔市省长大厦热情地接待了我们。

晚餐后我们进行了长时间的讨论。塔希尔在讨论中更多地侧重于农业发展，以及对于巴基斯坦纺织产品在全球纺织品市场上原有领先市场份额的丧失表示担忧。他说，想象一下巴基斯坦年轻人所面对的环境：他们耳濡目染的是印度电视和宝莱坞电影所展示的印度的各种繁荣景象；那些被视为异教徒的印度教徒越来越富有，而巴基斯坦的经济却在下滑，人均收入在下降。这是塔希尔明智的忠告，并且这与我们在伊拉克和阿富汗所观察到的情况一致。我们的外交政策系统，并不足以支持在巴基斯坦开展富有战略意义的经济活动。当我们驱车在拉合尔这个城市穿行时，我们看不到在伊拉克和阿富汗街道上所具有的那些明显的破败景象，这里街道整洁，人行道上人流如织。如果那种充满敌意的气氛和外界所感受到的不安全感能够减轻的话，那么我看不出为什么美国企业在这里投资无法获得成功，而同样的企业在印度却得到了成功。在没有任何安全和支持措施的前提下，我和马修进入这里的集市，并游览了公园，考察了公园的设施，游人们热情地与我们打招呼，他们并没有用充满敌意的眼光看着我们。

拉合尔市的商界人士友好而热情地欢迎我们，并在举行会议时聚拢在我们周围，他们渴望和美国人交流。在当地企业会所与他们举行过多次洽谈会之后，我们又参加了由主要商界人士和投资者举办的私人晚宴和正式会议。纺织业和农业领域的许多负责人，也直接或者间接地与我们接触，要求从巴基斯坦和美国的纺织品贸易中获得优惠。这几乎是一种普遍要求。但另外一个讨论虽是我们熟悉的但却令人不安，我最初在伊斯兰堡就已经注意到了这一点，当我们在拉合尔市待过几天之后，它越发叫人感到不安。几乎每一个商界领袖都喋喋不休地抱怨印度。会谈一开始，不管男女，就长篇大论地指责美国如何被邪恶的印度所控制。他们可以随口背出各种统计数字，比如“在奥巴马政府机构中，有 27 个美国官员是印度间谍”，并能熟练地把他们的名字说出来。不管听众是谁，他们的话题总是会转向对印度和美国的谴责，谴责它们对于那种绑架了美国的外交政策的各种做法视而不见。

我最初觉得这些讨论思路有些奇怪，并尽可能地将讨论重新引向本地企业的话题上来，让他们更多地关注那些有助于给他们带来显著改善的机会。在连续多日重复听到那些话题之后——先是在拉合尔，然后是在卡拉奇——我对于这种不停地抨击印度的情形感到厌倦。

我在访问巴基斯坦之前已经做足了功课，对于印度和巴基斯坦之间的仇视并不陌生；我也料想到巴基斯坦的政府官员和部队军官会有这样的敌视情绪。但印度和巴基斯坦商界领袖之间最近开始的广泛接触，一度让我乐观地认为，巴基斯坦的企业界人士并不会过多地专注于印度。

这些商界人士并不是军事领导人，也不是政府官员。他们是商人和企业家，他们齐聚一堂，应该讨论怎么和美国企业进行各种商贸合作，因为为他们牵线搭桥的这个团队，已经通过巴基斯坦本土的环境优势证明了他们的能力。他们是巴基斯坦最发达地区的商界精英，也是掌握了众多资源的商业企业的最务实的代表。然而，他们却不是更多地关注发展他们所在地区的经济，而是急于宣泄对与此完全无关的印度社会的强烈不满和怨恨。我不知道这个如此美丽且具有各种明显优势的国家，究竟为什么始终无法克服这种必然会妨碍其自身经济发展的群体心理障碍。

但通过各种接触，我们确实了解到很多情况。棉花和纺织品尤其比人们通常所描述的更加复杂。棉花种植面积正在扩大，但相对于其他国家而言，巴基斯坦的棉花种植业发展速度还是相对缓慢的，部分原因是包括美国在内的发达国家和中国等发展中国家引入了转基因棉籽。转基因棉籽，特别是抗病虫害品种 BT 棉籽，能够对抗长期以来在世界各地削减了棉花产量的象鼻虫和其他害虫，以及某些其他真菌性病害虫媒。另外是由于法律以及合同的原因，巴基斯坦缺乏引入这些新品种的渠道。BT 棉籽的专利人（一家美国公司）一直就棉籽的许可权在伊斯兰堡与相关方面举行长期的谈判。① 威尔·森特与这家美国公司合作，试图帮助巴基斯坦人达成双方都能够接受的

① 阿桑·阿卜杜拉：《旁遮普棉花栽培分析，巴基斯坦使用农业决策支持系统》，《生态农业杂志》第 6 期第 13 页（2010 年）。

条款，但经过几个月的谈判之后，并没有取得任何实质性的成果。

纺织品生产也可以串成一个复杂的故事。中国纺织厂的竞争力，以及其他东亚国家强大的生产商，给巴基斯坦服装厂和纺织厂带来了巨大的挑战。一方面，一些从巴基斯坦那里抢走美国服装市场份额的国家，实际上正在受益于最近的贸易正常化（比如中国和越南）；另一方面，与美国有长期正常贸易的其他几个国家（譬如孟加拉国），在缺少来自美国任何优惠待遇的情况下，正在占有市场份额。与此相配套的，巴基斯坦的农业灌溉和水利设施也是我们主要关注的一个领域。我急于让我们的农业团队以及美国地质调查局的合作伙伴访问拉合尔并去农场实地考察，以便获得对问题的更深刻的认识，从而制定可行的办法。

如果我们在巴基斯坦的工作能够正常开展的话，那么很有可能给这个国家带来比伊拉克和阿富汗更大的变化。为了实现这种变化，我们需要掌握超出地方层面的资源情况，以便促进巴基斯坦的经济快速而正常的发展。然而，目前我们并不掌握相关资源的情况。不过，正如我们在伊拉克所做的那样，我们也有可能打破坚冰。如果我们能够在几个关键领域体现我们的善意并展现我们的能力，且与美国一些企业建立有前景的新关系，我们就可以启动改善巴基斯坦经济关系的计划，使其经济进入良性循环。随着我们在拉合尔市的讨论的进行，我对于实现这一目标变得越来越乐观。

在卡拉奇市，我们感受到了完全不同的商业氛围。作为一个拥有超过2 000万人口的大都市，卡拉奇市显著缺少用于支持如此多人口的基础设施，但其作为巴基斯坦商业之都的地位一直没有改变。和拉合尔市相比，卡拉奇市的商界更为多样化和国际化。美国公司驻巴基斯坦分支机构的许多高管代表，都出席了我们举行的会议。美国主要的蓝筹公司，包括 IBM、宝洁公司、思科系统公司* 和其他许多公司都悉数派代表出席。与这些公司的高管们的讨论，给我们带来了很多启发。

不过，他们当中许多人也表达了内心的沮丧和不满，因为他们无法让其

---

* 《财富》500 强公司，总部位于美国加利福尼亚州圣何塞，是全球领先的网络解决方案及相关设备和软件产品的供应商。——译者注

美国的母公司在巴基斯坦投资。虽然他们都有一个销售办事处或分销业务部门，而且新型的服务企业可能已经到位，但他们所得到的市场需求支持还远远不够。目前我们经常听到的一种说法是：他们已经向其美国母公司提出过建议，要求增加市场份额或者扩大业务，但这样的要求总是被否决。这缘于那种人们普遍感知到的安全威胁。他们规避风险的法律顾问确信，这个国家有着大量的腐败现象，而且在最近一些年，国际社会普遍对巴基斯坦抱有一种负面的看法。

就像伊拉克和阿富汗等战争冲突地区的极端情况一样，巴基斯坦也正在努力克服它被视为一个危险之地的国际形象，一个因为诸多事件——从记者丹尼尔·珀尔被绑架和谋杀的恐怖行为*，到巴基斯坦恐怖分子对在孟买的西方人发动袭击，再到在这个国家找到庇护所的伊斯兰极端分子的持续威胁——而被刻入美国人脑海中的负面形象。

卡拉奇方面显然非常感激我们与美国企业之间进行接触的诸多努力，他们反复强调，在巴基斯坦出现的许多反美问题，是因为在公开辩论中缺少美国的声音。他们多次援引希拉里·克林顿最近的访问作为对话的例子，并认为类似举动可用以对抗把美国描绘成对巴基斯坦人民充满敌意的极端主义的声音。

但同样清晰的是，商界领袖希望美国给予他们关注的愿望，是巴基斯坦自我身份认同出现更广泛危机的反应。从他们有关印度的长期言论中，就能够看出这种危机的存在。商界在关注投资回报的同时，似乎关注到了美国参与所带来的“权力”的影响，以及相对于印度，这种参与对于他们的自我形象所赋予的含义。他们似乎并没有看到，其解决方案实际应当是发掘能够吸引投资的财政激励因素。投资者通常并不关心一个国家的政治诉求。但在巴基斯坦，这一点似乎经常被混淆。我在讨论中强调了以下这些要点：美国公司投资印度，或者把低工资的工作外包给印度，并非因为美国寻求与印度这个国家建立政治联盟。如果说这当中涉及政治的话，那还不如说美国追求的是一切政治都要为经济服务的原则。随着美国与印度之间商贸关系的不断发

---

* 2002 年 1 月 23 日，美国记者丹尼尔·珀尔在卡拉奇准备采访一个巴基斯坦极端组织头目时遭劫持，后被恐怖分子斩首杀害。——译者注

展，两国之间的政治关系也变得更富有战略性。如果巴基斯坦试图把自己的国家看作一个大国，那么第一个步骤就应当是吸引外资参与投资，这样，它在世界舞台上的战略诉求和成果也将随之而来。

在接下来的几个月，我们返回了巴基斯坦。我根据需要部署了我们团队的人力，让他们进一步证实我和马修判断的机会。我们在我们的使馆范围内分发了一份计划草案，该草案最终在2010年年初得到批准。

按照我们的方案，专责小组将在巴基斯坦各省和美国大使馆的全程支持下，向拉合尔和卡拉奇派遣团队成员。拉合尔市的团队成员将包括赠地大学的农业专家，他们将配合纺织部门研究如何提高棉花产量和灌溉技术。其中的一个生产团队将和纺织厂合作，确认并引进高效率的设备和方法，以便提高工厂的生产效率和提升竞争地位。最后一步是开展纺织品营销工作，让巴基斯坦纺织厂的销售人员知道如何制定并执行为争取美国和欧洲服装市场份额而展开竞争的战略，包括在具有竞争性的全球市场上如何面对产品供不应求的局面，以及怎样针对年轻女性服装买家——这帮年轻女性对于巴基斯坦难以为女性提供理想工作环境这一负面媒体形象尤其敏感——开拓市场。

在卡拉奇，我们将专注于促进目前在巴基斯坦现有的美国公司的成长，鼓励投资者参与，以便为巴基斯坦企业家提供更多的运营资本。

我们提出与美国地质调查局进一步合作，在巴基斯坦边境进行一次高空矿藏资源探查，这类似于早在2004年美国国际开发署在阿富汗所做的并且被搁置的工作。为阿富汗带来丰富矿产资源的兴都库什山地质构造，延伸到了杜兰德线*的“人工”边界，因此，美国地质调查局预计，在巴基斯坦北部边境的普什图族和俾路支地区，存在类似于阿富汗的矿产资源。我们也在寻求为巴基斯坦的能源部门提供接触和合作的机会。

伊斯兰堡方面对于我们在矿产和能源方面的建议非常敏感。他们相信，

---

* 指巴基斯坦和阿富汗长达2 640公里的边界分界线。在英国征服阿富汗的二次战争中，双方僵持不下，1893年，英国人以此作为阿富汗和英属印度（含巴基斯坦）的分界线，该分界线由英属印度政府外务大臣莫蒂默·杜兰德主持起草，因而以其名字命名。由于杜兰德线是英国入侵阿富汗时强加给阿富汗的，因此从当时的阿富汗国王开始到现在，该分界线一直存在争议。——译者注

对巴基斯坦的矿藏资源进行空中电磁探查，即使仅限于部落地区，也是美国的一个隐秘的企图，目的是要获得有关其军事资源及其部署地点的更多信息。能源部门是各种冲突引爆的一个点。应拉斐尔团队的要求，我们缩减了矿物勘探工作第一阶段的日程，将重点严格放在水资源的分析方面，通过采用现代技术监测山顶积雪，判断农用水资源的情况。

在 2010 年年初，我们的启动计划得到了美国驻伊斯兰堡大使馆和理查德 · 霍尔布鲁克的批准。当夏季到来之时，我们将在巴基斯坦的大多数重要城市开展运营工作。

第12章　黑色幽灵

在巴格达，每年的1月份是一年中最美的时段。随着气温的下降，雨水增多，冲刷掉全年的积尘厚土，夏季的酷热就被人们彻底遗忘了。万物更新，空气凉爽，人们的心情也变得分外愉悦。这是我在伊拉克一年中最喜欢的时间段。

我带着饱满的热情从华盛顿返回巴格达。继我们2009年的成功之后，新的一年我们将执行新的任务。我们在阿富汗的经济重建战略行动，在所有参与这项使命的各方以及在五角大楼的权力阶层那里都得到了好评。在伊拉克，我们的使命是在全国各地全速推进我们的项目——从工厂扩张、私人投资到外国公司的参与——力争每周都取得明显的成果。最近被任命为伊拉克业务总监的里贾纳·杜贝，加速完成了我们的工厂重启项目。不管我们来到伊拉克什么地方，我们都能够得到当地社区的热情接待，他们现在对我们的工作成果充满感激。

我们用来接待到伊拉克访问的客人的那幢别墅兼酒店，现在完全被前来造访的公司代表和专责小组成员所占用。作为一个团队，专责小组正在吸纳一些新成员进入一个有过多年服役历史的伊拉克专业团队当中，这不可避免地会带来新旧成员之间的摩擦问题。但这些都是小问题，这是整个组织成员所感受到的、我们的事业正蒸蒸日上的一部分。

我们一年前在“绿区”所建立的企业孵化器场所现在已经满员，而且住在我们的小型公寓酒店的许多公司业务代表都是回头客——这种情况并不是我们最初计划的一部分。我们的目标原本是在这个孵化器场所为一些公司驻伊拉克的代表提供中期办公和生活的空间（一旦他们访问过伊拉克一两次之后）。有了这样一个工作场所，他们就有从容的时间在巴格达这座城市的其他地方建立自己的永久性业务。确切地说，酒店原本只是为初次到访者准备的。然而眼下，我们的房间正在变得不够用。

2010 年 1 月 25 日，星期一，对于我们是异常缓慢的一天。这天天空晴朗而明澈，下午的气温高达 65℉左右。在过去的几天时间里，我一直都在与伊拉克官员马不停蹄地会面，并到全国各地出差，星期一是我第一次可以让自己暂时放松下来的时间。这天上午，我和埃里克·克拉克沿着底格里斯河河畔慢跑，大概跑了 5 英里，以便消除时差带给我们的长时间干扰。当我们回到别墅式公寓时，我询问我们的司机和保安特遣队成员，我们能否在“绿区”范围之外，也就是在巴格达那条著名的河对岸，查看一下是否有可能找到适合的地点，用以扩大我们的“绿区”孵化设施。

我现在经常在这座城市走动。街道上呈现出和往日一样的繁忙景象——上学的孩子、街头小贩和汽车——这是你在这个国家的任何城市都会看到的日常生活景象。今天，我想重新去看看与“绿区”隔河相望的一些大型综合酒店群。古老的喜来登酒店、巴勒斯坦酒店以及巴比伦酒店等这些大型多层建筑，都靠近阿布努瓦大街，一条其绿地部分与河流毗邻的林荫大道。

我想看看这些建筑物当前的状态，了解一下是否可以租下几层楼，用于扩大我们的孵化器业务。

我和马修、埃里克带上专责小组团队的两名新成员与我们同行，他们都是第一次来到伊拉克，都想看看巴格达的市景。作为白宫人事处提供的新候选人之一，伊丽莎白·洛尼格罗最近加入了专责小组。她曾是纽约市市长迈克尔·布隆伯格市长工作团队的一名高级成员，后来去了约翰斯·霍普金斯大学，并得到了国际关系学的研究生学位。塔妮莎·多齐尔，一名来自芝加哥的年轻的白宫政务官，在几周前刚刚加入专责小组。

我们的保安特遣队是一个高素质的团队，主要由前英国空军特种部队队员组成，该团队的组建者蒂姆·斯派塞，是专责小组在伊拉克安全问题上的长期顾问，在世界安全领域是一个有些传奇色彩的人物。他凭借在伊拉克多年的工作经验，已为专责小组提供支持一年多了。他们都很低调而且相当专业。约翰·查德顿曾是杰里米·格林斯托克——前英国驻联合国大使，继美国军队在 2003 年进驻伊拉克之后不久，又担任英国驻伊拉克大使——的人身安全负责人，也是今天负责我们安全的保安特遣队队长。保安特遣队把我们的这一行程视为专责小组在这个城市照例进行的一次日常活动，和我们在巴格达各地以及伊拉克其他省份几乎每天开展的各种业务活动没什么不同。

在我们离开“绿区”后，即穿过本地有名的艾尔胡玛利亚大桥，然后右转进入阿布努瓦大街，再把车辆开进距巴勒斯坦酒店以北几个街区的位置并沿河而行。那些在周末总是有很多家庭拖家带口一起来游玩的公园，在那个星期一的午后却显得非常安静。

不一会儿，我们的车又沿着阿布努瓦大街驶向巴比伦酒店。我和马修对于这一带的变化感到惊叹。2006 年，当我们在驻巴格达多国部队士兵的护送下第一次来到这里时，当时的景象与现在截然不同。那时候，这里是一个真正的战区，街道空空荡荡，建筑物破败不堪。而现在，这些楼房虽需要大规模装修，但每个店铺都是开放的，河边那些餐厅的生意也显然不错。能够在巴格达看到这样的变化令人欣慰。

我们到达巴比伦酒店后，通过了一个有守卫的大门，私人保安人员指挥将车辆停好，然后我们进入了酒店。酒店已经过彻底的整修和清理，一层购物广场全是销售服装、纪念品和其他商品的小店铺。当查德顿去看酒店经理能否出来见我们时，我们在各个店铺闲逛，打算购买几样东西。我们在一个店铺前驻足，注意到有伊拉克国家足球队的球衣出售。我和埃里克都想给我们的孩子买一件，但只有一种球衣的尺码适合埃里克的小儿子，他买了一件，这时，我们和这家店铺的年轻女店主聊了起来。她用蹩脚的英语对我们说起她的生意情况，她说生意如何越来越好，以及她对未来感到如何乐观。

酒店经理巴西姆·安顿听说我们到这里来了后非常高兴，他告诉查德顿让我们去他的办公室。我们离开那些店铺，通过酒店大厅并走上螺旋楼梯，来到管理办公室所在的二楼，几名工作人员在迎接我们，安顿的秘书带我们走进他的办公室。我按照传统礼节和安顿拥抱，又向他介绍了团队的其他随行人员，然后我们坐下来开始长时间的聊天。

在我们过去的几次会面中，一旦讨论到巴格达的局势，安顿通常就会显得很悲观。作为一名伊拉克基督徒，他哀叹有那么多巴格达基督教团体要么逃亡到伊拉克北部库尔德人聚居的伊尔比尔市，要么彻底离开自己的祖国。但今天他的情绪很高涨，对于我考虑在这里租楼层，以便为一些公司派驻的代表提供办公和生活的场所感到兴奋。当我们一边喝茶一边吃甜品时，我和马修同安顿各自讲述最近各种不平凡的经历，以及我们观察到的各方面情况所发生的改善。我由衷地感觉到他对于伊拉克未来前景的乐观。

当我们正在愉快地谈论着有关业务方面的事情，以及伊拉克民众日常生活的改善时，我突然听见我很长时间都没有听到过的一种声音，那是在几英里之外传出的沉闷而又明确无误的爆炸声。我和马修当时正坐在安顿办公室的一张长沙发上，就在他的大办公桌右侧并与其垂直；而安顿则坐在正对着我们的一张扶手靠背椅上；埃里克·克拉克、伊丽莎白·洛尼格罗和塔妮莎·多齐尔分别坐在他左边的椅子上，也正对着我们。那张长沙发的位置就在安顿二楼办公室外墙的大玻璃窗户正前方，透过窗户可以直接俯瞰阿布努瓦大街和进入酒店大楼的那条很宽的环形车道。因为长沙发的靠背几乎紧贴着窗户，所以当爆炸声传来时，我和马修不禁向窗外望去，看到在距酒店北部较远的地方有一团升起的烟雾，那里离我们的距离似乎足有三四英里，大致方位大概是在巴格达的卡拉达城区。

我们对安顿说，我们刚才说起巴格达的市民已经恢复了正常生活，现在看来似乎有点儿为时过早。

不过，我们对这种情况并不感到担心。在巴格达，几乎每隔几周就会发生零星的汽车爆炸事件，通常都是针对伊拉克政府和警察实施的。这次爆炸无疑也属于这种情况，或许是对准某一栋政府大楼而发射的火箭筒，我们没什么好担心的。查德顿出去查看后走进办公室告诉我说，一切正常，他的属下正在询问并确定发生了什么事。在结束我们的讨论之前，我们这一行人没有理由离开。

几分钟过后，我们接着谈论起哪些公司有可能成为我们租赁楼房的第一批入驻者。这时，远处的爆炸声已经让我们产生的轻微紧张感消除了，我们完全放松下来，继续商谈在这里租赁楼房的可能性。但就在这时，又一种奇怪的声响充满了整个房间，我听到了一阵刺耳的噪音，我的大脑立刻判断出，那是一种类似于火箭筒之类的东西掠过的声音。我立刻扭头向窗外看去，然后又把头转回来对着安顿，我张开嘴想对他说，我听到了火箭筒的袭击声。

然而我还没来得及说出一个字，伴随着一声轰响，我们立刻就被眼前的黑暗吞没了。

我感觉到我的身体被抛向半空中，那种感觉就像是在海水中挣扎，脚下的巨浪把你的整个身体向上方推举——只不过我所感受到的是更大的速度和力量而已。这时我的感官已无法辨别任何细微的声音，也看不见任何有色彩的东西，只有可怕的黑暗和巨大的噪音。我觉得我的头部和身体撞击在硬物上，但我感觉不到疼痛。我为自己觉察不到冲击带来的伤痛而感到奇怪。

我什么都看不见，我的耳朵也什么都听不见，我的大脑在轰鸣，我的思维混乱无比，我丧失了判断力。

我无法思考。整个房间里弥漫着恶臭。毫无疑问，那是无烟火药的气味，那种味道让我无法呼吸。我大口地喘气，当我的胸部因为呼吸而膨胀时，我第一次感觉到疼痛。我躺在不规则的坚硬的物体上，那似乎是管道或者木板，其坚硬的边缘挤压着我的胸口。

我睁开眼睛，但眼前仍是漆黑一片，我的眼睛和脸部都是湿的。我伸手想把水擦掉，这才发觉它的黏稠——不是水，而是血——我自己的血正在流进我的眼睛里。我的意识开始复苏，瞬间便想到了我的妻儿和家人。我伤得有多重？我还能再见到他们吗？

家具已经变成了棍棒、管道、碎玻璃和金属之类的东西。

马修刚才一直坐在我旁边。他在哪儿？埃里克在哪儿？伊丽莎白在哪儿？塔妮莎在哪儿？我听到办公室外有女人的尖叫声，接着是一些女人的号哭声。那难闻的气味开始消散，我擦掉眼睛上的血并努力向周围看去。约翰·查德顿的声音从门口传来：“先生，请待在那里别动，我保证，我会带您离开这里的，我会把你们所有人带到安全的地方。”

当我挣扎着试图站起来时，伊丽莎白·洛尼格罗走到我的身旁来帮助我。她整个人处于眩晕状态，腿上有一道很大的裂口。她把自己脖子上的围巾扯下来，帮我擦去眼睛周围和脸上的血。

天花板不见了，砖瓦片和其他支撑物凌乱地悬吊在我们的头顶上方，一堆电线和破碎的家具挡住了我们离开这里的去路。当我们小心翼翼地朝门口移动时，我看见了埃里克和马修，同时塔妮莎也开始站起来向外摸索着走，但我没有看见安顿。

我们顺着螺旋状楼梯向下走，巨大的楼梯井被难闻的气味包围，并被一大堆瓦砾覆盖。我们紧跟在查德顿后面，稍稍远离了这栋建筑物的大门口。大门口一些躯体横七竖八地躺在那里，有的伤口正流出鲜血，有几个人一动不动，显然已经死去。我们在几分钟前光顾过的酒店前的那几家店铺，以及面对车道的窗户玻璃，都已经不复存在了。我们数分钟前买了球衣的那家小店铺，也已经成了一堆瓦砾和扭曲的金属。那个年轻的女店主的尸体就躺在那堆东西之间。

幸存者的哭喊声越来越大。

在我对我们的处境反应过来之后，我的肾上腺素开始急速分泌。

因为就在几周前，在阿富汗喀布尔的一栋政府大楼发生汽车炸弹爆炸之后，一些全副武装的人员坐在一辆卡车上向许多爆炸幸存者开枪射击。类似的后续攻击是否会马上在我们的现场出现呢？我向查德顿讲了这种可能性，此时他正把我们带向面对底格里斯河的酒店后门出口，美国大使馆就坐落在那条河远处的对岸。当我们在外面等待并逐渐恢复镇定时，我们的保安特遣队成员围成一圈将我们保护起来，他们的突击步枪已经上膛，我们面面相觑，谁都没有说话。

一阵阵汽笛声传来，急救车随即进入酒店区域。我们顺着酒店背面缓慢移动，一点点地靠近停车场。我们的车辆就停在那里并且已经发动了，只要我们坐上去，就会立即离开。

我们每个人都需要马上接受治疗，巨大的爆炸对我们大脑所产生的震荡影响，可能是难以想象的。我们会随时失去意识吗？

但查德顿告诉我，我们不能离开。由于爆炸，伊拉克警察已经封锁了所有路口，任何街道上都不允许有车辆通过。在道路重新开放之前，我们将不得不留在原地。

我们惊魂未定地坐下来，开始竭力回顾刚才所经历的一切。

一个钟头过去了，查德顿返回车里，告诉我们发生了什么事。原来，我们听到的尖叫声并不是火箭筒掠过时发出的声响，而是一辆装满炸药的汽车的轮胎在爆炸时发出的嘶鸣声。就在一个多钟头以前，那辆汽车闯进酒店车道出口并迅速冲向那栋建筑物。在爆炸之前，汽车因为巨大的撞击而发生翻转，而位置几乎就在安顿办公室的正下方。我和马修距离汽车炸弹只有 100 英尺远。在短短的几分钟内，3 家酒店都遭到了袭击。我们首先听到的声音来自喜来登酒店，其次是巴比伦酒店，然后是子午线酒店。[①] 这是一次精心策划的袭击，为了实行这样的袭击，至少要花数天时间详细规划。经过在“红区”长达3年半的工作，经过这个国家暴力冲突最严重的时期，我们的运气终于用完了，我们完全是在错误的时间出现在错误的地点。

我们又等了一个钟头，没有任何迹象显示，我们还需要等待多长时间才能够离开这里并得到医疗救助。

我们一群人吸引了街道上行人的关注，人群已经聚集起来，他们注视着救援人员的忙碌和袭击造成的惨象。我们的越野车被隔离在停车场远端，我们的保安特遣队成员依旧围成一圈并保持警戒。我们需要离开这里。

我们的保安特遣队队医继续检查我们每个人的生命体征，并检查我们的伤口。两个钟头后，出血基本止住了，我和马修小心地回到酒店后面，找到了一个洗手间，用水把我们脸上、胳膊上和手上变得干硬的血痂洗掉。第一次看着一面全身镜子，我对自己的模样感到震惊。

我告诉查德顿，在我们撤离这里之前，我不想见到任何摄像机、任何手机拍照或者任何形式的图片。我们最不需要看到的，就是我和我的团队成员们血迹斑斑的照片在互联网上传播。

两个半钟头过去了，我们终于获准离开。我们的车辆顺着阿布努瓦大街向南行驶，穿过靠近巴格达大学的亚得里亚大桥，然后迅速地进入“绿区”，接着车辆又呼啸着驶向战斗支援医院。

当我们进入医院时，穿制服的医务人员震惊地看着我们。我们看起来很狼狈：衣服被撕裂而且满身是血，任何裸露的肌肤满是划伤、瘀青以及更大的伤口。当他们问清发生了什么事后，他们都感到困惑不解。这些刚刚被安排到这里的人，从未听说过我们的使命，也不知道有数百位美国平民正在伊拉克全国各地工作。他们无法理解我们为什么会跑到“铁丝网以外”的地方去。

在接下来的几个钟头里，医护人员对我们的伤口进行了X光检查、清洗和缝合。我们拒绝在这里过夜的建议。我们的宿舍不是很远，我们就是想回到自己的家外之“家”。当我们驱车回到驻地时，一种因得以幸存而产生的奇

---

① 《巴格达目标酒店发生致命爆炸》，《华盛顿邮报》，2010年1月26日。

怪的幸福感在我们的内心升腾。

当我们在那天夜里坐在一起体味当天的经历带给我们的冲击时，我们还得考虑另一个紧急情况：由张敬淳将军率领的一支规模很大的韩国商务代表团，已在当晚到达了科威特，并将在当天夜里启程前往巴格达。我们曾经花费了很大力气并做了很多具体工作，才促成了他们的这次访问，而且我们已经为他们制定好了一个紧张的行程。我们的保安特遣队已经在去往巴格达的机场途中，准备去迎接他们。第二天上午，我就需要带他们会见奥迪尔诺将军，而在随后的一整天时间里，他们还将与伊拉克官员会晤。

索尼娅·斯蒂芬斯是一个很有经验的布鲁克林人，早在2004年，她就是我在五角大楼业务转型办公室的第一个员工。精通韩语的她正在与这支韩国代表团同行，眼下就和他们在科威特。她提醒我说，现在取消他们的这次行程已经太迟了，势必会在科威特那边引起一场不大不小的混乱，而且我们也不希望我们遭到炸弹袭击这样的消息传出去。

当手机响起来时，我轻描淡写地向华盛顿方面的工作人员解释了不久前所发生的事情，埃里克·克拉克也向我们的媒体联络团队发出严格指令，要求他们不得将这件事向媒体泄露。我们正在吸引国际企业参与伊拉克事务，媒体对这件事情的关注会严重不利于我们对使命的履行。我们的工作一直很危险，在前几年暴力冲突激烈时期，我们在伊拉克全国各地从事各种户外工作时，所面临的处境更加危险。“巴比伦酒店事件”是我们在开拓新的业务、寻找新的发展机会过程中所遭遇的一次袭击，当时没有任何国际公司的代表在场。把专责小组视为一个“红区”工作队——一个由愿意冒险开展业务的商界领袖所组成的团队——是一回事，而把伊拉克所有地方都看成是危险区域，则是另外一回事。现在，我们正在面临着考验：我们刚刚经历了我们一直声称愿意冒险去面对的暴力袭击。我们对于那种暴力袭击所做出的反应，将表明我们对于使命的态度；如果抽身离去，那我们的诺言就会一钱不值。

我告诉在华盛顿的盖茨部长的参谋长罗伯特·兰戈尔，我们都没事，之后我收到了一个简短的回复。

我决定让韩国代表团继续他们的行程。当韩国人那天夜里很晚到达我们的驻地时，他们都无比吃惊地看着我们，不过还是毫不犹豫地决定留下来，并继续就商业投资与伊拉克政府进行接触和谈判。

马修坚持与我同行。第二天上午，我们带着这一行人从巴格达出发，前去奥迪尔诺将军在维克托尔军营的总部。当我们走进他在法奥宫的办公室侧厅时，他的高级助手看见我们目瞪口呆。我和马修的那副尊容，看上去就像是地狱的使者。我头部的伤痕，包括许多大块挫伤和擦伤，我的光头让我的伤痕更加明显。马修的情况比我更糟糕，他的额头有一道很深的伤口并缝合了几针。我们无比疲倦而且头昏眼花，那天上午都吃了止痛药，才得以让疼痛感有所减轻。我的胳膊阵阵作痛，由于爆炸带来的冲击，我身体的一边因为瘀青完全变成了紫色。

好在我们的角色只是介绍韩方人员，然后就由奥迪尔诺接续他该做的事。

我只想离开并找一个地方休息，但我必须咬牙坚持。张将军和奥迪尔诺将军以前曾见过面，他们身上都带有经历过战争的高级指挥官所具有的那种亲和力。在用了一个钟头的时间讨论韩国新的投资计划和伊拉克全国各地的安全形势后，代表团先行离开，而奥迪尔诺则让我再留下来一会儿。

我又坐了下来，他直视着我，问我是否还好。我向他保证，我再恢复几天就会没事的。他告诉我说，他会密切关注我的团队。我跟他说，我们这个团队在成立之初，就知道我们的工作过程必然伴随着风险，我丝毫没有放弃的打算。奥迪尔诺是一位出色的领导人，也是一个了不起的人，尽管我们履行使命过程中所面临的风险有时会让作为指挥官的他感到心里沉重，但他从未中断过对我们的支持，并且一直在华盛顿的高级官员们那里强调我们工作的重要性。我们不会放弃我们的使命，也不会让他失望。

下午，我又陪同韩国代表团去会见刚到任的美国大使克利斯多夫・希尔，希尔大使因为见到韩国代表团而感到非常高兴。他还在逐步深入了解伊拉克，但作为一个熟悉东亚情况并且有丰富经验的外交官，他在和韩国代表团打交道方面得心应手。他初看到我的样子时同样目瞪口呆，一时间不知道该说什么，只是告诉我当我们被困在酒店停车场时，他们一直都在对那里的情况进行远程监控，并且因为看到我们安然无恙而感到如释重负。

最终，韩国代表团在离开伊拉克之前，和伊拉克政府签署了为振兴伊拉克南部工业而投资数十亿美元的协议。他们的访问圆满成功，双方还确定不久之后将派一个伊拉克代表团访问首尔，讨论在伊拉克和韩国之间展开经济合作事宜。几个月后，双方签署了合作协议。

几乎每天在世界某个地方，都会有激进分子出于某种宗教或者政治目的而引爆炸弹。因此，作为公民，之前我们对于这种暴力事件的报道已经感到麻木了，它们都被淹没在或大或小、或琐碎或严重的大量事件报道的海洋中。但在经历了那种意想不到的暴力袭击所带来的无法用语言表达的恐怖现场之后，每当我再听到爆炸声，我的身体就会不由自主地颤抖。这是在那个美丽的1月份的一天发生的爆炸——它把我们和巴格达一个朋友的会面地点变成了一个血腥之地——所带来的阴影。

无论我怎样努力，我都无法忘记最后见到的那个乐观的年轻女店主的情形，她在自己的店铺里度过了生命最后的几分钟。我也永远无法忘记当时在我们周围横七竖八的尸体和散落着的破碎肢体的景象，那尖锐的警报声和悲痛的哭泣声挥之不去，总是一遍又一遍地在我的耳边回响。

第 13 章　深度回顾和审查

从 2009 年到 2010 年年初，伊拉克政府部长们风度和礼仪的表现每况愈下。随着各个政治派别圈定其候选人并开始参加大选，伊拉克官员们完全沉浸在政治选举的混乱氛围中。从 2008 年到 2009 年，我们每周都会举办几次晚宴，而内阁部长们也会聚集于专责小组在巴格达的驻地。现在，这样大家齐聚一堂的晚宴已经不见了。偶尔我们和个别部长会面，也总是会听到他们强烈地攻击其他派别的同事。

大选在 2010 年 3 月如期举行。我当时的想法是，随着布什政府所签署的《驻军地位协议》的期满——它允许美军在 2011 年年底之前继续在伊拉克驻扎——专责小组在伊拉克的任务也自然会有一个截止日期。① 虽然我们预计在伊拉克大选期间还会出现零星暴力，但是我们有理由期待，一旦新政府上任，我们的工作将会再次接续。

在对选票进行统计之后，前总理阿亚德・阿拉维领导的政党联盟获得的选票，多于现任总理努里・马利基领导的法治国家联盟，因而在政府中获得了大多数席位。作为一个什叶派人士，他认为具有完全主权的政府，是恢复法治与稳定和建设民主生活的关键，并且坚持世俗化而非宗教化的管理方向。他的联合政府得到了在伊拉克北部和西部的逊尼派领袖的广泛支持。我希望他能够成为一个推动伊拉克实现全国团结的领导人。但是，阿拉维并没有前往伊拉克南部去接触二级什叶派政党的支持者并建立联盟，而是乘飞机相继前往沙特阿拉伯和土耳其，到这两个国家与为他大选提供资金的金融家和支

---

① 《美国和伊拉克就美军撤出伊拉克和在伊拉克临时驻军活动达成协议》，《美国伊拉克军事协定》，2008 年。

持者会面。阿拉维的公众态度显然会给伊拉克南部的支持者带来一种负面影响。不谋而合的是，在最终投票结果中占据第二位的现任总理努里·马利基，前往德黑兰寻求支持。每一个派别并不是主动跨越党派界线维系团结局面，而是忙于寻求其他国家的支持。①

如果不在伊拉克南部多花一些时间，就很难充分理解伊拉克什叶派人根深蒂固的敌意心态（他们一直以来都认为其他派别的人对他们是存有敌意的）。几个世纪以来，他们一直是美索不达米亚和阿拉伯世界的被征服群体。在1916年第一次世界大战结束之前奥斯曼帝国垮台的过程中，英国、法国和俄罗斯的外交官们经过协商，将叙利亚的阿拉伯地区、美索不达米亚和巴勒斯坦进行了分割。这个被称为《赛克斯－皮科协定》的地区划分协议，忽略了当地居民文化和种族因素。在战争结束后，新成立的国际联盟召开会议，承诺给予这些阿拉伯地区独立地位。于是，先是法国，然后是英国，很快就直接对各自控制的区域行使权力，分别绘制了叙利亚、伊拉克、约旦、黎巴嫩和巴勒斯坦这些国家的边界线。直到今天仍困扰该地区的许多种族和宗派冲突，都是当时英国和法国绘制的错位的殖民地国界——这些国界线将邻近种族和宗教社区分割开来，并使之归属于不同的国家——的结果。②

在奥斯曼人战败以后，英国在伊拉克建立了一个君主政体，授予了来自今天的沙特阿拉伯的一个逊尼派哈桑王族的国王管理巴格达的权力。这是一个因为没有顾及文化传统而显得愚蠢而又奇特的决定，它将一个阿拉伯苏丹置于完全不同于阿拉伯半岛文化的古代美索不达米亚文明之上，其结果就是，尽管在伊拉克人口中占更大的比例，但什叶派伊拉克人不得不屈居下层阶级的地位。最近一些年，在萨达姆·侯赛因的统治之下，什叶派经常遭到残暴的对待。如同在阿拉伯世界的其他什叶派人一样，在伊拉克南部地区的什叶派人，对于其他逊尼派阿拉伯国家提供给萨达姆·侯赛因的支持，永远无法忘记。③

自2003年以来，沙特阿拉伯及波斯湾邻国拒绝给伊拉克提供任何发展援

---

① 《2010年伊拉克议会选举》，《纽约时报》，2010年3月28日。

② 威廉·R. 波尔克：《认识伊拉克：从成吉思汗的蒙古到奥斯曼土耳其人到英国管理到美国占领的整个伊拉克历史》（纽约：哈珀柯林斯出版社，2005）。

③ 《美国公司在伊拉克石油交易拍卖中没占到便宜》，路透社，2009年12月12日。

助或与其进行有意义的外交接触，从地缘政治角度来说，这是一个巨大的战略错误。由于在伊拉克留下了一个真空区域，使得伊朗轻松取得了在阿拉伯什叶派少数民族当中的影响力。假如沙特阿拉伯在 2003 年以后就参与伊拉克南部的投资，并修建学校、道路、医院和发电厂，以帮助他们的阿拉伯盟兄站稳脚跟，这样就能够挫败伊朗的野心，并建立一个强大的联盟。

但沙特阿拉伯没有这样做，自 2003 年以来，还对什叶派主导的伊拉克怀有敌意。大概是其自己不安定的什叶派少数民族的存在，让它难以接受在伊拉克有一个什叶派阿拉伯领导层的现实。

当阿亚德·阿拉维在 2010 年大选之后就飞往沙特阿拉伯时，一切都成了板上钉钉的事情。伊拉克富有好斗性的自由媒体广泛报道了他的访问。伊拉克南部什叶派不断受到来自伊朗支持的教派政党和神职人员的警告，那就是，阿拉维是狭隘而偏激的逊尼派阿拉伯世界的工具，他会像萨达姆当年所做的那样再次征服什叶派，尽管阿拉维本人就是什叶派人士。而此时，对于同阿拉维结成联盟的一个至关重要的什叶派政党，却选择了退却。

由此，漫长的政治合作停滞阶段开始，这也直接导致了 2010 年成为伊拉克在发展过程中失败的新的一年。

对于伊拉克的政治精英而言，有关权威和控制力量的谈判并非微不足道，因为这当中涉及多方面的利益。一方面，这些政治精英十分渴望获得对于国防部和内政部的控制权，但另一方面，他们对获得这种控制权的可能性也持怀疑态度，因为萨达姆曾经滥用这些组织，使之成为他的权力工具。尽管推翻萨达姆政权后，美国彻底重建了这些部门和伊拉克军队，但有一种恐惧是显而易见的，那就是，他们的领导者可能再次利用这些部门压制伊拉克人民。

在控制权谈判中的另一个重要筹码是石油部。控制石油部，就等于控制了伊拉克当前和未来的财富，就相当于能够操纵一种强大的工具，用来影响和控制伊拉克未来的发展。2009 年，经过多年谈判之后，石油部终于就伊拉克最大油田区域——“巨人油田”区域——的重建签署了第一份协议。通过竞标，该油田区域——每个都拥有超过 50 亿桶石油的探明储量——被一家国际石油公司竞得开发权。

在同来自那些寻求控制石油储备渠道、以便满足未来战略能源需求的国家的国有企业的开放式价格竞争中，西方民营企业明显处于不利地位。由于石油产量的增加，国际市场每桶油的价格长期固定在 2 美元以下的低水平上。对美国公司而言，这样的低价格所带来的利润，远远低于其股东的正常预期，导致大部分美国公司最终退出谈判。在 2009 年伊拉克签署的第一轮招标协议中，许多大的石油合同的签字者，都是来自当初那些坚决反对美国推翻萨达姆政权行动的国家的国有石油公司。这是一个不小的讽刺，但实际情况就是这样。

谈判的结果对于西方利益集团而言无疑是严峻的。虽然一些西方公司获得了开发巴士拉庞大的西古尔纳和拉马拉等油田的权利，但大多数大的合同都归属一些国家的国有企业或公司，例如中国石油天然气总公司、韩国天然气公司、俄罗斯卢克石油公司以及马来西亚国家石油公司。只有一家美国大型石油公司——埃克森美孚国际石油公司——拿下了一个超级大油田。虽然美国为推翻萨达姆政权和保卫伊拉克花费了数千亿美元，但美国石油公司基本上与规模最大的石油开发合同无缘。①

假如伊拉克政府在谈判中能够适当地灵活一些，并且更早签署协议，那么伊拉克在 2009 年和 2010 年就可能进入经济繁荣期了——有数十亿美元投资于石油开发，而且对整个伊拉克经济，这些投资累积还能够产生更大的利益。

但这种情况并没有发生。所以，在 2010 年，尽管各政治党派试图组成一个政治联盟，但结果却让伊拉克政治体系陷入僵局、经济陷入停滞的状态。由于有关设备运输的进一步的协议、具体项目启动授权和其他活动被搁置，2009 年虽然签署了一批石油合同，但油田并没有迅速开发。

随着政治角力的持续，石油财富控制成了角力的关键要素。但问题的核心是，几十年前发现的伊拉克已探明石油储量的油田，几乎都位于伊拉克的什叶派和库尔德地区。而逊尼派人口占多数的北部和西部，却在很大程度上被边缘化了。随着所有派别之间宗派猜疑的不断加剧，以及对于石油财富将不公正地分配给逊尼派的担忧，加大了各派别之间的不信任，使政治谈判也变得复杂化了。

不过尽管伊拉克存在政治上的不确定性，但专责小组还是继续坚持接待

---

① 《在安巴尔省的地震调查和建议》，业务与稳定行动专责小组，2009 年。

那些预期石油必将驱动经济扩张、以寻求尽早在伊拉克立足的投资者。在缺少伊拉克政府参与的情况下，我们让这些投资者侧重于和各省投资委员会以及负责推动省级投资的组织（专责小组在伊拉克大部分省市通过提供技术和财务人员，对这些组织机构给予积极支持）进行密切接触。根据最新制定的伊拉克投资法，以及在获得高达 2.5 亿美元的投资授权之后，我们开始把省级投资委员会作为重振巴格达经济的重要途径。

不过随着对于省级机构作用的关注度增加，一些令人不安的迹象也开始出现。大多数投资者都想访问巴士拉。有几位投资者甚至对圣城纳杰夫和卡尔巴拉的房地产开发感兴趣，因为这里每年都会掀起吸引数百万游客进行宗教旅游的热潮，使得这些城市特别适合发展酒店业和建商业基础设施。与此同时，鉴于其巨大的潜在消费人口，有的投资者也对巴格达感兴趣。不过大多数公司都想在北部库尔德或南部什叶派地区建立业务，因为在这些地区，石油热潮预计在不久的将来就会出现。几乎没有人对伊拉克西部有兴趣。

我对这一情况越来越担忧。不难想象，由于油田开发的推动，几年后，伊拉克什叶派和库尔德地区的经济将会一派繁荣，而北部和西部多为激进的逊尼派地区，经济将会越来越落后。这种情况必然会为内乱和不稳定埋下隐患。

为此，我们与美国地质调查局进行了碰面与交流，最后制定了一个可行的解决方案。在这之前，专责小组已经致力于推动美国地质调查局在伊拉克业务的重启，以对伊拉克的水资源进行评估；并与伊拉克地质调查局开展合作，对全国的矿产资源进行技术评估。通过美国地质调查局，专责小组接触到了一些石油行业方面的勘探专家，他们在探查沙特阿拉伯北部油田方面，有几十年的工作经验。与这些专家的交流让我们了解到，整个延伸到伊拉克西部的大型地质结构，可能还有储量巨大的石油。由于过去从未有机构对伊拉克西部进行一定程度的地质勘探，因此我们没有办法来验证这一推测的准确性。现在我们制定的这一探查方案，可以用来确定这种储备是否存在。

我们基于这一信息形成了一项提案，并要求得到资金，用于在安巴尔省开展初始的地质勘探。我们的目标是确定是否存在显著的石油储量，如果存在，那么它就能够为逊尼派人提供对等的经济基础，并且大幅度减少伊拉克政治体制的危机感；如果探查表明没有任何石油储量，那么，我们就会另行制定可供选择的经济发展战略，专注于在幼发拉底河谷直至叙利亚边境地区发展农业并提供援助，以期日后能够建立一条通向地中海的“经济走廊”——如果叙利亚有一天能够开放其政治体制的话。①

这份提案起草后由美国地质调查局审查，然后广泛散发。但草案中的投资要求遭到了拒绝。美国已在伊拉克花费了数十亿美元，但政府却禁止我们直接参与石油方面的业务。那么在接下来的几年，伊拉克石油部部长侯赛因·沙拉坦尼就不可能获准将援助伊拉克的资金用于在伊拉克西部进行石油勘探；没有这一勘探，伊拉克就不可能吸引外商投资。

这是美国介入伊拉克最重要的经济行业却没有任何成效的一个例子，还有其他很多例子。其中最令人沮丧的是伊拉克南部油井无谓的天然气燃烧。自 20 世纪 50 年代英国石油公司钻探出第一批油井以来，很多油田一直在燃烧（或已烧光了）存在于油田当中并伴随石油溢出的伴生天然气。这种以往常见但在过去 20 年里已经较少见的情况，浪费了宝贵的能源，并将大量污染物释放到空气中。由于在巴士拉和周围省份的油田不断扩张，天然气燃烧的量也在不断增加（实际情形是，因油井向外释放天然气的高大管道的顶端，不断向外喷出猛烈的火焰）。

在 2007 年的某天夜里，当我第一次乘坐黑鹰直升机进入巴士拉时，我看到长达几英里的地平线区域，因天然气燃烧而产生的橙色火焰连成一条火焰带。一些国际石油公司希望尽快获取宝贵的天然气用来发电，进而解决整个伊拉克缺少电力这一棘手问题。这种白白的燃烧对伊拉克经济的影响同样巨大，这相当于每天有百万美元价值的天然气都被浪费掉了。但是伊拉克石油部并不理睬一些公司的多次建议，拒绝进行合作。只是在 2011 年，才最终将一纸合同交给荷兰皇家壳牌石油公司，由壳牌公司采集在南部油田燃烧的天然气。

在这段时间里，一个很少被承认的问题是，燃烧的天然气对于伊拉克南部地区民众的健康产生了可怕的影响。伊拉克南部具有在世界上发病率最高的小儿癌症，而这种癌症在很大程度上要归因于吸入燃烧天然气所释放的烃类化合物。专责小组曾长期游说各方，希望有关各方为了伊拉克南部民众的

① 《伊拉克石油繁荣的进展与天然气燃烧》，《国家地理杂志》，2012 年 9 月 25 日。

健康而采集天然气，但这一建议并没有取得任何结果。对于伊拉克的石油行业，布什政府始终坚持其“放手”的态度，除了国务院法律顾问以及外交部门曾就分享石油收入纠纷而试图解决长期存在的法律框架问题之外，有关方面始终没有授权任何机构任何战略和战术，用来推动伊拉克石油业的快速发展。①

所以，当奥巴马政府上任以后，我们就采取了不同的策略。鉴于政府专注以碳为基础的全球变暖问题，于是我们便提供了统计数据，以证明在伊拉克南部燃烧的天然气所释放的碳，比美国新英格兰所有机动车排放的碳加起来还要多。显然，如果减少碳排放量成为新政府的一个优先考虑事项，那么美国就会向伊拉克施加压力，迫使其给所有天然气管道加密封盖，并采集被浪费的天然气。而如果伊拉克使用天然气发电，淘汰作为后备电力的柴油发电机组，那么就可以进一步减少碳排放量。

然而，就和布什政府时期一样，凡涉及石油和天然气行业的战略问题，新任政府并没有对它们进行优先考虑。尽管美国顾问继续游说伊拉克政府解决其有关烃开发的法律框架问题，然而没有任何可以得到美国政府支持的开发建议，也没有任何加速采集燃烧着的天然气的举措落实到位，什么都没有。其实，只需要使用在巴格达的军事行动和发展援助顾问方面每月支出成本的一小部分，就能够通过集中努力，清洁伊拉克南部的空气，从而减少儿童的癌症发病率，并且通过使用一种更清洁的能源（而不是柴油启动）增加发电量。因为担心国内公众对于美国参战动机的广泛看法被进一步强化，就任由伊拉克经济、民众健康和环境灾难持续了将近十年，这无疑是一种愚蠢的做法。

对于专责小组而言，一个有助于抵消因伊拉克关键行业没有进展所带来的沮丧的好消息是，我们几乎每周都能够完成一定数量的、由国会在 2008 年和 2009 年所资助的项目。随着伊拉克工厂业务重新启动以及正在安装的生产线，我们所到访的每一个城市，民众都会热情地欢迎我们，并对我们为恢复

① 《国防部指挥官在伊拉克应急响应程序方面的教训》，伊拉克重建特别监察长报告，2012 年 1 月。

曾经关停的工厂业务所做的努力表示由衷的感谢。随着多家工厂开始运转，一些地方工厂变得越来越活跃，这进一步拉动了当地的就业和经济发展。现在到访伊拉克的投资者所看到的不再是空荡荡的街道，以及每一个角落都有军事人员驻守的场面，而是熙熙攘攘的街道和再度兴起的商业。

曾经在2010年，里贾纳·杜贝为了让工业项目走上正常轨道付出了惊人的努力。在她带领下推出了几个额外的重要举措，她将我们的温室方案推广到伊拉克每一个省，而且在她启动的另一个项目中，她将深井钻探设备部署到偏远的安巴尔省西部部落地区，这使得极度干旱的荒漠地区因农田灌溉而大幅度提高了农业产量。而埃里克·克拉克则成功地促成了安巴尔省在沥青生产和施工材料方面的首次西方私人商业投资，投资者是伊拉克裔美国家族下的一个北美洲投资财团。

在米桑省靠近省城阿马拉的一家老糖厂，格里·布朗和另一位干练的团队领袖诺亚·班特曼，负责主持糖厂的重新启动。虽然报刊媒体有不少文章不乏浪漫地描述了自2003年以来沼泽湿地恢复以及“沼泽阿拉伯”文化的重生，但对恢复米桑省——该国这个饱受蹂躏的地区——正常的经济生活秩序方面，几乎没有任何报道。最近几年，伊拉克已经成为世界上最大的精制糖进口国，尽管这里有适宜甘蔗种植的充足的湿地。由于米桑省和摩苏尔市的糖厂都是国有的，因此它们在2003年以后几乎与其他所有伊拉克工厂同时关停。但颇具讽刺意味的是，现在进口到伊拉克的大部分糖，都是伊朗的一家国营工厂生产的，而这家工厂距离边境对面关停的米桑制糖厂还不到100公里。

布朗和班特曼致力于购买用于恢复工厂业务的零件和设备。他们还邀请了国际制糖行业的龙头企业代表到伊拉克考察，不过收效甚微。最后，他们邀请了一个巴西代表团参访了米桑制糖厂，会见了他们的伊拉克同行。这是专责小组推动商业外交的又一个例子，因为这代表了由一个美国经济开发团队所促进的巴西和伊拉克之间的首次有意义的企业间接触。

这个项目也是同一个省级重建团队合作的范例。在安妮·卡拉汉的领导下，省级重建团队推进了由专责小组发起的这次商务接触。这家工厂业务的重新启动，也是该省级重建团队在米桑的业务工作的一大亮点，因为它为这家工厂所在的整个社区重新注入了活力，并使当地的居民再次看到了工厂的重新运转——这是在经过将近 10 年之后，人们生活恢复到正常状态的一个标志。

在推动科技公司参与巴格达发展方面，我们的专家团队中的一名新成员取得了突破性的进展，他就是斯坦利·鲁米什先生。斯坦利·鲁米什是一位经验丰富的高管、贝尔实验室的研究员，也是我在捷迪讯通讯公司工作时的同事，现在领导戴维·斯坎特林在几年前建立的信息技术部门团队。在启动我们在阿富汗技术部门工作的同时，鲁米什说服微软在伊拉克的巴格达建立了技术培训中心和新的供应关系。他还与埃里克·克拉克一道促进了谷歌公司在伊拉克的业务参与，使前者推出了伊拉克版的谷歌搜索引擎。这些被广泛报道和宣传的措施，帮助我们进一步提高了知名度，也使外界认可伊拉克是一个适合国际公司在此发展业务的地方，即便在 2010 年大选期间国家领导层出现真空也是如此。

同年，专责小组与巴格达使馆方面的关系一直没有得到改善。我们与克罗克大使之间的互帮互助关系，由很少真正参与我们的伊拉克事务的克利斯多夫·希尔所接替。不久前被指派协助我们经济工作的使馆方面的工作人员，大多具有显著的意识形态，他们一再指责专责小组的举措，尽管我们的工作在华盛顿方面和其他美国机构那里受到高度重视。有一次，我与被分配到这里负责管理省级重建团队的使馆工作人员会面，他们中的几个人大肆攻击我们重新启动伊拉克国有企业的工作具有明显的“社会主义”倾向。这真是匪夷所思。所以，即使在奥巴马政府时期，我们也仍然不得不面对官僚理论家的掣肘，虽然他们从未在私营企业工作过，但他们却极力鼓吹经济发展的休克疗法。他们当中的一些人最近针对我们在过渡时期的伊拉克国有企业私有化工作，以及对伊拉克国家领导人的“疏忽和放任”，提出批评。他们完全无视我们工作的价值（这项工作因为一度没有获得新政府的支持而被耽搁），无视我们是如何恢复伊拉克工业企业的正常运转秩序的。

我回应他们道，他们也许应该考虑一下，这些批评对于伊拉克民众而言是如何彻头彻尾的离谱和虚伪。在经济下滑造成的威胁远比伊拉克少得多的情况下，美国的一些大企业最近却接管了通用汽车、克莱斯勒、美国银行、美国国际集团以及其他相当数量的蓝筹公司，所有这些企业现在基本上都是国有企业。在美国正在迅速地将工业国有化，以便挽救国内失业率激增的经济局面的同时，批评伊拉克谨慎开展的过渡时期私有化政策，无疑是相当荒谬的。

这是美国外交政策在实践中采取的不恰当方式的一个例子。一直以来，不论是什么执政党在位，即便是政府有一个明确的政策，但对于派驻到海外的工作人员，并没有任何惯例可以遵循。在鼓励和推动伊拉克私营企业发展方面，专责小组的成员比其他任何人所做的工作都要多，并且促成一些国际公司与伊拉克企业之间签署了数十亿美元的合同，还使伊拉克企业获得数十亿美元的外国投资。不过即便如此，在外援工作人员当中，我们也被看成是国务院中的社会主义者。

这场讨论表明，自我们2006年第一次遇到类似的困难以来，实际上什么都没有发生改变。这个问题的本质，其实并不是“社会主义”或者其他经济角度之类的东西，而是效率的问题。因为我们的效率和成就，到2010年，我们在伊拉克有着广泛的知名度。而使馆区甚至整个“绿区”的各部门工作人员，都因为他们没有能力参与伊拉克事务而感到沮丧，但我们却能够在这个国家自由地工作。这种鲜明的对比让我们受到了仇视，也让我们不得不忍受针对社会主义、缺乏协调所展开的官僚主义式的攻击，以及其他空洞之言所带来的中伤。

当我们汇总季度评审项目以及进一步评估自专责小组成立以来给伊拉克带来的影响时，我们发现，到目前为止，我们已经交付了数百个旨在推动伊拉克各省经济发展的项目。截至2010年，我们还促成了多家美国、欧洲和亚洲公司对伊拉克企业的投资协议的签署，投资总额超过50亿美元。不过尽管投资计划我们已经提交，但现在却因为伊拉克国内政局不稳而导致投资暂时搁置，与此同时，围绕新政府上任后我们在伊拉克的使命的辩论却正在持续。自从专责小组开始支持达里尔·斯科特少将及其联合承包指挥部以来，5 000多家伊拉克私营企业获得了来自美国企业的合同的直接激励。我们的采购援助中心（PAC）直接协助了伊拉克政府100多亿美元合同的透明执行。

麦肯锡公司评估了我们的工厂恢复项目对于伊拉克经济的直接影响，以及它们所产生的二级和三级影响，然后给出了这样的估计：由于原国有企业政策的逆转，多达35万的伊拉克人现在实现了就业。伊拉克私营企业优先使用本地人所带来的联动效应，以及包括温室农业开发项目的实施，所有这一切都增加了外国企业投资的效果。很明显，这是专责小组对于整个伊拉克经济的恢复发挥了重要作用。

到 2009 年年底，各方对于我们的使命的价值已经没有任何争议了，而且各企业和机构对于我们的服务需求还在不断增加。我们还在巴基斯坦开展了业务，我与新任总统驻阿富汗和巴基斯坦的特别代表理查德·霍尔布鲁克建立了一种密切的关系。他在国务院缺少任何可行的民用替代方案的情况下，为我们的工作提供了至关重要的支持。

在一个紧要关头，我们依靠得力的组织和可行的办法，使我们对这个国家产生的影响远远超出伊拉克。如果我们能够成功交付我们所擅长的项目，那么在未来几年，美国所能得到的安全利益，伊斯兰世界对于我们国家的看法，都将朝着利好的方向转变。

当我们经由迪拜从喀布尔回国，并在迪拜 1 号航站楼照常等待飞往美国的联合航空 977 号航班时，我收到了一条短信，要求我立刻联系我的办公室主任利贝加·邦纳。看起来我们有什么麻烦了。

作为我们每年预算分配过程的一部分，我们必须像在中央司令部责任区域内开展工作的其他任何组织一样，在负责财务管理的美国中央司令部审计署（代号 C8，ARCENT）的监督下，审查我们的详细计划支出和预期运营成本。

从根本上说，这和公司内部财务审查没有什么不同，只不过它具有更繁琐和更隐秘的流程，以及需要更多文书工作而已。4 年多来，我们已经派出工作人员到科威特审查我们的财务状况，并将用来执行我们工作任务的经费转移到我们的账户中。

由于我们的工作在美国中央司令部范围内是众所周知的，并且得到美国中央司令部司令彼得雷乌斯将军、驻伊拉克多国部队指挥官奥迪尔诺将军、驻阿富汗国际安全援助部队司令麦克里斯特尔将军，以及其他多个高级军官的直接支持，因此，这在很大程度上只是一种形式而已，是对专责小组专属项目经理和行政人员开展有效项目管理的一种合理审查。

然而这次，情况似乎有些不对劲儿。

正如这 4 年来所做的那样，中央司令部军法审计署军法处办公室驻科威特的一位金融律师，已经审查了我们的预算文件。与往常一样，一切都合理有序。然而在批准预算之前，这位年轻的律师发了一封电子邮件给五角大楼盖茨部长的总法律顾问办公室，征求批准意见。

这是出乎意料也是极不寻常的。由于我们的工作已经开展数年，并且在以前的很多次都是由中央司令部审计署的律师审查的，而这次，这位律师寻求更高层次上的法律审查，是不同寻常的，尤其是他还直接将批准意见提交到了国防部部长办公室。国防部部长办公室的律师和派驻到科威特的军法审计署军法处的律师之间，在权力等级上隔着好几层。

国防部部长办公室的总法律顾问办公室（OGC）回应了中央司令部审计署，它拒绝从法律上批准我们的使命。总法律顾问办公室首席财务律师还特地指出，我们的使命违背了国防部的法律授权，因为它实际上不是一项军事使命，而是一项外国援助使命，因此应该由国务院负责。在美国中央司令部责任区域使用国防部所划拨的用于军事用途的资金，是违反联邦法律的。他下令立刻强制冻结我们所有的活动资金。

我在迪拜机场听到这个消息后，十分愤怒。之前，盖茨部长已经发出指令，要求将我们的工作扩展到阿富汗，以便支持麦克里斯特尔将军的工作。彼得雷乌斯将军和美国驻伊斯兰堡大使馆，也已要求我们参与在巴基斯坦的援助工作。总法律顾问办公室已经审查了授权我们开展工作的盖茨部长的备忘录，为什么现在会做出这样的裁定，认为根据法律我们违背了国防部的权威？这怎么可能呢？

我在 14 个小时的回国班机途中，基本上没有睡觉。

仔细回想这件事的来龙去脉，我很快就发现了端倪：国防部最新任命的首席财务律师，是驻伊联盟临时管理局的前法律顾问。作为他新官上任所烧的“第一把火”，这位驻伊联盟临时管理局的前首席律师，将我们履行使命的开支——我们已经履行了 4 年，并消解了驻伊联盟临时管理局管理之下出现于伊拉克的经济灾难——判定为一项非法挪用资金的行为。

就在我们应该把重点放在加快批准相关计划，以便尽快恢复阿富汗的经济之际；就在我们一边工作，一边担心我们的团队成员可能受伤——甚至更糟糕的是，可能会被杀害——所导致的个人责任风险之时，我们突然被法律术语所困。尽管霍尔布鲁克和国务卿公开强调“平民行动”对于配合阿富汗军事行动的重要性，但现在，派驻到这个国家的由每位专家组成的唯一团队，却正因为一个驻伊联盟临时管理局的前首席律师的奇特做法而使工作陷入了停顿状态。

第二天上午，盖茨部长责成负责财政事务的国防部副部长、审计官罗伯特·霍尔快速解决这个问题，他表示马上就会去解决。我也即刻同霍尔会了面，他要求我配合他抓紧处理这个问题。但在了解了实际情况后，答案变得清晰起来了：这个问题不可能很快就解决。从会面的情况来看，霍尔对那个财务律师的裁定基本上无异议。似乎没有谁能够为扭转这个结论，也没有谁能为更好的法律解释，做出努力。他建议的解决方案是，使用“指挥官应急反馈计划”的资金，该资金是拨付给在工作现场的下级指挥官使用的，用来启动速成项目，以便与项目实施地的领导人建立融洽关系。①

国防部的“指挥官应急反馈计划”已经实施了，它自伊拉克战争初期就存在。因为我们的军队显然需要除了军事行动之外的其他手段来维护受援国的稳定，所以国会另拨付了资金，供在受援国工作的指挥官使用。最初该计划仅针对金额不到 25 万美元的小型拨款，后来连续多年大幅度增加，现在每年拨款额度超过 10 亿美元。国防部正在利用该资金支持更大的项目——这足以让国会方面感到惊愕。通常，项目越大，取得成功的可能性就越小。②

我请教霍尔，怎么将国会授权给地方指挥官实施小型项目使用的资金也授权给我们履行使命。还有，和原来只是使用正常的国防预算资金开展业务的做法相比，这种方式如何才能更符合法律规定。霍尔没有回答我，但让我不必担心，他向我保证说，国防部将会使用“指挥官应急反馈计划”的资金支付我们的工作费用，直到能够通过秋季预算为止——届时，国会将被要求特别批准为我们的工作拨款。

我从以前的听证会以及希尔的汇报中知道，这种做法只会造成更大的问题。

我向霍尔解释说，我们全部预算的近 50% 是用来执行无疑是属于国防

---

① 《国防部指挥官在伊拉克应急响应程序方面的教训》，伊拉克重建特别监察长报告，2012 年 1 月。

② 国防部办公室总法律顾问备忘录：《资助业务与稳定行动专责小组违背美国法典第 10 款》，2010 年 6 月。

部业务的项目的。确切地说，我们通过受援国私人银行来实现国防部自动支付我们工作的经费，显然我们的工作不是外国援助项目。我们的工作还涉及“伊拉克先导”和“阿富汗先导”计划范畴内的军事承包任务，我们需要审查承包商，以确保东道国企业能够按照国防部的规定交付商品或者服务，但这显然也不属于外国援助项目。我们还有很多类似的其他工作。但是，那些律师对于我们的全部使命做出的是一揽子裁定。他们真的审查过我们的具体项目支出吗?

定义国务院和国防部各部门角色和职责的法律框架不再适用，这是目前我们国家安全机构的一个不幸的事实。在对待伊拉克和阿富汗这样的暴力冲突国，我们的严格军事行动和对外援助之间的界限完全模糊了。饱受战乱的国家战后稳定的全部基础，有赖于国家安全系统的建立、基础设施和社会管理的完善，以及经济的快速恢复和改善（它可以减少当地居民对于暴力叛乱分子的同情）。

事实上，在伊拉克和阿富汗，由美军军方实施和开展的数十个（甚至数百个）地面项目和活动，都不符合军事操作的传统惯例，但对于确保这两个国家的安全并使我们的军队士兵免受伤害大有帮助。

然而，财务律师所提供的解释是很教条的，他援引了 1984 年的判例法（当时为了执行一项救灾任务，国防部使用国防拨款资金，在洪都拉斯建了一所医院），据此，我们的工作是被严格禁止的。有 30 年历史的冷战时期的判例法，就军队在 21 世纪反恐战争中如何使用国防资金而形成的一种法律基础概念，显然是我们国家的支持机构不能满足现代国防挑战的一个标志。①

如果说这一裁定单只是一位新任财务律师对国防部的基本项目（它们十分接近于在军事行动和对外援助之间“走钢丝”）进行评估的话，这或许是可以理解的。但事实并非如此，这一裁决是专门针对专责小组的使命的。

那种被单独挑出来予以特别“照顾”的感觉，在那周接下来的几天时间里得到了强化。霍尔要求立刻审查我们的项目支出，以便澄清我所解释的完全属于国防部合法权力范围内的项目，特别是“阿富汗先导”计划的承包项目、通讯行业项目和银行自动化项目。

---

① 《巴基斯坦与美国特使磋商，准备加强经济联系》，巴基斯坦拉合尔省长新闻发布会，2010 年 5 月 4 日。

最终，上述项目的资金重新被批准了，但对于其余项目，我们的选择权现在已经很明确了：要么使用“指挥官应急反馈计划”准许下拨的资金，要么找国会“救援”。我确信，使用“指挥官应急反馈计划”资金完成我们的使命，将在国会方面引起巨大的负面反响，特别是在众议院那里，而且，我们以后将会为此付出沉重的代价。值得一提的是，霍尔开始使用一切必要的手段从国会方面为专责小组申请资金。他还与负责法律事务的助理国务卿利兹·金合作，为我们的使命直接游说，将专责小组的合法权力纳入现已提交并处于最后审查阶段的年度国防补充预算当中。

霍尔还确认了一个更加令人不安的事实：不管希尔那边的项目进展情况如何，我们在巴基斯坦的工作都将结束，我们不再返回巴基斯坦。我解释说，这项工作是应美国中央司令部的要求而做的，并且还得到了我国驻伊斯兰堡大使的支持。但这完全无用。我们不久前还在拉合尔市和旁遮普省省长萨尔曼·塔希尔共同举行了新闻发布会，在那个关键地方的新闻发布会上宣布推出我们的项目。但现在，我们的工作还没有开始，就被迫放弃了。[①]

我正要变成我平常最厌恶的那种人：一个做出了重要承诺但却不能交出任何结果的美国人，而且是在一个承担不起这种后果的地方。

接下来，为维持我们的雇员的开支，一方面，我每月要花两周时间逗留在华盛顿为获得资金而游说，另一方面，我的其他时间都花在了阿富汗各地的工作上。我试图在尽可能短的时间内做完更多的事情。

当我回到阿富汗工作时，马修·舒伊福林见到了我，后来他又把我引荐给了一个事实证明将会快速推进我们的工作的人。米特·比尔登是情报领域一个活着的传奇，在过去的几十年时间里，他一度处于某些重大历史事件的中心，他在职业生涯中取得的一些非凡成就，让他闻名遐迩。在 20 世纪 80 年代著名的“查理·威尔逊*的战争”时期（当时，美国支持阿富汗游击队，

---

① 《阿富汗平民支持团队增援计划遇到瓶颈》，美国国家公共广播电台，2009 年 9 月 19 日。

* 美国得克萨斯人，也是美国政坛一个有名的花花公子式的人物。当苏联军队入侵阿富汗时，他通过各种途径，为各种反苏联的秘密行动提供了 500 万到 10 亿美元不等的资金。他是苏联军队最终撤离阿富汗的关键人物，他的事迹被拍成电影《查理·威尔逊的战争》。——译者注

最终导致了苏联的失败，同时也为冷战结束做出了贡献），他作为中央情报局的一员，参与管理了阿富汗的战地事务。之后，随着“铁幕”时代的落幕，他管理中央情报局在东德的业务。凡涉及阿富汗以及有关这个国家部落和地区的知识，没有谁能像比尔登那样，能够为专责小组提供更好的帮助。经过几次交谈之后，我们邀请他作为高级顾问加入我们的团队。

比尔登花了很多时间与我和马修接触，向我们讲了阿富汗当前的情况和特点、它的历史和部落的复杂性。我们如同得到了一部有关文化和地缘政治知识的百科全书——当我们考虑制定阿富汗经济的各种发展策略时，这些知识是无价的。通过和他一起工作，原先我们的很多思路被放弃，一些模糊的想法变得清晰起来，它们不但变得可行，而且还能够很快实现。

有了比尔登的协助，同时还因为有一支非常低调的保安特遣队（它由在阿富汗具有长期经验的前资深特种部队人员组成）的支持，于是马修·舒伊福林在喀布尔、马扎里沙里夫、贾拉拉巴德、赫尔曼德和赫拉特这些地方建立了业务部门。我们也在坎大哈市区范围内建立了一个基地。然而，就在此时，由于资金突然出现问题，致使我们的诸多计划不得不搁置，对此我们感到非常苦恼，但却无计可施。

在6月之前，我们在这个国家有了一支近百人的工作队伍，主要关注三个重点领域：一让一些社区居民马上能够看到进展的轻工业发展和扩建项目；二能够让投资者产生信心的中期“作坊式”的采矿业和能源行业发展新举措；三矿物和碳氢化合物等天然资源长期开发项目。

在喀布尔，除了在国际安全援助部队总部和美国大使馆附近的工作区域以外，我们还在达鲁尔-艾曼城区建立了另一个总部办公室。这个办公地点远离其他国际社区，位于一个以古老的阿富汗皇宫为中心的旧居民区当中。我们为此购置了两栋相邻的住所，并为其配备了必要的通讯设备和一支规模不大的阿富汗保安特遣队。一栋供前来造访的一些公司代表作为家庭旅馆使用；另一栋供我们团队的高级管理者使用。在巴格达，我们作为招待所使用的小型家庭旅馆和现场指挥部，经常是来访的美国和其他国家的代表与伊拉克官员聚餐、开会和举行仪式的地点。但在喀布尔，我们尽可能地保持低调。会议和就餐一般在当地酒店或者宾馆举行，我们的活动也尽可能不对外宣传。我们坚决拒绝和任何人包括美国人说起这个总部地点。

在此，我们有能力、有信心保卫自己的安全，虽然我们也接受驻阿富汗国家安全援助部队（ISAF）的保护——其部队通常远离喀布尔。我们的保安人员与驻扎在当地的美国特种部队（特种部队的基地距离我们的总部不远）拟定了"快速反应"协议，但我们不抱任何幻想。因为如果我们的地点被不该知道的人知道，那么它就将是塔利班袭击的一个理想目标，任何快速反应机制都不足以拯救我们。我们与我们的军方邻居之间做出了安排，将就地区活动分享信息，而且一旦发生问题，将立即提供支持。我们还与私人直升机空运服务的本地提供商达成了一项协议，万一出现大规模暴力事件，就把我们从这里接走。喀布尔周围群山环抱，还能够看到达鲁尔-艾曼城区那个虽然破败但不乏皇家气息的宫殿遗址，这让我在达鲁尔-艾曼有了更好的睡眠，甚至好于我过去在巴格达"绿区"名义上更安全实际上却要受到火箭筒持续袭击而受到惊扰的睡眠。

我们在阿富汗其他城市也以类似方式建立起了自己的业务。我们的目标就是尽量不显山露水，这是为了避免官方身份带来的麻烦，不然就会增加成为受攻击目标的可能性。

不过我们现在急需人才。我们初期的计划是，在夏末之前招募到 250 人进入这个国家。现在我们的人手还不到我们需要的一半，而且由于之前华盛顿出现的资金危机，因此在国会通过拨给我们一笔预算的法律之前，我们已经不可能让更多的人加入我们的团队了。虽然我们招募人才的速度从未快到足以消除我对于政府官僚主义的沮丧感，但我们在阿富汗还是以创纪录的速度增加了一个团队。当其他美国政府机构正在绞尽脑汁地让一些平民志愿者进入阿富汗，并且把这些新的"平民行动"参加者塞进美国使馆区拥挤的移动房屋时，我们却以迅猛的速度将平民人才部署在全国各地。不过现在，我们招募人才的行动却陷入了停顿状态。①

我召集整个团队成员开会，向他们说明了我们的情况。我要求我们每个人都必须承担起我们还没有招募到的那些人才的工作。从我自己到保安人员再到厨师，如果有哪一项工作需要人手，我们都要去做。

这对于我们的矿产资源开发团队尤其重要。这个关键性项目的第一步，

---

① 《投资者代表团访问喀布尔》，武装部队新闻服务局报道，2009 年。

就是要完成我们与阿富汗地质调查部门合作确定的、20 个优先级矿床的实地勘查。这些实地勘查需要远征工作，需要有直升机将勘查人员输送到偏远的内陆地区，然后在海拔高于 1 万英尺以上的地方，带着重型设备，徒步进行样品的搜集。我们在一切可能的地点进行钻探，以便确定矿床的深度；将数百吨重的岩石挖掘出来，随后送到被认可的实验室进行化学分析，再送回到阿富汗地质调查局长期保存。

阿富汗矿业部部长瓦希杜拉·萨拉尼和他的地质调查队，迅速给我们提供人手并给予协助，但他们也缺少做这项工作的专业人员。我们的目标是在夏末前完成对于这些矿藏的评估工作，因为在这个多山而又干燥的国家，这个季节的天气条件允许我们开展远征工作。如果这项工作拖延到秋季，那么兴都库什山的严冬将会把这项工作推迟到下一年的夏季。现在，所有的专责小组工作人员都必须做好成为野外地质工作者的准备。我告诉我的团队成员们，任何身体状况不存在问题的人，都可能得到召唤，去协助矿藏勘查工作。

在整个夏季，专责小组的团队成员们对于地底下埋藏的铜、金、铁、锂、稀土、钴和铬铁矿等世界级的优质金属，都进行了采样和分析。团队的每一位成员，包括我在内的所有高层领导，都参与了这项任务，并与我们的阿富汗合作伙伴一道把重型设备运进现场，然后把需要的样品开采出来。在一次远征工作中，我们需要从遥远的阿富汗西部的一个干涸的湖床中对盐水进行抽样分析，那里距伊朗边境仅有 1 公里。我们钻探了已经积累了数千年的硬化盐层，以便获取被认为是富含非常有价值的锂和其他盐类的液态盐水。一支海军特种部队分队用直升机运送我们进入和离开现场，并且在勘探队采集样品时，在周围围成一圈进行安全保卫。对我来说，从事体力工作是一种压力释放，因为我需要消除华盛顿方面带来的无休止的挫折感，以及为我们的使命争取资金而与那些律师进行较量所产生的疲惫感。

通过从伊拉克的错误中获得的教训，我们成功地推进了我们在阿富汗的使命。我们的目标就是让阿富汗的企业恢复运转，并鼓励阿富汗以外的私人投资者和公司参与恢复这个国家经济的发展，无论是作为贸易伙伴还是作为投资者。只要有可能，我们都尽可能地避免依赖军队。我们的使命也是军队使命的一部分，我们需要完美地配合麦克里斯特尔将军和他的高级指挥部的反恐战略，不过我们尽可能地避免住在军事基地。我们的目标就是向私营公司证明：即便不需要军队的支持，他们自己也可以在阿富汗建立业务。这是我们从伊拉克所获得的一个经验。

和在伊拉克相比，我在同美国大使馆打交道方面也采取了一种全新的策略。毫无疑问，我们在伊拉克的使命是在国防部和国务院之间的巨大冲突中启动的，而我们在伊拉克的工作重点是扭转由国务院于 2006 年推行的政策所导致的不利局面。很显然，后来巴格达大使馆方面与我们发生的许多冲突，都是因为新的工作人员对我们的工作存在误解所致。为了在阿富汗避免这种情况，我让我的团队中的一些最出色的、在沟通和交流方面具有突出能力和资深背景的成员负责人际攻关管理。巴尼·金贝尔，是一位在大众传媒领域具有显著成就的前新闻工作者，他负责维护我们与使馆和美国国际开发署工作人员的关系。埃里克·克拉克，负责维护我们与驻阿富汗国际安全援助部队的关系。他们一方面履行自己在阿富汗管理的主要项目和计划推进的职责，另一方面还要负责维护我们与这些重要机构的总部之间的关系。他们在人际攻关管理方面的出色成就对推进我们的工作起到了很大作用。在巴格达，我们似乎不断陷入需要处理各种无谓冲突的局面之中。但在阿富汗，我们几乎没有这样浪费时间。由于我们在人际攻关方面有短板，因而是他们在建立我们与总部工作人员之间信任关系方面所取得的成就，推进了我们的早期工作取得成功。

2010 年 2 月，我们把第一个投资者代表团引入了阿富汗。我们选定并邀请这个团体，是为了制造一种影响和一个信息——主要是向仍持有怀疑态度的阿富汗政府——我们在这方面的工作是认真而严肃的。我不断会见阿富汗领导人，我发现他们对我们的工作能否取得实际成果半信半疑。因为经过过去 8 年他们与西方国家各色人士打交道之后，对于西方能否给他们提供真正有益的经济支持，在很大程度上已经失去了信心。但我明确表示，如果他们做了他们该做的事，并帮助我们执行我们所制定的阶段性策略，那么各种投资就将随之而来。我们邀请的第一个代表团将这一点落到了实处。霍华德·巴菲特——沃伦·巴菲特的儿子、美国伯克希尔-哈撒韦公司* 董事长的未来接班人——在一年多以前被别人介绍给了彼得雷乌斯将军，后者又将我

---

* 由沃伦·巴菲特创建于 1956 年，是世界著名的保险和多元化投资集团。——译者注

引荐给他。除了对于农业情有独钟之外，巴菲特还管理霍华德·G. 巴菲特基金会（该基金会主要针对非洲国家的可持续农业项目进行投资）。他爽快地接受了我邀请他访问阿富汗的建议，但条件是他要顺便带上他的儿子——霍华德·W. 巴菲特、一个正在成长的未来领导者，他当时正在白宫担任总统政策顾问。

我还邀请了伊恩·汉南，一位来自伦敦的相当有实力的投行专家，我是几年前在巴格达的一次正式会议上认识他的。他负责开拓摩根大通银行在伦敦的资本市场，他因在金融领域工作的出色成就及其推动建立了世界最大的几家矿业公司而知名。伊恩是一位富有魅力的爱国主义者，他年轻时曾在英国特种部队服役。他对于经济发展怀有极大的热情，认为这是阿富汗摆脱暴力冲突和苦难的一条路径，也是让我们对阿富汗政府和商界保持信心的一个关键因素。

喀布尔让我们的第一个代表团感到兴奋。艾肯伯里大使负责接待了这个团体，他安排晚宴，并花了几个小时的时间让代表们就阿富汗局势提出建议和指导。能够迎来这样一个高规格的代表团的造访，显然振奋了使馆方面的士气。麦克里斯特尔将军也在驻阿富汗国际安全援助部队的驻地欢迎这个团队，并为这次交流活动的几个重要环节提供了全面支持，包括空运和安全。伊恩·汉南让人觉得有趣，他通常都是自信满满的，然而，当有麦克里斯特尔在场时，他就恢复了一位年轻英国军官的角色：将军的那四颗星显然严重削弱了他通常那种仿佛睥睨一切的自信。

麦克里斯特尔和他的团队成员也因为这第一支代表团——这一行人在到达和离开时，都同麦克里斯特尔的团队成员会面——的到来而感到鼓舞，这强化了我们的战略，也让我们的工作思路更清晰。在喀布尔和赫拉特举行的商会会议，以及专程前往贾拉拉巴德，都是行程的一部分。

对于我们是认真的这一确凿事实残存的怀疑，现在彻底消除了。我和埃里克·克拉克开始安排其他更多代表团的造访，并制定整个 2010 年的日程表，这也必然能够持续地在阿富汗各界制造出声势。埃里克和巴尼特别热衷于利用媒体宣传和支持我们的使命，但就使命本身而言，我宁愿媒体保持“沉默”。我无法想象西方媒体只是把我们的工作看成是五角大楼将阿富汗使命重新贴上“成功”标签而进行的最后一搏，而且我还坚信，媒体的过多关注会给我在政府那边带来政治上的麻烦。在 2010 年的整个上半年，我们都默默无闻地做着自己的工作。

之后，我们的领导团队所增加的一位新成员，为我们的工作带来了更大的活力。霍华德·W. 巴菲特辞掉了他在白宫的工作，加入了专责小组。他跟随他父亲的访问，对他产生了很大影响，他很快就同我接触，并提出愿意为我们的使命提供帮助。那年夏天，我们的对话最终取得了这样的结果：霍华德·W. 巴菲特将负责参与管理我们的农业开发团队，包括负责由埃德·普利斯领导的、德州农工大学博洛格研究所所支持的专责小组的农业实地考察工作。他不顾个人安危冒着很大的风险前往阿富汗各地，通过建立阿富汗方面与美国农业部门及同博洛格研究所之间的关系推进我们的农业项目。

在他加盟这个团队之后，我了解到，巴菲特所承受的风险比我们最初的想象要大得多。18 岁时，他出了一次严重的车祸，为了能够正常走路，他的双腿都安上了假肢。在那个意外事件发生之后的许多年里，双腿行动不便经常让他大吃苦头。考虑到他的出行，他得经常搭乘军用直升机在阿富汗各地奔波，这是他服务于自己国家的一种非凡举动。我们是在他加入我们的团队之后才了解到他的身体情况的，当时我们正在制定突发暴力事件时标准医疗保健的应急程序。

普利斯曾建议专责小组在阿富汗贾拉拉巴德创建一个农业培训中心，但后来因为资金所限，这个项目被搁置了下来。巴菲特把这一项目建议提交给了霍华德·G. 巴菲特基金会，基金会批准通过了一项重要拨款计划，在贾拉拉巴德建立一所现代农业大学，同时长期资助博洛格研究所广泛参与的农业发展项目。[①] 专责小组也将为这一项目提供直接支持。巴菲特加入专责小组，也为我们在华盛顿方面的工作带来了一种推动力。他放弃在白宫的政策顾问的职位，将自己与专责小组的使命融为一体，这并不是一件小事。五角大楼的官员对此感到十分吃惊，但惊讶之余他们也在很短的时间内加大了对于相关工作的支持力度，以便为我们的资金短缺问题尽快找到解决方案。

---

① 《两个美国人在查看阿富汗农场之后的启动对策——霍华德·巴菲特基金会和〈今日农业〉合作，推出价值 150 万美元的项目》，得克萨斯农机大学《今日农业》，2010 年 7 月。

我们最初的一些业务的有效进展，也离不开鲁迪·申克的推动，作为奥巴马竞选班子的重要成员，他在商业和法律方面的知识背景以及波斯语方面的知识，让他成为专责小组的一个不可多得的领导人。得益于他所掌握的波斯语与阿富汗达里语（两者的方言有诸多相似性），鲁迪投身于他的项目当中，并专注于阿富汗本土产业规模的迅速扩大——包括从地毯织造、传统工艺品到食品加工等各个行业。通过 3 个月的努力，鲁迪第一次促成了阿富汗葡萄干的国际出口协议。

一个鲜为人知的事实是，几十年来，阿富汗一直是葡萄干生产的全球领先者，这是一个通常需要雇用数千人、涉及从葡萄园到加工中心再到包装业务多个环节的行业。自 2002 年以来，没有人为复兴这个产业做过任何事情。鲁迪和戴维·库德拉评估了这个产业的发展状况，他们发现，问题只是出在主要的葡萄干生产中心缺少先进的清洁和处理系统。在甄选了一家符合国际标准的葡萄干生产厂家之后，鲁迪接触了食品和药品管理局，确定了如何获得这一产品出口美国的业务操作认证。几周后，得克萨斯州的奥斯汀蜜饯公司就同这个厂家签署了进口阿富汗葡萄干的第一份进口协议。自苏联 1979 年入侵以来，这在阿富汗葡萄干生产的历史上是首次。①

接下来，鲁迪很快就又为阿富汗的其他农产品创造了类似的机遇，包括番红花。之前，在 2001 年返回国内的阿富汗人，首次大批引进了在阿富汗遥远的西部种植的番红花。虽然它一度被国际援助机构作为一个成功的案例而广泛宣传，但实际上却从未得到过任何国际机构的任何支持，它仅仅出现在有关阿富汗经济发展成功事迹报道的简报幻灯片当中。番红花非常有价值而且有利可图。阿富汗的番红花质量很高，但经常沾染病原体和其他异物，因此不能出口。虽然阿富汗大面积种植番红花，但在阿富汗以外，没有任何番红花的国际市场。与我们所知道的其他开发项目的情况一样，它缺乏销售渠道。

在阿富汗全国各地都可以听到类似的故事。阿富汗的手织地毯世界闻名，在西方国家的商店要价最高，但这类地毯从未直接销售给西方国家的买家，而是以巴基斯坦加工公司作为中间环节，后者几乎拿走了阿富汗织毯工人的

---

① 《食品企业签署进口阿富汗葡萄干的协议》，业务与稳定行动专责小组新闻稿，2009 年。

全部利润。石榴汁在西方国家市场每品脱价值 500 美元，而阿富汗石榴是世界上最好的，它的个儿是其他国家和地区的石榴的两倍大，但在阿富汗，却没有任何榨汁或者浓缩汁企业将产品打入这个需求不断增长的海外市场。

申克发掘了各种机会，并且推出了将石榴汁打入相关市场的举措：尽可能地开拓国际销售渠道并采取相应战略，同时制定满足国际标准的生产计划。他的一系列工作向阿富汗企业负责人传递了这样的信息：事情正在发生变化，而且自 2002 年以来，他们首次因其企业对阿富汗经济的重要贡献而获得支持。

就在我们的工作开始收到成效后不久，麦克里斯特尔将军让我参加他与卡尔扎伊*的一次会晤（他们之间经常举行会面）。他的这个邀请着实让我吓了一跳。在伊拉克，我熟悉各个层面的政治家，从内阁部长到下面每一个省的省长和市长。但与总理努里·马利基的接触机会是留给驻伊拉克多国部队指挥官或者美国大使的。尽管马利基通过伊拉克内阁部长的汇报知道我的工作，不过我只见过他一次，那是巴比伦酒店爆炸的第二天，他正式接待了那个韩国商务代表团，我因为韩国代表团坚持让我加入他们而见到了他。

麦克里斯特尔与卡尔扎伊的会面，让很多问题都变得更明朗了。麦克里斯特尔显然和卡尔扎伊关系很融洽，他凡事认真的态度且待人彬彬有礼，让卡尔扎伊感到被尊重而心里舒服。他们就有关问题和事项进行了非常坦诚的对话，看上去卡尔扎伊很信任麦克里斯特尔。讨论了一段时间以后，麦克里斯特尔开始向卡尔扎伊介绍专责小组和我们的工作，并把接下来的会面议程交给了我。

我马上拿出了地图，把阿富汗最有价值的矿藏的位置指给卡尔扎伊看，并告诉他这些矿藏的价值大约有数十亿美元。我向他描述了阿富汗的未来，他的国家将不再需要外国援助，政府将能够通过自己国家的军队解决国防安全问题，教育的发展、人民的健康和福利将不再依赖外国援助。如果阿富汗方面能够与我们合作，那么在麦克里斯特尔将军所负责的国防安全事务方面，以及在确保矿产资源开发的招标和权利授予的透明度方面，我们都将取得重大进展，但这样的前景就在他的掌握之中。

---

* 哈米德·卡尔扎伊，1957 年 12 月 24 日生于阿富汗南部城市坎大哈，普什图族人，是阿富汗伊斯兰共和国第一任总统。2009 年 11 月 2 日，卡尔扎伊竞选第二任总统成功。——译者注

我告诉他矿产资源可能会成为阿富汗最大的经济来源，但也可能会成为一种可怕的诅咒。如果不能以适当的方式开发矿产资源，那么最终就会导致这个国家陷入暴力冲突和无政府状态，在这方面有很多例子——比如刚果。智利在这方面做出了很好的表率，它在负责任的政府的领导下，制定和实施了顺应国际的劳动、环境以及地方卫生法规，对矿产资源进行有效开发，给社会带来了巨大的财富和利益。阿富汗将采取怎样的方式，在很大程度上取决于卡尔扎伊。在他刚刚赢得的5年任期当中，他完全有机会让阿富汗走上拥有经济主权之路。到他的任期结束时，他将被视为历史上的一个伟大人物，不仅在阿富汗，而且在整个亚洲中南部都是如此。

卡尔扎伊问我，如何看待通过与外国合作开发阿富汗矿产资源的前景。因为在两年前，阿富汗政府把喀布尔南部的一个著名的世界级铜矿开发权授予了一家外国公司，但后来却出了一系列涉及前矿业部部长的丑闻，他被指控在招标过程中收受贿赂。我对阿富汗的未来前景做出了这样的设想：将来它的所有邻国，包括中国、印度、巴基斯坦和俄罗斯，都将依赖于阿富汗的矿产资源；而阿富汗的锂和稀土这些高科技材料，尤其会得到欧洲国家、日本和美国公司的青睐。但是，我强调，要实现这样的愿景，阿富汗必须通过提供必要的优惠条件，促使国际社会以及阿富汗的邻国产生与阿富汗和平共处的强烈动机，但同时又要阻止一些国家对于阿富汗事务的插手和干涉。当然，阿富汗具体与谁做生意，取决于阿富汗领导人，而不是美国人。①

当我们共同仔细研究地图时，卡尔扎伊变得越来越兴奋，我向他讲述了我所指的地点都有哪些矿产资源，以及我们如何与阿富汗人合作、进行实地勘查并收集数据，以便使一些企业能够就开发资源进行竞标。会晤结束后，我和麦克里斯特尔都很高兴。我觉得，或许这是第一次，我们可以最大限度地为我们所担负的美国使命贡献力量。不管过去美国和卡尔扎伊政府之间存在什么问题，但目前终归有一种积极的能量，这是麦克里斯特尔所创立的一个崭新的开端。

实际上在那年春天，我还参加了麦克里斯特尔、艾肯伯里同卡尔扎伊的

---

① 《阿富汗经济发展报告》，业务与稳定行动专责小组提交给阿富汗总统卡尔扎伊的简报，2010年。

其他几次会晤，就我们的所有活动提供最新的信息，内容不仅仅包括矿产开发方面，也涉及我们在阿富汗多个经济行业的工作。

达伦·法伯早些年部署的信息系统总承包项目，现在产生了巨大的效益。当我们仔细研究承包数据时，法伯的团队指出了国防部在阿富汗承包工作中的主要问题。尽管“阿富汗先导”计划的合同政策已经制定，但大量资金却正流向极少数的承包商手里。根据“阿富汗先导”计划，应该有 50 家阿富汗公司将陆续得到超过 90% 的防务合同，每年总价值将近 10 亿美元。①

这种支出的集中性所体现的政治效果是很明显的。一些没有得到合同的公司怨恨那些拿到了所有美国合同的公司，因而造成了这些公司对于我们在阿富汗的使命的恶感，而不是促成公司之间商誉的建立。法伯与联合承包指挥部经济发展部门的工作人员合作，将确保对合同进行更广泛的分配，为一些阿富汗企业提供更多的经济激励。他还提出要将更多合同给予使用阿富汗本土劳动力和物料的公司，这是一个重大变化。在此之前，许多合同都给了本质上是外国产品进口商的阿富汗公司，这些公司只能提供极少的阿富汗人的就业机会（如果有这样的机会的话），对于经济的贡献也几乎微乎其微。我们在伊拉克的教训，反过来提升了我们对阿富汗经济产生的影响力。

正如克里斯·哈格在伊拉克所做的一样，他又借法伯承包的工作平台推出了银行业发展计划。之后不久，花旗银行就宣布与阿富汗国际银行建立正式的合作关系。此前，因为喀布尔银行——阿富汗最大的金融机构——的金融违规行为，银行业的成长极不稳定。阿富汗国际银行和花旗银行的合作，让阿富汗的存款持有人吃了一颗定心丸。② 哈格的团队还用国防部的合同作为激励手段，促进了存款在多家阿富汗私营银行之间的分配，减少了一旦喀布尔银行如同人们所担心的那样出现违规行为而导致的金融危机的威胁。

我们在阿富汗产生的影响力远远高于在伊拉克的影响力。我继续把一个月的时间一分为二，其中的两周用在伊拉克，另外两周则用在阿富汗，这种安排一直持续到在巴基斯坦的业务因资金问题而中断为止。我们在阿富汗也

---

① 业务与稳定行动专责小组分析美国国防部在阿富汗的合同（2002—2009），2010 年 2 月。

② 《花旗银行和阿富汗国际银行达成银行间的合作协议》，美通社，2010 年 10 月 18 日。

因资金和招募人员冻结而更加令人沮丧。我不禁想到，如果我们能够招募到我们所计划的人员，那么我们将能够做成多少事情。在华盛顿，尽管我已经尽了最大努力寻找临时解决方案，甚至呼吁美国国际开发署给予协助，但一切都是徒劳的。

第 14 章　深陷僵局

自 2007 年以来，我第一次凭着一己之力，多次和国会山 * 方面沟通。在 2010 年的 5 月和 10 月之前，我曾经 13 次会见了参议院以及众议院军事委员会和外交委员会的工作人员，其中一些会见的会议是在我的请求下临时举行的，而有些会见是在正式安排的大型会议上，成员包括国务院和美国国际开发署的代表以及几十个工作人员。我曾多次轮流地与参议院以及众议院军事委员会工作人员进行低调的接触，向他们所有人讲述我们的情况。

委员会的工作人员都感到困惑：国防部部长盖茨正式批准的工作，怎么会在一个月后就被一个律师宣布无效了呢？我们工作的 4 年，其中包括奥巴马政府在位一年多的时间内，为什么国防部到现在才寻求对于我们工作的立法权？究竟发生了什么？当他们将驻伊联盟临时管理局和目前的情况相联系时，他们做出了如下推测：这是由某种特定议程所驱动的、旨在终止我们的使命的做法。

但大多数外交关系委员会的工作人员并没有接受我的求助。他们所看到的，都是来自美国国际开发署以幻灯片为主题展示的、有关我们在阿富汗和伊拉克的工作是如何顺利的简报，而除了看幻灯片所展示的那些项目（那是些穿着厚盔甲的参观者所看到的经过精心选择的波特金村庄 ** 式的项目）之

---

*　国会山也就是通常说的国会大厦，是指作为美国国会办公机构的国会建筑。美国国会是美国联邦政府的立法机构，坐落在华盛顿特区国会山的顶部。尽管地理上并不在华盛顿特区的中心，但还是由于其特殊地位而成为全世界关注的焦点。——译者注

**　俄国女皇叶卡捷琳娜的宠臣波特金于 1787 年修建，专供女皇视察他的辖区时使用，以显示辖区的“繁荣”景象。这座漂亮而虚假的村庄果然起到了效果，深受女皇欣赏。“波特金村庄”由此成为虚假的面子工程的代名词。——译者注

外，他们实际上从未亲身经历过我们所经历过的一切，因此他们没有任何方式或途径来判断我所说的是否属实。

出于很多原因，2010 年 6 月这段时间真是一个多事之秋。在那个月，我把我的预算纠纷案暂且搁置在华盛顿，然后前往加利福尼亚州，招募对阿富汗感兴趣的企业界和商界领袖。就在我结束同一些投资公司和进出口企业的高管的长时间会谈之后，我的蓝莓手机响了，是埃里克·克拉克打来的电话，他向我报告了一件令人不安的事情：有一篇媒体报道对麦克里斯特尔将军非常不利。我问了他几个问题，但因为目前还看不到那篇文章，所以我也无法知道更多。克拉克是从国际安全援助部队的工作人员那里知道这个情况的，他担心这篇文章会给麦克里斯特尔带来麻烦。不过我并不是太担心，因为总有个别媒体会就某个话题炒得沸沸扬扬。

但我错了。

第二天，现在早已臭名昭著的美国《滚石》杂志上的那篇文章，进入了全国各地的报刊亭，一时间炸开了锅。我读了那篇文章，它声称，麦克里斯特尔公开和强烈地批评奥巴马政府。我担心会有最坏的结果出现。①

我的担心果然在第二天成为现实：盖茨部长和奥巴马总统接受麦克里斯特尔辞去他驻阿富汗国际安全援助部队指挥官一职，并宣布美国中央司令部司令彼得雷乌斯将军将接替他的职位。

我非常不愿意看到麦克里斯特尔离开。每当指挥部人事发生重大变动，都意味着我们工作势头的锐减，而且我们总是经历工作进程受到干扰的情形。过去无论是在伊拉克还是在其他国家，每当军队指挥官人选发生变化，我们就需要重新适应一位新的将军和他的工作方式。不过这一次，好在是彼得雷乌斯将接手这一职位。因为是他首先把我们送到阿富汗的，也因为自从我们履行使命以来，我几乎每周都要向他报告我们工作的最新情况，所以我们并不会对他的就任感到失落。如果说有什么不同的话，那就是他会进一步推动我们的工作。这对我来说当然是件好事——我需要他协助我解决资金遇到的滑铁卢。

不过，麦克里斯特尔的离职还是让我感到无比难过。我觉得他是与卡尔

---

① 《陷入困境的将军》，《滚石》杂志，2010 年 6 月 22 日。

扎伊总统打交道的最佳人选——他一向认真的工作态度和总能提供积极支持的个人风格，能有效地说服卡尔扎伊做出艰难的决定；而且目前在喀布尔出现了明显良好的初期发展势头，尽管他与艾肯伯里大使之间就增加美国驻军人数的决定（所谓的阿富汗增兵计划）存在争议。但成为军队指挥部最高指挥官的彼得雷乌斯将会有所不同——非常不同。不是在叛乱最严重时期接管伊拉克的彼得雷乌斯将军，他必须再次证明自己。不可否认的是，他曾是那个扭转伊拉克局势的"彼得雷乌斯将军"，是美国中央司令部独一无二的领袖，是他自愿正式降级，接手并承担美国履行在阿富汗使命的重任——同时履行美国在阿富汗的民事使命和军事使命。他的个人分量是毋庸置疑的——他将代表国际社会在阿富汗的存在。

然而，我怀疑卡尔扎伊对这件事的反应不是积极的。对于他新近的连任，美国政府成员当中曾经有过极大的争议，但是就美国在阿富汗的使命而言，麦克里斯特尔是卡尔扎伊愿意与之合作的人，但现在他离职了，我确信卡尔扎伊绝不会轻易相信这个人事变动是基于一份摇滚音乐杂志不恰当地引用被采访者的言论引致的。他会做出这样的假定：这是美国最终要把他赶下台的总体阴谋的一部分。因此，要让他扭转看法，彼得雷乌斯将有很多工作要做。

在从麦克里斯特尔过渡到彼得雷乌斯管理时期的过程中，我开始了解并越来越多地依靠一个重要支持和建议来源，这就是阿富汗前财政部部长阿什拉夫·加尼。作为一个有着迷人的性格、无可挑剔的学历，以及在 2002 年之前具有国际开发背景的人，加尼擅长冷静而耐心地解释问题，他会和我一起坐上几个小时，一边喝茶或吃饭，一边建议我如何完善我们的计划，以便应对阿富汗的独特挑战。当我们致力于增加在阿富汗南部和东部的参与活动时，属于普什图族的他带给了我们很大的帮助。不过，当"一年游"的短期外交或军事专家轻率地反驳他的观点时，他会非常气恼，他也会因为国际专家滔滔不绝但却荒谬地发表关于阿富汗的观点而感到沮丧。他的独特的个人魅力和一口流利的英语，让他成为走马灯式轮换的美国国务院和国际安全援助部队的新任领导人，为解决某些问题而寻求阿富汗领导人支持的一个首选接触的要害人物。不过这种过度依赖，对于加尼本人和美国利益双方来说都并不总是好事，因为他的观点——虽然具有高度知情权的特征——并不总是代表阿富汗领导层当中那些权力掮客的意见。

他最初是美国国际开发署及其开发工作的赞赏者，但久而久之，他又成了一个不留情面的批评者，他尤其批评美国国际开发署花费了大量的投入，但却无法获得相应的开发成效。加尼与我分享了他在多年前所使用的一种分析结论，这种分析结论表明，相对于美国国际开发署用于一个国家的特定项目的每1美元的支出，真正用于这个国家的实际支出不到10美分，①其余90美分全都被少数签约承包商剥夺了。因此，和私营服务公司相比，它们的利润高得惊人。随着达伦·法伯开始与北约承包指挥部和美国国际开发署接洽，试图致力于将“阿富汗先导”计划统一化，以便代表它们执行所有合同（而不只是美国军方的合同），上述问题变得十分明显。我们惊讶地发现，在2010年有40亿美元预算的美国国际开发署，实际只有5个有授权资格的合同人员——经正式认证，有权将美国政府的钱用于购买商品和服务的官员——在阿富汗地面执行这笔庞大的预算。相比之下，国防部在这个国家有超过250个的合同管理人员，但实际监督的预算不到美国国际开发署预算的一半。

我仔细想过我所负责的私营部门的情况。在技术领域，我有一个由40多个供货工程师和专业采购人士组成的团队，负责管理每年近10亿美元的高科技零部件和其他供应品开支。

还有更多需要了解的方面。美国国际开发署的合同完全不像国防部或其他政府机构的合同，事实上，它采用的是一种经过调整的合同程序；按照这一程序，一家私营公司可以把数亿美元用于执行一个广义项目，并根据更广义的交付目标或时间表接收付款。因此，一家执行美国国际开发署合同的公司，总会收到一组宽泛的指令，例如，“在赫尔曼德省创造一个侧重于农业发展的机会”，同时下拨一笔相应的资金，资金在项目启动之前就会到位。②我想到过这样的情形：在我致力于推动我们的业务现代化期间，政府问责办公室之所以会出现数不清的、有关在五角大楼内部缺乏财政内部问责的报告，就是因为无法按照特定商品和服务的采购订单情况自动审核财务。美国国际开发署在对项目目标只有一般性要求的前提下，执行涉及数亿美元资金的广

---

①② 阿什拉夫·加尼和克莱尔·洛克哈特：《修复失败国：重建一个破碎世界的框架》（牛津和纽约：牛津大学出版社，2008年）。

义项目协议。在面对客户没有能力清晰地阐明交付项目的特征和性能标准的情况下，美国国际开发署就不可能指望它的客户必然会交付有实际成效的标的。

由于在喀布尔只有 5 名合同管理人员，因此我们也不可能指望美国国际开发署能够通过其他方式做到更好。签约承包商将获得利益最大化：一个客户给他提供大额资金，而且预期的回报只是定义宽泛的产品。难怪加尼发现，在阿富汗，几乎感觉不到援助项目的明显进展。

2010 年秋天，摩根大通银行结束了我们与国务院就阿富汗采矿业发展可行性的持续争论。就在我们与阿富汗政府合作，针对我们优先选定的 20 个采矿点编制最新勘查的矿藏数据时，伊恩·汉南正在寻求对几年前得到许可的一处重要金矿的先期投资。位于阿富汗中北部巴格兰省的这处金矿，金的品位极高。作为一名受人尊敬的阿富汗著名商人，萨达特·纳德利由美国大使馆介绍给了专责小组，他无疑能够成为国际投资者的一位值得合作的伙伴。纳德利拥有开发巴格兰省矿山的许可证。专责小组后来又把他介绍给了汉南，两者经过一轮投资谈判，纳德利创建了一家新的阿富汗矿业公司。这是 50 多年来西方第一次投资阿富汗采矿业。

为了使投资顺利进行，我和汉南安排了阿富汗矿业部部长瓦希杜拉·萨拉尼访问纽约，我们在那里见到了摩根大通银行首席执行官杰米·戴蒙。戴蒙对这个项目很感兴趣，并明确表示，如果该项目通过财务审核，并且相应的法规和透明的合作措施到位，他相信投资者绝对不会错过在阿富汗的机会的。

汉南要投资纳德利的巴格兰省金矿，这让我们的努力收到了成效，并且给喀布尔注入了活力——不管是驻阿富汗的国际安全援助部队还是阿富汗政府机构都充满信心。[①] 就像我们几年前在伊拉克与投资者之间完成的早期“破冰”交易一样，有摩根大通银行参与阿富汗矿业，增加了其他国际公司和商界领袖的信心，他们开始相信阿富汗是一个值得认真考虑的机会之地。随后，各家公司开始寻求有关投资阿富汗矿业的信息，并收集技术数据。我们

---

① 《摩根大通盯住阿富汗金矿》，《财富》，2011 年 5 月。

与萨拉尼及其工作人员合作起草计划，确定将于2011年年初公开招标的几个主要金矿和铜矿。专责小组建成了一个世界级的数据中心，为阿富汗矿业部和阿富汗地质调查局提供完整的地质分析数据，并培训其技术人员使用最新软件，以及提供美国地质调查局的完整数据和补充实地勘查数据。①

当埃米莉·斯科特的团队与阿富汗矿业部合作时，他们发现了苏联时期的矿物探查和样品检测结果的档案。这是一个完全使用俄语记录的信息宝库。从档案文件的情况判断，很显然，自从苏军在20年前撤离阿富汗以后，这些信息就从未被打开和使用过。

我们聘请了俄罗斯地质学家对档案进行审查和编目。亚历克斯·查伊赫尔斯基——一个苏联有多年工作经验的俄裔美国科学家——主持并负责这一工作。我们对高度详细的地图和相关技术数据均做了数字化处理，并与美国地质调查局的高空探查结果进行了比照和汇总，这可以更好地验证我们高空探查数据的精确性，从而减少额外实地抽样的工作。这一整套集中化数据将送交新的数据中心，并由阿富汗工作人员使用和操作。阿富汗工作人员起初怀疑我们是否真能为他们提供数据，因为他们多年来一直要求得到美国地质调查局的初始数据研究结果，但美国国际开发署从未把数据文件提供给他们。但当我们的科学家与他们密切合作时，他们才逐渐相信，我们是严肃的，我们会把一切都交给他们。这是我们协助阿富汗政府管理自己国家资源的另一个重要步骤。

随着夏季渐渐过去秋季即将来临，我们的预算官司情况变得明朗了：指望从法律上为我们的预算“正名”，在短期内只能是一种奢望。到8月份，我们在阿富汗大约有120名员工，这一人数已成为一个新的“瓶颈”，而与此同时，几项重要的团队成员的安全和生命保障合同，严重缺乏资金支持。到9月份，我们的团队因缺乏资金和人手等而面临解散。

8月份，在喀布尔的一次每月定期汇报中，我向彼得雷乌斯将军递交了一份简报，列出了我们为履行阿富汗使命而需配备工作人员的初始计划，并阐述了我们目前的人数实际上距离这个计划是多么遥远，我们最终的现实性结论是：

① 《阿富汗矿产资源现状》，《环球》，2011年12月29日。

如果在 9 月 30 日之前没有 800 万美元资金的注入，我们将不得不终止业务。

在我与彼得雷乌斯的长期个人关系中，他第一次公开向我表达了他个人的无奈。“你是国防部次长，你得自己去做华盛顿那边的工作。你不能指望我除了别的问题之外，还要帮你解决你在华盛顿的问题。你得当面和他们对质。你和盖茨当面谈过这件事吗？”

我没有告诉他的是，我 3 个月来已经不止一次地要求和盖茨见面了，但他的参谋长罗伯特·兰戈尔显然并未把我安排在他的日程表中。盖茨那份严格管理的日程表，是不会轻易把我的要求纳入其中的。没有兰戈尔的支持，我不可能直接走进盖茨的办公室。兰戈尔已经被要求与审计官鲍勃·霍尔一起解决这个预算问题，而我唯一的推断是，兰戈尔并不想在盖茨跟前再次提起这件事——以他的思维方式，这个问题正在尽快解决的过程中。[①]

当我离开国际安全援助部队总部时，内心感觉非常失落。美国现在每月花费 100 亿美元用于在阿富汗的军事行动，而我却在总指挥官的办公室告诉他，我不能处理一个区区 800 万美元的预算缺口。

第二天上午，彼得雷乌斯在他与盖茨部长的每周视频会议中，提到了我的简报幻灯片。

华盛顿方面再次炸开了锅。盖茨明确要求必须解决这个问题。紧接着，国防部副部长比尔·林恩突然召开了有关专责小组的会议，这是他第一次参与我们问题的解决。

林恩的业务背景主要由一个角色构成：国防承包商巨擘雷神公司[*]的说客。因此，当他任副部长的提名被宣布时，这也成了一个不大不小的争议点。根据法律，国防部副部长需要具有广泛的行业运营经验，而当他被正式任命时，这一要求也显然被参议院军事委员会有意忽略了。根据与我在这座大楼里担任其他管理角色的同事之间的交流，和他的前任戈登·英格兰相比，他似乎采取了一种更加放手的态度去管理这座大楼内的日常事务。英格兰在 2004 年

---

① 《向驻阿富汗国际安全援助部队提交的简报》，业务与稳定行动专责小组，2010 年 8 月。

* 美国大型国防合约商，也是世界第五大国防合约商，在世界各地的雇员有 7.3 万名，总营业额约为 200 亿美元，其中超过 90% 的营业额来自国防合约。——译者注

所推动的业务转型工作，在林恩的任下逐渐退出并终止；由于缺少推进业务改进工作所必需的领导机构，业务转型办公室很快就将解散。

自从英格兰在2008年1月离开以后，我第一次坐在了这位副部长的办公室里，在场的人还有罗伯特·霍尔、利兹·金、罗伯特·兰戈尔，以及其他几位初级雇员和那个财务代理律师。

林恩令人印象深刻，他严厉地盘问了那个财务律师，并且迅速得出结论：那些否定我们预算合法性的结论，没有任何合乎逻辑的理由。我很想知道，他为什么现在才出现，以及他为什么没有更早地参与处理这件事；如果早点参与处理，情况早就完全不同了。经过一个小时的讨论之后，除了兰戈尔和霍尔，所有人都离开了这里，他们就这件事应当如何解决进行了一次最终的讨论。

当天晚些时候，兰戈尔给我打电话，就这件事向我表示歉意。他表示，他一直没有充分认识到，总法律顾问办公室的立场是多么糟糕，以及如果他更早、更直接地参与这件事的话，那么从一开始就应该可以阻止这种情形的发生。然后他解释说，鉴于国防部已将这个问题提交国会讨论了，并要求立法援助，因此现在已来不及推翻五角大楼的法律意见书了。他表示，专责小组将不得不使用“指挥官应急反馈计划”的资金，用以维持目前的人员配备开支，直至在秋季通过年度国防预算为止——届时我应该会得到充分授权，并配足我们在阿富汗所需要的工作人员。

在9月份的最后一周，我们获得了“指挥官应急反馈计划”的一笔资金，这刚好避免了一个履行使命的团队的解体。由于2011财年国防预算案在国会山的大选年政治博弈中陷入了僵局，我们最终接受了两次以上“指挥官应急反馈计划”额外资金的注入。

最终在10月份，我们收到了喜讯：根据在2011年对于专责小组的授权，国会审查了最后立法草案。据说由于国务院预先批准授权的缘故，该草案涉及的预算范围非常宽泛，它甚至没有将我们限制在一个特定的国家。① 我对此感到十分惊奇，同时也感到非常高兴。之前在9月同霍尔布鲁克的一次会面中，他表示，他曾介入过这件事，并最终让我们获得了2011年的授权。他还

① 《国防授权法案草案语言——关于资金援助》，2010年9月。

再次直接问我是否愿意让我们的团队向他直接汇报工作。我再一次表示反对。不过这一次和一年前我们的初次会面相比，我进行了更为慎重的考虑，才给出了我的回答。我深知我们的团队工作量惊人，以及这种工作量会给听取报告的人带来影响，于是我打定主意，只有在我工作中真正遇到无法处理的难题时才会直接求助于他。后来的事实证明，具有出色人格魅力的霍尔布鲁克，成了我们事业的一个有价值的顾问和强大的后盾。我希望我们能够实现我们对他的承诺，无论是在阿富汗还是在巴基斯坦。

然而，过去发生的整个事件让我们的使命所面临的窘境更加明显。我宝贵的时间不是用于在国内招募更多的商业领袖，以便管理我们不断扩大的业务，而是把所有时间浪费在华盛顿与官僚主义进行另一场战斗。眼下我们不能将数百个平民工作人员派驻到阿富汗，以便支持为期 18 个月的增兵行动，而是最快也要等到 2011 年年初，才能配齐我们团队的成员。这意味着在严重缺乏资金的情况下，我们只有 6 个月的时间最大限度地发挥我们的作用。面对一个处于战争中的国家，华盛顿竟然能够允许阿富汗企业战略的一个关键要素被区区一个律师所破坏。

2009 年秋天，我们返回赫拉特，建立面向西部阿富汗的业务运营中心，并被邀请参观赫拉特大学。我们其中的一名战略顾问内德・乌斯卡维，是伊朗裔美国人，他之前在米特・比尔登的推荐下加入了专责小组，他非常希望我们和赫拉特大学的学生见面。来到那所大学之后，我惊讶地看到了一座现代化的、拥有计算机科学研究项目工程的三层教学大楼。我、马修・舒伊福林、内德・乌斯卡维和埃里克・克拉克都坐下来观看项目演示，我们看到的演示令人吃惊。

演示过程是由几个阿富汗男女青年用英语完成的，他们都是这所大学的学生。这些学生使用幻灯片和在线演示，介绍了他们开发的软件的功能，这是他们为获得计算机科学学位而研究的项目的一部分。这项工作在技术上绝对是世界一流的。

我们惊讶地观看着整个过程，然后我开始提问题，他们回答。这个在 4 年前建立的项目工程，已经有超过 200 多个毕业生参与过，他们都是有才华的程序员和程序设计师，都掌握了世界最先进的技术，而且热切地希望将来从事 IT 界的工作，但是他们在自己选定的领域都没有工作机会。当演示结束后，我们坐在一起详细交谈。他们讲述了他们进入面向世界各地程序员的网络聊天室的故事，以及他们如何同软件工程师谈到编程的问题或者挑战。他们学会了伪造自己网上的身份，从来都不说他们是阿富汗人，因为在线社区马上就会认定他们是在“撒谎”——“他们说，阿富汗没有程序员”——然后就会中断与他们的交流。

他们向我提出了各种各样的问题。在我们到来之前，他们研究过我们的团队，也知道我的硅谷背景。“您认为我们能在这里建立一个 IT 产业吗？”“您认为我们这座城市有一天能成为班加罗尔吗？”（他们提到的这个城市是印度 IT 业中心，它在 10 年前只不过是一个不起眼的印度小城。）“您可以帮助我们找到工作吗？”

赫拉特大学是一项极为成功的国际发展项目的受益者，而这个国际项目的主导国之一是德国。德国柏林科技大学建立了这个 IT 项目，它在德国为这个项目培养教师队伍，然后将他们输送回赫拉特，教授阿富汗的大学生学习计算机科学。该中心是国际发展项目发挥作用的一个典型例子：一种更美好生活的推动者。

这些年轻的大学生和我在世界上其他地方遇到的程序员没有什么不同。他们着装时尚，有着阿富汗式的“放荡不羁”，也有一点点叛逆，女生都包裹着头巾。但他们敢于开口讲话，并陈述自己的观点。他们的恳求中有一种绝望的意味。他们都做了自己该做的努力，他们怀有梦想，但却看不到前景。他们中有几个人开创了公司，并试图找到私营企业的发展路子，但没有资本运作和市场营销方面的专业知识。

一个名叫鲁瓦亚·马赫布卜的女孩尤其出色，她是程序员，在这个小组中，她的领导能力是毋庸置疑的。她一直是这个项目的支持者，极力主张教育部应该在喀布尔扩大这个项目的应用范围。她话语不多但意志坚定，当她开口说话时，谁都能够感受到她无比强烈的进取心。她现在担任这所大学的教员，并正在筹建一家私人公司，积极寻求进入国际市场的机会。

在这个场合我感觉到了我多年前曾经感觉到的东西：当时我的口袋里塞满了伊拉克工厂工人写给我的纸条，他们恳求我们帮助他们重新走上工作岗位。我感受到了一种道义上的责任，那就是，我必须帮助他们重新拥有他们完全有资格获得但却被剥夺的某种东西：一份工作和一个未来。我也开始对我们自己的发展援助机构感到恼火，它们未能为这些人提供支持。美国国际开发署和在喀布尔的其他所有发展组织，把数量惊人的花费用于购买国外 IT 服务提供商的 IT 服务，并输入来自其他国家的技术工人，而尽管他们所做的事无论看上去多么复杂，这些大学生和其他许多阿富汗年轻人都能够做。

我瞥了一眼乌斯卡维，他的眼眶因为对于这些年轻人怀有的情感而变得湿润。他知道，我们是不会忽略这个群体的。他是对的。

在接下来的几个月，我们推出了一个具有广泛参与性的科技项目，并开始雇用这些年轻人。斯坦·鲁米什访问了赫拉特大学，他花时间更多地了解了他们的技术和能力，并且最终确定，他们的才能完全能够与国际竞争对手匹敌。另一面，达伦·法伯将公司启动与"阿富汗先导"计划联系起来，以驻阿富汗国家安全援助部队所用成本的一小部分，为软件开发合同提供了一笔资金支持。

这些新生公司最需要的东西，就是有体面的办公场地。我又想起我们在巴格达的企业孵化器的概念，于是我开始致力于为赫拉特建立一个真正的硅谷型创业孵化器。正如在美国科技行业的情形一样，如果我们能够创建一个拥有必要的、有助于营造一种创造性氛围的网络计算机资源的环境，并开始将国际 IT 行业与这个中心连接在一起，那么我确信，赫拉特成为"第二个班加罗尔"的梦想，是完全有可能实现的。①

到 2010 年 9 月，我开始让赫拉特成为我每月参与阿富汗经济事务的一部分，我会乘商务飞机从喀布尔飞到这里，检查我们的项目计划。我们启动的业务涉及各个领域，包括地毯加工、农业发展和水利灌溉，以及赫拉特工业园的轻工业扩张、矿产资源开发，还有由大学生参与的 IT 行业计划和创业项目。赫拉特省省长达乌德·沙哈·萨巴，在各个业务层面与专责小组密切接触，并提供具体方向和建议，这提升了我们迅速完善成果的能力。身为加拿大裔阿富汗人的萨巴拥有地质学博士学位，他尤其对我们的矿产项目有兴趣，曾不止一次地自愿参加我们地质勘探团队的勘查工作。

---

① 《国外 IT 孵化器首次进入阿富汗——IBM 和谷歌协助国防企业部门》，美通社，2011 年 5 月 25 日。

赫拉特的领先经济思维，使其成为专责小组展示自己对当地人日常生活具有影响力的一个理想的大实验室。在我们的招募资格被宣布冻结之后，我安排维多利亚·迈克姆——他曾参与了专责小组在伊拉克的工作，拥有商业和国际发展援助背景——负责赫拉特的日常运营事务。

9 月下旬的一天，我和马修·舒伊福林、斯坦·鲁米什、克里斯·哈格以及内德·乌斯卡维结束了一天的漫长会议，去当地一家餐厅吃晚餐。我们都习惯于这样做，无论是在喀布尔还是在赫拉特，我们的出现从来不会引起任何奇怪的反应。这次，我们去了附近一家很受欢迎的位于山坡上的餐厅，从那里可以看到城市和周边河谷的全景。当我们坐在一张桌子旁并开始点餐时，餐厅里的阿富汗服务生并没有关注我们。

食物端来了，我们开始进餐。突然，随着一声震耳欲聋的爆炸声，餐厅的窗户玻璃被炸得粉碎，我们迅速躲到桌子底下。当烟雾遮挡住我们的视线时，我嗅到了明确无误的无烟火药爆炸的味道。我的耳边似乎仍萦绕着那个很大的爆炸声。餐厅变得安静了。我看着马修、斯坦和克里斯，我们彼此点点头，并很快起身朝门口走去。就在我们离开那家餐厅时，几个阿富汗人朝我们喊叫，似乎在恳求我们不要走。

到了第二天早上，我们才得知我们并不是袭击目标。阿富汗人正在参与一次省级竞选活动，而且是在赫拉特，省议会席位的竞争非常激烈。头天晚上，一个备受争议的候选人正巧也来到了我们就餐的那家餐厅，他才是本次袭击的目标。那颗炸弹是一种自制的“闪爆弹”，是用来制造噪音和打碎玻璃的，它会让人眩晕和迷失方向，但基本不会对人造成伤害。爆炸发生时，我们也在场，这让那些阿富汗人目瞪口呆。一些地方官员直接向我们道歉，他们显然担心我们会因为这件事改变我们在赫拉特的工作计划。

知道我们并不是袭击目标，这终于让我松了一口气。我们继续照常工作。多年来，我不止一次地与死神擦肩而过，有时火箭筒不是从我耳边有惊无险地掠过，就是把附近房屋的玻璃炸成碎片。我告诉自己，这没什么大不了的。

不过在爆炸发生的当晚，在赫拉特，我还是好几次被噩梦惊醒。我眼前出现的是炸碎的尸体、鲜血、无烟火药和哭泣的女人的悲惨画面。在那之后接连几个夜晚，巴格达那次爆炸的场景，不时地让我从梦中惊醒。

我在和马修聊这件事的时候，他也说赫拉特的“闪爆弹”同样给他带来了噩梦。

在华盛顿，原本似乎对我们有利的局面又急转直下。在军队指挥官为我们的使命所赋予的价值与完全缺乏华盛顿官方支持之间，形成了从未有过的巨大反差。世界上没有任何敌人能够击败美国军队，华盛顿官僚主义却能毫不费力地就让它自行倒下。

那年秋天，针对我们的预算而审查的立法草案的理想程度，超出了我们的最高预期，但国会却陷入了僵局。在 11 月国会选举之前，不会有任何国防授权法案。正如我所担心的那样，国会对于审计官罗伯特·霍尔的决定——使用“指挥官应急反馈计划”资金来维持专责小组的存在——持反对意见，不是因为他们不支持我们的计划，而是因为这些资金并非因为这个目的而设定的。我们再次被召集到国会山，委员会的委员们严厉地要求我们就这种资金的“滥用”当面做出解释。会议开始后，面对这第一个尖锐的问题，代表财政部门和法律事务机构的五角大楼的工作人员面面相觑，然后看着我，这样一来，我就不得不解释国防部在我们的项目及其资金上的立场了。

在这次会议上，除了我和马修·舒伊福林以及克里斯·哈格以外，还有众议院拨款委员会海外业务小组委员会的工作人员。一位年轻的工作人员长篇大论地指出，国防部没有必要浪费钱在国外做开发工作。她复述了美国国际开发署的幻灯片所展示的有关经济发展成就中的虚假成分，然后看着我们，要求我们解释“我们的使命的价值”，因为她“看不出我们的团队有任何价值”。

到了 12 月 13 日，米特·比尔登给我打电话，带来了一个可怕的消息：理查德·霍尔布鲁克突发急病并入院治疗，他的主动脉破裂，正在接受手术。第二天上午，我得知他离开了人世。①

我非常欣赏和尊重霍尔布鲁克。没有人对理查德·霍尔布鲁克持中立的立场：人们要么喜欢他，要么憎恨他。他为人强势而固执，你需要花很多努力，才能说服他相信他最初不相信的东西。不过尽管如此，我还是发现他和大多平民工作者的“被动操控型”行为——他们当面恭维你，背后却可能暗算你——形成强烈的反差。我怀疑他对我本人是否有很深的印象，但他的确

---

① 《外交巨人理查德·霍尔布鲁克去世，享年 69 岁》，《纽约时报》，2010 年 12 月 13 日。

对我们的工作提供了很多的帮助。他给我提了许多明智的建议，并成为我们工作的坚定支持者。我会一直怀念他。他的突然过世带给我极大的震动，我意识到，我们失去了我们在国务院唯一的真正的支持者。

就在圣诞节前夕，我高兴地得知，参议院终于通过了国防授权法案。[①] 但就在新年的前一天，我从我的法律事务顾问伊瑟·斯沃茨那里获得了令人不安的消息，国会所通过的授权专责小组使命的法案最终版本，从根本上发生了改变。我们陷入了麻烦。授权法案允许在 2011 财年（已经过去了 4 个月）资助专责小组，但范围仅限于阿富汗。同时五角大楼被赋予一项任务：制定一个将专责小组的工作移交给美国国际开发署的过渡计划，最迟不晚于 2011 年 9 月 30 日。

这不啻是一个沉重的打击，我知道，我们的使命在中途被快速而无情地扼杀了。经过一次深夜谈判会议以后，在整个夏天通过无休止讨论以及各跨部门领导层进一步讨论并审查和批准的立法草案，显然被从国务院发送来的新的立法版本取代了。在其获得通过之前，五角大楼任何人都没有看见过那个内容被改动的立法版本。这是华盛顿官僚主义的一个完美大招，是在正常流程或正常操作途径之外，在最后一分钟对专责小组所做出的“死亡判决”。

紧接着，在 2011 年 1 月 4 日，我得到了更多的坏消息。萨尔曼·塔希尔——巴基斯坦旁遮普省进步主义的省长——被他的一个保镖枪杀了。[②] 因为反对一部从广义上会导致基督徒和其他宗教少数派遭到监禁和迫害的反亵渎法，他卷入了和伊斯兰神职人员的冲突之中。这种冲突把他的那个保镖变成了凶手，而凶手因为杀害省长而得到了许多神职人员的赞扬。仅仅在几个月之前，我和塔希尔还在拉合尔市举行了一次联合新闻发布会，推出我们的经济发展计划，现在他这个人却已经没了。

我们为此召集我们的高层领导开会。我们的首要任务是终止我们在伊拉克的使命。我厌恶想到这一点。所有的信任，所有的关系，所有的潜力，都将重新归零。驻巴格达大使馆也处于其自身的过渡阶段——从克利斯多夫·希尔大使过渡到最近任命的詹姆斯·杰弗里大使。杰弗里曾供职于布什政府

---

① 《斯科尔顿国防授权法案（2011）》，《公共法》111—383，2011 年 1 月 7 日。

② 《旁遮普省省长在伊斯兰堡被人枪杀》，《纽约时报》，2011 年 1 月 4 日。

时期的国家安全委员会，他的声望在伊拉克和周边国家众所周知。他之前担任过美国驻土耳其大使。他非常适合担任大使一职，但我对于国务院和美国国际开发署在我们离开以后，会及时填补在伊拉克留下的空白不抱任何幻想。尽管安全环境有了明显改善，但使馆的安全保卫措施，比以往任何时候都更加严，即使在“绿区”，外交官的自由行动也受到限制。

1 月下旬，我最后一次回到伊拉克。我在全国各地走访，感谢我的团队成员不顾生命危险做了其他任何平民工作者都无法做到的工作，并与我的伊拉克朋友道别。这真是一种无比可悲而又愚蠢的结局：在花费了将近万亿美元，让将近 4 万个儿女负伤，以及牺牲了 4487 条生命之后，美国正在终止其在伊拉克唯一有效的平民参与活动。实际上我们经济行动的成本，只占在伊拉克进行的军事和外交行动预算开支中的一小部分。①

我们的伊拉克朋友不能理解为什么我们要离开。我解释说，国防部的角色即将在伊拉克终结，而现在是时候让我们离开了，一切都将由其他美国机构接手。但我可以看出，他们不会相信这一点。他们比任何人都清楚，我们这个平民工作队伍以及我们的所有同行，是被迫在什么样的限制条件下工作的。

到 2 月底，我们的 11 个高级团队领导人当中，有 9 个陆续递交了辞呈。增兵行动的结束日期是 6 月 30 日。

这将标志着新总统给了五角大楼 18 个月时间，用于其在阿富汗增加额外的力量，以便促使这一行动周期的结束。我请求团队领导层成员尽自己最大努力停留更长一些时间，以期在 6 月 30 日之前让我们的影响实现最大化，这样我们就能部分兑现我们支持美国军事使命的承诺。其中的几个领导人同意坚持留守到夏天，但另外几个领导人根本无法待上那么长时间。在接下来的几个月里，我们团队的高层领导相继离开，而且我无法找到别人替代他们。每一个离开的人，都花了多年时间在高风险的冲突地区工作，并与阿富汗同行建立起了良好的信任关系；每一个人的离开，都对我们的使命造成了毁灭性的影响。

2 月 22 日，我给盖茨部长发去了一个详细的备忘录，汇报了因国会决定

① 《关于结束伊拉克专责小组使命的意见》，保罗·布林克利，2011 年 1 月。

将我们履行的使命移交给美国国际开发署而导致我们的业务不断滑坡的状况。① 与那个备忘录一道，我还提交了不再为政府服务的辞职信，2011 年 6 月 30 日生效。

在 2011 年的春天，阿富汗矿业部开始了对位于巴达赫尚省、加兹尼省和赫拉特省的 4 个主要金矿/铜矿进行招标的过程。每一个采矿区都有潜力给投资者以及阿富汗政府带来显著财务回报的潜力。到招标流程第一阶段结束时，41 家国际矿业公司，包括十余家西方国家公司，正式提交了意向书，并购买了有关采矿地点的详细技术资料。

克里斯·哈格所率领的能源团队，继续其在阿富汗北部建立石油和天然气开采点的初始努力，并为矿业部所推出的、位于马扎里沙里夫西部被称为“卡什卡里”的阿姆河盆地地区的一处油田的首次公开招标提供支持。尽管由于苏联时代的开发导致油井井口仍处于高度密封状态，但专责小组石油工程团队还是打开了油井，并检测了整个油田的原油样品，然后将这些样品检测结果提供给投标人，用于其参加这一油田在 2011 年 8 月的公开招标。

这个招标油田的初始规模有限，已探明储量 5 000 桶，有待证实的潜在储量 5 000 桶。在“卡什卡里”进行公开招标的目的是要向国际社会表明，阿富汗再次恢复了石油生产，同时也是为了启动在阿富汗政府内部完善监督和管理这些宝贵资源的流程。一旦“卡什卡里”成功招标并恢复石油生产，更大规模的“阿富汗－塔吉克”盆地将面向国际公司公开招标。由于其石油储量预计接近 10 亿桶，因此“阿富汗－塔吉克”盆地有望吸引多家国际大型国企石油公司关注和进入阿富汗。

但是，这个过程必须是透明的，专责小组管理层和任何政府领导人，都不能够进行干预或者施加不当的影响。如果有公司感觉到我们正在干预或者影响阿富汗石油开发权的授权，那么就会给我们从阿富汗政府那里得到的信任带来致命的损害。

专责小组为此专门派出了金融和法律方面的顾问，安排他们直接为部长

---

① 《关于负责业务与稳定行动任务的专责小组的地位》，致国防部部长罗伯特·M. 盖茨的备忘录，保罗·布林克利，2011 年 2 月 14 日。

工作，这很类似于斯科特·金的采购支持团队几年前在伊拉克所做的那样。专责小组的任何领导都不得参与招标过程和投标评估。招标过程将有明确的技术和财务标准定义，专责小组顾问的作用是就招标流程结构提供建议和咨询。只有阿富汗领导人才会被允许参加整个审查过程。

就所获得的资源配置而言，我们在阿富汗开展的所有工作中，没有哪一项工作得到的支持比我们给予赫尔曼德省的大型海洋工程项目的支持更多。早在 2006 年就成功领导了专责小组在伊拉克许多工厂业务恢复的比尔·邓肯，在 2010 年又重新加入专责小组，并立刻就将相关工作人员派驻到在赫尔曼德的海军基地。但他的努力屡受挫折。由于美国国际开发署在针对具有全球竞争力的农作物——例如棉花和小麦——的支持方面的强硬规定，农业开发项目再次受阻。由于企业所有权归属阿富汗政府，当地轧棉机厂已经关停多年。邓肯致力于在拉什卡尔加市重新启动轧棉机厂，并建立侧重于农产品市场营销以及物流业务的小型企业。

然而，就赫尔曼德而言，我们最重要和最谨慎的工作，涉及对克汗奈什山大量死火山的实地勘查。克汗奈什山是一组巨大而罕见的碳酸盐岩火山构造，它在 6 万多年前的出现改变了赫尔曼德河的路径。空中勘测已经显示出稀土金属——一种广泛应用于高科技领域的化合物——的存在。赫尔曼德有经济潜力的稀土资源，可能会带动当地建立一个全新的经济结构并带来良好的经济效益，使得将来罂粟和海洛因种植的收入占比显得无足轻重。开发稀土矿藏，也将为当地部落减少暴力冲突提供一个强大的诱因。正如在有当地部落领袖参加的几次会议上我们一再解释过的那样，如果有意向的投资者害怕因为参观矿区而被杀害，那么这里就不可能生产在全球市场上销售的有价值的商品。

我们的希望是克汗奈什山富含多种全球供应格外短缺的重稀土金属。事实上，目前已知的唯一含有某些重稀土金属的矿床是在中国。如果能在赫尔曼德找到一处重稀土金属矿床，那么这将是另一个重大发现。

埃米莉·斯科特和亚历克斯·查伊赫尔斯基致力于翻译有关克汗奈什山的苏联发掘地地图，然后将必要的线索提供给专责小组，以使专责小组了解应在哪里收集更多样品，并将其数字化。当数据汇总以后，结果是令人鼓舞的。克汗奈什山的轻稀土元素矿床的规模——大约是美国加利福尼亚那个主要矿床规模的一半——绝对是有经济开发潜力的。然而，这里却没有发现任何重稀土。在2011年，阿富汗勘测机构与美国地质调查局共同发表了勘探和检测结果。①

我们在赫尔曼德开展的所有业务中，克汗奈什山的这个采矿机会，最有希望为那个陷入困境的河谷地带带来经济上的福音。我们希望有一天，这些矿产资源的合理开发，将能够为赫尔曼德当地民众带来一个体面的未来。

当我们启动我们在阿富汗的使命时，由比尔·邓肯和他的团队负责赫尔曼德的业务完全是正确的选择。我们一直都在增加人员配备，并希望为海军陆战队提供全面的支持，尽管根据我们最初的评估，要实现海军陆战队在那个偏远地区的使命目标，似乎有一定难度。在招募冻结指令生效之前，比尔的团队还没有完全建立起来。当我们的资金危机终结了我们的招募计划以后，我曾对把重点放在赫尔曼德的决定感到后悔，我觉得我们当初应该把团队派往坎大哈。坎大哈是普什图族文化的中心，也是恢复并保持阿富汗南部稳定的关键。

我曾多次访问坎大哈，尽可能保持低调地乘车穿行于这座城市。这是到目前为止阿富汗最危险的城市，它总是让我联想起2006年在伊拉克安巴尔省费卢杰和拉马迪的诸多经历。但与此同时，它也有着巨大的商业潜力。

相邻的阿尔甘达卜地区，盛产水果，是土地肥沃的富饶农业地带。我曾计划将一个比较大的业务开发专家团队派驻到这个地区，这里远离坎大哈机场的那个封闭的大型海军基地。坎大哈省的省长托里拉伊·维萨和政客哈米德·卡尔扎伊的弟弟艾哈迈德·瓦利·卡尔扎伊，都曾表示对此给予支持，并承诺确保我们的安全。但在招募冻结以及我们的使命即将终结这种状况下，我们除了鲁迪·申克的葡萄干加工中心以外，很难再在坎大哈推出任何新的项目。一个很难得的发展机会终于就这么被放弃了。

虽然我们面临太多的挑战，但我们的投资拉动事业却开始显著见效。从科技巨头IBM到凯特·丝蓓时装公司，再从谷歌和YouTube视频网站到斯伦贝

① 罗伯特·塔克、哈维·贝尔金、克劳斯·舒尔茨、史蒂芬·彼得斯、福雷斯特·霍顿、基姆·巴特尔曼和艾米丽·斯科特：《阿富汗南部一种主要轻稀土元素（LREE）资源》，《经济地质学》杂志，第2期第107页（2012年4月）。

谢*，这些公司的代表都曾作为我们的客人到此进行访问，了解阿富汗的商业机会，并全都启动了在阿富汗的业务开发工作，并给出了一流的建议。①

迪拜的伊玛尔地产公司，也即世界最高建筑迪拜塔的开发商，其董事长穆罕默德·阿拉巴也参观了喀布尔和赫拉特，他为喀布尔提出了城市住宅开发建议，并为赫拉特的适龄女孩捐赠了一所学校。②阿拉巴给阿富汗的商业领袖们树立了一个榜样。作为一个白手起家的企业家，他有过和 12 个兄弟姐妹共住一个房间的童年经历，他现在是迪拜最成功的房地产开发商和世界上最有影响力的商业领袖之一。看到他能够访问阿富汗，自如地在有风险的地区穿行，并与相关人士讨论商业机会，这让阿富汗的商业领袖和政府高官十分感动。这强化了我们的工作模式：继续吸引来自世界各地——不只是美国——的能够给这个国家带来信心的商界领袖造访这个国家，这对于一个饱受战争摧残的社会而言，是一种希望的象征。

在所有来访的代表团中，最值得关注的是一个由谷歌和 YouTube 高管组成的代表团，代表团的成员分别来自硅谷的谷歌办公室、班加罗尔、香港、悉尼和特拉维夫。他们在访问阿富汗的过程中，提出了各种各样出色的想法和建议，而我们给他们介绍的那些新型科技公司也让他们感到惊讶，这对他们而言是一个令人惊喜的新发现。③最值得一提的是他们离开阿富汗前与彼得雷乌斯将军进行的一次长时间讨论，我坐在那里，仔细听他们谈论对阿富汗的看法。

他们在一开始所列出的事实都是我们所熟知的。阿富汗的识字人口不到全国总人口的 25%。然而，它的移动电话普及率却达到总人口的近 60%。尽管大多数阿富汗人都不识字，可是超过 80% 的人都能够在家里或者在社区收看到卫星电视。从谷歌和 YouTube 团队的角度来说，这意味着阿富汗人十分渴望沟通，渴望有机会获得他们的村庄、家庭以外的外部世界信息。他们长

---

* 全球最大的油田技术服务公司，公司总部共有 3 家，分别位于纽约、巴黎和海牙，在全球 140 多个国家均设有分支机构。公司成立于 1927 年，2006 年公司收入为 192.3 亿美元，是世界 500 强企业之一。——译者注

① 杰森·凯利：《阿富汗：战争之地的机会》，《彭博商业周刊》，2011 年 1 月 6 日。

② 《中东建筑大师》，《彭博商业周刊》，2007 年 7 月 1 日。

③ E. B. 博伊德：《谷歌、IBM、YouTube 和喀布尔合作？——五角大楼支持美国高科技企业进入阿富汗》，《快速公司》杂志，2011 年 6 月 20 日。

时间地讨论这一观察结果。移动通讯对于贫困的阿富汗民众而言并不便宜。当他们更多的基本需求尚未满足时，却无比渴望得到一部手机，这说明了什么呢？结论只能有一个：连接外部世界比其他需求更为重要。

谷歌高管坚定地认为，让所有民众有能力获得信息，是保持阿富汗稳定的一个关键因素。如果阿富汗民众能够及时获得信息，那么他们将最终能够自行解决美国花费了数十亿美元试图解决的社会管理问题。他们的建议很简单：停止把钱花在阿富汗人无力维持的基础设施项目上，拿出其中的一小部分资金，建设能够让公民获取信息的网络。

此时，埃及正处于“阿拉伯之春”的革命风暴中。埃及谷歌领导团队的成员一直积极地试图通过博客这一渠道，唤醒公众抗议穆巴拉克政权。这对于谷歌及其子公司 YouTube、Facebook、Twitter 而言，是一个风头正劲和令人兴奋的时期，它们似乎全都成了整个埃及民众反抗压迫的工具。

于是，它们有了一个稳固的立足点。

那年春天，我主持了赫拉特一个最先进的信息技术孵化器设施的启动仪式。这个与另 5 家初创公司几乎同时启动的技术中心，将为各团队之间的合作提供宽带、计算机资源和共享空间。谷歌和 IBM 在这个技术中心建立了业务，为这一项目的合法性提供保障和资源支持。我们签署了为这个技术中心提供一整年支持的私营合同，确保它在 9 月 30 日以后能够继续正常运营，并给予这些新公司尽可能大的经营空间，让它们的成功最大化。①

9 月份，我们在阿富汗的使命行将结束，在此之前就在我们疯狂地工作，以便最大程度地扩大专责小组的影响面时，这个国际任务令人不安的方面变得更加清晰了。截至目前，我们在阿富汗工作了将近两年，我们自身所达到的参与和理解的基本水平，让阿富汗的政治和管理结构问题变得规范和有序起来。

在阿富汗南部，有一个事实越来越明确，那就是，阿富汗人对于美国在阿富汗的使命的态度非常矛盾。地方性腐败广泛存在，当我们和我们的士兵

---

① 《国外 IT 孵化器首次进入阿富汗——IBM 和谷歌协助国防企业部门》，美通社，2011 年 5 月 25 日。

及海军陆战队队员交谈时，经常听到他们说起阿富汗人对于当地政府和国际安全部队——它们是美国花费数十亿美元并根据一个快速时间表建起来的——的行为感到多么沮丧。同时因为本地人缺乏对于我们匆忙创建起来的那些机构——它们几乎迟到了 10 年之久——的信心与信任，因此当地商界和政界领袖对我们的工作持一种观望的态度。

正如我们多年前在伊拉克所了解的那样，地方性的普遍腐败，意味着政府领导人对未来缺乏信心。当民众和社会精英对于一个国家的未来没有信心时，政治家们就会得过且过和唯利是图，以便在这个体系崩溃之前，竭力确保他们的个人既得利益。这种情况在阿富汗似乎越来越严重。负责反腐的驻阿富汗国际安全援助部队指挥官准将 H. R. 麦克马斯特，也是我们在伊拉克时的一个老朋友和同事，他向我讲述了那些令人不安的贪污腐败的故事——它们往往与快速建立的政府和国家安全机构直接相关。①

除了对未来缺乏信心以外，导致腐败增加的一个重要因素，还包括阿富汗新政府结构本身的内在缺陷。阿富汗有一个高度集中化的行政管理结构——每一个管理者的角色，从各部部长到省长、市长以及区管理者，都是由总统任命的。在国家和地区层面的每一种金融资源，都由喀布尔政府分配和管理。②

阿富汗宪法是在推翻塔利班政权之后起草的。该宪法高度集中化的结构动机，是为了阻止地方军阀再度出现（他们在 20 世纪 90 年代初期苏联占领结束后，让这个国家陷入了无休止的冲突中），确保政治权力的每一项完全归中央政府所有。

当你在阿富汗全国各地走访，与省、市、区的地方官员会面时，你随处都会感受到他们对于喀布尔缓慢的反馈机制的沮丧和不满。如果没有得到喀布尔官员的批准——他们经常否决哪怕是初级职位的候选人，并坚持安排和自己的政治靠山有关系的人就职——很多主要省的省长，甚至不能雇用基本的行政辅助人员。

政党分赃制在任何民主选举中都存在，它为一个新当选的政府高官利用

---

① 《阿富汗反腐败进行时》，《华盛顿邮报》，2012 年 1 月 1 日。

② 《阿富汗宪法》，2004 年 1 月 26 日。

新政府的职位回报支持者提供了机会。美国在这方面也不例外——只要想一下，一位新当选的美国总统任命的某些官员的资历情况，你就会发现，这也是我们的民主的一个特点。但是，把这种政治裙带关系延伸到管理结构最基层，就确保了这样一种政府制度的长期存在，即其行政部门会把履行职责放在第二位，而能否巩固个人权力或者获得政治支持，才是决定性的条件。

阿富汗饱受无效的地方政府的困扰，这使得美国打击塔利班和平定叛乱的行动大打折扣。腐败在政府机构的各个层面都普遍存在。阿富汗民众对于地方行政机构治理地方能力弱和差的无奈以及失望，被认为是民众支持塔利班的首要原因——至少塔利班可以行使执法权。

试想一下，如果你所在省的省长或者所在城市的市长，再或者你所在区的区长，全都是由美国总统任命的，你会觉得他们在行使管理权力时，能够充分考虑当地民众的利益吗？——正如我们正在不懈争取的那种民主理想所追求的那样。如果在确定由谁来管理你所在的地区的官员方面，你唯一的发言权就是在每五年一次的全国大选中，以投票违规方式（比如被迫参与贿选）选出一名来自遥远城市的管理者，你会相信这种管理体制能够对民众负责吗？或者说你会认为民众是被这种体制所摆布的吗？

阿富汗政府无力建立可靠的、有能力的管理机构，是华盛顿方面就2009年的军事增兵产生激烈争论，以及围绕增加军事力量对于军队利益的影响而爆发冲突的关键因素。争议由集中于现任阿富汗总统哈米德·卡尔扎伊独特的言行，迅速发展为卡尔扎伊是否适合领导他的国家——这羞辱了站在世界舞台上的卡尔扎伊，也极大地损害了他和他的国家与美国之间的关系。

这种争论所关注的并不是一个恰当的问题。在阿富汗当前的宪法政治制度下，没有谁可以卓有成效地领导阿富汗。几十年来，这个国家在文化上发生了太多的断裂，在地理上经由了太多的分割，在民众个人权利上受到了太多的侵犯，使得任何一个人都不可能在行使多种职责——担任军队最高指挥官，任命国家法院系统的大法官，敦促议会通过法律和预算，并一直和国际社会合作，以便获得国际援助，等等——的同时，还能有效地任命各级政府的领导人。

在这样一个庞大的、充满各种利益关系的权力系统中，一个人不可能通过了解足够多的合格人才，从中选定高效率的领导者。一个人所能做的全部——即使他怀有最好的意图——就是任命其家庭成员、熟人和政治“食客”，从而为庞大的阿富汗政府系统配齐各方面的工作人员。随意更换国家领导人，只会导致由裙带关系驱动的职务任命的另一轮恶性循环——这在任何社会都是如此。在像阿富汗这样一个混乱的社会中，在一定范围内任命熟人和政治“食客”的做法，对于存在太多腐败而且无能和无效的地方政府机构（它们在民众当中没有任何可信度，也不可能给他们带来对未来的信心）而言，有时恰恰是一种不得已而为之的临时解决方案。

实际上，由阿富汗新宪法所导致的任何地方性民主制度的缺失，决定了这个国家的总统在它的人民、各部落和金融政客眼中，都是一个软弱的领导人。在一个信息时代，这是高度集权化领导的一个悖论。在这样一种制度下，一个领导人注定要成为这个国家一切错误的替罪羊，因此，如果没有其他的政治庇护手段，他就必然受制于在幕后控制的、为削弱其领导权力的非官方部落及其权力体系。权力分配是这种集权化后果的最佳解药，不过阿富汗政府的目的就是要集中所有权力，因此，其总统办公室也只能承担所有的责任。

想成为部落军阀的武装力量以及塔利班组织，刻意地让喀布尔的无能的政府因民众所关注和抱怨的问题成为众矢之的，它们将其所谓的“仁慈”的部落领导和伊斯兰教法这些“优势”，与国家政府甚至不能提供一部基本的地方法规并确保地方安全的“劣势”进行对比。

并不是哈米德·卡尔扎伊这个人导致了阿富汗政体出问题，也并不是因为阿富汗缺少曼德拉式的领导人物，或者缺少一个阿富汗式的乔治·华盛顿，才妨碍阿富汗政府建立合格而高效率的机构。阿富汗目前的宪政框架，不仅反映出政府对民众缺少信心，而且剥夺了民众自我管理的权利，并将其交给一个当选总统。这样一来，阿富汗人民也表现出对他们的政府没有信心。阿富汗要想建立起对于长期稳定至关重要的国家治理机构，就必须解决这个问题。

尽管我们对于阿富汗的国家治理结构所面临的挑战越来越感到不安，但我们还是继续努力为我们的使命积蓄力量，即使是这一使命在不久的几个月后要终结也如此。我们继续努力推动阿富汗经济的发展——在我看来，经济发展是民主制度的基础，所以，我们在促进阿富汗经济能力提升过程中所取得的任何进展，都会给阿富汗社会和政府的长期改革带来积极影响。

我们与媒体方面的沟通和接触，也使我们得到了某种程度上的回报：它们对阿富汗的业务越来越感兴趣。2011 年 1 月 6 日，《彭博商业周刊》的封面故事，专门刊载了专责小组在阿富汗的商业拓展工作。《财富》杂志 5 月刊也用了多个版面，介绍摩根大通银行在萨达特·纳德利的巴格兰金矿的投资，并描述了专责小组的矿产开发项目。尽管这些报道对于挽救我们的使命已经为时过晚并且也太过简单，但这些高端商务周刊还是增加了外界对于阿富汗经济的兴趣。专责小组重塑了在阿富汗的公共辩论议题。现在大家谈论的不只是暴力和战争，而是多了一个意料之外的主题——商业。

我们在赫拉特启动了"孵化器"项目以后，又安排了几个初创企业的负责人去访问硅谷。经过几个月的努力，在获得签证和确定了行程之后，这一行人造访了谷歌、IBM 以及其他几家主要技术公司，这些公司热情地欢迎他们的到来。他们也另参观了几家初创的大型"孵化器"公司，了解了这些新技术公司的运营情况。美国《快速创业》杂志报道了这次访问，这也是年轻的阿富汗技术型企业家第一次被介绍给他们的美国同行。① 美国的科技公司负责人也开始回访阿富汗，并请阿富汗年轻人去他们的公司实习，他们还与阿富汗的技术型企业家建立了直接交流热线。阿图尔·瓦什斯塔——美国 NeoIT 公司首席执行官和发展中国家 IT 服务业的一名领导人，他提供了一条专门线路，将硅谷的青年总裁协会成员与阿富汗 IT 行业的领军人物联结在一起，使阿富汗的科技行业领导者能够与美国 IT 技术行业的同行和导师随时沟通。这是一个强有力的开端。

另外，在初春时节，专责小组的另一名领导人李·桑德森——一个女性经济开发和赋权的积极倡导者，还安排了我和新成立的美洲大学喀布尔分校的领导人举行了会谈。该校正在为一个妇女研究项目的配套设施寻求资金支持。经过多次讨论之后，我同意专责小组将为此提供资助，但前提是这个设施的目标只能侧重于妇女经济的开发和机会的寻求。5 月份，我们说服国防部承包部允许我们拿出一笔资金，用来建这个极有价值的设施——一个将在多年以后带来可持续发展效益的引擎的象征。

而以巴菲特基金会在贾拉拉巴德成功建立一所农业学院为基础，专责小

---

① E. B. 博伊德：《谷歌、IBM、YouTube 和喀布尔合作？——五角大楼支持美国高科技企业进入阿富汗》，《快速公司》杂志，2011 年 6 月 20 日。

组又提供资金，完成了在赫拉特大学的一个同类设施的创建。这个项目再次得到了博洛格研究所的支持。这三个教育机构——两所农业学院以及美洲大学喀布尔分校的那个妇女经济发展中心——将成为专责小组在阿富汗留下的遗产。

当看到我们的工作在如此短的时间内能产生如此大的影响时，我们也由衷地感到，随着我们的使命即将结束，这是一种多么大的浪费。

为了做最后一搏，我分别向盖茨部长、美军参谋长联席会议主席穆伦、新上任的美国中央司令部司令詹姆斯·马蒂斯将军以及彼得雷乌斯将军发去了建议书，我请求他们支持重建专责小组，并希望得到国务院的支持和资助——这种资助只相当于美国国际开发署在援助国安全“堡垒”范围内工作的若干顾问的全部开支的一小部分，以恢复我们在伊拉克、巴基斯坦和阿富汗的工作。① 错过这次机会，盖茨部长即将离任，穆伦上将也即将卸任，我们将不可能再得到我们所急需的来自国务院的支持。

这一年的整个春天，我都在游说和推动恢复专责小组使命的授权，积极引进新员工入职并延续我们的工作，但一切依然徒劳。没有资金，人手也不足，只剩下短短的几个月时间，而且华盛顿目前的关注目标只有阿富汗，在这种情况下，要让我们的使命再次启动，只能是天方夜谭。

2011 年 7 月 1 日，星期五，我收拾好个人物品并开始向阿富汗道别。虽然我已经提前 5 个月通知，但五角大楼仍未确定其他人选来接替我，以便在 9 月底到来之前完成收尾工作。我试图说服克里斯·哈格负责这件事，但他拒绝了。他只想坚持必要的足够长的时间，让石油行业站稳脚跟，然后他也将离开那里。

在接下来的一个星期二，我最终也离开了五角大楼。当初我满怀着天真而又热切的报国心愿从硅谷来到五角大楼，还差一个月就整整 7 年了。五角大楼以及它的历史、它的分量、它的使命感，我第一天走进大厅时的情景，我如何迫不及待地领略它的风采、感受它的声音，所有这些，如今都让我不堪重负。

现在，当我驱车离开时，我对那个地方已毫无任何感觉。

---

① 《关于负责业务与稳定行动任务的专责小组的地位》，致参谋长联席会议的备忘录，保罗·布林克利，2011 年 4 月 28 日。

第15章　修复系统

“他们将铸剑为犁……这国将不再举剑攻击那国，也将不再学习战事……”（《旧约圣经·以赛亚书》第2章第4节）

“有人问先知穆罕默德（愿真主保佑），什么类型的收入是最好的，他回答道：‘一个人用自己的双手劳动，而且他的每一笔商业交易都是合法的。’”（《提尔密济圣训集》* 第846页）

2008年11月，印度安全部队抓获了一个10人恐怖团伙中的一个成员。该团伙对孟买几家主要酒店和旅游景点发动了一系列精心策划的袭击。后来巴基斯坦官员证实，这名叫穆罕默德·阿杰马勒·阿米尔·卡萨比的被逮捕者是巴基斯坦人，他来自巴基斯坦南部的旁遮普省，是伊斯兰教激进组织虔诚军（LeT）成员。他本人以及他的恐怖分子同事，在靠近克什米尔争议地区的伊斯兰堡东部巴基斯坦山区，均接受过综合性心理、武器和作战训练。

为了吸引阿杰马勒·卡萨比参与恐怖活动，伊斯兰教激进组织虔诚军给他的家人提供了近5 000美元的现金补偿。他的同事以及其他15名未被选中参加最后任务训练的受训者，也得到了同样的补偿。可悲的是，在世界第二人口大国首都实施3天恐怖袭击的成本代价，尚不及一个被派驻到阿富汗的美国服役人员的两个月的开支。

在被逮捕以后，卡萨比面对镜头，接受印度警察的审讯。他的证词很有启发性。

---

* 伊斯兰教重要经籍，为逊尼派著名的“六大圣训集”之一，编者提尔密济。该集共分13卷，收录圣训5 000余段，均附有经过考证的传述世系和圣门弟子、再传弟子以及教法学家的主张。

“我们听说，我们的印度大哥富得流油，而我们却穷得吃不上饭。我父亲在拉合尔市一个摊位卖达哈瓦达（一种巴基斯坦甜品），他挣的钱还不够我们填饱肚子的。他们向我保证过：只要他们知道我做成了这件事，他们就会给我的家人150 000卢比（约合3 000美元）。

“如果你们能让我吃上饭而且有钱赚，那么我能为他们做什么，我就能为你们做什么。”

根据警方的描述，当被问及有关伊斯兰教的知识时，他一无所知，而且背不出一句《古兰经》经文。①

在中东和南亚的贫困地区走访，一个最令人吃惊的现象就是，卫星天线无所不在。数百万穷人住在棚舍、泥屋和山坡上的石头房子里，但绝大多数家庭都有一个小型发电机、一个卫星天线以及一部移动电话。他们通过这种方式与外部世界连接，他们可以收看数百个电视频道，而每个电视频道都提供了一个他们从不知道也极少有希望进入的外部世界的窗口。

托马斯·弗里德曼笔下的那个“世界是平的”的世界，是那个伊拉克酋长萨巴·艾尔·卡法吉一直渴望有机会接触的世界——它具有超链接特征，以及具有将落后社会迅速变为高度繁荣社会的全球化经济，但它与大部分伊斯兰世界仍然是相距遥远的。造成这种情况的原因不胜枚举，从治理不善到自然资源匮乏，再到旨在制造民族和教派之间裂痕的英国和法国在这一地区的领土边界划定者所人为划定的殖民边界。

在一个除非你有一份工作才能够考虑婚姻问题的高度保守的宗教社会，一名年轻男子往往会感觉到，他的人生越来越没有希望。这里每年都会有越来越多的年轻人失业，他们发现很难有养家糊口的机会，他们的梦想只能不断推延或者最终破灭。这些年轻人每天都从电视图像、网页和社交媒体上接触到这样的信息：那些具有异教徒文化、在几十年前还十分贫穷的中国和印度，乃至越南和孟加拉国这样的小国，现在都在享受经济繁荣的成果。

当我在伊拉克和阿富汗走访时，我从这两国商业领袖和政府那里感受到的最常见的反应，就是对我们未能向他们提供经济发展机会的极端失望。在过去的战争中，美国留给这一地区的一个遗产，就是这样一种虚构的概念：

---

① 《孟买恐怖分子选择杀戮和死亡的背后》，美国广播公司，2008年12月3日。

我们击败德国和日本的唯一结果，就是将它们重建成全球经济强国，韩国则紧随其后。是美国的技术和经济支持让这些国家彻底摆脱了贫困。根据这个神话，如果哪个国家在战争中被美国打败，就相当于得到了一张确保它迅速变得繁荣的门票，并成为全球经济领域的一个令人向往之地。

但真实的历史告诉我们，美国的战后参与，远远不像看上去那样有吸引力。在战后欧洲，“马歇尔计划”只是在乏力而又不成熟的欧洲各国新政府缺乏重建其被摧毁的经济能力的状态下——这种状态因美国在战后多年的漠不关心而进一步恶化——苦苦挣扎了3年之后才设计出来的。只是当饥馑在德国盛行，而共产党开始在西欧得到支持并导致苏联扩张进而带来真正的威胁时，美国才推出了“马歇尔计划”，一个实则为欧洲各国政府和企业提供资本以用来换取重建自由市场经济基准的金融投资项目。美国并没有重建欧洲，它只是为欧洲各国提供了财政支持和业务优势，使欧洲人得以重建自己的国家。①

继1945年在东京湾接受日本投降之后，道格拉斯·麦克阿瑟将军担任该国事实上的国家元首长达6年之久，他不仅改写了日本宪法，而且还实施了全面而基本的社会和经济改革。② 但直到20世纪60年代，作为全球市场的一个重要贸易伙伴，日本才真正开始崛起，其经济繁荣的局面才随之而来。在经济复苏之前的长达10多年的时间里，战后日本只是一个贫穷而破碎的社会。③ 然而，阿拉伯人对于美国快速重建了日本经济这一神话却深信不疑。

韩国在1953年朝鲜战争结束之后，甚至经历了一个更加贫穷的阶段。直到1963年战争结束将近10年之后，“汉江奇迹”及相关的韩国工业化才开始出现④，而这与美国支持并没有多少关系。美国虽为韩国对抗朝鲜的侵略方面提供了安全保障，但韩国的经济发展只是这个国家本身政体优势、领导力和创造力的一种证明。

---

① 《马歇尔计划与美欧关系的未来》，德国信息中心，纽约。

② 威廉·曼彻斯特：《美国恺撒：道格拉斯·麦克阿瑟（1880—1964）》（纽约：后湾图书出版公司，2008年）。

③ 伊恩·布鲁玛：《创造新日本（1853—1964）》（纽约：现代图书馆出版社，2003年）。

④ 金明洙和山姆·杰夫：《韩国的崛起：透视韩国经济发展》（美国新时代出版公司，2010年）。

这是我们不能回避的一个现代神话，也是我们应当努力去避免受其蛊惑的那种神话。多数美国人也相信这种神话，他们几乎不怎么了解战后欧洲和亚洲国家重建过程的主要推动因素。阿富汗塔利班和伊拉克萨达姆·侯赛因政权倒台之后，美国官员通过强调这些支离破碎国家的经济重建过程，大肆宣扬美国进驻这些国家带来的好处，这似乎可以满足我们以前从未被满足而且至今也无力予以满足的愿望。但对于那些渴望站稳脚跟的年轻而躁动的群体而言，这些未被满足（而且不可能被满足）的愿望，带来的是巨大的挫折、痛苦以及对于美国的深深的失望。

在今天的伊拉克和阿富汗，美国未能兑现两国民众对于这种神话的期待。那里的数百万年轻人，只是把军事占领变成了对于美国的一种记忆。他们所遇到的美国国际开发署和国务院的平民援助团队，总是裹着厚厚的防弹衣并由私人武装雇佣兵簇拥左右，他们乘坐黑色 SUV 装甲车快速穿过城镇。我们有理由期待，如果伊拉克和阿富汗政府能够持续提升自身的经济重建能力，以及履行对于民众解放和自由的承诺，那么他们将能够沿着战后欧洲和亚洲国家的长期发展道路，成长为国际经济社会的重要一员。

但在那一天到来之前，我们面临着一个问题：遭受挫折的年轻一代的伊拉克人和阿富汗人，天天都会收到这样的信息（那些极端激进的毛拉声称），西方早就设计好了阻止他们国家经济繁荣的计划，而美国是反伊斯兰战争的设计师。只要在数百万感到不满的年轻人当中，有一小部分听信了这种说教，就足以培养出又一代决心要报复美国的激进分子。

这种风险在巴基斯坦比在任何一个国家都大。由于美国官员通过《克里卢格法案》将标志性项目和基础设施项目建设公开宣传为美国传达善意的一种标志，因此这就等同于在那个陷入困境的国家中，为更多具有挫败感的人的产生奠定了基础。我本人曾向巴基斯坦商业领袖承诺过我们的计划：专责小组将帮助他们的企业获得发展机遇，但结果却是一个自私而又冷漠的华盛顿官僚群体，彻底剥夺了我们兑现这些承诺的权利。随着我们的无人机不断轰炸塔利班和基地组织，以及不断轰炸巴基斯坦国家情报部门所支持的其他叛乱分子的避风港，而与此同时，理查德·霍尔布鲁克的“怀柔”战略却仍然只停留在纸面上，并没有付诸实际行动，因而激进分子的影响力变得越来越大。

截至 2013 年年底，根据《克里 – 卢格法案》*，美国每年的对外援助拨款已减少了以前援助总额的 1/3——自 2010 年以来，从最初每年的 15 亿美元减少到现在的不到 10 亿美元。这些拨款的一小半被用于美国承诺的标志性工程项目和工农业的直接经济支持。大部分基础设施的项目建设费用，主要用于发电厂和大坝的电力生产。但正如在伊拉克一样，对于绝大多数巴基斯坦的家庭和企业而言，这种援助并不足以给巴基斯坦的电力供应带来实质性的变化，它在巴基斯坦民众当中几乎没有产生任何商誉。①

因此，美国面临着一个难题：现在中东和南亚的发展中国家，越来越成为激进主义分子的温床。这种局面与美国对沙特阿拉伯石油的依赖，以及与这个国家激进的瓦哈比派伊斯兰教义——正是后者点燃了美国“9·11”攻击者们的激情——是分不开的。这些国家也进一步落后于其亚洲邻居——随着后者参与经济全球化进程并逐步开放其政治和经济体制，它们也正在逐步走向繁荣。

美国前总统艾森豪威尔在 1961 年曾预先警告过美国国防部的“军工联合体系”，但它现在已被一个具有封闭性特征的“开发工业园体系”所替代，这意味着美国国际开发署的大部分合同都只能被少数与上层关系密切的公司所获得。尽管划拨资金本应有针对性地使用，但它们为受援国的一些社区提供的有形价值却少而又少。②政府问责办公室的多次研究结果均指出了美国对外援助中的援助资金支出的无效性，但预算仍被通过，各种方案仍继续得到授权。而当面对援助的失败时，援助团体的反应就是指向庞大的国防预算，并称“和五角大楼相比，我们并没花什么钱”。他们确实是对的，但这却是一个无关紧要的比较。

---

* 美国国会于 2009 年通过的一项批准美国每年向巴基斯坦提供 15 亿美元民事援助（为期 5 年）的法案。——译者注

① 《美国国务院、国防部和美国国际开发署：巴基斯坦市民间援助计划每季度进展情况及监督报告》，2013 年 3 月 31 日。

② 《报告表明，美国国际开发署主要仍是承包代理而非业务代理》，经济和政策研究中心，2011 年 11 月 21 日。

美国每年的对外经济发展援助支出大约是250亿美元，尽管它和6 000亿美元的国防开支相比可说是相形见绌，但这终归是一个数额惊人的数字。它比吸引了许多蓝筹公司投入的细分市场的资金总额都要多。美国对外援助项目是一个市场，并具有那些保护其开放市场（这会影响其他政府预算）的传统行业所具有的同样的力量。但不同于运输、医疗和其他非国防支出，执行不力的经济发展援助，必然会危及国家安全。①

对外发展援助支出的目的是希望获得善意的预期，但如果这种预期未能实现，就会催生受援国民众的失望和怀疑，从而破坏我们的国家利益。因为受援国未能满足的愿望往往会给受援国的民众的失望和愤怒火上浇油，而激进组织就会利用这一点煽风点火。导致这种恶性循环的善意必须扭转。

我在这种有障碍的体系下，在战后国家（伊拉克、阿富汗和苏丹）和贫困的发展中国家（卢旺达），还有在滑向贫困和不稳定的区域大国（巴基斯坦），工作了5年，这之间我经常受邀参与政府顾问间的讨论，以便寻求我们糟糕的外国援助框架的解决方案。对于受援国而言，我们的援助项目从总体上来说，未能在项目、程序和国家层面给受援国带来可持续的、有经济效益的成果。如果美国将数十亿美元用于对外非军事外援项目，那么它就应当能够给受援国带来让受援国民众对美国刮目相看的结果。

我们甚至不能提供象征性的经济准入机会，这种结果正在削弱美国的对外形象。如果美国要获得其他国家的民众的信任，挑战激进分子不断散布的反西方的仇恨和暴力信息，那么美国作为战后国家的伟大重建者这一神话，至少要部分通过它所取得的现实成果来加以验证。到目前为止，美国所展示的形象糟糕得不能再糟糕了：用于失败的援助项目上的巨额开支，援助项目上马快速但却缺乏可持续性，战后国家重建的神话，美国在中东地区的存在感所致的当地民众对于美国政治领袖的承诺的极高期望无法兑现，所有这一切产生的负面影响要消除，其解决方案的第一步，就是组织结构的简单回归，即结束国务院对于外国援助的管理模式。

对外援助管理系统，对于美国对外政策的建立起着至关重要的作用，但

---

① 《美国国际开发署首席代表的选择》，《纽约时报》，2009年11月10日。

其文化核心始终是外交和战略。就推动经济发展而言，外交官并不是实干家。在不诉诸暴力的情况下，对于谈判和解决冲突如此重要的外交文化，却完全不适应对外经济发展援助项目的管理。

作为对外援助机构的美国国际开发署，2005 年在国务院的直接管辖下开始运转，但就其项目如何更好地对接国家地缘安全与反恐政策这一目标而言，它的工作主旨在总体上是被误导的，尤其是在中东和南亚地区。虽然处于过渡阶段的对外援助的最终结果有待观察，但就目前情况看来，美国国际开发署所交付的项目结果在推进美国地域外交政策这一使命方面，基本上是无效的。无论是人员的配备、资源的配置，还是招聘管理人员，国务院高级领导层的优先选择实际是实现其主要的外交使命，而不是促其成功地执行对外援助项目。在阿富汗和巴基斯坦业务发展的关键阶段，美国国际开发署署长这一职位空置了一年多。在业务管理发生变化的重要时期，国务院究竟把重点放在何处，由此可见一斑。①

让美国国际开发署的工作符合国务院战略的目标，就是确保前者的项目与后者的目标实现对接。② 但对于对外政策（包括国防）的任何要件而言，上述结论同样可以成立。换言之，我们所有对外参与活动的机构，都必须和管理部门的政策目标保持一致。政府通过各组织机构实现在任总统及其团队的政策目标，相当于是在通过使用一个糟糕的替代品以达到政策目标的实现，但实际上，组织调整是一个经营决策问题，而不是政策调整决策问题。这是一个组织将怎样执行工作任务、它的目标将如何实现、资源如何配置，以及民众将得到怎样的回报，再逐步确立组织文化和运营方面的优先选项。将不同组织混为一个单一机构所导致的战略目标的混乱，会对任何一个组织提升自身操作能力的过程造成严重的不利后果。

在很多情况下，华盛顿对于联邦机构运转所面临的挑战的解决方案，就是把低效率的组织整合成为越来越大的内阁级部门，这样一来，所有组织的问题也就并入了庞大的官僚机构中，而这将扼杀任何专注于改进并提高灵活性和机动性的机构的能力。

---

① 罗伯特·麦克马洪：《如何改变美国对外援助模式》，《纽约时报》，2006 年 3 月 17 日。

② 《调查显示，医疗保健的改善让阿富汗人平均寿命上升》，美联社，2011 年 11 月 30 日。

为了在负责国家安全事务（尤其是国务院和国防部）的内阁级部长们之间建立起一个协调机制，布什政府将组织调整集中化，它填补了国家安全委员会在建立共同方向方面的缺陷。但对于美国国际开发署而言，这是一种分散它专注力的做法，随着它被一同纳入一个与其不匹配的外交管理框架当中，这会降低它专注于改进自身运营执行的能力。

建立对外援助的常设机构，摈弃与之并不兼容的外交管理思维，是解决我们糟糕的对外援助系统问题至关重要的第一步。

第二步是将受援国的经济发展和我们的对外援助分开。

当我们2006年在伊拉克开始和美国国际开发署接触时，彼此的关系还是很积极的，不过专责小组的成员和美国国际开发署的工作人员之间的差别还是很明显的。美国国际开发署本质上是一个人道救援组织，它通过提供紧急援助，比如食物、清洁的水和卫生保健用品而帮助有需要的人，彰显其自身的价值和文化。在阿富汗，美国开展的最有效的援助一直都是在农村医疗方面。阿富汗人的平均寿命，已从2001年的47岁提高到了如今的60岁以上，这是一个惊人的进步。这是美国国际开发署通过为阿富汗民众提供干净的水、传染病疫苗接种，以及在婴儿出生前后为母婴提供卫生保健用品（这是最重要的）而获得的进步。这代表着美国最值得称道的成就，它在阿富汗民众当中赢得了广泛的赞誉和认可。这是美国国际开发署所开展的一个项目。①

在美国国际开发署工作的年轻人，是一个出类拔萃的群体，他们放弃优厚的物质财富条件，去帮助世界各地有需要的人。他们寻求的职业生涯的目标，是为了向处于痛苦和贫困中的人提供人道主义援助。在一个唯物主义和追求金钱财富的时代，最终坚守下来的他们，的确是罕见而特别的人。

然而，经济发展活动并不是一个直接的人道主义活动。它固然体现人道主义精神，然而人道主义目标并不是企业的首选目标。援建公司和自由企业，是一种完全不同于人道主义援助的思维模式。与援建成功的商业企业有关的

① 《问责审查委员就驻内罗毕和达累斯萨拉姆大使馆爆炸的报告》，美国国务院克洛委员会报告，1999年1月。

技术和文化，必然是独特的，而且一般不会与提供人道主义援助有关的技术和资质发生重叠。

人道主义动机将永远而且应该是美国国际开发署的动力之源。既然美国国际开发署已经接手了它的任务——主管机构所赋予的对外援助重任——那它就需要管理中东和中亚地区在战术上的经济发展。

如果美国希望让其“神话”变为现实，并在中东和中亚的贫困地区提供实实在在的经济发展机会，那么它就必须将战术经济发展管理部门从美国国际开发署中分离出来。这样，美国国际开发署将获得解放，重建其最擅长做的事情——人道主义援助——的能力（历史已经证明了这一点），它可以摆脱外界对于它永远不可能实现的结果的期待——让陷入困境中的国家站稳脚跟，并将其纳入全球经济范围当中。

创建一个能够履行这一重要经济发展使命——为冲突频发的国家提供战术上的经济发展机会——的组织，必须从头开始做起。今天，在联邦政府范围内，没有任何实体能够履行这一使命。

每一个美国人都想要确保自己国家的同胞的安全，这是一个高尚的目标，但在实践中却往往事与愿违。我们需要废除国务院所强加的、在对外援助工作方面的安全限制。① 没有什么能比看到这一情形更让人觉得荒谬可笑——美国平民志愿者穿着防弹衣、戴着军用头盔走在受援国的街头，周围都是携带自动武器的私人保安人员，而与此同时，他们却要试图“接触”当地的民众。

平民防弹衣是美国使命失败的最终表现形式。我们向受援国民众释放的信息是，他们的生命没有我们的生命有价值。这是他们会迅速理解并产生反感和怨恨的一种信息。如果一种环境需要你穿着厚厚的盔甲在人群当中走动，那么除了分发食物、水和避难帐篷以外，你不可能做成其他任何有意义的对外援助的事情；如果一种环境需要在身着铠甲的前提下才能开展互动，那么这种使命就是一种军事使命，因此这种工作也应当由身着军装的军人来完成。

就展示的公众形象而言，我们在受援国的使馆区同样令人惊愕。在安全防护措施方面，国务院相关部门所要求的如同监狱般的建筑，现在在受援国

---

① 史蒂芬·巴尔：《国外援助服务任重道远》，《华盛顿邮报》，2004 年 12 月 10 日。

非常普遍。我们的使馆规模总是很大，通常情况下，数百个雇员（在伊拉克的雇员多达千人以上）几乎从来不会离开他们所在的区域，除非有装甲车队护送或者直升机空运。这些重要而又代价昂贵的使命，在我们国内所产生的偏执和误解是显著的，更不要说它们所付出的是纳税人支出的代价。

我国在中东和中亚的使命应当是有前提条件的。如果一个国家太危险，没有一个安全的地缘环境——除非我们身穿防弹衣或者与身份公开的武装警卫一道出行——确保我们的平民可以自如地在公共场合活动，那么，我们就不应该把平民工作人员派驻到那个国家。如果一个国家太危险，让我们的使馆工作人员只能终日藏身于有铁丝网和荷枪实弹的警卫守护的堡垒当中，那么，我们就应该将我们的使命范围大幅度缩减，由此建立一个较为低调的公众形象——避免由巨大的城墙堡垒以及堡垒内部大量神秘的工作人员所导致的负面形象。

退一步说，如果为中东和中亚地区国家提供平民服务的确是我们的当务之急，那我们就应该增加激励措施，让那些最优秀的平民志愿者愿意签订长期协议，并让他们在那里驻守更长的时间。

目前我国在中东和中亚地区国家的平民志愿者服务采用的是两种基本模式：第一种是最常见的外派“苦差”，这是一种带有强制性的一年期服役。这是在著名的“9·11事件”之后，作为职业生涯的一部分，一个对外服务人员必须履行的职责。在这些外派“苦差”结束之后，外派人员通常会被派驻到欧洲、东亚或者南美的更理想的地方去工作。这样一来，在中东国家工作一段时间就成了外派人员的一个服役期，或者是其职业生涯中的一个必经的“跳板”，或者是其在结束外派工作之前必须忍受的一种折磨。受援国民众很快就能感觉到，我们的平民工作者对于在他们国家的工作缺乏激情。①

第二种模式要少见得多，那就是在一年或者更长的时间里，为数寥寥的来自局级或部委单位的、对某个国家真正有兴趣的专家和语言学家，被多次外派到这个国家。这种区域专家模式的人员构成主体，通常是我国外交领域

---

① 南茜·达曼：《我与美国国际开发署的17年》，佛罗里达珊瑚泉市：伊鲁米那出版公司，2004年。

的高级工作者或者对外服务部门的专家。美国国际开发署的领导体制，通常是垂直型的。在面对伊拉克和阿富汗这样的国家，我们的对外援助的成员选择就像是一种选拔游戏：通常是为期一年的轮流出差，中间穿插着长期合同管理人员和顾问所负责的阶段性合同任务，由此维系在特定国家的长期参与活动。①

我们在受援国的对外援助领导者的业务活动缺乏可持续性，这是一个主要问题。对于受援国而言，基于信任的关系，是有效参与的重要条件，而这种关系只能随着时间的推移逐步建立和巩固。文化、语言（包括方言）、开展业务的规范和标准的独特性，在各个国家之间的差异非常大。当被问到专责小组如何能够成功地推出那么多的举措时，我通常都会把成果几乎全部归因于一个方面——我们的领导团队开展交流工作的持续性。他们中的大多数人都在某些国家工作过若干年头。这是我在私营企业所了解到的一种管理模式。力求拓展国际市场的公司，通常会在他们寻求开辟的市场中设法保持参与的可持续性。一个负责拓展国际市场的出色的销售经理人，始终是不可替代的，而且他会凭借其财务业绩得到很好的回报。但是在今天的平民援助机构当中，这样的可持续性基本上是不可能建立起来的。

美国必须调整其外交政策组织结构，使之能够反映我国在中东和南亚地区所面临的独特而又危险的处境。激进的伊斯兰组织并不会远离我们，尽管在结构层面上，我们在中东国家的工作流程和在欧洲及南美洲一样，同样是进行非军事的对外交往和业务活动。

美国国防部及其区域性作战指挥部，已经建立了能够适应和促进特定区域参与的、以便确保业务有效性的总体管理结构。但我们的平民机构却没有这样有效的区域性结构。

我们的平民机构应该针对在中东和南亚地区的独特挑战和机遇，创建一个个独立的、高度专业化的和高度权威性的组织，还应当为在这些地区工作的专业人员提供更好的待遇和更多的职业发展机会。在这些地区工作就是一种“苦差”的观念应当被摒弃。语言和文化培训必须加强，并且要长期坚持。如同定期给军官进行教育培训一样，应该专注于这些地区的平民专业人员，

① 《沉痛的教训——伊拉克的重建经验》，伊拉克重建特别监察长报告，2009 年 1 月。

使他们得以扩大知识面、提高教育水平和获取更多的个人发展机会。

在这些地区工作的平民面临着来越多的安全威胁，应该得到承认并获得补偿，所采取的方式是提高保险回报、提供卫生保健和支持性基础设施，就如同提供给军队士兵的各种待遇一样。我们知道，由前海军上将威廉·克罗所负责的审查委员会所制定的安全防护措施，在实践中存在适用性差的问题，因为作为在受援国工作的一部分，必然包含受伤甚至死亡的高风险。我们不应当寻求把我们的平民工作者封闭在高墙院内，并给他们穿上盔甲，而是要承认和理解他们的工作及其所承受的风险，并像尊重冒着生命危险服务于国家的军人一样，给他们以同样的尊重。

如果有人认为以区域为基础，建立这样一支专业人士“军团”是不可行的，那么，我会以专责小组开展业务方面的经验作为一种抗辩或者反驳。专责小组在伊拉克和阿富汗的一些最危险的地区，派驻了数百个有经验的商务人士，而且知道他们在工作过程中可能会受到伤害，甚至可能有生命危险。我雇用过和五角大楼没有任何关系也没有其他任何机构支持的志愿者。如果他们获得聘用，如果他们的能力能够在履行我们使命的过程中得到充分发挥，如果对于这些职位的独特需求的支持体系能够真正建立起来，那么，有商业发展背景和专长的美国平民，随时都会挺身而出并充当志愿者。

我们需要有效的管理政府承包工作的人员。

美国军队已经建立起了一个不可或缺的、能够让工程和建筑知识用于支持我们国家安全目标的组织：美国陆军工程兵团。而我们的人道主义救援和对外援助机构，显然没有这样的能力。这种情况的负面效果是显而易见的，也是毋庸置疑的。过去的10年，在中东和南亚地区，由我们的平民机构所承担的基础设施建设项目不计其数。但从恢复伊拉克电力设施项目的失败，到阿富汗各地道路、水坝和基础设施项目建设的失败，再到在巴基斯坦依据《克里-卢格法案》援助修建基础设施进度缓慢的局面，过去的10年，可说是大型公共基础设施项目管理不当的一个持续示范。

然而，这些项目却持续被吹嘘为美国对于这些地区充满善意的最新承诺。如同在经济发展中的情况一样，如果我们坚持声称要在这些地区建立水电和运输系统的基础设施，那么，我们最好学会如何去做这些事，因为到今天为止，我们还没有能力做好这些事情。在过去的 10 年，美国寻求将这一关键性工作实行外包，而且只是简单地和大公司签署了交付基础设施项目的大合同。然而，每一个土建项目必须要有监督和管理，也就是要有训练有素的工程师和建筑专家的参与，以便确保这些项目能够成功地交付使用。

被指派清除伊拉克重建方案中浪费和欺诈行为的特别监察长斯图尔特·鲍文，一直主张建立一个相当于美国陆军工程兵团的平民机构。① 持续 10 年的无效工作，以及针对伊拉克没完没了的而且目前仍在给予的基础设施的拨款，使得对外援助的平民机构的建立被严重耽搁了。正如经济的发展和人道主义援助需要独特的技能一样，工程设计和建筑也同样如此。如果就像国务卿希拉里在 2009 年访问巴基斯坦时所承诺的那样，作为一种善意的表达，美国寻求建立标志性公共基础设施，那么我们就应该动用必要的资源，以有效地指导和管理这项工作。

我常常想，如果我们当初采取的是不同的处理方式，那么伊拉克的战后重建工作可能会是一种怎样的情形。如果伊拉克军队“原封不动”地交由美国指挥部接管；如果让伊拉克的政府机构保持完整，并下大力气通过风险评估，清除伊拉克复兴党的死硬派，而不是同时“放逐”数千名政府工作人员，导致伊拉克政府的运转陷入持续瘫痪；如果让伊拉克整个工业系统继续运转，而不是因为工厂归属伊拉克政府便将其关停，并让每一个在职人员失去工作；如果美国引入其私营企业来到伊拉克并立即从事商业活动，即不是为了盈利和从事建筑活动，而是单纯地为了建立商业关系，以及开始购买和销售商品，就像在 2008 年恢复相对和平以来，蜂拥而入的中国和韩国公司所做的那样。如果有了以上种种，那么结果会怎样呢？

如果采取了这些措施，伊拉克就会变成一个危险性要小得多的地方。伊拉克人和阿富汗人所渴望的东西，以及整个中东地区的年轻人仍在苦苦寻求的东西，都和今天在中国和印度占主导的那种经济活力有关联。在美国企业中，有很多能够建立这种关联的人，然而我们的政府却把他们丢在一边，并且安排低效率的官僚机构的人员去履行如此重要的使命。

---

① 《美国人均石油消费报告》，美国能源部，2012 年。

如果我们不是选择每月将数十亿美元用于军事行动，而是采取一系列税收优惠或者税收扣除措施，鼓励美国公司及时参与伊拉克的商业发展活动，那么，我们的军人所造成的生命和财产损失就要小得多。

就人均消费而言，我国是世界上石油和矿产资源的最大消费国之一。我国以占全世界5%的人口，却消费着全世界25%的石油。① 可是，我们却不鼓励我们自己的能源公司积极参与伊拉克和阿富汗的重建事务，尽管这些公司能够给这两个国家带来世界最先进的技术、极具环保的环境和先进的劳动工具，它们还可以被应用到当今世界的任何地方。事实上，来自中国和独联体国家的公司正在进入这些国家，虽然它们所引入的劳动工具在环保性能和效率方面，远远无法与美国相提并论。我们对自己的私营企业所采取的充满敌意的立场，究竟能给美国带来什么好处？而且这对伊拉克和阿富汗没有好处，对环境没有好处，对我们自己的国土安全和稳定同样没有好处。

也许最重要的是，如果我们计划在受援国开展经济重建工作，那么我们就需要在运营业务方面拥有更多的专家。

关于伊拉克工厂的状态，我在2006年从美国军事和非军事人员那里听到的最多的一个说法就是："我刚刚去参观了一家工厂，它看起来就像一个垃圾场。"然后，我们去参观那个工作场所，就会看到一个设备相对老旧但运转完全正常的工厂。逐渐地，有一个事实变得越来越清楚，那就是，在美国政府部门工作的大多数人，并不知道一家真正的工厂是什么样子的。如果他们脑海里有一种形象的话，那么，这种形象是来自有关电影和网络中的组装生产线的画面，似乎工业焊接车间和重型企业厂房看上去就应当像是一个高科技洁净室。美国政府部门工作人员的反应能够反映我们目前整个社会的状况：这一代大多数的美国人，大都从未去过正在运转中的工厂，或者亲眼看见过具体的工业操作过程。

对于产业化经营缺乏了解的情况，在采矿业中也存在。在美国，最新采矿业开发的项目为数寥寥。专责小组所聘请的在阿富汗工作的大多数矿业专

---

① 哈里·巴亚德·普利斯：《马歇尔计划及其意义》，纽约伊萨卡：康奈尔大学出版社，1955年。

家都已退休，而且年龄都已 70 多岁或 80 多岁。大多数美国人都从未听说过或者更多地想过从事采矿工作。它对于我们的“服务经济”的劳动大军而言，是一个又脏又累的行业。

然而在发展中国家，这些又脏又累的行业却是举足轻重的。在阿富汗野外地区，对于咨询顾问、网页设计师、智能手机应用程序员和美食厨师显然没有太大的需求。那些伊拉克油田设备制造厂，并不是由一间间干净的房间组成的。但对于那些摆脱了数百年冲突赢得和平的新兴国家而言，这些行业的高薪工作，构建了一个社会中间阶层的基础。面对我们自己的大量生产型业务纷纷转向海外的情况，美国中产阶级能够忍受多久尚不得而知，但是，假使我们要设法帮助陷入困境的国家站稳脚跟，就必须建立一支由能够适应各种产业化经营——从生产型企业到矿山，再到冶炼厂和加工厂——的人员所组成的工作团队。

我们有很多拥有这些技能和相关经验的专业人士，他们当中许多人处于长期失业状态。在今天的美国，对于服务业的工作而言，他们的专业知识缺少用武之地。就那些能够走出来帮助专责小组在阿富汗兴都库什山进行矿产资源实地勘查的已退休的地质学家，以及听从召唤、在伊拉克和阿富汗各地工作的上了年岁的工程师和管理人员而言，如果得到邀请，他们就会再次出山。

但是，必须有人向他们提出邀请。

2010 年，专责小组的团队参谋长伊丽莎白·洛尼格罗给我带来了一本书。这本由哈里·巴亚德·普利斯撰写的著作的名称是《马歇尔计划及其意义》。①

这是一本很有启发性但同时又令人感到羞愧的书。大多数美国人都知道“马歇尔计划”的总体框架。战后历史上的那些伟人，包括美国总统哈里·杜鲁门、埃弗里尔·哈里曼，当然还有乔治·马歇尔，他们通过艰辛的付出和努力，成就了美国外交政策新模式，即承认重建一个经济自主和繁荣的欧洲的必要性。但是，其中的细节却很少有人知道。

---

① 哈里·巴亚德·普利斯：《马歇尔计划及其意义》，纽约伊萨卡：康奈尔大学出版社，1955 年。

在美国国会内部以及杜鲁门政府当中，都希望“创建一个‘商业类型’的组织，以便以最大效率完成一些迫在眉睫的业务”。为了实现这一目标，一个新的联邦机构——经济合作总署（ECA）——成立了，它将监督“马歇尔计划”的实施。这个被国会赋予前所未有的自由管理和操作权力的新机构，承认令人窒息的战后官僚主义对于机构创新性和灵活性致命的影响。哈里·巴亚德·普利斯写道：“经济合作总署作为一个临时机构，在处理复杂和棘手的紧急业务方面，被赋予了必要的权限和灵活性，行政限制被降到最低，多种常规限制被免除。”①

在招聘美国企业高管人员的过程中，对于加盟经济合作总署的50强企业领袖，并未采用常规的薪酬等级。国会承认国务院没有能力管理好业务，但却希望强化经济合作总署的活动与外交政策指令的一致性。为了解决这一问题，国会要求经济合作总署的管理者经常与国务卿协调。

首任经济合作总署署长是杜鲁门总统在1948年任命的。斯图贝克汽车公司总裁保罗·G. 霍夫曼被选中。在其任职的几个月内，霍夫曼建立起了一个灵活而精简的组织体系，它以类似于一个现代科技公司的经营方式管理经济合作总署。

当霍夫曼在1952年离开经济合作总署以后接受采访时，对于有关记者就他的管理风格的提问，他是这样回答的：“我与一个组织中的各种人员打交道的观念，就是要让每一个人发挥最大的潜力。但这会造成某种缺乏秩序的印象。独裁可以带来稳定，但是采取那种方式，你就不可能做到人尽其才。你需要创造条件，解放你的组织中的成员的思想。这样一来，当你需要他们拿出好点子时，他们拿出的东西不是四平八稳，而是无比出色……在政府机构中有一种倾向，那就是一切都要按这样的原则办事：你远离我的领地，我也将远离你的领地。我不认为我们在经济合作总署完全打破了这一规则，但我们确实在很大程度上改变了这一点。”②

随着经济合作总署主持和指导“马歇尔计划”在生产方面进行金融投资，欧洲各国的经济得到了恢复和发展。经济合作总署的成功，使其在华盛顿成

---

①② 哈里·巴亚德·普利斯：《马歇尔计划及其意义》（纽约伊萨卡：康奈尔大学出版社，1955年）。

为更多人指手画脚并予以摆布的一个对象。朝鲜战争爆发以及“铁幕”政策的失败，将美国外交政策的关注点从战后经济的恢复和重建转回到了军事安全方面。经济合作总署最终被这一转变所波及，并在 1951 年因共同安全机构的建立而被撤销；而这个新成立的机构却将深陷于因最初得到授权才使经济合作总署得以避免的类似于国防部和国务院的官僚主义体系。①

促成成立经济合作总署以便管理“马歇尔计划”的最初状况，人们看上去十分熟悉。我个人认为，国防部副部长戈登・英格兰为了建立专责小组，使之成为从五角大楼和国务院官僚系统分离出来的一个业务团体，并赋予其足够大的自由度，以便修正我们进驻伊拉克初期所犯的错误，实际上就是采取了杜鲁门、马歇尔以及经济合作总署当初所采取的措施。

但和经济合作总署的使命不同，专责小组努力克服的缺点和避免的危机，最终并没有成功地克服和绕过。尽管美国初期的针对伊拉克的经济决策的许多错误通过专责小组而得以逆转，而且阿富汗人也看到了最终走向经济自主的前景，可是鉴于这两个国家的民众在其他所有方面严重缺乏沟通渠道和路径，因此这两个国家仍然远远地脱离于全球经济之外。

早在 20 世纪 60 年代，美国前总统约翰・肯尼迪就发起建立了一个志愿者组织，并赋予其明确的任务目标：进入世界各地的贫困地区，并为这些地区的民众提供援助。② 美国的“和平队”是旨在解决那个时代需求的美国善意的一种体现。

今天，发展中国家需求的层次结构已经上移。饥荒和文盲在这些国家已经不再普遍，它们现在所寻求的是经济上的援助，它们需要建立的是可以获得就业机会、税收来源以及一个能够维系民主制度的中产阶级的生产企业。也许是时候创建一个“企业军团”了，利用我们独特的创业能力，去帮助那些处于不幸中的人。与我们现在为军事和人道主义任务而倾注的数十亿美元相比，这样一种努力的成本相对较低。

如果我们坚持在中东和南亚地区维持强大的军事存在（看起来很有可能），而且坚守旨在改善这些地区民众生活的投资承诺，那么，我们就必须创

---

① 哈里・巴亚德・普利斯：《马歇尔计划及其意义》（纽约伊萨卡：康奈尔大学出版社，1955 年）。

② 美国 10924 号行政令：《和平支援队的建立》，1961 年。

建一个能够实现这一目标的机构。在过去的资金危机期间，我们已经为此采取了必要的步骤。就像经济合作总署，以及为饱受战争蹂躏的伊拉克和阿富汗提供服务的专责小组一样，美国必须建立由业务驱动的机构的能力，将陷入困境中的中东和南亚各国的经济纳入国际社会中，并创建不是基于政治、宗教和安全，而是基于商业的互利关系，一劳永逸地结束美国大众对伊斯兰世界民众怀有恶意的谎言。

尾　声

我常被周围的人问起为何我们在两任政府任职时期，面对所有的困难和障碍都能坚持到最后。

所有提出类似问题的人，都从未有机会看到过这样的场面：当我们出现在我们驻扎在海外的士兵和海军陆战队队员面前并留下来帮助他们时，他们眼中所流露出的感激之情。不管我们的特定工作注定是成功还是失败，我们都会让美国的勇士们知道，他们的平民同胞愿意冒各种风险去支持他们的使命，愿意和我们这个时代出色的领导人——军事指挥官彼得·切尔莱利、乔治·凯西、戴维·彼得雷乌斯、雷·奥迪尔诺、迈克尔·马伦、埃德·吉姆比尔斯蒂尼、斯坦利·麦克里斯特尔、劳埃德·奥斯汀、约翰·艾伦，以及其他无数人——一道工作并向他们学习；同莱安·克罗克和理查德·霍尔布鲁克这样的具有传奇色彩的外交官合作；拥有从国防部副部长戈登·英格兰那里得到支持的特权；与国防部部长罗伯特·盖茨一同经历和感受两任总统在位期间所管理的不同的政府和不同的政治。

我们团队所有的成员都甘愿冒着生命危险，和来自私人和公共领域各行业的富有奉献精神和爱国情怀的平民领导人组成的非凡的团队合作，甘愿牺牲陪伴家人的时间以及更多的赚钱机会，率领数百名商务人士、农业专家和金融专家，在需要我们的时候去协助我们的军队和为我们的国家效力。

所有这些因素，都是点燃我们生命激情的燃料，它们帮助我们渡过一个个难关。不过让我们坚持下来的最重要的因素，莫过于另一种情感力量所带来的冲击，那就是，当伊拉克和阿富汗各地工厂的工人、农民和商人紧握住你的手并注视着你的双眼，一再地感谢你帮助他们重拾了生计和尊严时，你会由衷地感觉到，自己所做的一切是多么正确！

今天你再去伊拉克时，一定会对那里没有美国人而感到吃惊。现在，在伊拉克所有地方都有外国人，不仅仅是在局势长期稳定的库尔德地区，在经济正在走向繁荣的南部地区也是如此。伊拉克的商贸成交量已从 2008 年的 30 亿美元增加到 2012 年的 500 亿美元以上。经过专责小组的牵线搭桥，从韩国、日本以及欧洲各国进入伊拉克的许多公司都已经蓬勃发展。像通用电气和波音这样的美国公司，正在继续巩固其在专责小组支持下而建立起来的业务。可是，你在伊拉克街头看不到美国人。石油企业被封闭在远离伊拉克南部人口密集区的安全区域内。

我们庞大的使馆区和我们的区域领事馆，仍被高高的围墙所包围，而我们的文职人员如果需要外出，仍然必须穿上防弹衣、乘坐装甲车，并在全副武装的警卫护送下出行。中国、俄罗斯、韩国和欧洲的商人到处都是，但就是见不到美国人。

作为一个不可分割的组成部分，伊拉克对于中东地区的稳定和安全，有着异乎寻常的重要意义。这当中有两种可能的结果。一种结果是，随着该地区的一些国家介入伊拉克教派和种族事务，图谋从其一贯延续的争斗中渔利，伊拉克很可能会成为逊尼派和什叶派伊斯兰世界之间不断冲突的一个断层线，从而陷入无穷无尽的恐怖和暴力活动之中。

我认为，另一种更有可能的结果是，伊拉克将能够成为缓和逊尼派和什叶派两个教派冲突的力量：一个拥有高素质的劳动大军和相对成熟的民主机构（后者能够稀释强大的地方省份和脆弱的中央政府之间的力量）的经济大国。在伊拉克能够承担起这一角色之前，还存在许多挑战，但安全方面的主要威胁在 2007 年之前曾一度被克服，当时基地组织和什叶派民兵控制了这个国家的广大地区，但却遭到了伊拉克人民的排斥和摒弃。今天的伊拉克拥有大量训练有素的军队，包括善于反恐作战的特殊军种；其石油产量也正在提高，在欧佩克所有国家当中，伊拉克的石油出口量仅次于沙特阿拉伯而居于第二位。随着 2014 年又一次全国大选临近，零星的暴力、抗议和致命的袭击，仍是伊拉克民众生活中的不幸的事实，但我相信伊拉克将会渡过难关。

有许多人可能会认为我是一如既往地过于乐观了。

美国的有效参与，是伊拉克未来的一个关键要素，而在这方面，目前的进展并不令人鼓舞。不出所料，根据布什政府和伊拉克政府在 2008 年达成的

《驻军地位协议》条款，最后一支美国军队在 2011 年 12 月 31 日撤出伊拉克。为了让美国在 2011 年以后在伊拉克继续保持其存在而达成一项新协议，伊拉克的民众做了很多努力，但在扩大美国在伊拉克的驻军问题上，无论是伊拉克总统努里·马利基，还是美国总统奥巴马，都未能取得成功。

今天到伊拉克的外国游客可能都会注意到，普通伊拉克民众都对美国军队的撤离感到困惑。在他们的经验中，美国在他们国家花费了大量的成本和金钱，尽管在伊拉克民众当中有不少人，尤其是逊尼派成员，仍对美国军队进驻伊拉克以及随后有问题的战后管理极为反感，但他们仍不能理解为什么美国军队会撤离。一方面，伊拉克的民族主义让美国军队的撤离成为一种值得自豪的理由。另一方面，美国军队的撤离也给伊拉克民众带来了一种不安和恐惧感；鉴于中东地区的不稳定，伊拉克民众仍然对其政府和局势安全缺乏足够的信心。

有几个著名的伊拉克政治家，曾向我表达了对于延长美国驻军日期展开的长期无果谈判的沮丧之情。他们抱怨说，美国高级官员有太多次飞抵巴格达并举行记者招待会，公布一项新的协议谈判如何缺乏进展的情况，并公开警告伊拉克领导人说，美国对于撤军这件事是认真而严肃的。这样的公开表态，使得伊拉克政治家们接下来通过各种努力，继续呼吁延长美国军事存在一事变得极其困难。这样做会让他们看起来，就像是在向美国人摇尾乞怜一样，这在伊拉克是一种自杀式的政治举动。在一些伊拉克政治家们看来，如果美国和伊拉克私下里举行谈判，在幕后而不是公开地开展工作，并敦促加快谈判进程，这样做效果就要好得多。

鉴于伊拉克选民区四分五裂的情况，以及马利基执政联盟的脆弱性，很难说如果美国和伊拉克采取不同的谈判方式，是否真的有价值。

不过显而易见的是，美国在一个极不恰当的时间（伊拉克在中东地区稳定方面的角色很可能会变得更为重要），失去了对伊拉克的大部分影响力。美国留下的真空正在被填补，伊朗在巴格达的影响力越来越大，而如果叙利亚失势，那么伊朗在失去其大马士革的盟友之后，将加倍努力对巴格达施加影响。

这是一个颇具讽刺意味的局面。尽管在美国和伊拉克展开军事行动的 8 年期间，对于伊拉克和美国而言都存在诸多困难和挑战，但伊拉克民众还是向往电影中的美国：速度奇快的汽车，最好的技术和业务专长。他们想要学习我们的私营企业的经验，可是事实上他们得到的却是我们的官僚主义。在今天伊拉克年轻人当中，最受欢迎的汽车是美国大功率高速度汽车——道奇“挑战者”、雪佛兰“小黄蜂”和福特“野马”，这些车大多是由中东地区的其他国家从美国进口，然后再出口到伊拉克。发现商机的伊拉克商人会驱车到约旦的安曼，每隔一天便带回一整车的“巨无霸”汉堡和 KFC 炸鸡，然后再卖给喜欢美国风味的伊拉克人。前一天的“巨无霸”汉堡，在巴格达街头可以卖到 8 美元。但到了 2013 年，在伊拉克库尔德以外的地区，连一家标志性的美国特许经营店都没有。

在寻求维护自己国家安全利益方面，阿富汗与邻国的持续冲突，使得它在短期内的前景很难乐观。但阿富汗自然资源的开发，以及这种开发为这个国家在经济上站稳脚跟所创造的势头，正在向前推进。许多国家对开发阿富汗矿产资源的兴趣持续增长。不久前就进一步鼓励矿产资源的国际开发的新提案，在阿富汗议会爆发了一场冲突。许多阿富汗民众认为，这一新的立法对于私营企业的利益过分有利。这对于阿富汗是一个全新的命题，围绕这个命题所展开的是一场健康的公开辩论。

阿富汗新的采矿业立法延迟通过的局面，在国际社会造成了一场轻微的振荡。美国对阿富汗的整个的对外援助和军方资助，以及阿富汗过渡时期的战略，是基于其矿业收入的预期增长。专责小组的矿业项目在 2010 年推出时，曾是华盛顿对外援助官僚机构嘲讽的对象，但现在它已成为阿富汗过渡时期战略的基础。相对于贫困的阿富汗唯一的经济引擎——出口水果到印度，这无疑是一个显著的转变。

但正如同我们所担心的那样，2011 年 9 月，在最后一刻完成从专责小组过渡到美国国际开发署的立法变更的国务院领导，突然拒绝为这一使命负责，而坚持让五角大楼将这一使命再延期履行一年。驻阿富汗国际安全援助部队指挥官也坚决主张这项使命必须延续下去。所以，尽管存在因领导层缺位而可能导致工作延期所带来的各种风险，但专责小组的工作还是被延续到了 2011 年以后，并且只专注于完成在阿富汗的项目。它最终以直降四级职权的代价，被纳入五角大楼的平民行政机构，并从五角大楼搬了出来，最后搬迁到弗吉尼亚州阿灵顿市的一个偏远且不起眼的写字楼当中。当初让这个项目获得成功的所有高层支持，以及不受官僚主义影响的优势，现在已经荡然无存。

2012 年，留在专责小组的为数不多的工作人员，其中又有 5 位在阿富汗罹难，而另一名死于药物滥用。在过去的 5 年时间里，美国有数百名外派人员在伊拉克、阿富汗和巴基斯坦以及非洲国家的安全网以外工作，而我们仅在针对巴格达“绿区”的一次火箭筒袭击中，就不幸地失去了一名队员。由于缺少适应在战区工作的经验丰富的领导人，因此仅仅在一年时间里，就有 6 名同胞不幸遇难。这是一个可以预见的令人心碎的结局。

不过尽管如此，我们在阿富汗的一些外援项目还是保持了良好的发展势头，并交付了当初我们所承诺的成果。克里斯·哈格留了下来，确保了他的石油资源开发项目得以完成，包括在阿富汗北部油田的首批私人投资。李·桑德森也留了下来，以便确保地毯加工及其市场营销和食品加工项目，更重要的是，美洲大学喀布尔分校新女性经济中心的关键项目如期交付。余下的项目虽然进展缓慢，但都在 2013 年年底得以完成。2014 年年初，余下的最后一批专责小组成员，与美国军队一道离开阿富汗。

相比于专责小组为陷入困境的伊拉克制定的经济发展战略的宏大规划，我们在阿富汗推出的项目的完工，是一个小小的安慰。在伊拉克，自专责小组在 2011 年 1 月突然撤离以后，其国有工业私有化的势头已经停滞。自 2010 年以来，伊拉克政府就国有公司的私人投资曾提出过多次恳求，但由于缺乏美国的有效参与，因而对伊拉克持怀疑态度的国际投资者兴趣不大。在石油资源丰富的伊拉克南部和北部库尔德地区，伊拉克的经济欣欣向荣，这得益于国际投资和新的私营企业的发展。然而，伊拉克西部逊尼派所在的地区经济上严重落后。鉴于叙利亚的崩溃，以及随之而来的基地组织激进分子的再度活跃（他们正在叙利亚和伊拉克广袤的沙漠边境地区自由活动。这也正是专责小组在 2009 年曾经警告过应予以防范的情形），表明这是一个危险的情况。

在巴基斯坦，在其历史性的新总理选举以及平民政府的和平过渡之后，出现了经济的进一步下滑，这让纳瓦兹·谢里夫的新政府变得很不稳定。振兴经济是巴基斯坦每一个政治派别的既定目标，但在战术方面还没有取得任何进展，其结果就是心怀不满的巴基斯坦年轻人会变得越来越极端。

在推翻了原有领导层并选举出伊斯兰倾向的政府的“阿拉伯之春”的国家当中，其领导人都将经济发展当作优先事项来对待。我们的平民机构的基本目标，与其说是为这一优先事项提供援助，不如说是为我们国家创造一个曾经错过的无比重要的机会——建立一种随着时间的推移，能够减少反美主义情绪的持久的互利关系。

就在我离开五角大楼的几周前，我见到了约翰·哈姆雷，他之前是克林顿政府时期的前国防部副部长，现在是国际战略研究中心（CSIS）的总裁兼首席执行官，他表达了对于即将解体的专责小组的无比惋惜。哈姆雷一如既往地明智。“我们的对外援助系统是一只笨重的恐龙，”他说，“你们这些人就像是毛茸茸的小型哺乳动物，你们跑来跑去，那只恐龙也没法踩到你们，但是5年之后，你们最终还是没能躲得过去。”

我非常喜欢这个比喻。我们在华盛顿官僚主义这只笨拙而又失意的雷龙的巨腿周围不停地疾跑——这样的比喻既有趣又形象。而且，这一比喻也带来了某种乐观的理由。

随着恐龙灭绝，那些毛茸茸的小而敏捷的哺乳动物，最终还是占了上风！

希望总是有的！

鸣　谢

在我为政府服务的过程中，特别是在为在海外战区履行使命而与军队合作的那些年里，其他业务部门的同事经常问起我和军方合作是什么样子的，在五角大楼工作是什么样子的，以及和联邦政府机构合作是什么样子的。本书就是我为回答他们的问题所做的全部努力。我撰写这本书有两个总体目标。首先，它要充分面向来自各行业的读者，他们可能没有机会长期接触华盛顿方面诡谲神秘的政府运作体系，但却会时刻受到相关新闻报道的冲击和影响。我希望那些寻求为国家服务的商人、实用主义者、中间派议员以及充满理想主义的年轻人，会从本书中发现有用的见解，从而了解我们的国家在当今世界所面临的各种挑战。其次，我希望通过本书让读者感觉到一切皆有可能，要为他们有效地参与世界事务展示一个充满希望的前景，尤其是在这个我们很容易对我们政府的现状、对其应对时代挑战的能力感到沮丧的时代。

读者们将会判断，我在这方面的努力是成功还是失败。如果我没有实现这样的目标，那么我会为自己的失败负责。在写作本书的过程中，我幸运地邀请到专责小组使命的相关成员审阅并核准本书中的所有故事和回忆。由于审查疏忽所导致的任何遗漏、歪曲或者其他错误，专责自负。

我要感谢很多顾问，他们在华盛顿一直耐心地帮助我，在这里由于篇幅所限，我无法一一列出他们的名字，但其中包括霍华德·G. 巴菲特、汤姆·多诺霍、米特·比尔登、法里德·扎卡里亚、玛丽·博伊斯、马尔科姆·拉德韦尔、保罗·格布哈特、梅根·奥沙利文、约翰·哈尔姆、杰里·琼斯、纽特·金里奇、威廉·科恩、埃德·斯特劳、J. B. 伯恩斯、戴维·贝尔托、克莱尔·洛克哈特、南希·斯普鲁伊尔、里贾纳·迈纳斯、哈伦·乌尔曼、莱安·麦卡锡、雅克·甘斯勒、玛格丽特·迈尔斯、保罗·迈尔斯、马克·

克莱默、鲍勃·金米特、彼得·佩斯、托马斯·巴奈特、阿诺德·普纳洛、戴夫·鲍林、马蒂亚斯·米特曼、比尔·斯特朗、菲利普·戈隆、克里斯·巴洛、比尔·格林沃特、迪德·李、克里斯·鲁斯、马克·克里斯卡、谢里尔·欧文，尤其是我现在的业务合作伙伴汤姆·普利兹克。

除了本书中提到的对我们的整个任务提供过支持的高级指挥官以外，我同样非常感谢在我们履行使命期间，安排下属指挥机构与专责小组密切配合的其他军官。我尤其要感谢 H. R. 麦克马斯特、迈克尔·米斯、戴夫·莱斯特、理查德·吉尔默、文斯·布鲁克斯、弗兰克·维辛斯基、拉里·尼科尔森、埃德·卡尔顿、弗兰克·希尔米克、里克·林奇、比尔·考德威尔、约翰·艾伦、马克·赫特林、格雷姆·兰姆、比尔·洛罗和乔纳森·肖。对于我在加入专责小组初期对军事事务和知识缺乏了解的情况，他们表现出了极大的耐心，而且他们的支持对于专责小组在自己负责的领域产生积极影响有很大的帮助。在伊拉克暴力冲突最严重的日子里，他们的领导和指挥激励着我们每一个人。

在加盟政府机构之前，我有幸从参与我的职业选择的几位良师益友的教诲和影响中获益。许多成功应用于专责小组使命的经验教训，都来自我多年来从这些富有智慧的人那里学到的东西，特别是约瑟夫·施特劳斯、赛勒斯·玛达维、托尼·穆勒、迈克尔·菲利普斯、斯科特·帕克、凯文·肯尼迪、基思·鲍威尔、汤姆·多瓦尔、戴维·赖斯、路易斯·克莱门特、贾瓦德·塔赫里、卢宜奇（音译）、马蒂·沃特曼和拉尔夫·迪斯尼。

在我准备书稿的过程中，我还受益于许多朋友的建议，尤其是劳拉·奥·戴尔、巴尼·金贝尔、詹尼弗·海格、马克·佩里、格里·布朗、迪克·凯尔、斯科特·莱肯、尤利·布兰森，而最重要的是我的妻子辛迪·布林克利。贝丝·劳在被告知其生命只有一两年时间的情况下，在之后的 4 年时间里，坚强不屈地同她所患的罕见的肺癌病魔做斗争，而且这种斗争的成果让我们所有人感到振奋。她的评论和编辑，对于本书是一个巨大的帮助。本书的编辑埃里克·尼尔森所提供的长期支持令人难忘，尤其是在根据出版需要所做的合理删改方面。在此，我感谢所有为本书出版提供过帮助的人。

书稿的大部分内容是 2011 年到 2012 年秋冬季节，在北卡罗来纳州哈特勒特镇两次漫长的会议期间完成的。我感谢会议举办地的餐厅经理和商店店主在那安静而寒冷的几个月里，为我提供了那样美丽的环境，并且让我体验到宾至如归的感觉。

最后，也是最重要的，我之所以能度过那极不平凡、充满艰辛与回报的5年时光，是因为我有强有力的后盾，我对他们充满感激之情。本书要献给我的妻子辛迪，还有我的两个孩子杰克和林德赛，当他们的父亲5年来在随时都有可能受到伤害的环境中工作时，他们通常每月都有两周时间无法见到他。辛迪在担任公职期间体尝到的辛酸苦辣，与我跌宕起伏的公职经历相差无几。她推迟了自己想要从事的其他事业，以便让我安心完成预期两年的任职，结果等到的却是长达7年的漫长历程。没有他们的祈祷，没有我的父母比尔和雪莉·布林克利的祈祷，以及我的牧师斯科特·莱肯的祈祷，我永远不可能承受我的使命所带来的各种挑战。

作为一个践行外交政策的组织，负责外援商业和业务稳定的专责小组团队，在其履行使命的5年时间里，向伊拉克、阿富汗、巴基斯坦、苏丹和卢旺达等不同国家的不同行业派驻了800多位出色的人才。这个团队的每一项成就，都是他们献身于那个非正统的使命并直面随时存在的暴力风险的结果。我试图在我的书稿的有限篇幅之内，尽可能多地强调为我们的使命做出主要贡献的成员，但还是有太多人和他们的故事在书中没有提及。虽然他们各具经验和贡献，可是因本书篇幅所限，不可能逐一交代。对于书里列出的所有人，以及其他许多并未列出的人，我们国家欠他们一个持久的人情债。

保罗·布林克利

2013年8月

译后记

本书讲述了保罗·布林克利——一位美国企业高管在受邀进入美国政府机构（担任美国国防部次长）之后，如何冒着生命危险并克服政府官僚体制的重重障碍，率领他的专责小组团队在伊拉克、阿富汗、巴基斯坦和苏丹等国开展经济援助工作的故事。从这些故事当中，你会知道世界上有这样一群人——他们不顾个人安危，全力投身于一些贫穷国家的经济重建工作，为当地人的就业、教育、医疗等方面带来福音，而受援国的人民——从官员、企业家到普通民众——也经历了一种态度的转变，从最初的观望、怀疑甚至怨恨，转向对于专责小组的充分信任和无限感激。

另一方面，当布林克利和他的团队出生入死地奔走于异国并开展重建工作时，也有那么多驻外机构官员不仅不能起到任何辅助作用，反倒出于某种妒忌心理，故意诋毁、排挤和打压他们付出的种种努力。即使在奥巴马政府时期，对外援助工作也仍然不得不面对官僚理论家的掣肘。面对专责小组所协助的美国军方在伊拉克等国的使命所遇到的各种官僚体制的阻碍，作者悲愤但却一针见血地指出，世界上没有任何敌人能够击败美国军队，只有华盛顿官僚主义能毫不费力地让它自行倒下。

除此以外，本书也充分揭示了多国部队面临的另一个困境：他们不但需要对抗激进的伊斯兰恐怖分子，还要防范和抓捕越来越多的仅仅为了金钱这一动机就实施恐怖行为的人。值得一提的是，很多所谓的“暴徒”，其实都是失业的工程师或其他专业人士，他们受雇并实施爆炸，只是为了养家糊口，因为他们在战后长期没有工作，也无任何前途可言。以巴基斯坦为例，作者意识到，巴基斯坦的多年动荡，以及民众同情激进主义者的一个重要原因，源于巴基斯坦经济的不确定性和人民生活的困苦，因此采取措施消除这种困苦，是巴基斯坦逐步走出经济和制度处于严重落后局面的前提。

从某种意义上说，本书也向世界各国政府展示了什么是正确的对外援助。作者清楚地看到，包括美国在内的一些国家在伊拉克和阿富汗等国的援助政策存在问题。国际社会单纯的投资援助，往往只是“雷声大雨点小”，对受援国人民的生活没有任何实质性的改善。更为不幸的是，大量援建项目资金被当地政府官员贪污和挪用，因此，很多代价高昂的经济援助并未真正改变受援国的贫困和落后状况，导致那些国家的人民依旧怨声载道。

布林克利和他的专责小组针对受援国的不同情况，制定出了不同的重建和发展方案。为了将受援国创建成经济自主的国家，他们因地制宜地确定了受援国的本土经济战略，确保民众拥有稳定的收入来源，帮助他们摆脱对外国援助的过度依赖，同时为受援国开展商贸活动创造条件，缓解中东、南亚和一些非洲国家的种族和部落派别在经济活动方面的冲突。他们积极地与受援国政府合作，协助它们对国家的部委和银行等要害机构进行体制和技术方面的重要改革，并从一些最顶尖的世界级企业（比如麦肯锡、IBM、微软、奔驰公司等）邀请和招募专业人才，致力于启动陷入全面关停状态的受援国国有企业的业务，并为其提供资金和技术支持。他们也采取措施，敦促国际石油企业消除长期燃烧的天然气给伊拉克民众健康带来的可怕影响（伊拉克南部具有在世界上发病率最高的小儿癌症，这在很大程度上要归因于吸入燃烧天然气所释放的烃类化合物）。

在对外援建工作过程中，他们也遭受了各种困难和挫折：官僚体制的重重阻碍，违规受罚人员报复式的诬告和构陷，司法部门的严格审查，极端主义分子发动的各种致命袭击，他们甚至还要避免中东国家糟糕的食物、水以及沙尘暴中的呼吸过敏源带来的伤害（有的成员甚至由此患上致命的疾病）。尽管如此，作者和他的团队仍以极大的勇气和信念与各种对手较量。由于作者在伊拉克等国开展大刀阔斧的经济重建工作，以及公开支持改变有关政府的政策方向，他得罪了五角大楼的很多人，并不得不为此承受痛苦的经历。他在书中愤怒地写道：“当那个倒霉的‘机会’到来时，没有人把我从那辆公共汽车前面一把拉开，而是看着它从我身上碾压过去。这是一个重要的教训。在一个政治体系中，有无数种可能让你遭受伤害，而如果你失去了太多的支持者，那么你就没有任何方法可以预测究竟有哪些人会伤害你。”又如，为了取得受援国民众的更大的信任，并与他们之间进行平等和自如的沟通，他甚至宁可在街头脱掉防护性盔甲，与当地民众共生死。用作者自己的话说，“……当我醒来后，（我无法忍受）身边被那些蜂拥至我跟前的孩子们的尸体所包围，而我却因为有防弹衣的保护活了下来。我宁愿死去也不想经历那样的时刻。”

……

本书刻画了布林克利当初从硅谷来到五角大楼之后，用了几乎整整 7 年的时间，协助伊拉克等国经济发展的一部充满奋斗的历史，讲述了他和专责小组所经历的一个个精彩纷呈而又发人深省的故事。本书除了丰富、翔实和深邃的文字信息以外，作者还提供了大量配有文字说明的真实照片，包括造成数人伤亡（他本人侥幸死里逃生）的爆炸袭击现场等。总之，本书堪称各国研究对外援建工作的一部不可多得的优秀作品。译者能将本书顺利译成中文并推介给广大读者，与蔡建坤、林月平、王伟、孟繁国、高敏敏等 28 人的大力支持与协助是分不开的，在此谨致由衷的谢意！

于海生

2015 年 4 月

于北京昌平

西方经济·金融前沿译丛

《重铸美国自由市场的灵魂——道德的自由市场与不道德的大政府》

（美）史蒂夫·福布斯　伊丽莎白·艾姆斯　著　段国圣　译

《宇宙的主宰——哈耶克、弗里德曼与新自由主义的诞生》

（美）丹尼尔·斯特德曼·琼斯　著　贾拥民　译

《伟大的说服——哈耶克、弗里德曼与重塑大萧条之后的自由市场》

（美）安格斯·伯金　著　傅瑞蓉　译

《政治泡沫——金融危机与美国民主的挫折》

（美）诺兰·麦卡蒂　基思·普尔　霍华德·罗森塔尔　著　贾拥民　译

《从战场前线到市场前线——战争浴火之下信任和希望的重生》

（美）保罗·布林克利　著　于海生　译

《华尔街与华盛顿之战——世纪对决催生美国现代金融体系》（即将出版）

（美）理查德·E. 法利　著　贾拥民　译

《金钱长城——中国国际货币关系中的权力与政治》（即将出版）

（美）埃里克·赫莱纳　乔纳森·柯什纳　编著　于海生　译

《如何反击网络金融恐怖主义》（待出版）

（美）凯文·弗里曼　著　傅瑞蓉　译

《全球经济的系统脆弱性》（待出版）

（美）杰克·拉斯马斯　著　贾拥民　译